迪博内部控制与风险管理系列丛书

丛书主编：胡为民

厉行节约反对浪费的实施路径

——基于政府治理的行政事业单位内部控制

胡为民　龙洁　著

中国财政经济出版社

图书在版编目（CIP）数据

厉行节约反对浪费的实施路径——基于政府治理的行政事业单位内部控制/胡为民，龙洁著.—北京：中国财政经济出版社，2014.5
（迪博内部控制与风险管理系列丛书）
ISBN 978-7-5095-5404-3

Ⅰ.①厉…　Ⅱ.①胡…②龙…　Ⅲ.①行政事业单位-内部审计-中国
Ⅳ.①F239.66

中国版本图书馆CIP数据核字（2014）第088618号

责任编辑：罗亚洪　　　　责任校对：徐领弟
封面设计：汪俊宇　　　　版式设计：录文通

中国财政经济出版社 出版
URL：http：//www.cfeph.cn
E-mail：cfeph@cfeph.cn

社址：北京市海淀区阜成路甲28号　邮政编码：100142
营销中心电话：88190406　北京财经书店电话：64033436　84041336
北京中兴印刷有限公司印刷　各地新华书店经销
787×1092毫米　16开　21.75印张　420 000字
2014年5月第1版　2014年5月北京第1次印刷
定价：58.00元
ISBN 978-7-5095-5404-3/F·4371
（图书出现印装问题，本社负责调换）
本社质量投诉电话：010-88190744
打击盗版举报热线：010-88190492、QQ：634579818

序

经过35年的改革发展之后，中国迎来了一个非常关键的历史转折点。这个结构性转折时期可以称为改革机遇战略转折期。过分依赖资源消耗的传统发展方式再也走不下去了，经济体制改革也不能解决所有问题。党的十八届三中全会就提出，改革的核心是解决政府和市场的关系，经济改革起牵引作用，但必须转变政府职能。政府和市场两个方面缺一不可。

以政府为重点的行政体制改革已经成为联系经济改革和政治改革的结合部和中间点。通过深化行政体制改革，在后端，可以带动经济体制进入关键领域，如金融体制改革、财税体制改革、收入分配制度改革、投资体制改革、国有企业改革以及土地制度改革、户籍制度改革等。所有这些领域的改革，都离不开行政改革的推进，甚至取决于政府自身改革的程度和力度。而前端则促进政治要素改革，如反腐败的深入、司法公平、从严治党、转变作风等，同样也离不开政府自身改革的深入。

实质上，早在2005年，中央在制定“十一五”时期的发展战略时就作出了“行政管理体制改革，将成为全面深化改革、扩大对外开放的关键”的重要战略判断，标志着我国的改革从此要从以经济改革为主导，转向以行政管理体制改革为主导。这是由当前中国改革开放所处阶段的特点决定的。在社会主义市场经济体制已经初步建立的情况下，再通过经济体制改革来主导、带动其他方面的改革已经显得比较困难；越来越多的现象已经表明，越来越多的矛盾和问题集中在政府自身。政府自身改革能不能深入，在很大程度上会影响到整个改革的深入。

从发展历程看，我国虽已经历了六次大的行政体制改革，并取得了重大成就，但我们也清醒地看到，中国政府面临的问题依然很突出。在改革进入转折期以后，从政府治理视角来看，我们至少面临双重压力：一是改革开放的外部环境发生重大变化，形成很大压力；二是政府自身存在一些深层次问题没有解决好，老百姓不满意，也形成很大压力。就整体而言，政府自身存在的问题可以概括为六个方面：一是政府自身改革滞后、政府职能转变滞后、行政审批事项太多、社会管理与公共服务的职能薄弱；二是部门之间职责不清、协调不力、管理方式落后、办事效率不高；三是一些关系百姓切身利益的问题没有得到根本解决；四是有些政府工作人员依法行政的观念不强；五是形式主义、官僚主义、弄虚作假、奢侈浪费的问题比较突出；六是腐败现象在一些地方、部门和单位比较严重。

厉行节约、反对浪费正是在这种背景下提出的。较长时间以来，以“三公消费”为重点的公款消费一直是社会公众关注和反映强烈的热点问题之一，严重影响了政府的公信力。然而这仅仅是一种表象，深层次的问题是政府的行政管理费用与行政效率不匹配，以及由此滋生的消费腐败问题。在过去的行政体制改革中，我们很少考虑到政府的成本效益问题，即政府提供了哪些公共服务以及提供这些服务花了多少钱，这使得不少地方的财政成了“吃喝财政”、“玩乐财政”。从这一点来说，当前中央出台《党政机关厉行节约反对浪费条例》（以下简称《条例》），积极倡导厉行节约、反对浪费的精神可谓意义重大。

“政府革自己的命”，就像割自己身上的肉，是十分痛苦的，必须有壮士断腕的决心和勇气。与以往的口号式宣传不同，此次《条例》将遏制公款浪费、降低行政成本、提高行政效率上升到制度层面，把长鸣的警钟变成长效制度和日常行为规范，反映了新一届领导集体全面深化行政改革的决心。我认为，《条例》将成为推动政府自身改革的关键突破口之一。接下来就是严格执行，确保制度的刚性和有效落实将是重中之重。

本书从行政事业单位内部控制建设的角度为党政机关厉行节约、反对浪费提供了一条解决之道，即以预算为主线、资金管控为核心，全面梳理单位所承担的事权和支出责任，对各项经费支出实施预算管控、归口管控、审批管控、程序管控、标准管控、单据管控等，实现对单位经济活动的有效管控，推动公务人员作风建设的常态化和行政管理的效率化。

内部控制的核心理念是目标、风险和控制。行政事业单位内部控制，涵盖了单位和业务两个层面，内容涉及组织结构、决策机制、关键岗位、会计系统、电子政务以及预算、收支、政府采购、资产管理、建设项目、合同管理等政府运行管理的核心业务和主要活动，旨在通过在单位内部完善决策权、执行权和监督权三权分立机制，针对内部管理中的关键风险点和薄弱环节，用制度和流程规范单位各项经济活动。

应该说，内部控制是行政事业单位治理的基石，也是政府治理的基石，对于推动政府自身改革和公共治理改革具有重要意义。实施好内部控制，不仅有利于遏制行政管理费用，降低行政成本，提高公共服务的效率和水平；还有利于建立健全权力运行制约和监督体系，把权力关进制度的笼子里，形成不敢腐的惩戒机制、不能腐的防范机制、不易腐的保障机制。鉴于此，我认为本书的出版会对党政机关、事业单位等提高内部控制能力，降低行政成本具有重要意义，产生积极的影响，为建设廉洁政府、人民满意的政府提供技术和方法方面的支持。

汪玉凯

2014 年元月于国家行政学院

前　言

2013年10月29日，中共中央政治局召开会议，审议并同意印发《党政机关厉行节约反对浪费条例》（以下简称《条例》）。《条例》对党政机关经费管理、国内差旅、因公临时出国（境）、公务接待、公务用车、会议活动、办公用房、资源节约等都作出了全面规范，提出“建立预算执行全过程动态监控机制”、“建立厉行节约反对浪费监督检查机制”，是我国全面深化改革的一项重大举措。

长期以来，我国政府组织在管理工作中普遍重视算“政治账”，不重视算“经济账”，部分管理人员成本意识淡漠，行政成本占财政支出的比重一直居高不下。尤其是近年来，我国行政成本逐年攀升，并呈现超常增长的趋势，成为社会关注的热点问题。而在各类行政成本支出中，公务用车、公务接待和因公出国“三公”费用的支出增长尤其明显。庞大的行政管理支出不仅加重了财政负担，影响了政府形象，也妨碍了政府行政效率的提高。

财政是国家治理的基础和重要支柱。《条例》的出台，对于规范财政资金管理、降低行政成本、提高行政效率具有重要的现实意义；《条例》的贯彻落实，与推进国家治理体系和治理能力现代化的总体要求相适应，是加强社会主义政治制度建设，加快推进社会主义民主政治制度化、规范化、程序化的具体体现；也是强化权力运行和监督体系，实现“把权力关进制度的笼子”的重要手段，有利于增强政府的公信力和执行力，提升政府治理水平。

然而，制度的生命力在于执行。如何确保《条例》能够细化落实到各级行政单位的工作实际中，以真正发挥其效用？《行政事业单位内部控制规范（试行）》的全面实施或许正是重要的突破口。

2012年11月29日，为进一步提高行政事业单位内部管理水平，规范内部控制，加强廉政风险防控机制建设，财政部正式发布了《行政事业单位内部控制规范（试行）》（以下简称《内控规范》），自

2014 年 1 月 1 日起在我国行政事业单位范围内全面施行。

行政事业单位内部控制，是指单位为实现控制目标，通过制定制度、实施措施和执行程序，对经济活动的风险进行防范和管控。从这一点来说，《内控规范》与《条例》的宗旨可谓如出一辙，《条例》所提出的各项公务活动及其经费管控贯穿于行政事业单位的预算、收支、政府采购、资产、建设项目、合同等各项经济活动中。因此，实施《内控规范》是贯彻落实《条例》的重要措施。实施好内控规范，对于促进党的十八届三中全会所提出的加快转变政府职能、深化财税体制改革、强化权力运行制约和监督体系，以及当前中央提出的反对浪费、厉行节约等一系列要求的贯彻落实均具有现实意义。

本书是在充分理解《条例》与《内控规范》及相关法律法规的基础上，融合迪博公司多年来在内部控制与风险管理领域所累积的先进理论和实践经验，结合行政事业单位的业务特点编撰而成的，提出了一套降低行政成本、提高行政效率的系统性解决方案。

全书包括以下内容：导语部分论述了行政事业单位内部控制与厉行节约反对浪费以及政府治理的关系，提出单位内部控制建设为厉行节约反对浪费、提升政府治理水平提供了科学有效的手段；第一章介绍了国内外行政事业单位内部控制发展的主要历程，讲述了《内控规范》颁布的背景及意义；第二章对行政事业单位内部控制的基本要求进行了详细解读，阐述了行政事业单位内部控制的内涵、框架、设计和方法；第三章围绕内部控制建设的准备阶段、现状评估阶段、设计优化阶段和运行维护阶段等四个阶段，介绍了行政事业单位内部控制建设的主要流程；第四章描述了行政事业单位风险评估的基本程序和关注要点；第五章描述了行政事业单位单位层面的内部控制设计，主要包括组织机构、议事决策、关键岗位管理、关键岗位人员、会计系统、信息系统等六大方面；第六章描述了行政事业单位业务层面的内部控制设计，主要包括预算业务、收支业务、政府采购、资产管理、建设项目、合同管理等六大方面；第七章描述了行政事业单位内部控制评价与监督体系的构成、运行以及相互之间的关系，包括内部监督、自我评价、外部监督；第八章是对行政事业单位内部控制信息化建设的介绍，重点阐述了行政事业单位内部控制信息化建设规划和行政事业单位内部控制管理信息系统的主要功能。

本书的特点是实用性强，旨在为行政事业单位实施内部控制提供一套具体可行的操作指南。本书适合内部控制监管机构、行政事业单位领导、内部控制规范实施部门、单位内部审计人员、各级纪检监察和审计机关的相关人士、注册会计师以及对行政事业单位内部控制感兴趣的朋友阅读。

最后，感谢国家行政学院汪玉凯教授、中国会计学会常务副秘书长周守华教授、中山大学管理学院林斌教授、中国内部控制研究中心主任刘永泽教授、南京大学杨雄胜教授、财政部会计司、国管局、中直机关局等单位领导和专家以及深圳市福田区财政局局长李健盛博士对出版本书的鼎力支持和指导。同时，还要感谢参与本书编写的高拴龙、张丽、王斌、林海如、林鑫、阳尧等迪博团队成员。由于成书时间仓促，加之作者学识有限，书中难免有不当和疏漏之处，请业界领导、专家学者和广大读者批评指正！

作 者

2014 年 2 月

目　录

导 语
全面实施行政事业单位内部控制是提升政府治理的重要手段

党的十八届三中全会审议通过的《中共中央关于全面深化改革若干重大问题的决定》（以下简称《决定》）指出："全面深化改革的总目标是完善和发展中国特色社会主义制度，推进国家治理体系和治理能力现代化。"政府治理作为国家治理的重要内容，推进国家治理体系和治理能力现代化，贯彻落实十八届三中全会精神，需要各级政府不断完善内部治理体系，提高自身治理能力。

正如《决定》中所讲的："科学的宏观调控，有效的政府治理，是发挥社会主义市场经济体制优势的内在要求。必须切实转变政府职能，深化行政体制改革，创新行政管理方式，增强政府公信力和执行力，建设法治政府和服务型政府。"可以看出，政府治理是当前摆在各级政府面前的重要课题，必须通过不断创新治理方法、完善治理机制，才能全面提高政府治理水平，实现建设法治政府和服务型政府的目标。

那么，如何才能提升政府治理水平呢？2013 年 10 月 29 日，中共中央政治局会议审议通过了《党政机关厉行节约反对浪费条例》（以下简称《条例》），这是一个重要的突破口。《条例》对党政机关经费管理、国内差旅、因公临时出国（境）、公务接待、公务用车、会议活动、办公用房、资源节约作出了全面规范，旨在要求党政机关规范单位经费管理，切实做好节约工作，防止浪费行为。党政机关通过落实《条例》各项内容，可以有效降低行政运行成本，提高行政运行效率，是政府治理水平提升的题中之义。

从单位内部控制的视角看来，厉行节约反对浪费和提升政府治理水平之间具有内在逻辑关系，均可统一到单位内部控制建设的过程中。单位内部控制作为一项重要管理活动，体现的是经济活动管控机制的落地实施，可以为厉行节约反对浪费、提升政府治理水平奠定坚实基础。同时，单位内部控制作为一种机制、一种方法，是一项重要的制度安排，可以为厉行节约反对浪费、提升政府治理水平提供科学的方法和有效的手段。具体来说，主要表现在以下几个方面：

第一，单位内部控制的核心在于规范单位经费管理，提升财政资金使用效率，确保财政资金用在该用的地方。单位通过内部控制建设梳理各种经费支出事项，明确每项费用的管理目标、开支明细，综合运用预算控制、归口控制、审批控制、标准控制、程序控制、单据控制等控制方法，对单位各类经费支出进行有效管控，确保经费支出管理的规范性和有效性。同时，《条例》也指出，各级党政机关应逐渐实现对国内差旅、公务接待、公务用车、因公出国、会议活动、培训活动、办公用房的有效管控，制定分地区的公务活动经费开支范围和开支标准，建立开支标准调整机制。所以，在经费管控上，行政事业单位内部控制能够为政府治理在管控财政资金方面提供科学的手段和方法，有利于落实《条例》关于经费管理的各项要求，推进财政管理的规范化和科学化。

第二，单位内部控制强调预算控制的作用，通过建立预算执行过程动态监控机制，以预算为主线来规范单位经费支出、政府采购、合同管理、建设项目和资产管理等各项经济活动。对于行政事业单位而言，预算是单位一切经济管理活动开展的源头，预算编制的准确性、规范性和科学性，预算执行的刚性约束力，预决算间的相互反映、相互促进，预算考评的有效性、合理性，对单位经济活动的支撑和规范作用无疑是十分重要的。政府治理也是在预算的刚性约束下对社会公共事务进行管理，通过预算来规范政府对财政资金的使用。所以，单位内部控制在预算方面的管控，能为政府治理提供有效的手段和方法。

另外，《条例》也对预算管理提出了明确要求，规定党政机关应当加强预算编制管理，按照综合预算的要求，将各项收入和支出全部纳入部门预算；应当遵循先有预算、后有支出原则，严格执行预算，严禁超预算或者无预算安排支出；建立预算执行全过程动态监控机制，完善预算执行管理办法，建立健全预算绩效管理体系，增强预算执行的严肃性，提高预算执行的准确率，防止年底突击花钱等现象发生。从《条例》中关于预算的内容来看，单位内部控制对预算的管控与《条例》具有异曲同工之妙，通过单位内部控制建设，可以帮助单位建立预算执行全过程动态监控机制，完善预算执行管理办法，健全预算绩效管理体系，保证《条例》的落地实施。

第三，单位内部控制强调制度流程建设，通过梳理和评估单位各项经济活动管理制度、流程，建立健全单位内部管理制度和业务流程，完善经济活动管理的体制机制。提升政府治理水平，贯彻落实《条例》要求，均需要各级机关单位通过建章立制，在体制机制上完善政府治理的各项规则，特别是财政资金管控规则，确保政府能够提供更优质、更高效的公共服务。如在制衡原则的使用上，政府需要完善以下工作机制：建立议事决策机制，防范资源配置的“一言堂”、“一支笔”；建立不相容职务分离机制，明确内设机构职责分工，确保决策、执行和监督机构的相互制约，规范内部授权审批，强化评价与监督，防止贪污、挪用国有资产现象发生；建立预决算、政府采购、资产管理等部门和岗位间的沟通协调机制，形成管控合力，确保资产的合理配置和有效使用；建立关键岗位工作人员的培训、教育、评价和轮岗等机制，牢固树立风险防范意识和拒腐防变的思想道德底线，自觉依法按照法定权限和程序来履行职责、维护公共利益。

从管理制度和工作程序的建立健全方面，单位内部控制能够为政府治理和《条例》的贯彻落实提供有效手段。一方面，通过单位内部控制建设可以完善现有管理制度，在制度层面规范单位内部管理过程；另一方面，通过内部控制建设可以确保管理制度的落地，而不仅仅是写在纸上，更需要通过信息化手段将制度规定的业务流程和表单固化到信息系统中，确保单位经济活动管控机制的自动有效运行，一定程度上也可以提升政府政务信息化水平。

第四，单位内部控制强调经济活动风险管控，通过制定制度、优化流程、设计具体控制措施等控制活动，提升单位全员的风险意识，防范经济活动风险的发生。可以说，内部控制是“未病先防”，将管控的关口前移，防患于未然，成本低、损失小、效益高。政府作为履行公共管理职能的权力机关，在治理过程中必然会存在各种风险，必须做好各项风险的事前防范、事中控制和事后监督纠正工作，将风险控制在可承受的范围内。单位内部控制建设通过信息化手段将制度、流程和控制措施落实到具体经济活动中，及时堵塞制度漏洞、消除管理隐患，不给极个别的违法违规违纪人员以可乘之机。因此，从风险防范角度讲，单位内部控制建设有利于政府完善风险管控机制，提高政府的风险应对能力。

基于以上论述，行政事业单位内部控制与厉行节约反对浪费、政府治理水平提升具有内在的契合点，单位内部控制通过科学有效的方法和手段，来贯彻落实《条例》各项要求，并有利于降低行政运行成本和提高行政运行效率，推动政府治理水平的提升。特别是在当前贯彻落实中央八项规定精神，深入开展党的群众路线教育实践活动的背景下，为部署和推动十八届三中全会提出的全面深化改革工作，各级党政机关应全面实施行政事业单位内部控制。行政事业单位通过建立健全内部控制，提升内部管理水平，为政府全面深化改革、为落实《条例》各项要求奠定坚实基础。

第一章 行政事业单位内部控制的发展

近年来，随着《企业内部控制基本规范》及配套指引的颁布和实施，内部控制对于企业加强内部管理、防范经营风险、提升管理效率和效果的关键性作用已然显现。行政事业单位在性质、目标、业务特点等方面虽然与企业有着本质区别，但也有相同之处，即两者在运营过程中都涉及一系列的管理活动，单位有必要运用内部控制的理论和方法，不断提升自身管理水平。特别是当前，我国行政事业单位内部管理中尚存在着诸如财务管理制度不健全、预算控制缺乏刚性、经费支出管理不到位、资产管理较为薄弱以及岗位设置不合理等不少问题。因此，提升行政事业单位内部控制水平可谓适逢其时，不仅有助于防范单位的违法违规行为，而且对于完善单位财务管理水平、提高单位公共服务效率和效果也将具有重要意义。

第一节 行政事业单位内部控制规范的颁布

2012 年 11 月 29 日，财政部颁布《行政事业单位内部控制规范（试行）》（以下简称《内控规范》），并要求自 2014 年 1 月 1 日起在全国各级行政事业单位正式实施。《内控规范》共六章六十五条，具体包括：总则、风险评估和控制方法、单位层面内部控制、业务层面内部控制、评价与监督、附则等内容。《内控规范》的颁布和实施，标志着我国内控建设工作又上了一个新台阶，内控建设的范围进一步扩大，由原先的单一企业主体向行政事业单位领域拓展，有助于进一步提高我国行政事业单位的内部管理水平，规范内部控制，加强廉政风险防控机制建设。

一、《内控规范》的发布背景

一是适应建设廉洁高效、人民满意的服务型政府的要求。随着社会主义市场经济的确立，我国政府职能定位也越来越清晰，已逐渐从原来的全能型政府向履行“经济调节、市场监管、社会管理和公共服务”四大职能转变。党的十八大提出：“要推进政企分开、政资分开、政事分开、政社分开，建设职能科学、结构优化、廉洁高效、人民满意的服务型政府”。作为以政府职能转变为核心的行政体制改革，一方面需要行政机构合理界定其管理边界，理顺政府与市场、社会的关系；另一方面则需要行政机构完善其管理方式，提高内部管控水平。开展行政事业单位内部控制正是建设服务型政府的内在要求，通过单位内部控制建设来编织权力规范运行的笼子，充分运用内部控制的制衡原理，健全权力运行制约和监督体系，保证经济活动合法合规，有效防范舞弊和预防腐败，提高公共服务的效率和效果，真正建立一个依法行政、廉洁高效和人民满意的政府。

二是适应分类推进事业单位改革的要求。2011 年 3 月，中共中央、国务院印发《关于分类推进事业单位改革的指导意见》（中发［2011］5 号），指出要“按照政事分开、事企分开和管办分离的要求，以促进公益事业发展为目的，以科学分类为基础，以深化体制机制改革为核心”来推动事业单位改革。具体来说，通过科学划分事业单位类别，将承担行政职能的事业单位和从事生产经营活动的事业单位进行划归改制；将从事公益服务的事业单位通过改革管理体制、实行政事分开，建立健全法人治理结构，探索建立理事会、董事会、管委会等多种形式的治理结构，辅以人事制度改革、收入分配制度改革、社会保险制度改革，通过建立健全绩效考评、信息披露、社会公示和听证等加强监督机制建设。开展事业单位内部控制建设可以健全事业单位组织结构设置，完善事业单位监督机制，提升事业单位管理水平，能有效推动事业单位分类改革的深入开展，为事业单位分类改革的成功奠定基础。

三是适应我国财政发展与改革的要求。近些年来，随着我国财政收入的稳步增长，财政保障能力不断增强，通过逐步推进部门预算、国库集中支付、收支两条线、政府采购、政府收支分类等财政管理制度改革，已初步建立了公共财政体制框架。然而，我国财政的稳步增长和各项改革的推进，客观上要求进一步提高财政资金的使用效益，实现财政管理的科学化、规范化和信息化。因此，从财政资金使用的角度，需要各级行政事业单位建立健全单位财务管理制度，加强单位财务内部控制建设，实现财务管理的规范化和科学化，有效管控财政资金，提高资金使用效率。

四是适应治理“小金库”和打击“假发票”的要求。2008 年 11 月 26 日，国务院办公厅印发了《关于印发全国打击发票违法犯罪活动工作方案的通知》

(国办发［2008］124号)，要求一方面继续加大打击发票违法犯罪的工作力度，另一方面从制度建设和根本性措施上研究解决发票违法犯罪问题；之后，国家税务总局于2010年4月出台《关于深入开展打击发票违法犯罪活动工作的通知》，并于2011年、2012年、2013年陆续出台《关于认真做好打击发票违法犯罪活动工作的通知》，通过对发票"卖方市场"和"买方市场"的打击整治工作，并通过推行发票管理信息化建设，在制度机制上完善了单位票据和财务管理规范。2009年6月10日，中共中央办公厅、国务院办公厅印发《关于深入开展"小金库"治理工作的意见》，在全国范围内深入开展"小金库"治理工作，要求坚决查处和纠正各种形式的"小金库"，逐步建立和完善防治"小金库"的长效机制。行政事业单位完善内控和监督制度、规范财务会计管理程序，可以从制度建设上杜绝"小金库"的产生，防止假发票的流入，有助于"小金库"、"假发票"的治理工作。

二、《内控规范》的制定依据和适用范围

《内控规范》坚持立足于我国国情，同时借鉴国际惯例，以《中华人民共和国会计法》、《中华人民共和国预算法》等相关法律法规为主要依据，并参考企业内部控制基本规范、美国审计总署《联邦政府内部控制准则》等相关规定，确立了我国行政事业单位建立和实施内部控制的基础框架。它与行政事业单位财务规则和制度等共同构成了对行政事业单位内部管理的规范和约束。

《内控规范》的适用范围，即行政事业单位内控建设的主体，主要包括：各级党的机关、人大机关、行政机关、政协机关、审判机关、检察机关、各民主党派机关、人民团体和事业单位。其中，党的机关主要包括中共中央、省、市、县各级党委的组成机构等；人大机关主要包括全国、省、市、县级人民代表大会的常设办事机构；行政机关主要包括国务院、省、市和县等各级政府的组成机构；政协机关主要包括全国、省、市、县级政治协商会议的常设办事机构等；审判机关主要包括基层、中级、高级和最高人民法院，并设军事、铁路、水运等专门人民法院；检察机关主要包括最高人民检察院，地方各级人民检察院、军事检察院、铁路运输检察院等；各民主党派机关主要包括中国国民党革命委员会、中国民主同盟、中国民主建国会、中国民主促进会、中国农工民主党、中国致公党、九三学社、台湾民主自治同盟的中央和地方各级机构及其办事机构；人民团体主要包括工会、共青团、妇联、科协、侨联、台联、青联、工商联等人民群众团体的中央和地方各级机构及其办事机构。

事业单位是指为了社会公益目的，由国家机关举办或者其他组织利用国有资产举办的，从事教育、科技、文化、卫生等活动的社会服务组织。我国的事业单位主要包括以下几类：

1. 科学研究事业单位，包括自然科学研究单位、社会科学研究单位、综合科学研究单位及其他科学研究单位。

2. 教育事业单位，包括本科院校、高等专科学校、中等专业学校、职业技术学校、普通高中、普通初中和小学、幼儿园、特殊教育学校、工读学校、成人高等教育学校、成人中等教育学校、成人初等教育学校等其他教育单位。

3. 文化事业单位，包括艺术事业单位，如艺术表演院团、艺术表演场馆、艺术展览馆、艺术创作中心等；群众文艺事业单位，如群众艺术馆、文化馆、青少年宫等；图书文献事业单位，如图书馆、文献中心等；文物博物事业单位，如文物保护站、博物馆、纪念馆等其他文化事业单位。

4. 卫生事业单位，包括医院、疗养院、休养所、卫生保健防治单位、卫生检验单位、血液事业单位、其他卫生事业单位等。

5. 体育事业单位，包括竞技单位、体育设施单位、运动项目管理中心和其他体育事业单位。

6. 新闻出版事业单位，包括新闻传播单位、报社、出版社、音像出版社、杂志社、编辑单位等其他新闻出版事业单位。

7. 广播影视事业单位，包括电台广播单位、电视台、影视制作单位等其他事业单位。

另外，我国的事业单位还包括交通、地震、气象、环保、测绘、社会福利等其他事业单位。

三、《内控规范》实施的意义

内部控制既是行政事业单位的一项重要管理活动，又是一项重要的制度安排，是行政事业单位治理的基石。实施好内控规范，对于提高单位管理水平，改进公共服务的质量和效率，规范财经秩序，建设服务型政府具有重要意义。

第一，实施《内控规范》，有利于推动廉洁高效、人民满意的服务型政府的建设。

党的十八大明确指出：要深化行政体制改革，建设职能科学、结构优化、廉洁高效、人民满意的服务型政府。要求规范公共权力的运行，加强对行政权力的监督。习近平总书记强调，要加强对权力运行的制约和监督，把权力关进制度的笼子里，形成不敢腐的惩戒机制，不能腐的防范机制，不易腐的保障机制。李克强总理指出，要用制度管权、管人、管钱，给权力涂上防腐剂、戴上“紧箍咒”，真正形成不能贪、不敢贪的反腐机制。从一定意义上说，搞好内部控制，能够起到制度笼子的作用。实施《内控规范》，建立完善的内部控制制度，对于建立健全权力运行的制约和监督体系，减少自由裁量权的空间和余地，用制度来限制权力的滥用，具有重要的促进作用。

第二，实施《内控规范》，有利于提高行政事业单位内部管理水平。

行政事业单位作为公共服务的提供者和社会事务的监管者，代表着党和政府履行相关职能，在推动经济社会发展过程中起着至关重要的作用。能否有效地履行职能，关键在于是否具备较高的管理水平。目前，我国行政事业单位内部控制总体上还是比较薄弱，突出表现在：对绩效重视不足，内部控制意识不强；预算编制不够科学，预算约束软化；未广泛开展以内部控制为主体的审计，监督力度不够。内部控制是提高行政事业单位管理水平的有效途径。借助信息化手段，将预算管理、资产管理、财务管理等整合到统一的平台，加强对单位层面和业务层面的内部控制，确保财务记录、财务报告信息和其他管理信息的及时、可靠、完整，强化对绩效的考核和监督，不断地提高单位管理水平。掌握好、使用好内部控制这一有力的武器，能够保障制度执行，促进行政事业单位规范化、科学化管理，增强行政事业单位的履职能力。

第三，实施《内控规范》，有利于推进财政规范化、科学化、信息化管理。

为满足市场经济体制进一步完善和现代国家治理的需要，财政工作必须紧紧围绕财税体制改革与调整这一中心开展，深化改革，规范管理。今后一个时期，要在深化财税改革的同时，在财政管理上要重点围绕完善制度、明确职责、理顺流程、控制节点，加强监督，下大力气提高内部管理和控制的有效性，推进财政管理科学化、规范化和信息化。财政部门建立内部控制，就是为保障单位业务稳健高效运行，确保财务记录、财务报告信息和其他管理信息的及时、可靠、完整。

作为财政部正式出台的政策规范，《内控规范》具有强制遵循性：一方面明确了行政事业单位内部控制建设的标准，有利于进一步落实国家在预算管理、收支管理、采购管理、资产管理、合同管理以及财务会计控制相关的法律法规；另一方面可以为贯彻党的十八届三中全会精神、落实厉行节约反对浪费要求、转变工作作风提供重要抓手和突破口，有利于转变政府职能、深化财税体制改革、强化权力运行制约和监督，对于当前党政机关厉行节约、反对浪费、转变工作作风、密切联系群众等具有重要的现实意义。《内控规范》于2014年1月1日在全国范围内的正式实施，必将进一步推动行政事业单位强化单位资金管控效率和效果，加强单位廉政风险防控机制建设，提高单位内部管理水平，完善单位内部控制，从而为建立服务型、俭朴型、法治型和廉洁型政府夯实基础。

第二节　我国行政事业单位内部控制的发展

我国行政事业单位内部控制建设以财政部《内控规范》出台为标志，分为单位内部控制相关法规建设和单位内部控制全面建设两个阶段。其中，单位内部控制相关法规建设阶段表现为政府出台并实施与单位内部控制相关的各种单项法规，主要包括财务管理、会计核算、审计监督、预算管理、收支管理、政府采购、资产管理、纪检监察以及其他相关法律法规。单位内部控制全面建设阶段主要表现为政府出台并实施以单位内部控制命名的各种政策法规，包括《内控规范》征求意见稿出台前后的意见征集，以及《内控规范》出台后的宣传准备和正式实施。

一、单位内部控制相关法规建设阶段

近些年来，我国先后出台了一系列涉及财务管理、会计核算、审计监督、预算管理、收支管理、政府采购、资产管理、纪检监察的法律法规，这些法规是单位内部管理的外部约束，一定程度上要求单位规范内部控制，提高单位内部管理水平。具体来说，我国在《内控规范》实施前出台的内控相关法律法规主要包括9类，具体见表1－1。

表1－1

业务领域	政策法规名称	发布日期	生效日期	发布单位
财务管理	《行政单位财务规则》（1997年颁布　2012年修订　财政部令第68号）	2012/12/6	2013/1/1	财政部
	《事业单位财务规则》（1997年颁布　2012年修订　财政部令第71号）	2012/2/7	2012/4/1	财政部
	《基本建设财务管理规定》（财建［2002］394号）	2002/9/27	2002/10/27	财政部
	《医院财务制度》（财社［2010］306号）	2010/12/28	2011/7/1	财政部、卫生部
	《基层医疗卫生机构财务制度》（财社［2010］307号）	2010/12/28	2011/7/1	财政部、卫生部
	《高等学校财务制度》（财教［2012］488号）	2012/12/19	2013/1/1	财政部、教育部
	《中小学校财务制度》（财教［2012］489号）	2012/12/21	2013/1/1	财政部、教育部
	《科学事业单位财务制度》（财教［2012］502号）	2012/12/28	2013/1/1	财政部、科技部
	《文化事业单位财务制度》（财教［2012］503号）	2012/12/28	2013/1/1	财政部、文化部
	《广播电视事业单位财务制度》（财教［2012］504号）	2013/1/1	2013/1/1	财政部、广电总局
	《体育事业单位财务制度》（财教［2012］505号）	2012/12/28	2013/1/1	财政部、国家体育总局
	《文物事业单位财务制度》（财教［2012］506号）	2012/12/31	2013/1/1	财政部、国家文物局
	《人口和计划生育事业单位财务制度》（财教［2012］507号）	2012/12/28	2013/1/1	财政部、人口计生委

续表

业务领域	政策法规名称	发布日期	生效日期	发布单位
会计实务	《中华人民共和国会计法》（1985 年颁布 1999 年修订 主席令第 24 号）	1999/10/31	2000/7/1	全国人大常委会
	《会计基础工作规范》（财会［1996］19 号）	1996/6/17	1996/6/17	财政部
	《行政单位会计制度》（财库［2013］218 号）	2013/12/18	2014/1/1	财政部
	《事业单位会计制度》（财会［2012］22 号）	2012/12/19	2013/1/1	财政部
	《事业单位会计准则》（1997 年颁布 2012 年修订 财政部令第 72 号	2012/12/6	2013/1/1	财政部
	《新旧事业单位会计制度有关衔接问题的处理规定》（财会［2013］2 号）	2013/1/10	2013/1/10	财政部
	《行政事业单位资金往来结算票据使用管理暂行办法》（财综［2010］1 号）	2010/1/5	2010/1/5	财政部
审计监督	《中华人民共和国审计法》（1994 年颁布 2006 年修订 主席令第 48 号）	2006/2/28	2006/6/1	全国人大常委会
	《中华人民共和国审计法实施条例》（1997 年颁布 2007 年修订 国务院令第 571 号）	2010/2/11	2010/5/1	国务院
	《中华人民共和国国家审计准则》（2010 年颁布 审计署令第 8 号）	2010/9/1	2011/1/1	审计署
	《审计署关于内部审计工作的规定》（1995 年颁布 2003 修订 审计署令第 4 号）	2003/3/4	2003/5/1	审计署
预算管理	《中华人民共和国预算法》（1994 年颁布 主席令第 21 号）	1994/3/22	1995/1/1	全国人大
	《中华人民共和国预算法实施条例》（1995 年颁布 国务院令第 186 号）	1995/11/2	1995/11/2	国务院
	《财政总预算会计制度》（财预字［1997］287 号）	1997/6/25	1998/1/1	财政部
	《财政总预算会计管理基础工作规定》（财库［2012］1 号）	2012/1/20	2012/1/20	财政部
	《财政预算资金拨付管理暂行办法》（财库［2001］60 号）	2001/11/3	2001/11/3	财政部
	《财政部关于进一步推进财政预算信息公开的指导意见》（财预［2008］390 号）	2008/9/10	2008/9/10	财政部
	《财政部关于进一步做好预算信息公开工作的指导意见》（财预［2010］31 号）	2010/3/1	2010/3/1	财政部
	《财政部关于进一步加强预算执行管理的通知》（财库［2008］1 号）	2008/1/18	2008/1/18	财政部
	《关于进一步做好预算执行工作的指导意见》（财预［2010］11 号）	2010/1/22	2010/1/22	财政部
	《财政支出绩效评价管理暂行办法》（财预［2011］285 号）	2011/4/2	2011/4/2	财政部
	《关于推进预算绩效管理的指导意见》（财预［2011］416 号）	2011/7/5	2011/7/5	财政部
	《预算绩效管理工作规划（2012 - 2015 年）》（财预［2012］396 号）	2012/9/21	2012/9/21	财政部
	《预算绩效评价共性指标体系框架》（财预［2013］53 号）	2013/4/21	2013/4/21	财政部
	《部门决算管理制度》（财库［2013］209 号）	2013/12/10	2014/1/1	财政部

续表

业务领域	政策法规名称	发布日期	生效日期	发布单位
收支管理	《关于深化收支两条线改革 进一步加强财政管理的意见》（国办发［2001］93号）	2001/12/10	2001/12/10	国务院办公厅转发财政部
	《关于印发政府收支分类改革方案的通知》（财预［2006］13号）	2006/2/7	2007/1/1	财政部
	《财政部关于加强政府非税收入管理的通知》（财综［2004］53号）	2004/7/23	2004/7/23	财政部
	《关于加快推进公务卡制度改革的通知》（财库［2012］132号）	2012/9/5	2012/9/5	财政部 中国人民银行
	《党政机关厉行节约反对浪费条例》（2013年10月29日）	2013/10/29	2013/10/29	中共中央 国务院
	《党政机关国内公务接待管理规定》（2013年12月8日）	2013/12/8	2013/12/8	中共中央办公厅 国务院办公厅
	《因公临时出国经费管理办法》（财行［2013］516号）	2013/12/20	2014/1/20	财政部 外交部
	《中央和国家机关会议费管理办法》（财行［2013］286号）	2013/9/13	2014/1/1	财政部 国家机关事务管理局 中共中央直属机关事务管理局
	《中央和国家机关差旅费管理办法》（财行［2013］531号）	2013/12/31	2014/1/1	财政部
	《中央和国家机关培训费管理办法》（财行［2013］523号）	2013/12/29	2014/1/1	财政部 中央组织部 国家公务员局
政府采购	《中华人民共和国政府采购法》（2002年颁布 主席令第68号）	2002/6/29	2003/1/1	全国人大常委会
	《中华人民共和国招投标法》（1999年颁布 主席令第21号）	1999/8/30	2000/1/1	全国人大常委会
	《中华人民共和国招投标法实施条例》（2011年颁布 国务院令第613号）	2011/12/20	2012/2/1	国务院
	《中华人民共和国合同法》（1999年颁布 主席令第15号）	1999/3/15	1999/10/1	全国人大
	《政府采购货物和服务招标投标管理办法》（2004年颁布 财政部令第18号）	2004/8/11	2004/9/11	财政部
	《政府采购非招标采购方式管理办法》（2013年颁布 财政部令第74号）	2013/12/19	2014/2/1	财政部
	《政府采购信息公告管理办法》（2004年颁布 财政部令第19号）	2004/8/11	2004/9/11	财政部
	《政府采购供应商投诉处理办法》（2004年颁布 财政部令第20号）	2004/8/11	2004/9/11	财政部
	《政府采购代理机构资格认定办法》（2005年颁布 2010年修订 财政部令第61号）	2010/10/26	2010/12/1	财政部
	《财政部关于加强政府采购供应商投诉受理审查工作的通知》（财库［2007］1号）	2007/1/10	2007/1/10	财政部
	《关于进一步规范政府采购评审工作有关问题的通知》（财库［2012］69号）	2012/6/1	2012/6/1	财政部

续表

业务领域	政策法规名称	发布日期	生效日期	发布单位
资产管理	《行政单位国有资产管理暂行办法》（2006 年颁布 财政部令第 35 号）	2006/5/30	2006/7/1	财政部
	《事业单位国有资产管理暂行办法》（2006 年颁布 财政部令第 36 号）	2006/5/30	2006/7/1	财政部
	《行政事业单位资产清查暂行办法》（财办［2006］52 号）	2006/12/13	2006/12/13	财政部
	《行政事业单位资产核实暂行办法》（财办［2007］19 号）	2007/4/3	2007/4/3	财政部
	《中央行政事业单位国有资产管理暂行办法》（国管资［2009］167 号）	2009/7/2	2009/7/2	国管局
	《中央行政事业单位国有资产处置管理办法》（国管资［2009］168 号）	2009/7/2	2009/7/2	国管局
	《中央行政事业单位资产管理绩效考评办法（试行）》（国管资［2012］204 号）	2012/7/23	2012/7/23	国管局
纪检监察	《中华人民共和国行政监察法》（1997 年颁布 2010 年修订 主席令第 31 号）	2010/6/25	2010/10/1	全国人大常委会
	《中华人民共和国行政监察法实施条例》（2004 年颁布 国务院令第 419 号）	2004/9/17	2004/10/1	国务院
其他	《机关事务管理条例》（2012 年颁布 国务院令第 621 号）	2012/6/28	2012/10/1	国务院
	《中华人民共和国发票管理办法》（2011 年颁布 国务院令第 687 号）	2010/12/8	2011/2/1	国务院
	《中华人民共和国政府信息公开条例》（2007 年颁布 国务院令第 492 号）	2007/1/17	2008/5/1	国务院

以上单位内部控制相关政策法规的出台和实施表明，我国行政事业单位一直以来都在不断加强并完善着单位内部控制机制。例如，各级行政事业单位财务部门、纪检监察部门、审计部门三个机构的设立本身就是内部控制制衡性的体现。所以，在未正式出台《内控规范》之前，政府相关政策法规实际上对单位内部控制建设起着指导和规范作用，各级行政事业单位也一直是按照相关政策法规要求不断完善自身的内部控制，提高单位内部管理水平。

二、单位内部控制全面建设阶段

单位内部控制全面建设阶段始于财政部启动《内控规范》的制定工作。2010

年，在国务院打击发票违法犯罪工作部署的背景下，财政部启动行政事业单位内部控制建设工作，于2011年年初形成《内控规范》讨论稿，通过向财政部部内相关司局征求意见，深入基层实地调研单位内部控制情况，在2011年11月形成《内控规范》征求意见稿，并在全国范围内公开征求意见。

2012年1月至9月，财政部重点课题“行政事业单位内部控制规范研究”进行立项研究，以深圳市财政委员会牵头，国家机关事务管理局、中直机关事务管理局、北京市财政局、武警总队、新疆生产建设兵团作为参研单位，以不同类型行政事业单位案例研究的方式，开展课题研究。2012年10月，财政部、中纪委、审计署联合召开专家论证会。2012年11月，财政部部内10个司局会签通过后，最终以财会［2012］21号正式印发《内控规范》，并规定于2014年1月1日在全国各级行政事业单位实施，标志着我国行政事业单位内部控制进入全面建设阶段。

2013年，财政部全面部署《内控规范》宣传培训工作，试点单位如国家机关事务管理局、北京市财政局等单位组织开展内部控制工作。2013年7月19日，财政部召开全国内控规范实施动员视频会，部署开展行政事业单位内部控制建设。同时，财政部通过组织开展《内控规范》宣传培训，印发试点单位内部控制建设案例集，出版行政事业单位内部控制讲座等书籍，指导各级行政事业单位开展内部控制建设，确保《内控规范》在2014年的全面展开实施，推动单位内部控制建设。

在《内控规范》正式出台、宣传培训的同时，从2012年11月党的十八大以来，新一届领导班子上台伊始就提出了改进工作作风、密切联系群众的八项规定，并在全国范围内深入贯彻落实，包括2013年6月在全党范围开展的群众路线教育实践活动，2013年10月《党政机关厉行节约反对浪费条例》及其相关配套经费管理办法的印发实施，均体现了当前中央在财政资金使用、转变党风政风方面的决心和部署。特别是在党的十八届三中全会提出全面深化改革举措的背景下，提高政府治理水平、降低行政运行成本已成为当前政府改革的重点。行政事业单位内部控制作为提升单位内部管理水平的一项关键管理活动，能够为推动政府管理水平提升提供重要突破口，也可以为中央八项规定的落实、群众路线教育实践活动开展和《党政机关厉行节约反对浪费条例》的贯彻提供重要抓手。

第三节　国外政府组织内部控制的发展

一、美国政府内部控制的发展

从全球范围看，美国较早关注政府内部控制，也是当今政府内部控制相对健全、完善的国家。在美国政府内部控制的整个发展过程中，美国国会、行政管理和预算办公室（OMB）和审计总署（GAO）扮演着重要角色，国会作为立法机构主要参与法制建设，OMB 和 GAO 则通过制定有关规章和制度，推动政府内部控制法律的实施和健全。一定意义上讲，OMB 和 GAO 两大机构可称得上是“政府内部控制的司法机构”。正是这三大机构作为法律体系的构建者推动着美国政府内部控制的建立和发展。

（一）第一阶段：美国政府内部控制法律法规与制度的初建期（18 世纪 80 年代末至 20 世纪 70 年代中期）

美国政府内部控制是与其财务管理及监督的发展紧密联系在一起的。自美国建国之初至 20 世纪 70 年代的近两百年中，联邦政府并没有形成明确的内部控制规范，仅是通过国会和总统对联邦政府部门进行监督和管理。美国国会在建国之初通过《1789 年法案》，设立财政部，建立政府集中的会计和报告系统。从此，联邦政府的财务管理由财政部负责，总统通过财政部长来了解联邦机构的财务开支，国会按照财政预算向联邦政府拨款。随着政府管理社会事务的扩大，联邦政府的财务开支越来越大，政府机构内部的财务运作出现诸多舞弊、浪费和管理不善问题。因此，国会开始采取一些措施以严格监督联邦政府的财务运作。

1894 年，美国国会通过《多克瑞法案》，设立联邦审计长，简化联邦政府财务管理系统。随后，国会于 1921 年出台《预算与会计法案》，通过在国会设立审计总署（GAO），以分离财政部的政府审计职能，并赋予审计总署调查“所有与收入、支出以及公共资金申请有关的问题”和“在公共费用支出方面提出加快经济发展和提高效率的建议”的责任；同时，在财政部设立直接向总统负责的预算局，由预算局协助总统向国会提交年度财政预算，以便于国会对联邦政府财务开支进行监督，这一机构在 1939 年划归总统直属机构，1970 年 7 月合并到新成立的行政管理和预算办公室（OMB）。

在《预算与会计法案》的指导下，审计总署和行政管理和预算办公室展开了卓有成效的工作，也确实发挥了监督联邦政府部门财务运作的职责。但是，这种基于联邦机构外部的监督一方面成本巨大，另一方面并不能使政府机构内部建立完善的财务管理体制。因此，美国审计总署于 1948 年成立了会计系统局，提出“适当的内部控制是联邦机构会计系统整体的一部分”，建议加强对会计系统及相关控制的内部审计。1950年，国会通过《会计与审计法案》，提出维护有效的内部控制是联邦机构管理层的责任，要求联邦政府主要部门、机构领导建立并维护适当的内部会计控制系统，承担内部控制及内部审计方面的责任，该法案旨在期望从联邦政府机构内部完善政府财务管理系统。根据《会计与审计法案》，从1951年开始，审计总署在对邮政部的审计中，开始探索内部控制基础审计，首先检查邮政部的业务流程、测试其内部控制的有效性，而不再逐项检查每一条原始记录。

然而，在此后25年里，该项法案的实施效果并不理想。部分机构如联邦贸易委员会、联邦通讯委员会、证券交易委员会、民用航空局等联邦机构均未设内部审计职能；有的机构虽有内审职能但未专设专职的内部审计部门；有的机构即使有内审部门，也不能独立工作，其审计结论和建议并未得到重视，维持内部控制有效运行的人员和资金严重不足。因此，在20世纪80年代之前，由于联邦政府机构缺乏系统的内部审计指南，内部审计部门运行不独立，审计业务仅局限于对财务事项的审查，审计结果和建议也未得到应有的重视，法案赋予政府部门领导、监督、检查政府内部控制的职责未能完全实现。

（二）第二阶段：美国政府内部控制法律法规和制度框架的形成期（20世纪70年代后期至90年代中期）

为进一步推动联邦政府的内部监管建设，降低审计总署的外部监管成本，美国国会于1978年通过《督察长法案》，该法案规定联邦政府主要部门须设立督察长办公室，督察长由总统任命、国会通过，督察长的地位完全独立，不受部门预算及内部其他机构人员的影响，并赋予各联邦部门督察长调查的权限，可以对部门发生的浪费、舞弊、管理失当进行完全独立的调查、审计、审查，并向机构首长和国会报告，以推动联邦政府机构自身的建设。《督察长法案》并未明确内部控制的定义，但已强调了内部控制在效率性、效果性方面的作用，尽管如此，政府内部控制的实际情况并不尽如人意。1978年，《纽约时报》报道联邦资助项目中出现一系列舞弊行为，估计一年的损失高达120亿美元，其中仅健康、教育和福利部门因舞弊和浪费所致的损失就达70亿美元。

在这种背景下，为进一步落实《督察长法案》并明确政府内部控制的重要性，美国行政管理和预算办公室于1981年10月发布《A－123号通告：管理层责任与内部控制》，重申建立和维持适当的内部控制系统的要求，并详细描述了内部控制评估的具体步骤，以指导联邦政府评价、改进和报告内部控制系统。同时，该报告作出以下具体规定：（1）每一个联邦机构均应安排专人负责内部控制；（2）所有联邦机构均须在1982年12月31日之前完成对其内部控制弱点的评估；（3）联邦机构应对其内部控制进行持续性的复核；（4）联邦机构应建立管理程序强化其内部控制功能，并及时采取行动纠正内部控制缺陷。

在法律层面，美国国会于 1982 年 9 月通过《联邦管理者财务廉洁法案》(FMFIA)，再度以立法形式对政府内部控制加以规范。该法案申明建立和维护有效的内部控制是机构管理层的责任，要求“每一个联邦机构要持续地评估和报告其内部会计与管理控制系统的适当性”，“每一个联邦机构应当按照审计长发布的准则建立其内部会计与管理控制，内部会计与管理控制应当为以下方面提供合理保证：(1) 债务与成本的合法性；(2) 资金、财产和其他资产受到保护，免于浪费、损失、未经授权的使用或者被盗用；(3) 机构运行中的收入和费用被正确地加以记录，能够编制可靠的财务报告和统计报告，并维持对资产经营管理责任的记录”。同时，该法案也对行政机构内部控制报告作出明确规定，要求各联邦机构“定期评估其内部控制系统，机构负责人每年要向总统和国会报告内部控制系统的运行状态”，出具年度内部控制评估报告，说明机构的内部控制是否遵循了联邦准则，以及对内部会计控制和管理控制系统中所存在重大缺失的纠正计划。

《联邦管理者财务廉洁法案》的另一重要意义是直接催生了 1983 年审计总署发布联邦政府内部控制准则。1983 年，美国审计总署颁布《联邦政府内部控制准则》，作为联邦政府机构进行内部控制年度评估以及报告的基础。该准则的一般准则（General Standards）中规定了五方面的内容，主要包括合理保证、积极的支持态度、胜任的员工、控制活动和控制技术等；具体准则（Specific Standards）中规定了六方面的内容，主要包括文件记录、对交易和事项的记录、交易和事项业经授权后执行、职责分离、监控、对资源的接触与责任等。《联邦政府内部控制准则》和 1981 年《A-123 号通告：管理层责任与内部控制》构成了这一时期政府内部控制框架体系的主要规范性文件，成为联邦政府评价、改进和报告内部控制系统的指南。

1984 年，美国国会通过《单一审计法案》，要求接受联邦拨款的州、地方政府组织必须接受对其援助资金的审计，报告对拨款规定遵守的情况，以及联邦财务拨款的内部会计控制与管理控制状况。该法案意味着对内部会计控制和管理控制的关注，由联邦机构进一步扩大到接受联邦拨款的州及各级地方政府。这些法律法规和准则的颁发、实施，改善了联邦政府机构内部控制的确认和报告系统，但一些长期困扰政府运行的内控问题仍未能很好解决。美国审计总署 1985 年的评估报告显示，一半以上的政府机构内控和会计系统不符合审计总署的要求，财务管理、会计处理、采购系统、资产管理、现金管理、拨款及贷款、债务管理、电子数据处理、人力资源管理等问题，没有明显改善。

1987 年，纽约州发布《纽约州内部控制法案》，明确指出所有的州立部门、纽约州立大学、纽约市立大学、州政府内设机构和处室、委员会、理事会以及其他政府性实体或者履行类似政府职能的组织都负有内部控制责任，并进一步阐明政府内部控制的概念。此后，其他各州也陆续采取措施加强州政府部门内部控制，目前已将部分公立医院和大学纳入了政府内部控制的范畴。

（三）第三阶段：美国政府内部控制法律法规和制度框架的健全期（20 世纪 90 年代后期至21 世纪之前）

进入 20 世纪 90 年代之后，随着联邦政府财务的渐趋复杂和信息技术的发展，前一阶段形成的联邦政府内部控制框架进一步完善，其法律建设也更加健全。一方面对联邦机构的财务内部控制要求更加严格，另一方面逐渐对政府机构的战略规划、政策执行等进行控制。1990 年，国会出台《首席财务官法案》（CFO 法案），要求在联邦政府部门设立首席财务官，负责推动财务管理制度的现代化、提高财务报表的质量，并给部门主管提供及时准确的财务信息，以此作为内部控制的基础。各部门首席财务官的主要职责在于，推动并保持一项整合财务会计及内部控制的财务管理系统，这个系统必须符合适用的会计准则和内部控制标准，也必须在联邦首席财务官的领导下，遵守 OMB 所颁布的相关财务管理制度，最终保证各部门提供完全一致、准确完整的财务及成本估算信息，为内部控制和业绩改进提供评估标准。

1993 年，美国国会出台《政府绩效与成果法案》，要求联邦政府机构必须制定机构业绩的战略规划，而且应由督察长认定可以用来衡量业绩的因素，这使得督察长的内部控制督察职责，除了消极性的防止弊端、整饬不法，也增加了积极性的提升效率及加强业绩。1994 年，美国国会出台《政府管理改革法案》，旨在增强联邦机构首席财务官在提供完整准确的财务信息方面的责任，扩充了政府首席财务官的财务报告责任，并赋予督察长就首席财务官提交的财务报告进行审计，通过美国审计总署对联邦政府合并财务报表的审计来强化国会监督的功能。

1995 年 6 月 21 日，美国行政管理和预算办公室对《A－123 号通告：管理层责任与内部控制》进行了修订，提出了管理控制的概念，并指出，“管理控制是为下列方面提供合理保证的组织、政策和程序：（1）项目符合预期结果；（2）资源的使用与机构使命相吻合；（3）项目和资源受到保护，使其免遭浪费、欺诈和不当的管理；（4）相关法律、规章得以遵循；（5）可靠、及时的信息被获取、维护和报告，并用以决策。”该文件还将管理控制划分为一般管理控制与特殊管理控制，指出，“一般管理控制包括：合法性；对保护资产的合理保证；管理者与雇员的诚信、胜任和态度。特殊管理控制包括：组织结构与授权；职责分离与监督；对资源与记录的接近限制；记录与文件管理；对审计发现及其他缺陷所采取的行动”。

1996 年，美国国会出台《联邦财务管理改进法案》，强化了 CFO 在财务管理系统更新改进上的责任，通过确保联邦财务管理系统提供可靠、一致的财务数据，以及在联邦政府内每年统一实施专业公认会计准则，从而促进联邦财务管理的改善。该法案要求财务长与督察长之间形成制衡与互动，提高内部控制的效率和效果。这一系列与政府内部控制相关的法律法规的颁发和实施，使首席财务官和督察长制度日臻完善、地位日趋增强。有数据显示，督察长办公室的内部审计和调查人员从 1981 年的 5800 人增加到 1998 年的 10000 人，每年花费约 11 亿美元；联邦政府不同机构的内审、调查人员数量差异较大，最大的国防部督察长办公室有 1300 人，全部人员中有二分之一是审计人员，四分之一是调查人员，剩余的四分之一是管理及其他人员。

此外，随着信息技术的飞速发展和社会各界对信息安全的关注，联邦政府通过信息技术来实施政府内部控制的力度也在加强。1996 年，国会出台《克林杰——科恩法案》，即信息技术管理改革法案，建议联邦机构在条件许可的情况下设立首席信息官，以改善机构的信息系统建设，并要求报告年度信息管理状况。2002 年，美国国会出台《不正当支付信息法案》，该法案要求联邦机构评估不正当支付的风险及其影响，以提高联邦机构支付的准确性和完整性，保证信息安全。同时，美国国会还先后通过《政府信息安全改革法案》、《政府信息安全管理法案》等加强信息技术方面的控制，通过提高支付系统的准确性、完整性来改进政府内部控制。

以上便是 20 世纪 90 年代，美国国会出台的联邦政府内部控制建设方面的相关法案。这些法案进一步保障了以督察长为中心的联邦政府内部控制，并通过设立机构首席财务官和首席信息官，来完善联邦机构内部控制的两翼。同时，将内部控制的范围从内部会计控制进一步扩展到管理控制领域，以提升政府服务的效率并改善管理业绩。

（四）第四阶段：美国政府内部控制法律法规和制度框架的完善期（21 世纪以来）

进入 21 世纪，美国政府内部控制法律规制进一步完善。美国审计总署 1999 年 11 月修订后的《联邦政府内部控制准则》于 2000 年正式生效，该准则以风险导向和业绩导向为特征的，将风险评估作为内部控制的要求之一，更加重视在政府运行中不断增加对信息技术的使用。准则认为内部控制是管理层为实现目标所采取的计划、方法和程序，内部控制准则由一般准则、具体准则和审计处理准则构成。其中，一般准则包含合理保证、支持性态度、专业胜任能力、控制目标、控制技术等；具体准则包含文件、交易和事项的记录与执行、职责分离、监督、限制接近和说明等；审计处理准则要求管理层评估审计发现及建议、及时采取改进措施。

2004 年，美国行政管理和预算办公室对第 123 号通告进行了再次修订，之前一次修订是在 1995 年。2004 年修订后的《A－123 号通告：管理层责任与内部控制》，目的是为联邦管理者针对以下方面提供指南：（1）管理层的内部控制责任；（2）评估内部控制有效性的流程以及评估的新要求；（3）更新的内部控制标准；（4）整合并协调内部控制评估。2005 年 7 月，由首席财务官理事会和总统公平与效率委员会（PCIE）成员组成的联合委员会，发布了《A－123 号通告：管理层责任与内部控制之执行指南：附录 A 财务报告内部控制》，该指南扩展了内部控制评估程序。

2008 年，美国国会对 1978 年《督察长法案》进行了修订，公布新通过的《督察长改革法案》，该法案要求设立“督察长公平与效率委员会”，替代总统公平与效率委员会和公平与效率执行委员会，以进一步加强督察长的独立性，提高督察长的专业胜任能力，增进督察长之间的相互协调和工作效率。OMB 负责制定指令和指南以帮助联邦机构遵循国会的立法，并以通告、公报或备忘录的形式向外发布。美国审计总署负责发布《联邦政府内部控制准则》，俗称“绿皮书”（以同其发布的俗称“黄皮书”的政府审计准则相区别），两者共同来建立维护联邦政府有效的内部控制。

从上述美国政府内部控制相关立法发展可以看出，美国联邦政府在 1978 年《督察长法案》基础上，通过几十年的努力，逐渐建立健全了督察长、首席财务官等制度，在行政系统内构成了联邦政府机构的内部控制。即，在行政管理和预算办公室的整体控制下，由首席财务官负责制定并运行政府部门的财务管理及会计和管理控制，督察长负责对其运行实施审计督察。同时，在行政系统之外，国会通过审计总署对行政部门内部控制、施政业绩进行监督调查，促进政府内部控制的运行，确保政府管理者通过有效履行公共受托责任实现预期目标。

二、国际组织及其他国家政府内部控制的发展

（一）国际组织

2001 年，国际会计师联盟提出了名为《公共部门治理——管理层的视角》的报告，认为内部控制制度是政府责任的基础，是政府治理的重要工作。

2004 年，最高审计机关国际组织发布了新的《公共部门内部控制准则指南》，该准则在吸收全美反舞弊性财务报告委员会发起组织（COSO）《企业风险管理整合框架》最新风险管理理论基础上，特别增加了“风险评估”内容，说明了风险管理与内部控制的关系，规范了公共部门如何开展风险评估，并强调了政府部门的风险评估。同时，国际组织分别就内部控制的概念、内部控制人员、内部控制责任主体、内部控制的合理保障、机构目标的设置、内部控制效果的有限性等进行了论述，尤其是将公共部门内部控制定义为公共部门管理层和员工为合理保证单位履行使命、实现总体目标而应对风险的过程，将内部控制的本质界定为防范风险。

（二）荷兰

1990年，荷兰通过了《政府会计法》，并依此法确定了公共组织构建内部控制体系的职能，是荷兰政府内部控制建立的基础，内部控制的责任主体包括了国会、财政部、审计机关和政府各部部长。政府各部部长根据《政府会计法》对本单位财务管理的合理性和业务管理的效率负责，其职能类似于美国的首席财务官。

（三）日本

日本政府内部控制改革的外部动力主要来自于经济全球化，内部控制的实施力度和效果则通过法律来保证。日本政府通过《公共财务法》和《公共会计法》确定公共部门的财务和会计检查及内部控制，并规定所有政府部门依据法定要求检查并控制本单位的财务和会计活动。

（四）澳大利亚

澳大利亚深入研究了公共部门内部控制与风险管理的关系及其运用，并在20世纪90年代率先开展了风险评估。其测评标准呈多重结构，包括政府部门、最高审计机关制定的标准和外部规定，如政府指导性文件，政府认同的外部规定，国家审计署制定的测评标准等。

第四节　我国企业内部控制的发展

我国企业内部控制的发展源于20世纪90年代，主要由政府、证券监管机构和行业监管机构等制定的有关法律、法规、指引来推动。下面简要介绍在我国企业内部控制发展进程中具有代表性的政策、法规和规范。

1999年修订的《会计法》第一次以法律形式对建立健全企业内部控制提出了原则要求。其第27条规定，各单位应当建立健全本单位内部会计监督制度。

自2001年开始，为落实《会计法》精神，财政部连续制定发布了包括《内部会计控制规范——基本规范》在内的七项内部会计控制规范，即基本规范（试行）（2001年）和货币资金（2001年）、采购与付款（2002年）、销售与收款（2002年）、工程项目（2003年）、担保（2004年）、对外投资（2004年），同时印发了固定资产、存货、筹资、成本费用、预算等控制规范的征求意见稿。

2001年1月31日，证监会发布了《证券公司内部控制指引》，要求证券公司从内部控制机制和内部控制制度两个方面来规范自身的发展，有效防范和化解风险，维护证券市场的安全和稳定。

2002 年 9 月 7 日，中国人民银行颁布了《商业银行内部控制指引》，促进商业银行建立健全内部控制体系，防范金融风险，保障银行体系安全稳健运行。

2003 年 12 月，审计署发布第 5 号令《审计机关内部控制测评准则》，提出建立健全内部控制并保证其有效实施是审计单位的责任，审计人员的责任是对内部控制的健全性和有效性进行评价。

2005 年 11 月，证监会发布了经国务院批转的《关于提高上市公司质量意见》，明确要求上市公司应加强内部控制制度建设，强化内部管理，对内部控制制度的完整性、合理性及其实施的有效性进行定期检查和评估，并通过外部审计对公司的内部控制制度以及公司的自我评估报告进行核实评价，披露相关信息。

2006 年 5 月 17 日，证监会发布《首次公开发行股票并上市管理办法》，规定“发行人的内部控制在重大方面是有效的，并由注册会计师出具无保留结论的内部控制鉴证报告”。这是中国首次对上市公司内部控制提出的具体要求。

2006 年 6 月 5 日，上海证券交易所出台《上市公司内部控制指引》，要求上市公司建立内部控制体系，并于 2006 年 7 月 1 日全面执行。该指引将内部控制定义为“上市公司为了保证公司战略目标的实现，而对公司战略制定和经营活动中存在的风险予以管理的相关制度安排。它是公司董事会、管理层及全体员工共同参与的一项活动”。

2006 年 6 月 6 日，国资委正式对外发布了《中央企业全面风险管理指引》。该指引提出了企业风险管理的组织体系，即以职能部门和业务单位为第一道防线，以风险管理职能部门和董事会下设的风险管理委员会为第二道防线，以内部审计部门和董事会下设的审计委员会为第三道防线。

2006 年 9 月 28 日，深圳证券交易所出台《上市公司内部控制指引》，敦促上市公司建立健全公司内部控制制度，并于 2007 年 7 月 1 日起正式执行。该指引将内部控制定义为“上市公司董事会、监事会、高级管理人员及其他人员为实现下列目标而提供合理保证的过程：遵守国家法律、法规、规章及其他相关规定；提高公司经营的效益及效率；保障公司资产的安全；确保公司信息披露的真实、准确、完整和公平。”

2007 年 6 月，银监会重新修订发布了《商业银行内部控制指引》，明确规定除商业银行外，政策性银行、城市信用社、农村信用社、村镇银行、贷款公司、金融资产公司、信托公司、财务公司等金融机构均需参照执行。

2008 年 6 月 28 日，财政部会同证监会、审计署、银监会、保监会联合发布《企业内部控制基本规范》。《企业内部控制基本规范》在形式上借鉴了 COSO 报告五要素框架，同时在内容上体现了风险管理八要素框架的实质，实现了与国际接轨。

2010 年 4 月 26 日，财政部、证监会等五部委联合发布了《企业内部控制应用指引》、《企业内部控制评价指引》和《企业内部控制审计指引》。上述配套指引和《企业内部控制基本规范》共同构成了我国企业内部控制规范体系。

2010 年，保监会发布《保险公司内部控制基本准则》（保监发［2010］69 号），以加强保险公司内部控制建设，提高保险公司风险防范能力和经营管理水平。

2012 年，国资委下发《关于加快构建中央企业内部控制体系有关事项的通知》，要求中央企业开展内部控制体系建设。

图 1－1 是最为典型的几项内部控制法规出台顺序。

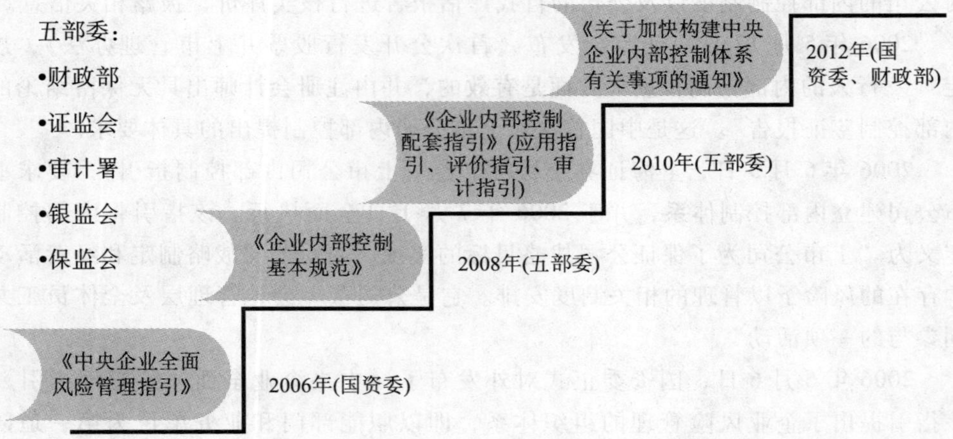

图 1－1　我国企业内部控制主要法规出台顺序

上述内部控制政策、法规、规范文件的出台，为我国企业实施内部控制建立了一套相对完善的标准。尽管在具体内容上各有侧重，但这些政策、法规、规范文件的最终落脚点都是为了提升我国企业治理水平，促进企业战略目标实现，解决企业发展问题，以应对国际国内复杂激烈的市场竞争环境。

第二章
行政事业单位内部控制的要求

行政事业单位内部控制是指单位为实现控制目标，通过制定制度、实施措施和执行程序，对经济活动的风险进行防范和管控。基于“目标——风险——控制”的内控理念，行政事业单位内部控制建设从设定经济活动控制目标开始，通过识别影响经济活动开展的主要风险，制定有效的控制措施以防范风险发生。在行政事业单位内部控制建设过程中，通过将内控理念融入单位各项经济活动之中，设计单位层面和业务层面的内部控制机制，包括管理制度、业务程序、工作措施的优化完善，建立健全单位内部控制体系，实现对单位经济活动的有效管理。

第一节　行政事业单位内部控制的内涵

一、行政事业单位内部控制的定义

根据《内控规范》第一章第三条规定，行政事业单位内部控制是指“单位为实现控制目标，通过制定制度、实施措施和执行程序，对经济活动的风险进行防范和管控”。

首先，这一定义强调内部控制的主体是广义上的行政事业单位及其所属部门，包括各级党的机关、人大机关、行政机关、政协机关、审判机关、检察机关、各民主党派机关、人民团体和事业单位。

其次，这一定义明确行政事业单位内部控制的客体仅限于单位的经济活动，即对经济活动的风险进行防范和管控，而非对单位所有活动的风险进行防范和管控，主要包括预算、采购、收支、工程、资产与合同等经济活动。

再次，这一定义表明行政事业单位内部控制主要通过制定制度、实施措施和执行程序等三种手段来实现对经济活动风险的防范和管控。制定制度即建立健全内部控制的规范标准和程序，实施措施则是采取有针对性的行动方案，执行程序是一以贯之的执行内控制度和流程。

二、行政事业单位内部控制的目标

行政事业单位内部控制是为单位实现其控制目标提供合理保证。具体来说，主要有五大控制目标。

1. 合理保证单位经济活动合法合规。行政事业单位经济活动必须在法律法规允许的范围内进行，严禁违法违规行为的发生，这是行政事业单位内部控制最基本的目标，是其他四个目标存在的前提和基础。

2. 合理保证资产安全和使用有效。该目标强调了保证行政事业单位资产的安全和有效利用，以保证其使用效率。该目标与成熟先进的管理理念和方法、最新的科学技术发展以及科学有效的机制和体制密切相关，是实现行政事业单位战略目标的落脚点。

3. 合理保证财务信息真实完整。该目标强调行政事业单位要提供真实可靠的会计报告和相关信息。行政事业单位须合理保证会计报告和相关信息的真实完整，客观地反映单位运行管理情况和预算执行情况，为领导层的决策提供可靠依据。

4. 有效防范舞弊和预防腐败。内部控制的基本原则是权力制衡，行政事业单位应该充分运用内控的制衡原理，在单位内部进一步完善决策权、执行权和监督权相互制约的机制，发挥流程控制作用，有效地预防腐败。

5. 提高公共服务的效率和效果。行政事业单位与企业的根本区别在于其设立和运营的目的不同。行政事业单位内部控制的运营目标就是要提高单位公共服务的效率和效果。

对于行政事业单位内部控制而言，它不是一个单一的事件，而是贯穿整个组织且持续进行的一系列行为和活动；它也不是单位的一个独立系统，而是单位用来控制和引导业务运行的不可或缺的组成部分；它无法为实现控制目标提供绝对保证，而受限于一些内外部因素的影响仅能为其提供合理保证；它不仅依靠单位领导层的大力推行，也需要单位全体人员共同参与并发挥作用。可以说，行政事业单位内部控制是单位内部管理的重要组成部分，与单位业务运行融为一体，持续帮助单位管理经济活动并实现控制目标。

三、行政事业单位内部控制的原则

在行政事业单位内部控制建设和实施过程中，应当遵循全面性原则、重要性原则、制衡性原则和适应性原则。

1. 全面性原则。内部控制应当贯穿单位经济活动的决策、执行和监督全过程，实现对经济活动的全面控制。所谓全面性主要体现在三个方面：一是全过程控制，内部控制应当贯穿决策、执行和监督全过程；二是全方位控制，内部控制应当覆盖单位的各种业务和事项；三是全员控制，内部控制的关键是对人的控制，是对单位全体成员进行控制，保证每一位单位成员，包括领导层面及执行层面都受到相应的控制。

2. 重要性原则。在全面控制的基础上，内部控制应当关注单位重要经济活动和经济活动中的重大风险。重要性原则强调行政事业单位内部控制建设与实施应当突出重点、兼顾一般，着力防范可能对单位产生重大影响的重大风险，重视重要的业务事项和高风险领域，对业务处理过程中的关键控制点以及关键岗位加以特别的防范。所谓关键控制点，是指业务处理过程中容易出现漏洞且一旦存在差错即会给单位带来巨大损失的高风险领域。所谓关键岗位，是单位内部容易实施舞弊的职位。

3. 制衡性原则。内部控制应当在单位内部的机构设置、职责分工、业务流程等方面形成相互制约和相互监督。相互制衡是建立和实施内部控制的核心理念，更多地体现为不相容机构、岗位或人员的相互分离和制约。无论是单位决策环节、执行环节，还是在监督环节，如果做不到不相容岗位相互分离和制约，将会造成滥用职权或串通舞弊，导致内部控制的失败。所以，要在内控制度设计上体现制衡的原则并严格执行，一是治理结构的制衡，二是机构设置及权责分配的制衡，三是业务流程的制衡。

4. 适应性原则。内部控制应当符合国家有关规定和单位的实际情况，并随单位外部环境的变化、经济活动的调整和管理要求的提高，不断修订和完善。这一原则强调单位建立和实施内部控制绝非一蹴而就，要克服一劳永逸的思想，做到与时俱进，在保持相对稳定的基础上不断加以优化改进。各行政事业单位应结合本单位业务特点和实际情况，建立符合自身组织架构特点的内部控制体系。

《内控规范》对行政事业单位建立和实施内部控制提出了如下要求：第一，行政事业单位负责人对本单位内部控制的建立和有效实施负责。第二，单位应当根据本规范建立适合本单位实际情况的内部控制体系，并组织实施。具体工作包括梳理单位各类经济活动的业务流程，明确业务环节，系统分析经济活动风险，确定风险点，选择风险应对策略，开展内控信息化建设，建立健全单位各项内部管理制度并督促相关工作人员认真执行。

第二节　行政事业单位内部控制的理念和框架

根据《内控规范》规定，结合对内部控制的核心理念和体系框架的分析，本书认为行政事业单位内部控制体系建设应遵循“目标——风险——控制”的内部控制核心理念，并按照风险评估、单位层面控制、业务层面控制和评价监督四个方面来构建单位内部控制体系框架，对单位经济活动进行评估诊断和整合优化。

一、行政事业单位内部控制的核心理念

对于内部控制而言，无论是企业内部控制建设还是行政事业单位内部控制建设，其核心均在于建立一套有效的控制机制来防范业务活动中的风险，以实现各项业务的控制目标。与企业内部控制不同的是，行政事业单位内部控制是针对单位各项经济活动，其控制目标除合理保证单位经济活动合法合规、资产安全和使用有效、财务信息真实完整之外，还包括有效防范舞弊和预防腐败，提高公共服务的效率和效果。同时，行政事业单位经济活动中的风险也不同于企业经营，针对行政事业单位设计的控制制度、机制、措施也与企业不同，需要根据行政事业单位的具体特点来设计（如图 2－1 所示）。

- 对于行政事业单位而言，可从以下五个方面对单位经济活动的控制目标进行界定：
- 1.合理保证单位经济活动合法合规
- 2.合理保证单位资产安全和使用有效
- 3.合理保证单位财务信息真实完整
- 4.有效防范舞弊和预防腐败
- 5.提高公共服务的效率和效果
- 设定控制目标是内部控制建设的起点，也是内控建设的方向。

- 行政事业单位风险识别与评估从单位层面和业务层面两方面来界定：
- 1.单位层面：可从机构设置是否科学、权责分配是否合理、决策机制是否健全、管理制度是否完善、岗位人员能力是否胜任、信息沟通是否畅通、财务处理是否规范
- 2.业务层面：可从预算、收支、采购、资产管理、建设项目、合同管理的制度是否健全，执行程序是否完善，业务事项是否真实合规。

- 行政事业单位控制设计包括制度、程序和措施三个层面，并在以下方面重点体现：
- 1.控制设计与国家法律法规和政策文件的相符性
- 2.控制设计与单位当前管理制度和管理现状的适应性
- 3.控制设计需考虑单位职能履行和业务开展的效率
- 4.控制设计需关注资金、资产的浪费，防范舞弊和腐败
- 5.控制设计需保障单位能有效发挥其公共服务职能

图 2－1　行政事业单位内部控制设计理念

（一）行政事业单位经济活动控制目标

设定控制目标是行政事业单位内部控制建设的起点。特别是在预算业务、收支业务、采购业务、资产管理、建设项目和合同管理等各项经济活动中，首先需要明确每一业务所要达到的管控目标，才能在设计具体控制措施时有的放矢、有章可循。具体来说，应根据每一业务的实际状况，对照单位内部控制的五大目标设定每一业务的具体管控目标，即每一业务的管控机制设计须合理保证单位经济活动合法合规、资产安全和使用有效、财务信息真实完整，有效防范舞弊和预防腐败，提高公共服务的效率和效果。同时，作为使用公共财政资金的一类组织，行政事业单位需要确保财政资金的有效使用，这既是一种外部监管要求，也是内部管控的重点。

（二）行政事业单位经济活动主要风险

不同于企业风险，行政事业单位经济活动风险主要表现在财政资金使用、国有资产管理、人员舞弊、廉洁从政以及违法违纪等方面。一般来说，可以从单位层面和业务层面两个方面来识别和评估行政事业单位经济活动风险。其中，单位层面风险可从机构设置是否科学、权责分配是否合理、决策机制是否健全、管理制度是否完善、岗位人员能力是否胜任、信息沟通是否畅通、财务处理是否规范等方面来识别和评估；业务层面风险可从预算、收支、采购、资产管理、建设项目、合同管理的制度规定是否健全，执行程序是否规范清晰，每一业务事项是否真实、合规且执行到位等方面来识别和评估。行政事业单位经济活动风险是指可能影响单位目标实现的各种不确定因素，通过识别单位经济活动中的主要风险，及时对其进行管控，可以有效保障单位各项控制目标的实现。

（三）行政事业单位经济活动控制机制

行政事业单位控制机制是为实现单位各项经济活动控制目标，针对经济活动中主要风险而设计的一套管控机制，它涵盖了单位预算、收支、采购、资产管理、建设项目、合同管理等所有的经济活动，旨在搭建包括管理制度、执行程序和具体措施在内的管控机制。在行政事业单位控制活动设计中，应重点关注以下方面：符合国家法律法规和政策文件；适应单位现有制度规定和管理现状；便于单位职能正常履行和业务开展；能够防范人员舞弊和预防腐败；保障单位公共服务职能的有效发挥。行政事业单位控制机制设计是单位内部控制建设的核心，一套设计有效执行有力的控制机制可以有效防范和管控单位经济活动风险，确保单位经济活动目标最佳实现。

需要强调的是，在行政事业单位目标设定、风险识别和控制设计的过程中，人的因素至关重要（如图2－2所示）。一方面，需要由人来明确具体的经济活动管控目标、识别可能存在的风险、设计有效的控制机制，这就要求单位人员具备较高的素质和能力；另一方面，根据控制目标设计的管控措施需要人来执行，如果单位人员的素质和能力达不到要求，也可能无法确保控制活动得到有效执行。因此，单位人员对经济活动的“目标——风险——控制”内控理念的认识，以及单位人员是否能够积极主动的建设并实行内部控制，将直接影响内部控制实施的效果和效率。

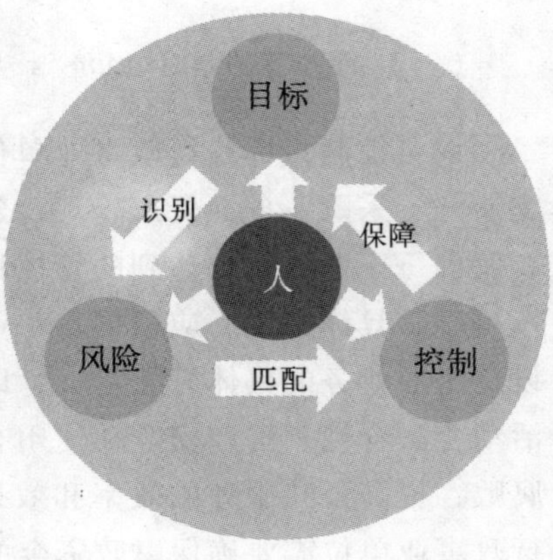

图2－2　人的因素

二、行政事业单位内部控制的体系框架

财政部2012年11月出台《内控规范》主要包括总则、风险评估和控制方法、单位层面内部控制、业务层面内部控制、评价与监督、附则等内容（如图2－3所示）。

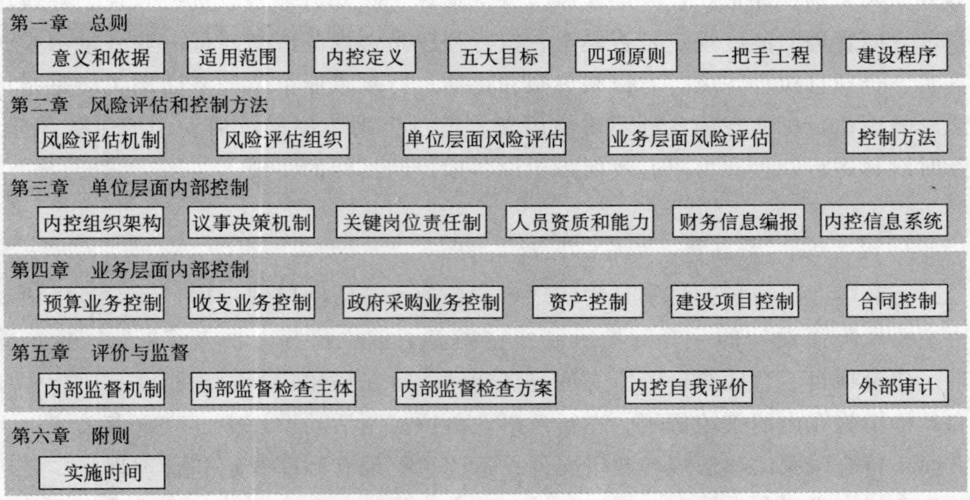

图2－3　《行政事业单位内部控制规范（试行）》章节内容

根据《内控规范》章节内容，本书将行政事业单位内部控制体系框架总结为风险评估、单位层面内部控制活动、业务层面内部控制活动和评价与监督四个方面（如图2－4所示）。通过这四方面的内部控制建设来实现单位经济活动合法

合规、资产安全和使用有效、财务信息真实完整、有效防范舞弊和预防腐败、提高公共服务效率和效果的行政事业单位内控目标。

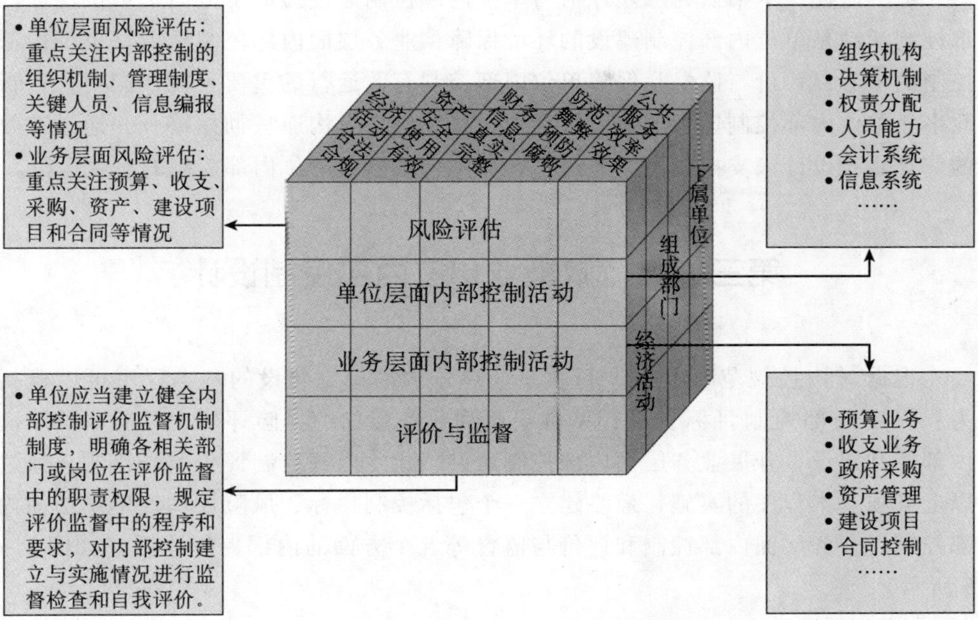

图2-4　行政事业单位内部控制体系框架

第一，风险评估是行政事业单位对单位层面和业务层面风险进行识别和评估的过程。单位层面风险评估重点关注内部控制的组织机制是否健全、内部管理制度是否完善、关键岗位人员能力是否匹配、财务信息编报是否及时准确等方面；业务层面风险评估重点关注预算业务、收支业务、政府采购、资产管理、建设项目和合同管理等业务管理制度是否健全、业务程序是否明晰、业务执行是否有效等方面。

第二，单位层面内部控制活动是行政事业单位针对各项经济活动进行的内部环境评估和控制设计，并将这些控制机制落实在单位经济活动中的过程。单位层面控制活动主要包括组织机构、议事决策机制、关键岗位权责分配、关键岗位人员能力、会计系统、信息系统与信息技术应用等六个部分。

第三，业务层面内部控制活动是行政事业单位针对各项经济活动制定具体控制政策和程序的过程，核心是针对风险建立经济活动管控机制的过程。业务层面控制活动主要包括预算业务控制、收支业务控制、政府采购控制、资产管理、建设项目控制和合同控制等六个部分。

第四，评价与监督是行政事业单位对其内部控制的建立和执行情况进行持续评价和监督的过程，确保内控设计和执行的有效性。评价与监督可以采用定期和不定期相结合、日常和专项相结合的方式，对内部控制的健全性、合理性和有效性进行评估检查。评价与监督能够帮助单位领导层预防、发现和整改内部控制设计和运行中存在的问题和薄弱环节，以便及时加以改进，确保单位内部控制有效运行。

综上所述，本书认为风险评估为单位内部控制建设提供了方向，单位层面内部控制活动是单位内部控制建设的环境保障，业务层面内部控制活动是单位内部控制的核心，评价与监督是保障单位内部控制有效运行的重要手段。同时，在行政事业单位内部控制运行的整个过程中，持续的信息沟通贯彻始终，并通过有效的信息系统设计来支撑信息沟通过程，保障行政事业单位内部控制的有效运行。

第三节 行政事业单位内部控制设计

根据《内控规范》规定，行政事业单位内部控制建设的基本程序可以概括为：设定内部控制目标，进行单位层面和业务层面的风险评估，开展单位层面内部控制建设，开展业务层面内部控制建设，建立内部控制评价监督机制。通过以上五项基本程序的实施，最终建立一个包括控制目标、风险评估、单位层面内部控制、业务层面内部控制和评价与监督等五个方面的内部控制体系（如图2－5所示）。

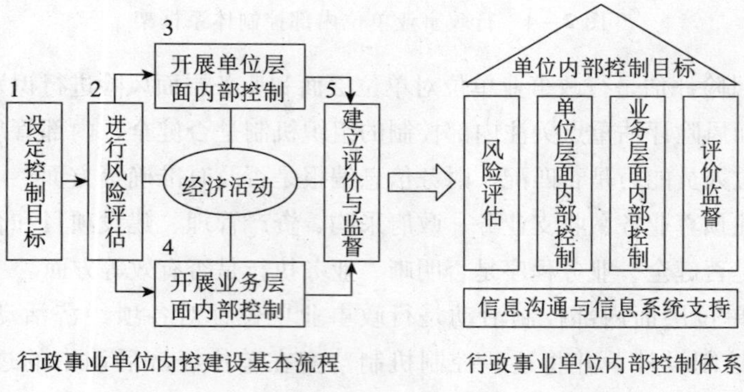

图2－5 行政事业单位内控建设基本流程

一、单位层面内部控制设计

根据《内控规范》规定，单位层面内部控制主要包括组织机构、议事决策机制、关键岗位权责分配、关键岗位人员能力、会计系统、信息系统与信息技术应用等六个方面（如图2－6所示）。其中，合理的组织机构设置是单位层面内部控制的前提；关键岗位权责分配与关键岗位人员能力为议事决策的有效性提供保障；会计控制作为一种重要的控制手段，旨在确保单位财务信息编报的及时准确；信息系统和信息技术控制贯穿于单位层面内部控制的整个过程，以提升内部控制的效率和可靠性。

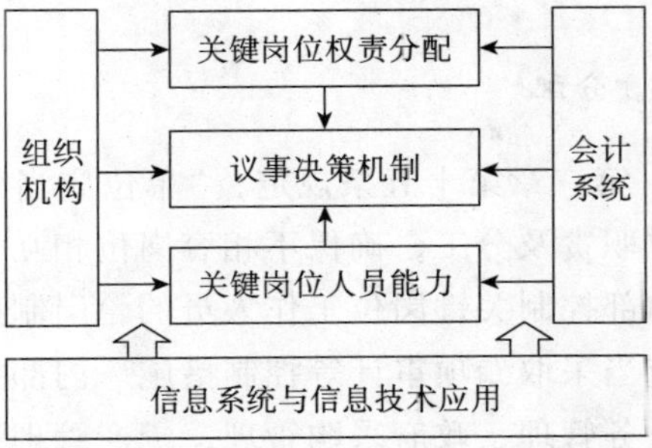

图 2－6　单位层面内部控制组成部分

（一）组织机构

根据《内控规范》第三章第十三条规定，“单位应当单独设置内部控制职能部门或者确定内部控制牵头部门，负责组织协调内部控制工作。同时，应当充分发挥财会、内部审计、纪检监察、政府采购、基建、资产管理等部门或岗位在内部控制中的作用。”

对于行政事业单位而言，组织机构设置的核心在于建立包括决策机构、执行机构和监督机构在内的相互制衡机制，并适应我国政府职能转变和机构改革的大环境。一般来说，决策机构是单位的权力中心，其设计的合理性对单位内部控制整体效果具有正向引导作用；执行机构是决策机构的承办部门，具体实施单位内部控制活动，如财会部门、采购部门、资产管理部门、预算管理部门等；监督机构是对决策机构和执行机构进行监督，一般包括内部审计部门、纪检监察部门。

（二）议事决策机制

根据《内控规范》第三章第十四条规定，“单位经济活动的决策、执行和监督应当相互分离。单位应当建立健全集体研究、专家论证和技术咨询相结合的议事决策机制。重大经济事项的内部决策，应当由单位领导班子集体研究决定。重大经济事项的认定标准应当根据有关规定和本单位实际情况确定，一经确定，不得随意变更。”

行政事业单位决策一般由单位领导班子决定，单位领导班子成员由党委、行政和纪检主要领导组成。单位领导班子在决策过程中，应针对不同的决策事项，机动地邀请与具体决策事项相关的分管领导或专家参加。行政事业单位决策的范围应该包括大额资金使用、大宗设备采购、基本建设等重大经济事项；在决策过程中应坚持民主集中制原则、科学高效原则和责任追究原则；在决策时可通过口头、举手、记名或无记名投票等方式，按照少数服从多数的原则，经出席会议的成员半数以上同意。

（三）关键岗位权责分配

根据《内控规范》第三章第十五条规定，“单位应当建立健全内部控制关键岗位责任制，明确岗位职责及分工，确保不相容岗位相互分离、相互制约和相互监督。单位应当实行内部控制关键岗位工作人员的轮岗制度，明确轮岗周期。不具备轮岗条件的单位应当采取专项审计等控制措施。内部控制关键岗位主要包括预算业务管理、收支业务管理、政府采购管理、资产管理、建设项目管理、合同管理以及内部监督等经济活动的关键岗位。”

行政事业单位应结合本单位性质、预算类型、收支管理特点，依照单位确定的职能、规格、编制限额、职数以及结构比例，对各内设机构职责进行科学合理的划分，在本单位各内设机构具体职位的基础上，确定内部控制管理的关键岗位名称、职责和工作要求，明确关键岗位的权限和相互关系。在确定关键岗位职责及权限分工过程中，应着重体现不相容岗位分离的控制要求，通过制定组织机构图、岗位说明书、权限指引等内部管理文件，使各个关键岗位的职责权限得以明确、具体的呈现，确保不相容岗位相互分离、制约和监督。

（四）关键岗位人员能力

根据《内控规范》第三章第十六条规定，“内部控制关键岗位工作人员应当具备与其工作岗位相适应的资格和能力。单位应当加强内部控制关键岗位工作人员业务培训和职业道德教育，不断提升其业务水平和综合素质。”

行政事业单位内控制度的有效运行依赖于单位人员的切实执行，尤其是关键岗位人员的专业技能和综合素质直接影响单位内部控制管理的效果。行政事业单位人员的录用、考核、任免、职务升降、奖励、惩戒、培训、交流、回避、辞职、辞退以及退休等均应按照国家相关法律法规来执行。如对于纳入或者参照公务员管理的行政事业单位人员，应按照《中华人民共和国公务员法》及实施方案进行管理。

（五）会计系统

根据《内控规范》第三章第十七条规定，“单位应当根据《中华人民共和国会计法》的规定建立会计机构，配备具有相应资格和能力的会计人员。单位应当根据实际发生的经济业务事项按照国家统一的会计制度及时进行账务处理、编制财务会计报告，确保财务信息真实、完整。”

行政事业单位会计管理主要包括会计机构设置、会计人员配备、会计凭证填报、会计账簿登记、会计报表编报和会计档案管理等活动。行政事业单位会计管理应以财政部出台的《行政单位会计制度》（财库［2013］218 号）和《事业单位会计制度（财会［2012］22 号）》为依据，同时结合《行政单位财务规则》（2012 年财政部令第 68 号）和《事业单位财务规则》（2012 年财政部令第 71 号）的要求，建立健全本单位会计控制，为确保财务信息的真实完整提供合理保证。

（六）信息系统与信息技术应用

根据《内控规范》第三章第十八条规定，“单位应当充分运用现代科学技术手段加强内部控制。对信息系统建设实施归口管理，将经济活动及其内部控制流程嵌入单位信息系统中，减少或消除人为操纵因素，保护信息安全。”

随着我国政务信息化建设的快速发展，行政事业单位的各种经济事项越来越多的依赖于政务信息系统。各级政务网站已成为信息公开、网上办事、便民服务的重要渠道，政务机构的办公系统以及政府采购、资产管理等业务系统均在各级行政事业单位使用。政务信息系统的建设，一方面能够减少或消除人为操作因素，提高单位管理信息化水平，实现单位经济活动的规范、高效、安全运行；另一方面可以满足政务信息公开要求，提高政务信息公开的效率和效果。单位需要进一步提高政务信息系统的安全性、可靠性和合理性以及相关信息的保密性、完整性和可靠性，通过增强电子政务网络、基础信息库和重要业务信息系统的安全防护能力建设，为重要信息系统的安全运行提供支撑。

二、业务层面内部控制设计

根据《内控规范》规定，行政事业单位业务层面控制主要包括预算业务控制、收支业务控制、政府采购控制、资产管理、建设项目控制和合同控制六个部分。预算业务控制是业务层面内部控制的龙头和主线，收支业务控制是业务层面内部控制的核心，贯穿政府采购、合同管理、建设项目和资产管理的全过程（如图 2－7 所示）。

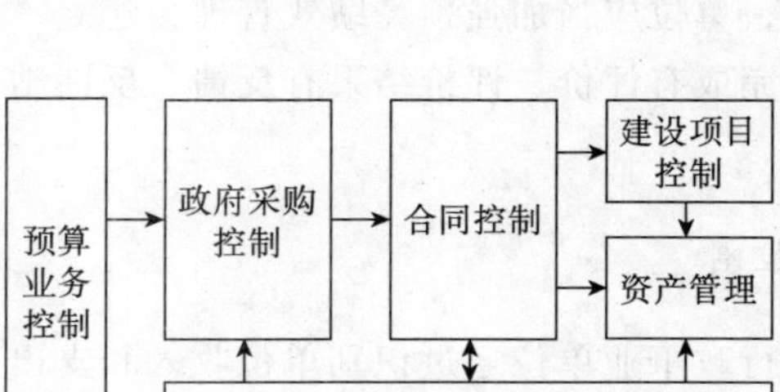

图 2－7　业务层面内部控制组成部分

（一）预算业务控制

预算业务控制主要是针对行政事业单位预算编制、审批、执行、调整、决策及考评等阶段建立的控制机制，通过识别预算业务活动中的主要风险，设计各业务阶段的管控机制，以有效管理单位预算风险，确保单位预算管理规范有序。

在预算管理组织方面，单位应当合理设置岗位，明确相关岗位的职责权限，确保预算编制、审批、执行、评价等不相容岗位相互分离，建立预算管理组织领导与工作协调机制。

在预算编制方面，单位应当正确把握预算编制有关政策，确保预算编制程序规范、方法科学、编制及时、内容完整、项目细化、数据准确，并建立预算管理、资产管理、基建管理、人事管理等部门或岗位的沟通协调机制，确保预算编制部门及时取得和有效运用相关信息，根据工作计划细化预算编制，提高预算编制的科学性。

在预算审批方面，单位应当规范预算审批程序与批复下达形式，明确预算批复下达的责任主体和方法，根据内设机构的职责和分工，对按照法定程序批复的预算在单位内部进行指标分解、责任落实和审批下达。

在预算执行方面，单位应当根据批复的预算安排各项收支，确保预算严格有效执行，并建立预算执行分析机制，定期通报各部门预算执行情况，召开预算执行分析会议，研究解决预算执行中存在的问题，提出改进措施，提高预算执行的有效性。

在预算调整方面，单位应当规范内部预算追加调整程序，明确预算调整原则和依据，确保单位预算调整依据充分、方案合理、程序规范，发挥预算对经济活动的管控作用。

在决算方面，单位应当加强决算管理，确保决算真实、完整、准确、及时；加强决算分析工作，强化决算分析结果运用，建立健全单位预算与决算相互反映、相互促进的机制。

在预算考评方面，单位应当加强预算绩效管理，建立“预算编制有目标、预算执行有监控、预算完成有评价、评价结果有反馈、反馈结果有应用”的全过程预算绩效管理机制。

（二）收支业务控制

收支业务控制是行政事业单位通过识别单位收入和支出业务事项中存在的主要风险，对单位的收入管理、支出管理、票据管理以及债务管理建立的管控机制，确保单位收支管理规范有序。

在收入控制方面，单位的各项收入应当由财会部门归口管理并进行会计核算，严禁设立账外账。业务部门应当在涉及收入的合同协议签订后及时将合同等有关材料提交财会部门作为账务处理依据，确保各项收入应收尽收，及时入账。财会部门应当定期检查收入金额是否与合同约定相符；对应收未收项目应当查明情况，明确责任主体，落实催收责任。有政府非税收入收缴职能的单位，应当按照规定项目和标准征收政府非税收入，按照规定开具财政票据，做到收缴分离、票款一致，并及时、足额上缴国库或财政专户，不得以任何形式截留、挪用或者私分。

在支出控制方面，单位应当建立健全支出内部管理制度，确定单位经济活动的各项支出标准，明确支出报销流程，按照规定办理支出事项。单位应当按照支出业务的类型，明确内部审批、审核、支付、核算和归档等各支出关键岗位的职责权限。具体包括：（1）加强审批控制，明确支出的内部审批权限、程序、责任和相关控制措施，审批人应当在授权范围内审批，不得越权审批；（2）加强支出审核控制，全面审核各类单据，重点审核单据来源是否合法，内容是否真实、完整，使用是否准确，是否符合预算，审批手续是否齐全等；（3）加强资金支付控制，明确报销业务流程，按照规定办理资金支付手续，签发的支付凭证应当进行登记，使用公务卡结算的，应当按照公务卡使用和管理有关规定办理业务；（4）加强支出核算和归档控制，由财会部门根据支出凭证及时准确登记账簿，与支出业务相关的合同等材料应当提交财会部门作为账务处理的依据。实行国库集中支付的，严格按照财政国库管理制度有关规定执行。

在票据控制方面，单位应当建立健全票据管理制度。财政票据、发票等各类票据的申领、启用、核销、销毁均应履行规定手续。单位应当按照规定设置票据专管员，建立票据台账，做好票据的保管和序时登记工作。票据应当按照顺序号使用，不得拆本使用，做好废旧票据管理。负责保管票据的人员要配置单独的保险柜等保管设备，并做到人走柜锁。单位不得违反规定转让、出借、代开、买卖财政票据、发票等票据，不得擅自扩大票据适用范围。

在债务控制方面，根据国家规定可以举借债务的单位应当建立健全债务内部管理制度，明确债务管理岗位的职责权限，不得由一人办理债务业务的全过程。大额债务的举借和偿还属于重大经济事项，应当进行充分论证，并由单位领导班子集体研究决定。单位应当做好债务的会计核算和档案保管工作。加强债务的对账和检查控制，定期与债权人核对债务余额，进行债务清理，防范和控制债务风险。

（三）政府采购控制

政府采购控制是指行政事业单位使用财政性资金，组织开展货物、服务和工程类采购事项过程中实施的相关控制，通过识别单位在采购管理中存在的主要风险，建立单位采购业务活动的管控机制。

在采购管理组织方面，单位应当明确相关岗位的职责权限，确保政府采购需求制定与内部审批、招标文件准备与复核、合同签订与验收、验收与保管等不相容岗位相互分离，建立采购管理组织领导与工作协调机制。

在采购预算与计划方面，单位应当加强对政府采购业务预算与计划的管理。根据本单位实际需求和相关标准编制政府采购预算，按照已批复的预算安排政府采购计划，建立预算编制、政府采购和资产管理等部门或岗位之间的沟通协调机制。

在采购执行过程方面，单位应当加强对政府采购活动的管理，对政府采购活动实施归口管理，建立政府采购、资产管理、财会、内部审计、纪检监察等部门或岗位相互协调、相互制约的机制。单位加强对政府采购申请的内部审核，按照规定选择政府采购方式、发布政府采购信息，对政府采购进口产品、变更政府采购方式等事项应当加强内部审核，严格履行审批手续。

在采购验收方面，单位应当加强对政府采购项目验收的管理。根据规定的验收制度和政府采购文件，由指定部门或专人对所购物品的品种、规格、数量、质量和其他相关内容进行验收，并出具验收证明。

在采购监督方面，单位应当加强对政府采购业务质疑投诉答复的管理，指定牵头部门负责、相关部门参加，按照国家有关规定做好政府采购业务质疑投诉答复工作。单位应当加强对政府采购业务的记录控制，妥善保管政府采购预算与计划、各类批复文件、招标文件、投标文件、评标文件、合同文本、验收证明等政府采购业务相关资料。定期对政府采购业务信息进行分类统计，并在内部进行通报。单位应当加强对涉密政府采购项目安全保密的管理。对于涉密政府采购项目，单位应当与相关供应商或采购中介机构签订保密协议或者在合同中设定保密条款。

（四）资产管理

资产管理是行政事业单位通过识别单位货币资金、实物资产以及对外投资中存在的主要风险，设计有效的单位风险管控机制，确保单位资产管理规范有序。

在货币资金控制方面，单位应当建立健全货币资金管理岗位责任制，合理设置岗位，不得由一人办理货币资金业务的全过程，确保不相容岗位相互分离。出纳不得兼管稽核、会计档案保管和收入、支出、债权、债务账目的登记工作。严禁一人保管收付款项所需的全部印章。财务专用章应当由专人保管，个人名章应当由本人或其授权人员保管。负责保管印章的人员要配置单独的保管设备，并做到人走柜锁。按照规定应当由有关负责人签字或盖章的，应当严格履行签字或盖章手续。应当加强对银行账户的管理，严格按照规定的审批权限和程序开立、变更和撤销银行账户。应当加强货币资金的核查控制，指定不办理货币资金业务的会计人员定期和不定期抽查盘点库存现金，核对银行存款余额，抽查银行对账单、银行日记账及银行存款余额调节表，核对是否账实相符、账账相符。对调节不符、可能存在重大问题的未达账项应及时查明原因，并按照相关规定处理。

在实物资产和无形资产控制方面，单位应当明确相关部门和岗位的职责权限，强化对配置、使用和处置等关键环节的管控。对资产实施归口管理。明确资产使用和保管责任人，落实资产使用人在资产管理中的责任。贵重、危险、保密等特殊要求的资产，应当指定专人保管、专人使用，并规定严格的接触限制条件和审批程序。按照国有资产管理相关规定，明确资产的调剂、租借、对外投资、处置程序、审批权限和责任。建立资产台账，加强资产的实物管理。单位应当定期清查盘点资产，确保账实相符。财会、资产管理、资产使用等部门或岗位应当定期对账，发现不符的，应当及时查明原因，并按照相关规定处理。建立资产信息管理系统，做好资产的统计、报告、分析工作，实现对资产的动态管理。

在对外投资控制方面，单位应当根据国家有关规定加强对对外投资的管理。合理设置岗位，明确相关岗位的职责权限，确保对外投资的可行性研究与评估、对外投资决策与执行、对外投资处置的审批与执行等不相容岗位相互分离。单位对外投资，应当由单位领导班子集体研究决定。加强对投资项目的追踪管理，及时、全面、准确地记录对外投资的价值变动和投资收益情况。建立责任追究制度，对在对外投资中出现重大决策失误、未履行集体决策程序和不按规定执行对外投资业务的部门及人员，应当追究相应的责任。

（五）建设项目控制

建设项目控制是指行政事业单位在建设项目的立项、招标、实施、竣工验收以及交付使用等业务过程中，通过识别各业务过程中存在的主要风险点，设计有效的建设项目管控机制，确保单位建设项目管理规范有序。

在项目立项决策方面，单位应当建立与建设项目相关的议事决策机制，严禁任何个人单独决策或者擅自改变集体决策意见。决策过程及各方面意见应当形成书面文件，与相关资料一同妥善归档保管。单位应当建立与建设项目相关的审核机制，项目建议书、可行性研究报告、概预算、竣工决算报告等应当由单位内部的规划、技术、财会、法律等相关工作人员或者根据国家有关规定委托具有相应资质的中介机构进行审核，出具评审意见。

在项目招标方面，单位应当依据国家有关规定组织建设项目招标工作，并接受有关部门的监督。单位应当采取签订保密协议、限制接触等必要措施，确保标底编制、评标等工作在严格保密的情况下进行。

在项目实施方面，单位应当按照审批单位下达的投资计划和预算对建设项目资金实行专款专用，严禁截留、挪用和超批复内容使用资金。财会部门应当加强与建设项目承建单位的沟通，准确掌握建设进度，加强价款支付审核，按照规定办理价款结算。实行国库集中支付的建设项目，按照财政国库管理制度相关规定支付资金。经批准的投资概算是工程投资的最高限额，如有调整，按照国家有关规定报经批准。单位建设项目工程洽商和设计变更应当按照有关规定履行相应的审批程序。

在项目验收方面，建设项目竣工后按照规定的时限及时办理竣工决算，组织竣工决算审计，并根据批复的竣工决算和有关规定办理建设项目档案和资产移交等工作。建设项目已实际投入使用但超时限未办理竣工决算的，单位应当根据对建设项目的实际投资暂估入账，转作相关资产管理。

在项目交付方面，单位应当加强建设项目档案管理，做好相关文件、材料的收集、整理、归档和保管工作。

（六）合同控制

合同控制是行政事业单位通过识别合同订立、履行、归档以及纠纷管理中存在的风险，建立有效的合同管控机制，确保单位合同管理规范有序。

在合同管理组织方面，单位应当合理设置岗位，明确合同的授权审批和签署权限，妥善保管和使用合同印章，严禁未经授权擅自以单位名义对外签订合同，严禁违规签订担保、投资和借贷合同；对合同实施归口管理，建立财会部门与合同归口管理部门的沟通协调机制，实现合同管理与预算管理、收支管理相结合。

在合同订立方面，单位应当加强对合同订立的管理，明确合同订立的范围和条件。对于影响重大、涉及较高专业技术或法律关系复杂的合同，应当组织法律、技术、财会等工作人员参与谈判，必要时可聘请外部专家参与相关工作。谈判过程中的重要事项和参与谈判人员的主要意见，应当予以记录并妥善保管。

在合同履行方面，单位应当加强合同履行情况的监控，建立合同履行监督审查制度。在合同履行过程中，因对方或单位自身原因导致可能无法按时履行的，应当及时采取应对措施。对合同履行中签订补充合同，或变更、解除合同等应当按照国家有关规定进行审查。财会部门应当根据合同履行情况办理价款结算和进行账务处理。未按照合同条款履约的，财会部门应当在付款之前向单位有关负责人报告。合同发生纠纷的，单位应当在规定时效内与对方协商谈判。合同纠纷协商一致的，双方应当签订书面协议。合同纠纷经协商无法解决的，经办人员应向单位有关负责人报告，并根据合同约定选择仲裁或诉讼方式解决。

在合同归档方面，合同归口管理部门应当加强对合同登记的管理，定期对合同进行统计、分类和归档，详细登记合同的订立、履行和变更情况，对合同实施全过程管理。与单位经济活动相关的合同应当同时提交财会部门作为账务处理的依据。单位应当加强合同信息安全保密工作，未经批准，不得以任何形式泄露合同订立与履行过程中涉及的国家秘密、工作秘密或商业秘密。

第四节　行政事业单位内部控制的方法

在行政事业单位内部控制的建立和实施中，可以综合运用以下方法：不相容职位相互分离、内部授权审批控制、归口控制、预算控制、资产保护控制、会计控制、单据控制、信息公开控制和信息技术控制。

一、不相容职位相互分离

不相容职位是指那些不能由一个部门或人员兼任，否则可能弄虚作假或易于掩盖其舞弊或腐败行为的职务。不相容职位的分离对于行政事业单位遏制舞弊行为具有重要作用。它要求行政事业单位全面系统地分析、梳理单位和业务层面所涉及的不相容职位，实施相应的分离措施，形成各司其职、各负其责、相互制约的工作机制。不相容职位分离作为内部控制最基本的控制手段，集中体现了相互制衡的原则，其核心是内部牵制。

通常情况下，单位经济活动通常可以划分为申请、审批、执行、记录四个步骤，如果每一个步骤都能由相对独立的人员或部门分别实施或执行，就能保证不相容职务分离。一般来说，应该分离的不相容职务有：授权审批职务与业务执行职务、业务执行职务与监督检查职务、业务执行职务与会计记录职务、财产保管与会计记录职务、授权审批与监督检查职务。

实现不相容职位分离，应重点考虑以下几个方面：一是每类经济活动的发生与完成，无论是简单还是复杂，必须经过两个或两个以上的部门或人员，并保证业务循环中的有关部门和有关人员之间进行检查与核对；二是权力与职责应当明确的授予具体的部门和人员；三是对于重要权力的行使必须接受定期独立的检查等。实务中，什么样的职务必须分离、分离的程度如何把握，应当由具有丰富经验的专业人员从发生错误或舞弊的可能性及影响程度来综合判断。

二、内部授权审批控制

内部授权审批控制是指行政事业单位根据常规授权和特别授权的规定，明确单位内部各部门、下属单位、各岗位日常管理和业务办理的权限范围、审批程序和相应责任。完善的授权审批控制有助于单位明确权利和义务，层层把关并落实责任，从而最大限度地规避风险。

常规授权一般通过制定权限指引、编制岗位职责手册、建立相关制度文件予以公布，内部员工在经济活动办理过程中，按照规定的权限范围和岗位职责执行各项业务。特别授权是企业在特殊情况、特定条件下进行的授权，需要对其范围、权限、程序和责任等四个方面作出严格界定，防止特别授权被滥用。对于单位重大经济事项和决策，如“三重一大”（重大问题决策、重要干部任免、重大项目投资决策和大额资金使用）等事项，要求建立并实行集体决策审批或者联签制度，任何个人不得单独进行决策或者擅自改变集体决策。

内部授权审批控制要求单位各级人员必须经过适当的授权才能执行有关经济业务。授权审批控制应当重点关注：一是单位所有人员未经授权，不能行使相应权力；二是单位的所有业务未经授权不能执行；三是对于审批人超越授权范围的审批业务，经办人员有权拒绝办理，并向上级授权部门报告。同时，授权审批控制需要遵循一定的原则，例如授权控制需遵循：授权的依据——依事不依人，授权的界限——不可越权授权，授权的度——适度授权，授权的保障——监督；审批控制需要遵循：审批要有界限——不可越权审批，审批要有原则——不得随意审批。

三、归口管理

归口管理是指行政事业单位按照管控事项的性质与管理要求，结合单位组织机构和岗位设置，在不相容职位分离和内部授权审批控制的原则下，明确单位各项业务的归口管理责任的控制方式。

归口管理是一种职能型的集中管理方式，体现了集中性、规范性和专业性。其中，集中性体现在归口控制行政事业单位各项业务的属性相同，即将同类业务或事项交由一个部门机构或岗位进行管理，从而也将授权审批和内部管理集中起来，便于单位业务集中开展。规范性体现在归口管理通过设计规范而细致的管理制度和实施细则，将同类业务或支出事项用同一种或相似管控方式进行控制，实现控制的标准化。专业性体现在归口控制由一个机构或岗位负责同类业务或支出事项，该机构或岗位熟知和掌握同类业务的属性和特点，具备一定的专业基础，可以提高管理效率。

四、预算控制

预算控制是指行政事业单位根据单位的职责、任务和业务发展计划编制年度财务收支计划。它要求行政事业单位全面实施预算管理制度，明确各部门在预算管理中的职责权限，规范预算编制批复、下达执行、决算评价等各环节的程序，强化对经济活动的预算约束，实现对经济活动风险的控制。

预算编制及批复是行政事业单位实施预算管理的起点，也是预算管理的关键环节，是将外部财政指标细化分解到内部预算指标的过程，直接影响预算管理的效果。单位各部门在生产经营及相关的各项活动中，需严格按照预算进行办理，对无预算或者超预算的项目进行严格控制。单位应当定期检查预算执行情况，根据预算执行情况编制决算报表，并对预算执行结果进行绩效评价，真正发挥预算对单位经济活动的指导和控制作用。

五、资产保护控制

资产保护控制是指行政事业单位资产购置、配置、使用和处置过程中对资产进行的保护，从而确保资产安全和使用高效。资产保护控制要求行政事业单位采取资产记录、实物保管、定期盘点、账实核对等措施，严格限制未经授权的人员接触和处置资产。

资产记录控制是指应当妥善保管涉及资产的各种文件资料，避免记录受损、被盗、被毁。

实物保管控制主要是限制接近控制和财产保险控制。限制接近即严格限制未经授权人员对资产的接触。财产保险控制即运用财产投保（如火灾险、盗窃险等）降低资产运行风险，确保资产安全。

定期盘点是指定期对实物资产进行盘点，并将盘点结果与会计记录进行比较。单位应当建立盘点制度，明确盘点流程和责任人，确保资产安全。定期盘点一般包括定期与会计记录核对和进行差异调查与调整。行政事业单位应当根据资产的性质确定盘点的频率，并根据相关法律法规和本单位实际情况对资产类型进行区分，建立资产控制制度和岗位责任制，强化检查和绩效考评，加强对资产安全和有效使用的控制。

六、会计控制

会计控制是指对单位经济活动进行确认、计量和报告等过程所实施的控制，具体是利用记账、核对、岗位职责分离、档案管理、工作交接等方法，确保单位会计信息真实、准确、完整。会计控制要求行政事业单位按照国家颁布的行政事业单位会计准则、会计制度以及相关财务规则，建立完善本单位的会计制度并严格执行，加强会计基础工作，明确会计凭证、会计账簿和财务会计报告的处理程序，保证会计资料真实完整。

会计控制对于提高行政事业单位会计信息质量，保护资产的安全完整，确保法律法规和规章制度的贯彻执行具有重要意义。近年来，国家为了加强行政事业单位会计控制，先后出台了多项会计管理的政策法规，如财政部 2013 年颁布的《行政单位会计制度》（财库［2013］218 号），2012 年出台的《事业单位会计准则》（财政部令第 72 号）和《事业单位会计制度》（财会［2012］22 号）等。

七、单据控制

单据控制是明确经济行为外部来源的报销凭证和单位内部表单的控制方式，包括表单控制和票据控制。其中，表单是经济业务活动开展过程中输入输出的表格、单据以及相关报告，是业务运作的证据性记录；单据是财务收支和会计核算的原始凭证，是财政、审计等部门进行监督检查的重要依据。

单据控制要求单位按照国家相关规定，并结合内部管理需要和自身实际情况，明确能够全面真实反映各项经济活动内容及其流转过程的表单与票据，做到合法合规、信息完整、填制规范。具体来说，单据控制既要对单位外部的反映本单位各项经济活动内容的多种票据进行核对和登记，证实票据的真实性与合法性，并按照一定的规则将票据登记入账，还要在单位内部对票据流转过程所需要的表单进行审核，以保证表单客观合理地反映了票据及其业务处理的真实信息。

财政部 2012 年对《行政事业性收费和政府性基金票据管理规定》（财综字［1998］104 号）进行了修订，并于 2012 年 10 月 22 日发布了新的《财政票据管理办法》（财政部令第 70 号），该办法于 2013 年 1 月 1 日正式实施，旨在规范财政票据行为，加强对行政事业单位非税收入和财务监督，这本身即是对单据控制的一种强制性政策规定。

八、信息公开控制

信息公开控制是指行政事业单位在履行职责过程中将制作或者获取的、以一定形式记录、保存的信息进行公开，让社会组织和公众知情的控制方法。信息公开控制要求单位建立健全政务信息发布协调机制，通过政府公报、政府网站、新闻发布会以及报刊、广播、电视等便于公众知晓的方式主动公开相关信息。

2007 年 4 月 5 日，国务院颁布了《中华人民共和国政府信息公开条例》（国务院令第 492 号），旨在规范政府部门的信息公开管理，保障公民、法人和其他组织依法获取政府信息，提高政府工作的透明度，促进依法行政，充分发挥政府信息对人民群众生产、生活和经济社会活动的服务作用。该条例在法规层面规定了信息公开控制的要求，明确单位公开信息应当遵循公正、公平、便民的原则，及时、准确地公开政务信息。

此外，在行政事业单位内部控制建设和实施过程中，还可以综合运用信息技术控制、业务流程控制和内部报告控制等方法。其中，信息技术控制是指运用信息技术手段建立单位内部控制系统，减少和消除人为操纵因素影响，确保单位内部控制制度有效实施的方法。业务流程控制是指单位结合经济活动的性质、范围、规模和内部控制要求，明确各项经济活动的业务流程，以及流程中计划、审批、执行、监督等环节的要求，做到各流程手续完备，相关文件、记录和凭证完整。内部报告控制是指通过建立和完善内部报告制度，全面反映单位财务状况，及时提供业务活动中的重要信息，增强内部控制的时效性和针对性。

第三章
行政事业单位内部控制建设流程

根据《内控规范》第一章第七条规定，“单位应当根据本规范建立适合本单位实际情况的内部控制体系，并组织实施。具体工作包括梳理单位各类经济活动的业务流程，明确业务环节，系统分析经济活动风险，确定风险点，选择风险应对策略，在此基础上根据国家有关规定建立健全单位各项内部管理制度并督促相关工作人员认真执行。”

在实务操作中，行政事业单位内部控制建设既包括单位层面控制机制建设，也包括业务层面控制机制建设，具体建设过程可以概括为：内部控制建设准备、内部控制现状评估、内部控制设计优化、内部控制运行维护四个阶段（如图 3 - 1 所示）。

行政事业单位应按照图 3 - 1 所示的四个阶段，开展单位内部控制体系建设，围绕单位经济活动进行风险评估、流程梳理、制度优化，搭建单位经济活动内部控制框架，针对每一经济活动设计有效的管控措施，实现单位经济活动控制的信息化，防范单位经济活动风险，提高单位内部管理水平。

第一节　内部控制建设准备阶段

行政事业单位在开展内部控制建设前需作好充分的准备工作，主要包括确定内部控制组织机构、制定内部控制建设方案、开展内部控制宣传培训三项工作。其中，行政事业单位确定内部控制组织机构，核心是明确内部控制建设的职责分工，将内部控制工作落实到具体责任人，为单位内部控制建设和运行提供组织保障。行政事业单位制定内部控制建设方案，核心是明确内部控制建设的主要目

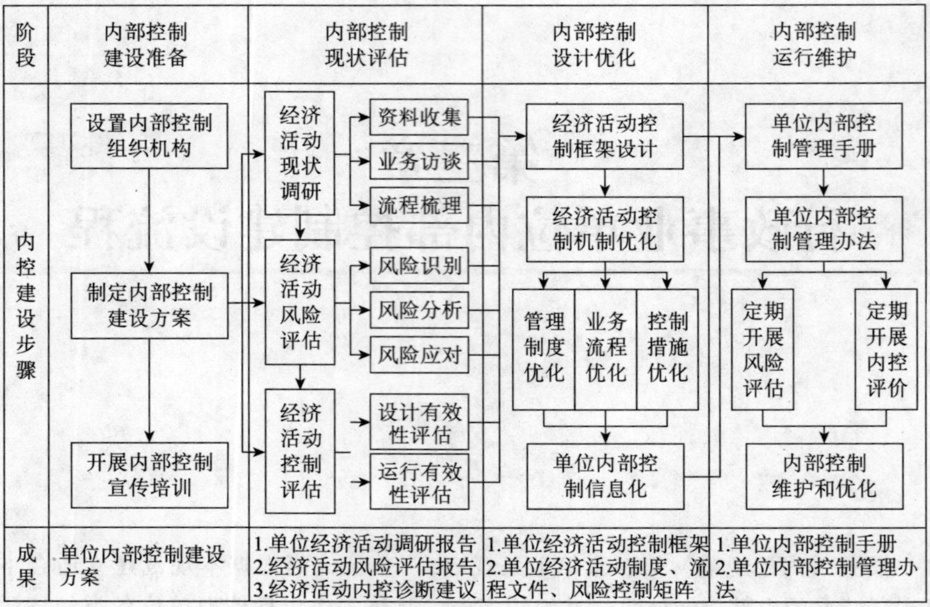

图 3－1　行政事业单位内部控制体系建设流程

标、总体思路、业务范围、工作内容、时间安排、人员组成和工作成果等，指导单位内部控制工作的具体实施。行政事业单位开展内部控制建设宣传，核心是通过召开内部控制建设启动会、开展内部控制知识培训以及单位内部宣传，为单位内部控制建设和实施营造良好氛围。

一、内部控制组织机构

（一）明确内部控制管理部门及职责

根据《内控规范》第三章第十三条规定，“单位应当单独设置内部控制职能部门或者确定内部控制牵头部门，负责组织协调内部控制工作。”结合行政事业单位机构编制相关规定，单位一般可指定财务部门为本单位内部控制牵头部门，负责单位内部控制的建设和日常管理，并在部门职责中明确财务部门的内部控制职责，具体包括：

1. 制定内部控制建设规划、提出总体建设方案，确定单位内部控制建设的目标和原则。

2. 制定内部控制建设具体实施计划，组建内部控制项目团队，开展内部控制培训工作。

3. 组织开展单位经济活动风险评估，识别单位层面和业务层面的风险，出具单位风险评估报告。

4. 组织单位经济活动业务流程梳理，设计单位层面和业务层面控制制度、措施和程序，并对单位各部门控制机制的执行情况进行评价监督。

5. 制定单位内部控制管理制度和相关程序，组织协调各部门实施内部控制。

6. 组织实施内部控制考核评价工作，识别内部控制缺陷，研究、落实相关整改措施，对各部门内部控制工作进行奖惩。

（二）明确内部控制管理人员及责任

根据《内控规范》第一章第六条规定，“单位负责人对本单位内部控制的建立健全和有效实施负责。”行政事业单位应明确单位负责人在内部控制建设中的责任，确定单位内控建设的分管领导、归口责任人以及各部门内控兼职人员。其中，内控分管领导对单位内部控制总体把关，归口责任人具体组织实施单位内部控制工作，各部门内控兼职人员负责本部门的内部控制工作。

（三）明确单位其他部门的内部控制责任

根据《内控规范》第三章第十三条规定，单位“应当充分发挥财会、内部审计、纪检监察、政府采购、基建、资产管理等部门或岗位在内部控制中的作用。”其中，财会部门是单位内部控制的管理部门，负责内部控制的组织、建设和实施；内部审计部门负责内部控制的监督检查；纪检监察部门负责内部控制工作的监察管理；采购部门负责政府采购方面的内部控制工作；基建部门负责建设项目的内部控制；资产管理部门负责资产管理的内部控制。

二、内部控制建设方案

行政事业单位内部控制建设方案是内部控制建设工作的指导性文件，单位可由内控牵头部门或者委托中介机构，按照《内控规范》的要求并结合单位实际情况，编制本单位内部控制体系建设方案，一般包括内部控制建设目标、总体思路、业务范围、工作内容、实施计划、工作成果以及人员和机制保障等内容。

（一）建设目标与总体思路

行政事业单位内部控制建设实质是一种制度建设，核心是单位对“管好用好财政资金、公共资产”以及“规范单位经济活动”等过程的控制机制建设，旨在通过内控建设理顺单位资产使用的权力运行机制，规范单位经济活动和资金收支管理，有效防范舞弊和预防腐败发生，提高公共服务的效率和效果，以实现建设“服务政府、责任政府、法治政府、廉洁政府”的目标。

行政事业单位内部控制建设的目标可概括为：通过规范单位资金使用过程以

防范单位经济活动风险，提高单位内部管理水平。具体可细分为以下五个方面：合理保证单位经济活动合法合规、资产安全和使用有效、财务信息真实完整，有效防范舞弊和预防腐败，提高公共服务的效率和效果（如图3－2所示）。

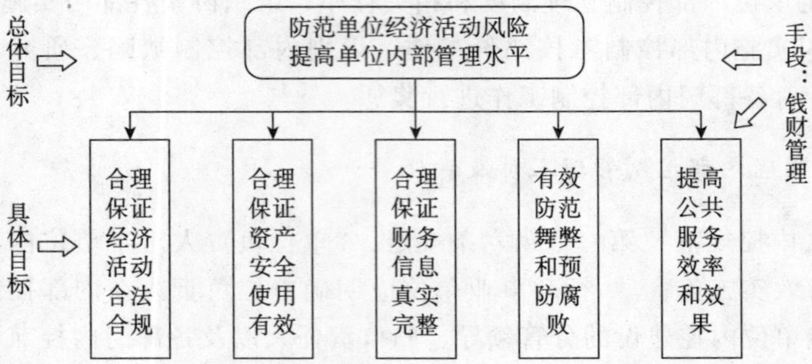

图3－2 行政事业单位内部控制建设目标

行政事业单位内部控制建设应围绕单位资金运动和实物运动的轨迹，以预算管理为主线，对政府采购、建设项目、合同管理和资产管理的实物流和收支管理的资金流进行控制机制设计。单位应通过完善组织机构、决策机制、岗位权责、关键人员、会计控制以及信息系统等内部环境建设，确保单位经济活动信息流的畅通。单位也需建立经济活动风险评估机制和内部控制评价监督机制，使单位内部控制管理活动重点突出、运行过程监控到位。可以说，行政事业单位内部控制建设实质是对单位资金流、实物流和信息流的管控，防范单位经济活动风险，提高经济活动运行效率。

在建设思路上，行政事业单位通过建立健全风险评估控制机制、单位层面控制机制、业务层面控制机制以及内控评价监督机制，借助内部控制管理信息系统实现单位经济活动控制的自动化，逐步完善单位内部控制体系（如图3－3所示）。

图3－3 行政事业单位经济活动控制体系

1. 风险评估控制机制：是指围绕单位经济活动建立定期开展风险识别、分析、评价和应对的机制，制定风险评估管理办法和具体操作程序，设计风险识别、分析、评价和应对的具体模板。

2. 单位层面控制机制：是指按照《内控规范》的要求建立六位一体的单位层面内部控制机制，包括建立组织机构、议事决策、关键岗位权责、关键岗位人员、会计管理和信息技术管理等六个方面的管理制度和程序，形成具体的工作模板和表单，确保单位层面控制运行规范有序。

3. 业务层面控制机制：是指按照《内控规范》的要求梳理包括预算管理、收支管理、政府采购、资产管理、建设项目和合同管理等六个模块的业务流程，识别各业务环节存在的风险点，建立各业务模块的风险控制矩阵，同时优化完善各业务相关的制度文件，形成单位内部控制业务操作规范。

4. 内控评价监督机制：是指在单位层面和业务层面控制机制建设的基础上，设计单位内部控制运行的评价监督机制，包括内部控制评价和监督的方式、方法、频率以及监督的职责权限等，建立内部控制定期和不定期评价监督机制。

综上所述，行政事业单位内部控制建设的总体思路为：围绕单位各项经济活动，通过梳理经济活动业务流程并识别业务风险点，逐渐完善单位风险评估机制、单位层面控制机制、业务层面控制机制和内部控制评价监督机制，并将以上四大控制机制信息化，通过信息系统使单位内部控制真正落地，确保单位内部控制的有效运行。

（二）业务范围与工作内容

根据《内控规范》规定，行政事业单位内部控制建设包括单位层面的组织机构管理、议事决策管理、关键岗位权责分配、关键岗位人员管理、会计管理和信息技术管理以及业务层面的预算管理、收支管理、政府采购管理、资产管理、建设项目管理和合同管理等十二个方面。但需要强调的是，基于重要性原则，单位内部控制建设不可能平均用力，必须将有限的资源用到风险较大、可能造成较大损失的经济活动业务。

一般来说，行政事业单位应首先开展单位经济活动风险评估，识别单位经济活动中的重大风险，然后在此基础上确定哪些部门、哪些业务是内部控制建设的重点。同时，在确定内部控制建设范围时，还应听取单位内部业务骨干和外部咨询专家的意见。通常，外部专家在内部控制建设方面具有扎实的理论功底和实践经验。单位业务骨干虽然在业务流程方面比较擅长，但往往只是对自己工作范围内的事情比较熟悉，对其他业务熟悉程度不足，对内部控制整体框架理解也不是很透彻，所以应将两者有效结合以扬长避短。

内部控制建设范围确定后，行政事业单位需明确内部控制建设的主要工作内容。具体来讲，行政事业单位内部控制建设的工作内容包括：

1. 单位经济活动风险评估。通过识别单位经济活动主要风险，设计单位经济活动风险评估问卷，分析评估得出单位经济活动过程中存在的重大风险，并提出相应的应对措施。

2. 单位经济活动控制框架搭建。在对单位经济活动业务类别、事项进行分析的基础上，并结合《内控规范》的要求搭建单位经济活动控制框架，对单位经济活动的控制机制进行顶层设计。

3. 单位经济活动业务流程梳理。在单位经济活动控制框架的指导下，梳理单位层面和业务层面的各类经济活动事项，并将这些经济活动事项流程化，规范单位业务流转过程。

4. 单位经济活动制度文件优化。按照单位经济活动控制框架对单位内部经济活动管理制度文件进行整理归纳，优化制度文件内容。

5. 单位经济活动风险控制矩阵编制。结合单位层面识别的主要风险点以及梳理优化的流程和制度文件，编制各业务模块的风险控制矩阵。

6. 单位内部控制管理手册和办法制定。在上述内部控制梳理和建设的基础上，将单位控制制度、流程、风险控制矩阵等汇编形成单位内部控制管理手册，并制定单位内部控制管理办法，规范单位内部控制日常管理工作。

（三）实施计划与工作成果

行政事业单位内部控制实施计划是单位内部控制建设的具体安排，如时间安排、人员安排、具体工作内容以及相应工作成果等，内部控制实施计划的编制应以项目总体规划和思路为指导，按照内部控制建设准备阶段、内部控制现状评估阶段、内部控制体系建设阶段、内部控制体系运行阶段共四个阶段来制定单位内部控制建设实施计划。

（四）人员与机制保障

除制定切实可行的内部控制建设实施计划外，行政事业单位还需组建内部控制建设项目组，明确项目组人员，建立工作协调机制等，从人员和机制上保障单位内部控制建设的有效实施。

1. 成立内部控制项目组织

由于单位内部控制建设是一项程序复杂、量大面广的工作，专业性要求很高，一般需聘请中介机构协助完成。中介机构广泛的行业知识背景、丰富的内部控制建设经验，可以对单位内部控制建设推进起到事半功倍的作用。为落实内部控制建设各项具体工作，单位应成立包括项目领导小组、项目工作小组和业务模块小组三个层面的项目组织（如图 3 - 4 所示）。

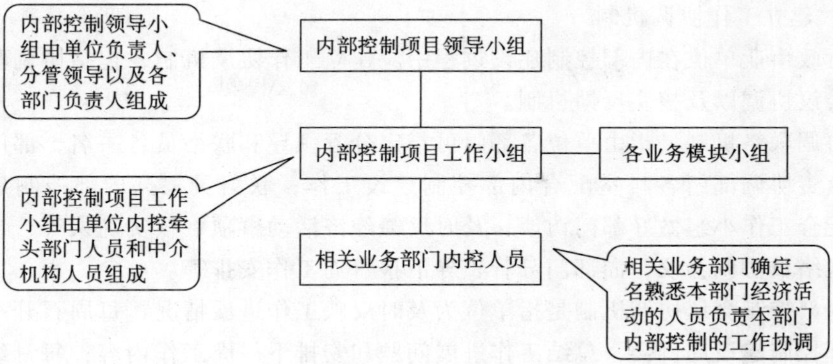

图 3－4　行政事业单位内部控制项目组织结构示例

其中，项目领导小组应由拥有足够权威的人员组成，一般由单位负责人担任内部控制建设领导小组组长，分管领导担任副组长，其他领导人员和部门人员担任小组成员。项目工作小组由单位内控牵头部门人员和中介机构人员联合组成，工作小组内部应按照不同经济活动细分设立业务模块小组，如专门负责资产管理的小组和专门负责政府采购的小组。内控建设项目领导小组、工作小组以及业务模块小组的职责具体如表 3－1 所示。

表 3－1　　行政事业单位内部控制项目工作组职责

组别	成员	负责人	职责
领导小组	负责人、分管领导、各部门负责人	×××	总体负责内部控制项目；方案决策；协调组织内外资源，保证项目顺利实施；任命工作小组负责人；其他有关项目全局性、方向性工作的事宜
工作小组	分管领导、其他成员	×××	在领导小组的领导下开展工作，制定内部控制的工作规范和标准；开展内部控制现场调研和评估，了解、记录与评估单位内部控制现状；设计单位层面、业务层面内部控制机制，包括建立标准化流程、制度及风险控制矩阵；建立内部控制评价监督机制
业务模块小组	工作小组成员	×××	收集归纳单位经济活动业务制度、流程，建立标准化流程、制度和控制文档，编制风险控制矩阵，确认风险评估结果，编制内部控制手册

除组建项目工作组外，还应在各业务部门指派专门人员与工作小组对接，负责协调本部门的内部控制工作。同时，业务规模较大的单位还应组建技术支持团队，由来自行业内的专家组成，为单位内部控制建设提供技术支持。

2. 建立工作协调机制

行政事业单位在内部控制建设过程中应建立工作协调机制，包括协调联络机制、会议协调以及核实反馈机制。

协调联络机制是指由单位各部门可指定分管领导和联络员各一名，部门分管领导负责协调部门各科室配合内部控制建设工作；联络员根据内部控制建设需要，配合工作小组做好部门访谈，及时反馈经济活动事项、核实确认等，参与各部门联络员协调会议，向部门分管领导汇报每周工作安排等。

内部控制会议协调机制是指单位为及时反映工作进展情况，每周召开一次单位内部控制建设周例会，总结工作进展问题和安排下一周工作内容；每月组织项目工作协调小组成员会议，公布工作成效及问题，并发布一期简报。

核实反馈机制是指各部门积极配合内部控制建设工作，及时对项目工作小组梳理完成的标准化流程、制度以及风险控制矩阵提出反馈意见，并向项目小组提供部门经济活动事项的详尽信息。

此外，单位在内部控制建设过程中还应编制项目工作周报，制订周工作计划，合理配备并安排项目人员，作好项目预算和规划，保证单位内部控制建设工作正常开展，提高内部控制建设质量。

三、内部控制宣传培训

在内部控制建设准备阶段，除合理设置内部控制组织机构、编制内部控制建设方案外，行政事业单位还应开展内部控制的宣传和培训活动，召开内部控制建设启动大会，开展工作动员，落实资源配置，确保单位内部控制建设准备充分，宣传到位。

（一）宣传培训

行政事业单位内部控制建设需要争取单位领导乃至单位上下的理解和支持，更需要在项目组内部统一认识，因此加强项目组人员培训，加强在单位内部的宣传非常必要。具体来说，对项目组以外人员的宣传培训，应侧重于使他们理解单位领导对建设内部控制的决心，掌握内部控制的基本理念，明白为什么要开展内部控制建设，并使其明白项目组在哪些方面需要他们的密切配合。对于项目组内部培训，可侧重于技术培训，使项目组成员掌握工作标准，并明确分工。宣传培训的方式可以灵活多样，比如讨论会、角色扮演、课堂讲授、外单位经验交流、现场参观、案例解析等。

（二）工作动员

行政事业单位内部控制建设工作动员，目的是在单位内部营造积极的内部控制建设氛围，进一步提升全员的参与意识，减小内部控制建设阶段的工作阻力。

召开单位内部控制建设工作启动大会是进行工作动员的有效方式。工作启动大会可以保证工作动员的受众范围，必要时还可以利用信息化手段召开电话会议、视频会议，便于无法参加现场会议的单位和个人参与会议。在会议上，项目领导小组可集中宣传贯彻项目实施的背景、意义、主要工作阶段、归口部门的权责及其他人员的义务等，增强各级人员对开展内部控制建设的认同感。

配合内部控制建设启动大会，单位还可以利用标语宣传、内部网络宣传、媒体宣传、下达通知等方式营造氛围，以在最大范围内调动全员的工作积极性。

（三）资源配置

及时落实各种资源配置是行政事业单位内部控制建设工作的一项重要保障。单位可根据项目涉及范围及项目复杂程度来配置资源，尽可能地为项目实施提供支持。资源配置主要包括人力、物力和财力资源配置。其中，人力资源配置除按照内部控制项目组织要求指派人员外，还应保证指派的人员有足够的时间和精力参与内部控制建设和维护；物力资源通常指办公场所、办公设施的提供；财力资源重点关注项目经费预算，预算应该在有效成本控制的基础上适度保持弹性，确保项目目标的实现。

行政事业单位内部控制体系建设作为一项系统工程，必须在建设准备阶段作好充分准备，如根据单位实际设置内部控制组织机构，建立内部控制建设的组织保障；结合《内控规范》要求编制内部控制建设方案，确定内部控制建设的组织方式、工作安排，指导单位内部控制建设工作开展；召开内部控制启动大会，开展内部控制工作动员，并配合相应的内部控制建设宣传培训和资源配置，才能确保内部控制建设的顺利开展。

第二节　内部控制现状评估阶段

行政事业单位内部控制体系建设实施前，应首先借助各种手段收集单位经济活动相关信息，对单位内部控制现状进行评估，了解单位内部控制真实状况。一般来说，单位内部控制现状评估主要包括经济活动现状调研、风险评估和控制有效性评估三个方面。其中，经济活动现状调研是对单位经济活动有无建立制度流程、业务运行是否顺畅、业务数据是否存在异常、业务过程是否存在管控缺陷等方面进行调研，掌握单位经济活动运行的真实情况；风险评估是对单位经济活动的风险点进行识别、分析和评价，确定单位经济活动重大风险并提出应对策略，匡定单位内部控制建设的重点；控制有效性评估是对单位经济活动控制设计和执行的有效性进行评估，识别控制缺陷并提出内控诊断建议。

一、单位经济活动现状调研

根据《内控规范》规定，单位经济活动主要包括预算业务、收支业务、政府采购业务、建设项目业务、合同管理以及资产管理等六大业务。行政事业单位一般可使用文件审阅、业务访谈、问卷调研、数据分析、流程分析等方法，分析单位经济活动的现状以及可能存在的控制缺陷，并形成经济活动现状调研报告，作为单位经济活动内部控制机制设计的依据。

（一）文件审阅

文件审阅是通过获取并审阅行政事业单位的组织结构图、部门职责说明、岗位设置及说明书、管理制度文件、业务流程图以及业务操作过程中的相关表单等文件，特别是通过查阅单位网页上发布的一些政务公开文件、业务办事指南等信息，进行比较分析，初步了解单位的组织设置、工作职责以及主要经济活动的运行情况，形成对单位经济活动现状的基本认识。

（二）业务访谈

业务访谈是对涉及单位经济活动的相关部门负责人及关键员工开展业务访谈，了解诸如预算业务、政府采购、资产管理等业务过程及可能存在的问题。业务访谈一般按访谈准备、访谈实施和访谈结果分享等程序进行。访谈准备阶段，应编写访谈提纲，明确受访人员名单和访谈问题；访谈中，应重点了解业务的实际状况、业务过程的每个环节以及相应的控制措施，沟通业务过程中存在的问题；访谈结束后，应将访谈结果整理形成访谈纪要，并对访谈纪要进行分析，整理形成访谈发现问题列表，与被访谈者分享，确保访谈结果记录的真实可靠。与单位相关部门责任人进行业务访谈，有助于更准确的了解单位经济活动现状，印证文件审阅过程中所发现的问题，与各部门就单位经济活动过程进行互动并分析可能存在的问题。

需要注意的是，在业务访谈中，需选择恰当的访谈对象，忌选择刚刚参加工作的人员，以保证业务访谈的质量。

（三）问卷调研

问卷调研是通过设计调研问卷，邀请相关责任部门进行打分填写，然后对调研结果进行统计分析，以获得对单位经济活动业务的深入了解。调研问卷设计应围绕单位经济活动，按照《内控规范》规定，分别从单位层面和业务层面设计具体的调研问题。同时，在问卷调研中应注意以下三点，一是问卷设计应有针对性，涵盖单位所涉及的全部经济活动，并应注重调研问题的可信度，确保每一问题都可以进行准确的作答；二是问卷发放对象选择应合理，确保那些对单位经济活动业务较为熟悉的人员填写问卷，且问卷填写完成后应经部门领导审核确认，确保问卷填写的准确性；三是问卷统计结果应客观真实、科学合理，确保获得单位经济活动真实情况。

一般来说，行政事业单位经济活动问卷调研应重点针对预算业务、收支业务、政府采购、建设项目、合同管理、资产管理等六大业务，分别从是否建立管理制度、不相容岗位是否分离、是否形成规范流程、各业务环节是否有效执行、是否存在控制缺失等方面设计调研问卷，确保问卷设计涵盖每一业务的每一环节，保证问卷调研的效果。

（四）数据分析

数据分析是通过获取行政事业单位会计报表、预算指标、资产报表及各类政府采购支出报表等数据，对单位各项财务数据进行分析，包括不同年份的对比分析、单位资金支出结构的分析以及单位资金和资产流动的效率效果指标分析等，查找单位资金、资产管理可能存在的薄弱点，提出针对性建议。

（五）流程分析

流程分析是通过梳理单位业务流程并将其图形化之后，对流程运行的时间、节点以及业务分工等进行分析。单位经济活动流程分析一般可分为两个步骤，一是流程梳理，将经济活动过程梳理形成规范的流程图和流程描述，用图形展示单位经济活动的现状，也称经济活动显性化；二是流程分析，通过获取业务运行的相关数据，检验流程运行的效果，分析流程设计是否存在不足，有无优化改进之处。行政事业单位在流程分析前，应制定规范的流程模板以及流程梳理、分析的标准规范，确保流程分析的准确性。

通过开展单位经济活动现状调研，了解单位经济活动现状，包括单位组织机构、经济活动事项、经济活动制度流程、经济活动的相关考核要求等方面，最终形成单位经济活动调研报告，为单位开展风险评估和控制有效性评估奠定基础。

二、单位经济活动风险评估

行政事业单位经济活动风险评估由目标设定、风险识别、风险分析以及风险应对等过程组成，旨在识别并分析单位经济活动中的重要风险，提出重大风险应对策略，确定单位内部控制建设的重点。

（一）目标设定

目标设定旨在明确单位各项经济活动的控制重点和原则，也是业务风险识别和控制措施设计的主要依据。在目标设定阶段，单位应通过收集单位层面和业务层面的各类初始信息，包括预算业务、收支业务、政府采购业务、资产管理、建设项目、合同管理等主要业务，涉及从计划编制、业务执行过程以及总结评估等方面的资料信息。在初始信息收集的基础上，单位应根据业务实际需要设定经济活动相关目标，明确单位各项业务的控制目标。

（二）风险识别

在风险识别阶段，单位应根据现状调研获得的业务信息建立风险分类框架，识别每一经济活动风险对应的风险事件，对风险事件的类别、成因、影响以及责任部门等进行描述，形成单位风险事件库。在此基础上，根据单位当前经济活动现状编制风险评估问卷，对单位面临的各类风险进行问卷调查，确定单位重大风险排序。

（三）风险分析

在风险分析阶段，单位应根据风险评估问卷调查结果，对各经济活动风险事件发生的可能性和影响程度进行分析，确定单位经济活动风险管理的优先顺序。单位可综合采用蒙特卡罗分析、压力测试、概率分析、情景分析以及关键风险指标分析等方法，对风险发生的原因、风险发生后可能导致的损失、风险的管理难度以及与其他风险之间关系进行分析，确定单位经济活动风险等级排序，为单位风险应对奠定基础。

（四）风险应对

在风险应对阶段，单位应根据自身条件和外部环境，围绕经济活动目标、风险偏好和风险可接受程度、风险发生的原因和风险重要性水平，制定风险应对策略和风险解决方案。风险应对的目的在于将剩余风险控制在风险承受度以内。单位可以综合运用风险规避、风险降低、风险转移和风险承受等策略应对经济活动风险。一般来说，单位应重点关注重大风险的应对，以确保风险管理工作的经济性。

风险评估工作完成后，应根据风险评估结果编制单位经济活动风险评估报告，对单位风险评估的过程进行总结，并对重大风险提出应对措施。作为单位内部控制体系建设的重要成果文件，风险评估报告既是单位定期开展风险评估工作的成果体现，又可以为单位内部控制建设提供指导，明确内部控制建设的重点，保证单位内部控制建设的有效开展。

三、单位经济活动控制有效性评估

单位经济活动控制有效性评估是通过穿行测试和执行测试两种方式，从管理制度、业务流程和控制措施等方面，分别对单位经济活动控制设计的有效性和执行的有效性进行评估的过程，其目的在于识别单位经济活动控制缺陷，提出内控诊断建议，优化单位内部控制体系。

（一）穿行测试

穿行测试是针对某一业务抽取一套全过程的控制文件，通过采用询问、观察、检查和重新执行等方法，来了解并追踪整个业务流程处理过程的一种评价方法。其目的在于：第一，通过交易轨迹追查某笔交易，确认对单位经济活动流程（包括相关书面记录）的了解是否准确和完整；第二，评价经济活动控制设计是否能够及时预防或发现并纠正重大错误，通过将运行结果与设计要求对比，发现缺陷；第三，验证经济活动控制设计是否得到执行，通过获取部分业务实施证据，了解经济活动的运行情况。

穿行测试是验证单位经济活动控制设计合理性的重要方法，可以及时发现单位经济活动存在的问题，帮助单位改进经济活动控制缺陷，提高单位经济活动管理水平。

（二）执行测试

执行测试是一种验证控制执行有效性的方法，它强调控制能否在各个不同的时点按照既定设计得以一贯执行，一般通过在一定周期内抽取多个样本来测试某一控制点是否执行有效。执行测试的目的在于：验证获授权人员是否执行了控制（谁来执行），控制是否按照事先订立的要求贯穿于整个期间（是否一贯执行），控制是否按时执行且涵盖了所有适用的交易（不同时点如何运行），是否按管理层的理解正常运行（以何种方式运行），确保发现的错误能够及时更正，将已识别的风险降低到可接受的水平。

通过执行测试发现的缺陷主要为执行缺陷，即设计有效（合理且适当）的内部控制由于执行不当（包括不恰当的人执行、未按设计的方式运行、运行的时间或频率不当、没有得到一贯有效执行等）而形成的缺陷。

（三）单位内部控制缺陷识别与管理建议编制

行政事业单位应在穿行测试和执行测试的基础上识别单位经济活动内部控制缺陷，并针对内控缺陷提出管理建议。对于识别出的内控缺陷，应从缺陷描述、原因分析、缺陷影响三个方面进行分析，并与责任部门进行充分的沟通，确保缺陷编写符合实际、重点突出。同时，还应说明发现问题的手段和方式（如访谈或穿行测试资料、查阅制度等）、问题的实质（如背景信息、问题的表现形式、出现问题的原因、由该问题可能引发的风险）等。

管理建议是针对内控诊断识别出的缺陷，提出解决方案及改善思路的过程。管理建议可从完善制度流程、明确责任奖惩机制、设计有效管控方式、强化执行监督检查等方面来撰写。单位在编写管理建议时，应首先说明建议的思路，其次逐条列示操作方法和步骤，并对操作方法进行具体阐述，注重可操作性，若问题存在多个表现形式，则建议需要一一对应。

行政事业单位在缺陷识别和管理建议的基础上，编制形成单位经济活动内控诊断建议报告，作为单位内部控制设计优化的依据。

第三节　内部控制设计优化阶段

内部控制现状评估完成后，行政事业单位需以此为基础对单位内部控制体系进行优化设计，主要包括搭建单位经济活动控制框架、设计单位经济活动控制机制、单位经济活动控制信息化等三个方面。其中，经济活动控制框架搭建是对单位经济活动控制机制的顶层设计，具体表现为单位经济活动控制制度、程序和措施的分级分类描述。经济活动控制机制设计是通过制定管理制度、优化业务流程和实施控制措施，对单位每一经济活动进行管控的方式方法。经济活动内部控制信息化是通过建立单位内部控制信息系统，将单位经济活动控制机制嵌入到信息系统中，实现对经济活动的信息化控制。

一、搭建单位经济活动控制框架

行政事业单位经济活动控制框架搭建是以单位经济活动业务为基础，将控制嵌入到具体的经济活动中，建立一套基于单位经济活动业务的内部控制框架。单位经济活动控制框架是单位开展内部控制设计的“总纲领”，是对单位经济活动业务的分级分类描述，指导单位人员有效开展内部控制建设（如图3－5所示）。

实践中，行政事业单位应根据自身业务实际情况，按照《内控规范》的要求，从单位经济活动的业务类别，搭建单位经济活动控制框架，建立符合本单位实际的内部控制体系框架，以指导本单位经济活动控制机制设计。

二、设计单位经济活动控制机制

行政事业单位经济活动控制机制设计是单位针对每类经济活动，建立单位经

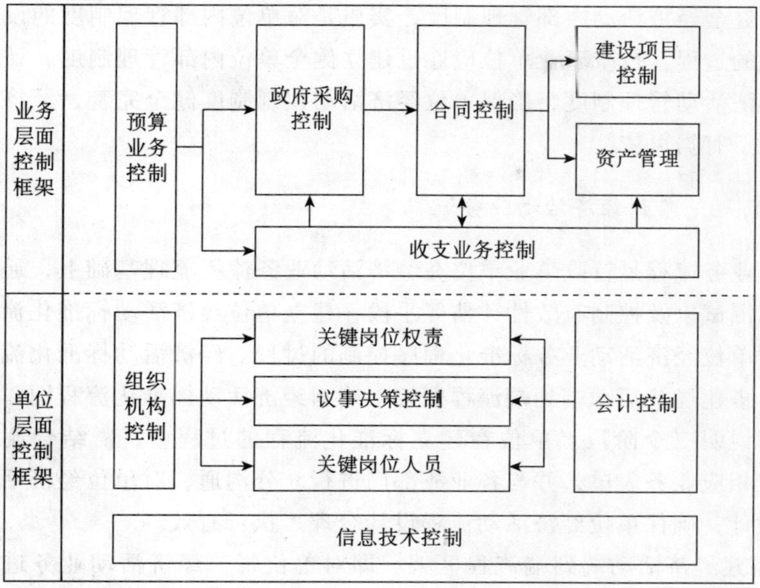

图 3-5 行政事业单位经济活动控制框架

济活动管理制度、业务流程和具体控制措施的过程。各行政事业单位在长期发展过程中，均已建立了很多符合自身实际的内部管理制度、业务流程及控制措施。可以说，每个单位都有自己的内部控制，只是各单位内部控制的完善程度不一，缺乏统一的规范标准，有些甚至只是不成文的规则。行政事业单位内部控制建设，梳理和优化单位现有制度、流程和控制措施，建立符合《内控规范》的单位经济活动内部控制体系。

（一）优化单位经济活动管理制度

不同于企业，作为履行公共职能的行政事业单位，政策法规是单位各项业务开展的重要依据。因此，对行政事业单位而言，建章立制是单位经济活动内部控制建设的首要任务，必须首先针对每类经济活动建立内部管理制度。若单位已制定相关规章制度，则应按照《内控规范》要求，对单位经济活动内部管理制度进行优化，体现内部控制的要求，确保制度建设能够为控制设计的有效运行提供保障。

单位内部管理制度建立和优化，应重点关注：1. 各经济活动内部管理制度是否满足国家法律法规及相关政策规定，制度文件之间是否存在内容重复、相互冲突的现象；2. 各经济活动内部管理制度内容是否完整，经济业务各环节是否均有相应规定，是否满足内部控制的要求；3. 各经济活动内部管理制度是否有相关配套制度，制度文件内容是否明确了具体执行要求且具有可操作性；4. 各经济活动内部管理制度是否定期修订更新，授权审批及发布程序是否符合规定。

建立健全经济活动内部管理制度，实质是对单位内部管理制度的设计有效性进行评价的过程。行政事业单位应通过建立健全单位内部管理制度，评估优化单位各类经济活动管理制度，确保单位经济活动控制制度健全完善，经济活动实施有章可循、有据可依。

（二）规范单位经济活动业务流程

规范业务流程是行政事业单位在经济活动业务流程梳理基础上，通过流程分析、穿行测试以及控制有效性评估等手段，建立单位经济活动标准化流程，并最终实现对单位经济活动业务标准化程序控制的过程。经济活动标准化流程建立一般包括：搭建经济活动端到端流程框架、绘制经济活动标准化流程图、编制经济活动流程说明三个阶段。单位在建立标准化流程的过程中，需结合流程分析结果，获取相应业务表单，并与各业务部门进行充分沟通，对单位经济活动程序进行优化设计，确保单位经济活动流程设计合理、执行有效。

1. 搭建经济活动端到端流程框架。即对单位每一经济活动业务进行细化分级和识别关键流程。经济活动细化分级，就是将经济活动业务从粗到细、从宏观到微观进行分解，如预算业务流程可细化分解为预算编制与批复流程、预算执行分析流程、预算追加调整流程、决算编制与审批流程、预算考核与评价流程。一般而言，行政事业单位经济活动流程可分为两级（也可根据实际需要细分为三级）。其中，一级流程通常指端到端流程，这些流程涉及若干部门，是某项业务的全程闭环，并包含诸多局部流程，如预算管理流程；二级流程通常指具体的业务流程，是对一级流程的细分，需编制具体的流程图和流程说明。预算管理流程细化分级如图 3－6 所示。

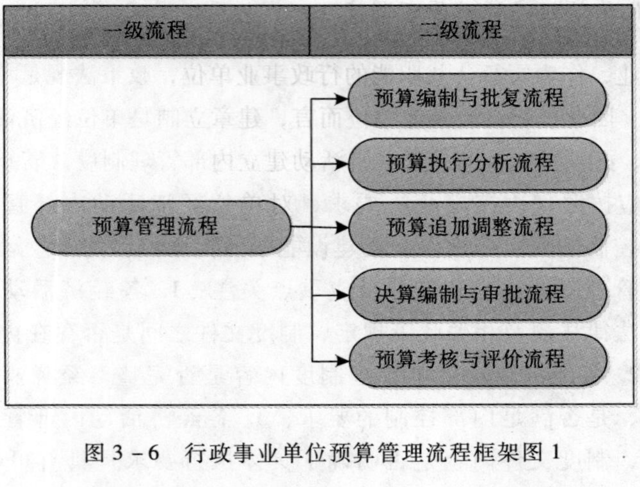

图 3－6　行政事业单位预算管理流程框架图 1

同时，预算管理流程框架也可通过明确各二级流程之间的关系，或者对二级流程的细化分解，形成端到端的闭环流程示意图，以体现流程之间的衔接关系（如图3－7所示）。

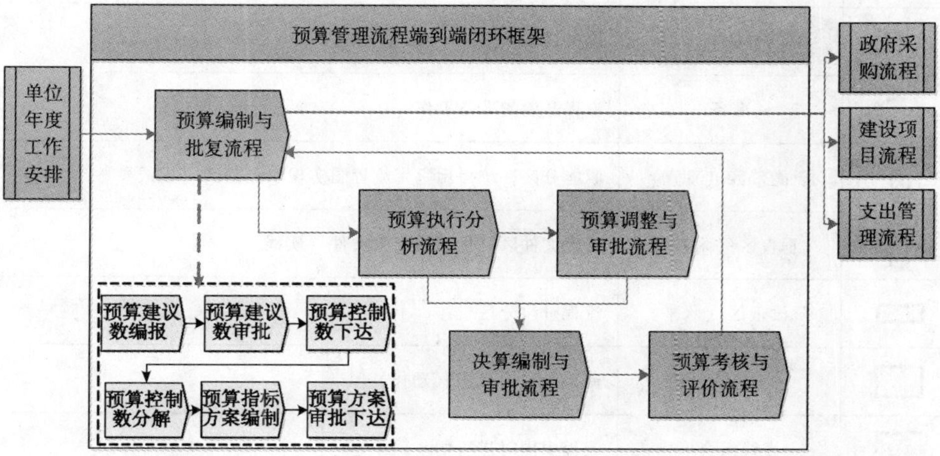

图3－7　行政事业单位预算管理流程框架图2

流程框架搭建完成后，行政事业单位应当结合业务管理重点，识别关键业务流程，确定单位需要重点管控的业务过程。识别关键业务流程时应重点关注：（1）该经济活动流程是否是单位管理较薄弱、容易引起风险发生的业务流程；（2）该经济活动流程是否为单位管理重点、对经济活动的成功起关键作用的业务流程。行政事业单位应结合单位业务实际识别关键经济活动流程，确定单位经济活动内部控制建设的重点。

2. 绘制经济活动标准化流程图。单位经济活动标准化流程图是指以可视的方式，运用特定符号展示某一经济活动的主要业务环节。其意义在于帮助单位人员明确经济活动是如何处理、记录以及各业务环节涉及的部门、岗位、人员、所需要的资源和信息，同时流程图也可反映流程与流程之间、流程内部环节与环节之间衔接的方式和权责的归属。实践中，单位应在经济活动现状调研和流程梳理的基础上，根据发现的控制缺陷和改进建议对业务流程进行优化调整，以建立单位经济活动标准化流程。

行政事业单位建立标准化流程图，可参照一些符号示例（如表3－2所示）。根据表3－2所示流程图图例，行政事业单位可按照以下步骤绘制标准化流程图：（1）对单位经济活动过程进行阶段划分，明确流程的起点和终点；（2）分析单位经济活动的主要执行者和参与者，明确经济活动涉及部门、岗位；（3）确定单位经济活动的主要业务步骤、先后次序、步骤之间关系以及输出文档，并用流程图的形式进行反映。行政事业单位在绘制标准化流程图时，可结合本单位实际制定流程图绘制说明，指导单位经济活动标准化流程图的绘制。

表 3－2　　　　行政事业单位标准化流程图一般图例

符号	操作名称	简介说明
	选择	选择状态
	准备	流程开始的准备工作
	职能带区（垂直）	职能分区；统一用垂直流程图实现职能分区（虚线）
	垂直区（附加）	垂直文件区，主要用于放文件（实线）
	阶段带区（水平）	流程阶段分区
	进程	流程中具体步骤（动作）
	虚线组合框	流程中同时进行的步骤
	连线	流程节点间的连接
	判定	条件判断
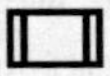	子流程	表示流程与流程之间的关联关系；流程中出现子流程，理解为流程的输入或输出
	文档	流程输入、输出等相关的文件
	文字	在连线上加入说明文字
	结束符	流程结束
	控制点提示	在控制点旁加上提示语
	缺陷提示	在关键控制点旁加上缺陷提示语

3. 编制经济活动流程说明。流程说明是对流程图的解释说明，目的是识别与记录业务步骤的详细处理过程和重要单据、表单等相关文档，以及从事这些活动的部门与岗位人员。流程说明一般包括流程目的、流程主责岗位、流程制度、流程适用范围以及流程步骤说明等内容。其中，流程步骤说明应按照 5W1H 的原则进行编写，即将步骤活动的执行主体、执行时间、执行地点、涉及对象、活动目的以及如何操作进行描述（如表 3－3 所示）。

表 3－3　　经济活动流程编制说明

流程说明	具体描述方式
流程目标	流程目标旨在阐述一系列流程任务所期望达到的经济活动管理目标或要实现的功能，应使用简洁精练的语言加以概括总结。
适用范围	适用范围指该流程所规范的经济活动内容，一般按照“本流程适用于××单位××业务”的模式撰写。
责任部门/岗位	责任部门/岗位是指该流程对应业务的牵头部门和主责岗位，一般情况下，一个流程会涉及多个部门和岗位，但牵头部门和岗位仅有一个。
政策/制度	政策/制度是指对单位经济活动内容和过程进行规范的相关政策和制度文件，涉及管理制度、程序文件等内容。
流程步骤说明	流程步骤说明是用文字形式对业务流程中的各个活动进行描述，一般用简洁的陈述句描述流程步骤的详细过程和相关文档内容，确保不熟悉该业务的员工在看到流程描述后知晓如何执行业务活动，一般用5W1H的方式描述：Who，该活动的执行者，即业务活动主体；When，活动在什么时间发生或执行的周期和频率；Where，活动用什么方式执行，系统执行还是手工执行；What，活动涉及的对象、表单或文档名称？即业务活动的客体；Why，该业务活动的目的；How，如何执行该业务活动？即具体操作和控制执行过程。

行政事业单位应根据经济活动各业务步骤内容，细化流程图的具体操作要求，建立规范且具有可操作性的经济活动流程说明。单位在编制流程说明时，一般需通过业务访谈、文件审阅了解单位经济活动的具体情况，并以相关法律法规和政策文件为依据。需要注意的是，单位经济活动流程说明编制与流程图绘制是紧密相连、不可分割的，两者统一于单位经济活动业务流程的梳理和优化过程中。表 3－4 是某单位预算编制流程文档，包括流程图和流程说明。

表 3－4　　××单位预算编制流程

预算编制流程说明			
流程责任部门	单位财务部门	流程责任岗位	预算管理岗
流程目标	本流程旨在阐述单位预算建议数表报、预算控制数下达及分解细化、预算方案批复及指标落实的程序，确保预算编制程序符合法律法规、预算编制内容完整、编制方法科学合理、预算指标项目细化准确，提高单位预算编制的科学性和规范性。		
流程适用范围	本流程适用于××单位年度资金预算的编制工作。		
流程相关政策	××单位预算管理制度		

续表

流程图

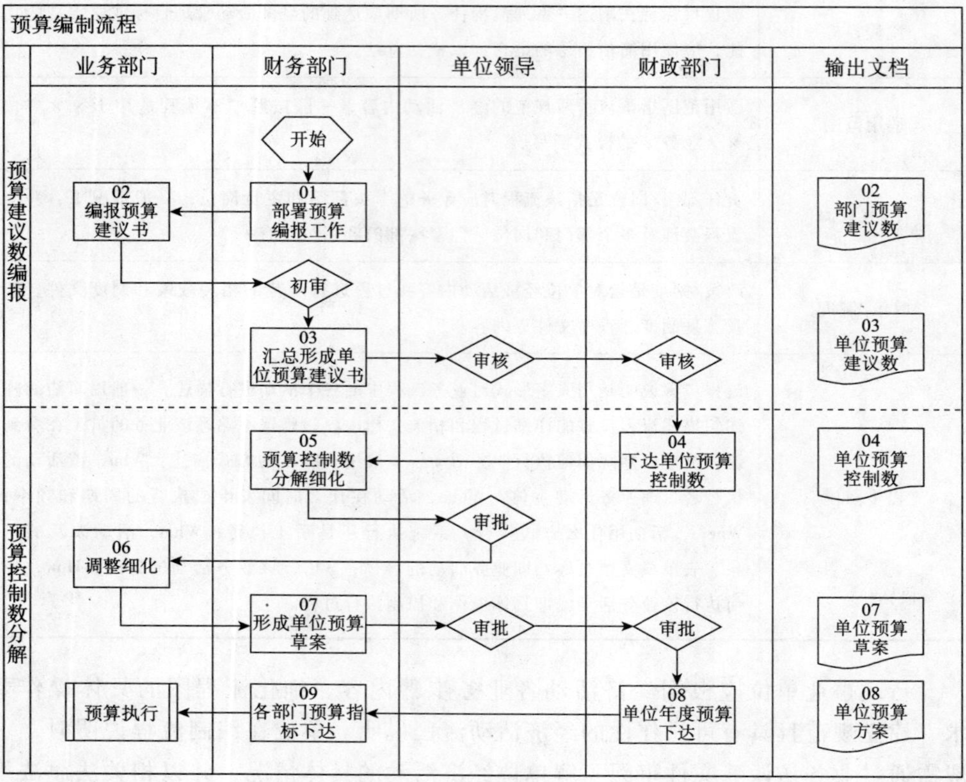

流程步骤说明

编号	步骤名称	步骤描述	输出文档
01	部署预算编报工作	单位财务部门根据财政部门下发的预算编制通知，召开预算编制工作会，将财政部门下发的项目清理数据分解，并下发给各二级预算单位	预算编制方案
02	编报预算建议数	单位各业务部门根据预算编制要求，结合下一年度工作计划和资产配置情况，提出预算建议数，并提交申报基础数据材料，报送财务部门。	部门预算建议数
03	汇总形成单位预算建议数	单位财务部门对各业务单位提交的预算建议申报材料进行初审，汇总编制单位预算建议数，编制完成后经财务部门负责人审核无误后，上报单位领导审议。	单位预算建议数
04	下达单位预算控制数	财政部门审核单位提交的预算建议数，依据财政资金安排，及时下达预算控制数。	

续表

编号	步骤名称	步骤描述	输出文档
05	预算控制数分解细化	单位财务部门预算管理岗在控制数基础上，分解、细化预算控制数，经财务部门负责人审核通过后，形成各单位预算控制数，并报经单位领导审核、批准。	
06	调整细化	单位各业务部门在预算控制数范围内，进行细化整理，形成本单位预算草案，经部门负责人审核无误后提交财务部门。	部门预算草案
07	形成单位预算草案	单位财务部门收到各业务部门预算草案后，进行综合平衡，形成预算单位预算草案，经财务部门负责人审核无误后报单位领导审批。	单位预算草案
08	下达单位年度预算	财政部门依据规定程序审批各单位上报的预算草案，并将批复后的正式预算下达各单位执行	单位预算方案
09	各部门预算指标下达	单位财务部门根据财政预算批复结果，将预算指标进一步细化至各部门，同时将预算执行规则一并下达。各业务部门依据下达的正式预算批复，进行资金使用计划编报，进入预算执行环节。	

（三）设计单位经济活动控制措施

设计控制措施是行政事业单位在完善制度、优化流程的基础上，针对单位经济活动中的主要风险，设计具体控制措施的过程，一般以风险控制矩阵的形式来体现。当然，单位经济活动控制措施既包括相关制度规定和流程步骤要求，也包括一些具体的管理措施和业务操作要求，如编制经济活动相关报告、填写一些具体的业务表单或者对业务过程进行记录等均属于具体控制措施。风险控制矩阵是将单位经济活动的目标、风险和控制进行相互对应的一种矩阵表格，核心是针对单位经济活动各业务风险，将现有的控制措施与风险进行匹配，实现单位经济活动控制措施的显性化、规范化。

控制目标是描述经济活动业务要达到的效率效果。对经济活动业务目标的分解和支撑，能够确保经济活动业务流程的主要环节和关键要素得以实现。

风险描述是影响控制目标有效实现的各种不确定因素。一般是结合实际业务过程来识别具体的风险因素，风险与控制目标需相互对应，不能有目标无风险或有风险无目标。

控制措施是单位经济活动的重要管控节点，是确保必要活动得到执行从而降低业务风险的活动。一般情况下，审核审批、审议、验证、复核、核对、检查、评审、归档保管等保证管理层指令得到有效执行和经济活动目标得以实现的业务活动可确认为控制点。

三、实现单位经济活动控制信息化

行政事业单位内部控制建设是一个系统工程。行政事业单位可通过建立内部控制信息系统来实现单位经济活动控制的信息化，将预算、收支、政府采购、建设项目、合同管理以及资产管理等业务过程通过信息系统来实现。

行政事业单位经济活动内部控制信息化可以为单位内部控制的信息传递和沟通带来便捷，便于及时识别控制缺陷和对外报告。具体来说，一方面，将内部控制措施由传统的人工控制向信息系统自动化控制转变，通过业务系统固化单位经济活动流程，可以确保重要经济活动流程关键控制行之有效；另一方面，通过信息平台中的体系建设、事前防范、事中监控、事后监督等功能模块，有助于单位实现内部控制体系建设和日常持续运行维护。因此，单位应重视内部控制信息化建设，为内部控制运行提供技术保障。

第四节　内部控制运行维护阶段

行政事业单位内部控制优化设计完成后，需要开展内部控制的试运行、正式运行和日常维护。在内部控制运行维护阶段，行政事业单位一方面应制定单位内部控制管理手册和内部控制管理办法，为单位内部控制提供管理依据和操作指导，规范单位内部控制的日常管理过程；另一方面应加强单位内部控制的教育培训和激励约束机制，做好单位内部控制的日常管理，持续优化单位内部控制。

一、内部控制管理手册和管理办法

行政事业单位内部控制管理手册是将单位各经济活动涉及的管理制度、业务流程和风险控制措施汇总编制形成的指导文件，一般包括总则、内部控制框架、单位经济活动风险评估、单位层面内部控制设计、业务层面内部控制设计以及内部控制评价与监督等组成部分。内部控制管理手册作为单位内部控制建设成果的总结汇编，既是单位开展经济活动内部控制的指导，也是单位优化改进内部控制的依据。

行政事业单位内部控制管理办法是规范单位经济活动内部控制工作如何开展的制度文件，一般包括内部控制的组织结构、管理职责、日常维护、风险评估、评价与监督、持续改进要求等内容，特别是要明确评价与监督的原则、依据、内容、方法和具体实施等。单位内部控制管理办法是单位开展内部控制管理的依据，对内部控制管理的原则、过程以及相关要求进行规范，确保单位内部控制管理工作有章可循、有据可依。

行政事业单位应以内部控制管理手册和管理办法为依据，定期开展风险评估工作和内部控制评价工作，出具风险评估报告和内部控制评价报告，建立健全单位风险评估和内部控制评价机制。

二、内部控制日常维护和持续优化

行政事业单位内部控制日常维护是指通过日常的教育培训、建立激励约束机制、培养单位内部控制文化等方式，确保单位内部控制的有效运行。单位推行内部控制应强化培训，强化责任追究，强化激励奖惩机制，强化内外监督，为内部控制运行提供坚实保障。

内部控制作为一项专业管理活动，在运行过程中需持续不断的辅以教育培训，使单位全体人员掌握内部控制的理念、方法，并将其运用到日常工作中。单位应在每年的内部控制工作计划中列入内控教育培训安排、内控工作研讨会议等，同时设计各类不同的主题，针对各层级管理人员和执行人员开展多种形式的培训，包括购买并组织学习内控书籍、组织召开内控专题交流会议、聘请外部专家授课、组织内控发布成果培训、保证单位各层级人员一定课时的内控学习时间，使内部控制运行工作常用常新。

单位应将内部控制实施纳入业绩考核评价体系。内部控制考核与评价可以采取定量评价和定性评价相结合的方式。定量评价应按照具体计分标准、评价指标权重和评价模型，对控制设计的健全性、合理性、执行的有效性进行百分制的定量加权。定量评价的关键是为各指标确定合理的计分标准和权重。单位应当根据定量评估的结果，结合内部控制工作组织情况、各部门配合情况、内部控制缺陷报告情况及严重程度等内容进行定性分析，综合评定单位各部门的内部控制运行情况，并将考核评价结果单独作为考评项目，或合并到业绩考核综合指标体系中，据此对管理层进行考核评定。

单位应运用多种形式，将风险管理文化和内部控制理念引入企业的现有文化中，不断强化和提升各级管理人员和执行人员的自觉执行意识，如在公司 OA 专栏宣传内控知识、发布项目信息，在公司内刊发布内控专题、新闻稿，举行在线辩论、考试等多种形式的内控知识竞赛，开展内控专题有奖征文等互动。

需要强调的是，单位内部控制的持续运行不是终点，还应当对内部控制运行过程进行持续优化。不论单位原有的内控体系多么完美，随着时间的推移、内外部环境的变化都可能出现某些问题，包括具体实施部门、内部审计及纪检监察等部门发现的问题，这些问题应当及时反馈到内控牵头部门，定期加以优化。

第四章 行政事业单位风险评估

根据《内控规范》第二章第八条规定："单位应当建立经济活动风险定期评估机制，对经济活动存在的风险进行全面、系统和客观评估。经济活动风险评估至少每年进行一次；外部环境、经济活动或管理要求等发生重大变化的，应及时对经济活动风险进行重估。单位开展经济活动风险评估应当成立风险评估工作小组，单位领导担任组长。经济活动风险评估结果应当形成书面报告并及时提交单位领导班子，作为完善内部控制的依据。"具体来说，行政事业单位应定期开展经济活动风险评估工作，识别单位层面和业务层面的关键风险点，对经济活动风险进行排序，建立单位经济活动风险地图，并设计科学有效的风险控制措施，将经济活动风险控制在单位可承受范围内。

第一节　行政事业单位风险评估概述

一、风险评估的定义

简单地说，风险是影响目标实现的各种不确定性因素。行政事业单位经济活动风险可以定义为未来不确定性对单位实现经济活动目标的影响。一般可以从两个方面认识风险，一方面，风险是不确定性的表现，由于未来的不确定性总是存在的，因此风险也总是存在，不可能被消灭，只能合理控制；另一方面，风险是相对于目标而言的，没有目标就没有风险，正因为要实现目标，才要对风险进行控制。

可以说，每个行政事业单位在经济活动中都面临着各种各样的内外部风险。为确保单位经济活动目标的实现，行政事业单位必须对这些风险进行控制，而风险控制的前提则是风险评估。风险评估是行政事业单位及时识别、科学分析和评估影响单位经济活动目标实现的各种不确定因素并制定应对策略的过程，是单位实施内部控制的重要环节，是单位采取控制活动的依据。

二、行政事业单位风险的分类

风险的分类标准不是绝对的。根据《内控规范》规定，行政事业单位经济活动风险按照管理层级，可以分为单位层面风险和业务层面风险。单位层面风险主要包括组织机构风险、议事决策风险、关键岗位风险、关键人员风险、会计系统风险和信息技术风险；业务层面风险主要包括预算管理风险、收支管理风险、采购管理风险、资产管理风险、建设项目风险和合同管理风险。

按照风险的来源，行政事业单位风险可以分为外部风险和内部风险。外部风险来自单位经济活动的外部环境，如法律政策风险、经济风险、社会风险、自然环境风险等；内部风险来源于单位的管理和经济活动，如管理风险、道德风险、财务风险、安全环保风险等。

按照管理有效性，行政事业单位风险可以分为固有风险和剩余风险。在没有采取任何措施来改变风险发生的可能性或影响的情况下，单位面临的风险称为固有风险；在单位采取风险应对之后剩余的风险称为剩余风险。

按照是否盈利，行政事业单位风险又可以分为纯粹风险和机会风险。纯粹风险指不含盈利的可能性，如疾病、火灾、交通事故、失窃等自然灾害或意外事故；机会风险是盈利与损失并存的风险，如投资风险、资金调配风险等。

按照风险事件的发生是否可控，行政事业单位风险可以分为可控风险和不可控风险。可控风险指行政事业单位可以通过某些风险管理手段影响其风险事件发生的可能性和发生方式；反之称为不可控风险。需要注意的是，可控风险和不可控风险对单位的影响都是可以控制的。

以上的风险分类如图 4－1 所示。

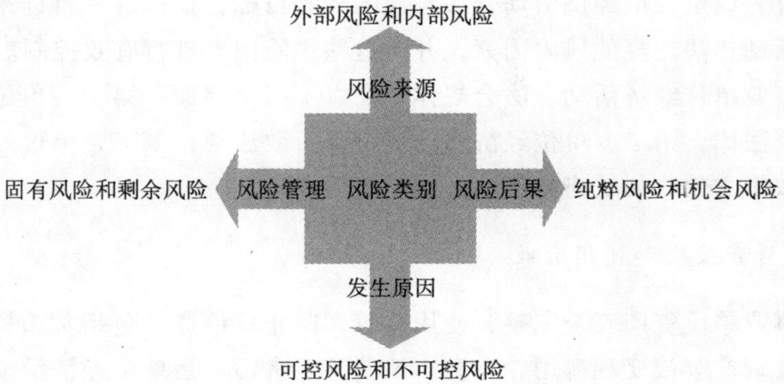

图 4－1　风险分类图

第二节 行政事业单位风险评估的基本程序

行政事业单位风险评估工作一般按照目标设定、风险识别、风险分析和风险应对等程序进行。具体步骤如下：首先，通过组建风险评估工作组，制定风险评估方案，确定风险评估的范围和内容；其次，通过设定经济活动目标，收集风险评估初始信息，识别单位经济活动中存在的风险事项，编制风险评估问卷；再次，通过发放填写风险评估问卷，对风险事项的发生可能性和影响程度进行分析评价，确定单位经济活动风险排序；最后，根据风险评估结果制定单位重大风险应对策略，编制完成风险评估报告。其中，目标设定、风险识别、风险分析和风险应对是风险评估工作的重点。

一、目标设定

目标设定是单位经济活动风险评估的前提，只有先确立了目标，单位才能针对目标来识别风险并采取必要的行动来控制风险。行政事业单位经济活动控制目标主要包括经济活动的合法合规、资产安全和使用有效、财务信息真实完整、有效防范舞弊和预防腐败、提高公共服务的效率和效果。

（一）经济活动的合法合规

行政事业单位经济活动要达到有效控制，首先要保证单位经济活动在法律法规允许的范围内进行，严禁违法违规行为的发生，这是行政事业单位经济活动最基本的目标，也是单位经济活动开展的前提。行政事业单位经济活动一旦违反法律法规，轻则遭警告罚款，重则项目中止，甚至取消项目，对单位其他业务活动产生影响，不利于单位的长远发展。所以，行政事业单位开展任何一项经济活动时，都应首先设定保证经济活动合法合规的控制目标，根据这一目标来识别可能导致经济活动违法违规的风险因素，并对这些风险因素进行有效控制。

行政事业单位经济活动合法合规体现在以下三个层面：第一，单位经济活动应符合国家法律，第二，单位经济活动应符合行政法规，第三，单位经济活动应符合相关政策文件，如政府内部的规章制度等。

（二）资产安全和使用有效

行政事业单位资产安全完整、使用有效，防止单位资产包括货币资金、实物资产、投资资产等被变现挪用、盗窃、浪费甚至贪污，是单位经济活动的重要控制目标。近年来，行政事业单位屡屡发生挪用资金、贪污、盗窃等案件，部分行政事业单位实物资产管理混乱，长期账实不符，未落实资产保管使用责任，丢失、滥用现象时有发生，且存在资产配置不合理、财政资金浪费严重的情况，给国家财政造成压力，也给单位自身形象造成不良影响。行政事业单位在经济活动中应设定资产安全和使用有效的控制目标，识别单位经济活动中影响资产安全和使用有效的风险因素，对这些风险因素进行控制。

行政事业单位资产安全和使用有效表现在以下三个方面：第一，保障单位货币资金，包括现金、银行存款、零余额账户用款额度和其他货币资金等的保管和使用安全，提高财政资金的使用效率；第二，保障单位实物资产管理规范，资产保管安全完整，包括房屋及建筑物、专用设备、一般设备、文物和陈列品、图书以及其他资产等；第三，保障单位对外投资决策科学、程序规范、合法合规，包括债券投资和其他投资，既要保证单位投资收益合理入账，也要保证投资资产的安全完整。

（三）财务信息真实完整

对于行政事业单位而言，客观真实地反映单位经济活动效率和效果，保证单位财务信息的真实、可靠和完整性，既是单位财务会计核算的基本要求，也是单位内部控制的重要目标。行政事业单位通过编制会计报告、预算执行报告等相关报告，准确反映单位财务状况、预算执行情况以及日常运行管理情况，同时也反映了单位完成公共服务和履行社会责任的情况。近些年，随着行政事业单位经济活动的日趋复杂，部分单位财务会计制度跟不上形势发展要求，加上部分单位会计人员素质低下，单位保证财务信息的真实完整面临着越来越大的挑战。

行政事业单位财务信息的真实完整体现在两个方面：一是设定财务信息真实完整的控制目标，并通过持续识别影响财务信息真实完整的风险因素，对这些风险因素进行有效的控制，以建立单位经济活动财务风险控制机制；二是完善单位内部会计管理制度，提高单位会计人员的技能和素质，规范单位财务管理程序和方法，为单位提供真实可靠的财务信息建立基础。

（四）有效防范舞弊和预防腐败

行政事业单位由于掌握了大量社会资源，其经济活动一定程度上也可以说是一种社会资源分配活动，公平、公正、公开的分配资源，保证廉洁奉公，防止贪污舞弊，是行政事业单位经济活动必须坚守的控制目标。由于监督不力、控制机制不健全等各种原因，行政事业单位贪污腐败行为时有发生。因此，行政事业单位应设定防范舞弊和预防腐败的控制目标，识别经济活动中可能导致舞弊和腐败发生的各类风险因素，建立有效的控制机制防范舞弊和腐败风险的发生。

（五）提高公共服务的效率和效果

向社会提供公共服务，既是行政事业单位的基本职能，也是单位经济活动的最终目的。行政事业单位应通过规范内部管理，提高经济活动风险控制水平，提升单位公共服务的效率和效果。行政事业单位在向社会提供公共服务时，需要对各公共服务业务所需资金以及单位内部正常工作所需经费进行预算管理。只有将预算公平公正地批复给内部各单位，才能将有限的公共资源投向正确合理的方向，从而确保单位公共服务职能的有效发挥。行政事业单位应设定提高公共服务效率和效果的控制目标，识别影响公共服务效率和效果的风险因素，并对这些风险因素进行有效管控。

行政事业单位在设定经济活动目标的同时，需要持续不断地收集单位内外部的各种初始信息。如单位层面影响经济活动开展的组织机构、决策机制、关键岗位、关键人员、会计系统以及单位信息技术状况等信息；与单位经济活动相关的各种业务信息，包括预算管理情况、收支管理情况、政府采购管理情况、资产管理情况、建设项目管理情况以及合同管理情况等业务信息。

同时，行政事业单位应当合理界定单位经济活动的风险偏好与风险承受度。其中，风险偏好是指单位在实现经济活动目标的过程中愿意接受的风险数量。风险承受度是指单位在经济活动中能够接受的风险限度，即在单位能力范围内能够承受的最大可能损失。风险偏好的概念是建立在风险承受度之上的。风险偏好与单位目标直接相关。单位在制定经济活动目标时，应考虑将经济业务可能的收益与风险偏好结合起来，帮助单位制定符合自身风险偏好的经济活动目标。风险承受度也与单位目标相关，是相对于实现一项具体目标而言单位所能接受的偏离程度。行政事业单位应当明确单位风险偏好的边界和采取行动的指标，同时设置若干风险承受度的指标，以显示不同的警示级别。

此外，单位在实现经济活动目标的过程中需要耗费资源。因此，单位设立目标必须考虑可获得的资源与目标的匹配程度，同时也要根据经济活动的变化不断调整单位的风险偏好和风险承受度。

二、风险识别

风险识别是在风险事件发生前，综合运用多种科学方法，查找单位各项经济活动以及重要业务流程中存在的风险的过程。风险识别主要是基于广泛的内、外部信息收集，通过与相关人员访谈了解单位经济活动状况，经过筛选、对比、分类组合，梳理形成单位重要风险清单。风险识别作为风险评估的重要环节，旨在回答：现在的和潜在的风险有哪些；哪些风险应予以研究；引起风险事件的主要原因是什么；这些风险所引起的后果如何；风险的各种管理措施是否到位等。

风险识别是一个输入转化为输出的过程（如图 4－2 所示）。风险识别的关键在于识别影响经济活动目标实现的潜在事项，即源于外部或内部的、影响单位目标实现的因素。根据行政事业单位风险分类和经济活动控制目标，将单位层面风险和业务层面风险按照五大控制目标的维度识别具体风险事项，可形成单位经济活动风险识别矩阵（如图 4－3 所示）。

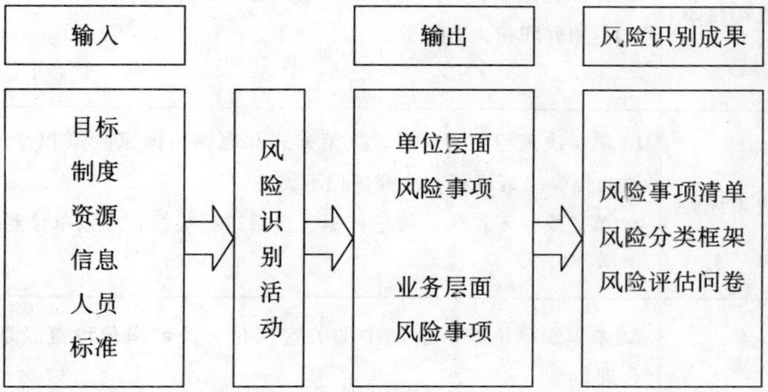

图 4－2　风险识别活动过程

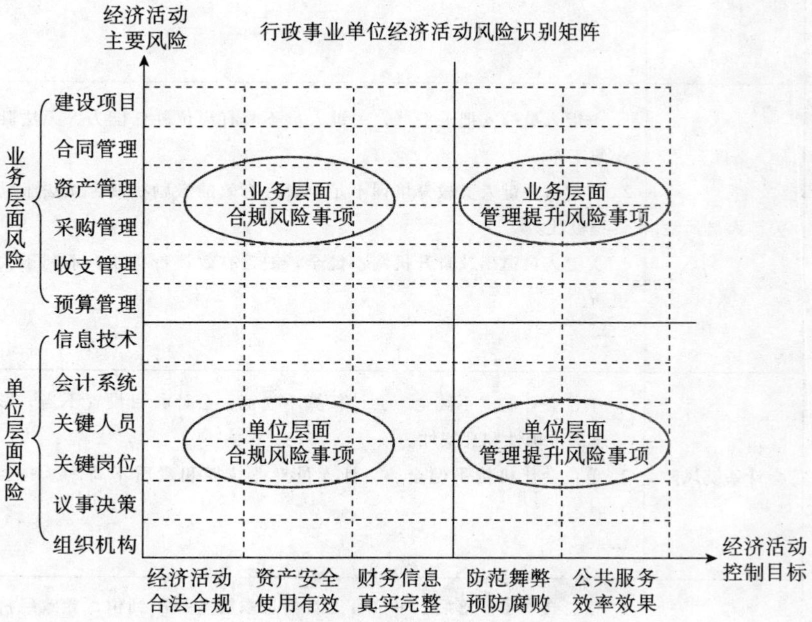

图 4－3　行政事业单位经济活动风险识别矩阵

行政事业单位风险识别矩阵也可以用表格表示，针对每一经济活动风险从不同控制目标的维度识别每一风险对应的风险事件（如表 4－1 所示）。

表 4-1　　行政事业单位风险识别矩阵

风险类别	风险名称	主要风险事件 （分别从经济活动合法合规、资产安全使用有效、财务信息真实完整、防范舞弊预防腐败、公共服务效率效果五个维度来识别）
单位层面风险	组织机构风险	1. 单位机构设置不符合机构编制管理法律法规。 2. 会计机构职责和岗位不够清晰，会计系统不健全。 3. 不相容职位未有效分离 ……
	议事决策风险	1. 单位决策程序不规范、决策方式和原则与国家政策相悖，未形成科学有效的集体决策机制、决策过程不民主。 2. 单位决策不科学、缺乏依据、盲目进行决策，导致单位经济活动受损。 ……
	关键岗位风险	1. 未识别单位经济活动中的关键岗位，关键岗位设置及职责权限分配不合理。 2. 单位关键岗位管理不规范，未建立关键岗位轮岗机制和强制休假机制。 3. 关键岗位考核机制不健全、未对关键岗位进行有效监督，出现舞弊和腐败现象。 ……
	关键人员风险	1. 关键人员准入把关不严，关键人员不具有岗位胜任能力，无法胜任相应业务工作。 2. 单位对关键人员教育培训不足，缺乏有效的激励机制，无法激励关键人员积极性。 3. 关键人员退出及晋升机制不健全，缺乏有效评价机制，不利于关键人员更新。 ……
	会计系统风险	1. 单位会计制度不健全、会计核算不规范，会计科目设置不当，影响财务信息的准确性和真实性。 2. 单位会计机构不健全、会计人员专业技能和素质不高，影响会计业务开展。 ……
	信息系统风险	1. 信息技术手段落后，单位员工对信息系统掌握不到位，导致经济活动效率不高。 2. 信息系统安全管理不健全，容易造成相关信息的泄露。 ……

续表

风险类别	风险名称	主要风险事件 （分别从经济活动合法合规、资产安全使用有效、财务信息真实完整、防范舞弊预防腐败、公共服务效率效果五个维度来识别）
业务层面风险	预算管理风险	1. 单位预算编制流程不清晰、预算编制依据不合理、方法不科学、内容不全面、审核程序不规范，导致单位账外资产或小金库游离于财政预算之外。 2. 预算执行缺乏严肃性和约束力，支出控制不严、超支浪费严重，影响单位声誉。 3. 预算考核、评价及监督流于形式，无法有效地发挥预算对资金的管控作用。 ……
	收支管理风险	1. 单位违规发放奖金福利或请客送礼等其他费用支出，导致腐败产生。 2. 单位截留未纳入预算的其他收入，如利息收入、房租收入，形成小金库。 3. 单位虚列支出、项目支出和基本支出界定不清，出现用项目支出弥补基本支出的现象，未实现专款专用，导致单位支出管理混乱。 ……
	采购管理风险	1. 采购前期工作准备不充分，导致招标失败，采购招标过程中出现浪费、寻租腐败。 2. 采购供应商暗中操纵竞标，采用不正当手段低价夺标，导致采购物品质量低、服务差、延期交货、无法满足使用要求。 3. 缺乏对采购代理机构的资格审查、事先内定代理商，出现贪污腐败行为。 ……
	资产管理风险	1. 货币资金管理不严，可能导致重大差错、舞弊、挪用、贪污、诈骗。 2. 往来资金核算不规范，往来账目杂乱，违规调节资金、借贷投资等形成大量坏账。 3. 实物资产盲目购建、闲置、更新改造不够、使用效能低下，维护不当，导致单位资产价值贬损、资源浪费。 ……
	建设项目风险	1. 建设项目立项缺乏可行性研究或者可行性研究流于形式，决策不当，盲目上马，导致难以实现预期效益或项目失败。 2. 项目招标过程中暗箱操作，存在商业贿赂；会计核算不规范，工程造价不真实。 3. 工程建设项目论证脱离实际、勘察设计不科学，使得概预算脱离实际、概算超估算、预算超概算、决算超预算；竣工手续办理不及时，交付使用手续办理不到位。 ……
	合同管理风险	1. 合同管理手段落后，机制不健全，没有构造合适的交流和沟通平台。 2. 经济合同签订过程不透明，缺乏民主的决策过程，合同管理混乱，未统一交财务部门存档，容易形成资金管理漏洞；合同档案管理不规范，缺乏登记保存制度。 3. 合同变更或转让过程未按规定程序、合同终止办理不规范，纠纷处理不当。 ……

行政事业单位在进行经济活动风险事件识别时，还可综合运用各种风险识别方法。

（一）风险清单法

风险清单法是指由专业人员设计标准表格和问卷，表格和问卷力争涵盖到所有风险，受问者对照清单上的每一项作答。以此构建本单位风险框架，识别出本单位的主要风险。风险清单的局限性在于对清单设计要求较高，否则很容易出现缺漏，特别是行政事业单位管理职能千差万别，可能会使某些特殊风险未被包括进来。

（二）财务报表分析法

财务报表分析法按照价值手段来反映行政事业单位经济活动，通过对财务报表进行结构和趋势分析，并与同类型单位进行比较，可以发现存在的风险。例如，分析公派出国考察费用、公务用车、公务接待费用的历年数据，可以判断“三公经费”增长控制目标是否能够实现。

（三）流程图法

流程图法是将行政事业单位经济活动各节点按照流程图的方式绘制出来，并对每个节点的具体责任部门和工作内容进行描述，通过对流程图的分析，可以发现内部控制的薄弱点。

（四）小组讨论和访谈

行政事业单位在风险识别的过程中，还可以通过小组讨论，或访谈单位领导和一般科员，识别单位存在的风险。小组讨论和访谈一般由风险评估小组召集并讨论可能对单位目标实现的影响。需要注意的是，对于一些敏感问题，参加小组讨论的人员可能会保持沉默，而个别访谈可能会取得更好效果，因此实践中两者可有效结合运用。

（五）实地检查法

实地检查法是指通过实地调查了解单位经济活动的基本状况。在调查过程中需注意调查单位在调查期间和平时工作是否执行不同的管理标准，是否存在应付检查的情况。行政事业单位可以通过事先不通知的现场突击检查获得第一手资料，并与基层人员建立和维持良好的关系。

（六）文件审查

文件审查是指通过审查经济活动相关文件的结构和内容来识别风险。如单位三定方案的文件、单位内部管理制度、单位领导班子会议记录、工作计划、财务报告等。单位领导班子会议记录记载的重要事项，其决策程序是否科学合理，是否充分发扬民主，会议记录是否明晰等，均有助于揭示单位议事决策机制的风险。

需要注意的是，风险事件通常不是孤立发生的，一个风险事项可能引发另一个风险事项，多个事项也可能同时发生。在识别风险的过程中，风险评估人员应当了解事项彼此之间的关系，并通过评估这种关系，确定最佳风险应对的方向。同时，风险事项可能具有负面影响，也可能具有正面影响，或者两者兼而有之。具有负面影响的事项代表风险，需要单位进行评估与应对。具有正面影响或抵消负面影响的事项代表机会。机会是一个事项将发生并对目标实现产生正面影响的可能性。单位应当把代表机会的事项引入其目标制定过程中，并制定明确的行动计划以抓住这些机会。

三、风险分析

风险分析是指在风险识别的基础上，运用定量和定性方法对风险发生的可能性和对单位目标实现的影响程度进行分析，并对风险进行排序，确定需优先控制的风险，避免风险发生给单位带来损失。风险分析是风险应对的基础，没有客观、充分、合理的风险分析，风险应对将是无的放矢或效率低下的。一般来说，行政事业单位风险分析包括两大核心内容：（1）风险事项发生的可能性（频率、概率）；（2）风险事项产生的影响。行政事业单位在具体开展风险分析时，应从单位经济活动具体情况出发，运用适当的风险分析技术，定量或定性地评估相关事项，为风险应对提供依据。

风险分析活动与识别活动一样也是一个输入转化为输出的过程（如图4－4所示）。

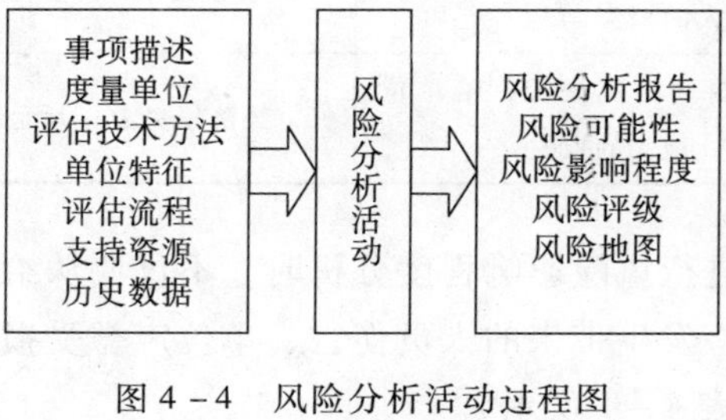

图4－4　风险分析活动过程图

行政事业单位开展风险分析，应当充分吸收专业人员，组成风险分析团队，按照严格规范的程序开展工作，确保风险分析结果的准确性。风险分析具体分为三个步骤。

首先，根据风险发生的概率大小将风险发现发生的可能性进行分级。可分为“高”、“中”、“低”三个级别或者“极高”、“较高”、“中”、“较低”、“极低”五个级别。对每一可能性级别进行定性或定量描述，并由高到低赋予“5、4、3、2、1”的分值（如表4－2所示）。

表4－2　风险发生可能性评估表

可能性		定性描述	定量描述	赋予分值
低	极低	一般情况下不会发生	发生概率10%以下	1
	较低	极少情况下才发生	发生概率为10%～30%	2
中	中等	某些情况下发生	发生概率为30%～70%	3
高	较高	较多情况下发生	发生概率为70%～90%	4
	极高	常常会发生	发生概率为90%以上	5

其次，根据风险发生后给单位带来的损失高低程度对风险的影响程度进行分级。也可以分为“高”、“中”、“低”三个级别或者“极高”、“较高”、“中等”、“较低”、“极低”。对每一影响程度级别进行定量和定性描述，并由高到低赋予“5、4、3、2、1”的分值（如表4－3所示）。

表4－3　风险发生影响程度评估表1

影响程度		定性描述	定量描述	赋予分值
低	极低	不受影响，极轻微的损失	经济损失20万元以下	1
	较低	轻度影响（情况立刻受到控制），较小的损失	经济损失20万到50万元	2
中	中等	中度影响（情况需要外部支持才能得到控制），一般的损失	经济损失50万到80万元	3
高	较高	严重影响（情况失控，但无致命影响），较大的损失	经济损失80万到100万元	4
	极高	灾难性影响（情况失控，给单位致命影响），极大的损失	经济损失100万元以上	5

需要注意的是，进行风险影响程度分析时，不仅要从给单位带来的经济损失角度分析，也应从风险发生带来的人员伤亡、单位声誉受损以及违反法律法规等维度来综合分析（如表4－4所示）。

表 4 – 4　　风险发生影响程度评估表 2

风险影响程度分析维度	1～2（低）		3（中）	4～5（高）	
	1（极低）	2（较低）	3（中等）	4（较高）	5（极高）
人员伤亡	造成 1 人轻伤，没有导致重伤人员	造成 1 人重伤，没有导致人员死亡	造成 2～5 人重伤，没有导致人员死亡	造成 1 人死亡或 6～10 人重伤	造成 1 人以上死亡或 10 人以上重伤
单位声誉	负面消息在单位内部流传，单位声誉没有受损或影响很小，可以忽略	负面消息在当地局部流传，对单位声誉造成轻微损害，影响程度很小且是暂时的	负面消息在某区域内流传，对单位声誉造成中等损害，影响可能持续一段时间	负面消息在全国各地流传，对单位声誉造成严重损害，影响将持续很长的时间	负面消息在全国各地流传，对单位声誉造成无法弥补的损害，且将长时间持续
法律法规	无相关责任或监管影响	单位领导基本不受影响，只有极小的责任	单位领导可能接受审查	单位领导面临重大法律责任	单位领导受到起诉

最后，根据风险发生可能性和影响程度分析结果，将其绘制在同一个平面上，形成风险地图（如图 4 – 5 所示），对风险按等级进行排序。风险地图（Risk mapping）是用于风险识别和排序的有效工具，旨在对多项风险进行直观的比较，从而确定单位各经济活动风险管理的优先顺序和策略。如图 4 – 5 所示，对于 C 区域风险，单位应该予以特别关注并立即采取应对措施；对于 A 区域风险，单位可以不予关注，由于该类风险发生概率低，即便发生也不会造成很大损失，因此基于成本效益原则，可把资源优先利用到急需的地方；对于 B 区域风险，则介于两类风险之间，单位应当予以关注，视其发展采取相应措施。

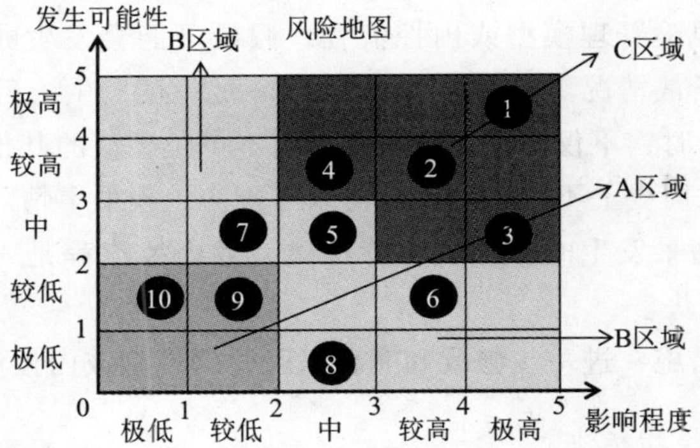

图 4 – 5　风险地图

行政事业单位还可综合使用蒙特卡罗方法、压力测试法、关键风险指标管理、概率分析法、敏感性分析、行业标杆比较、情境分析法等对单位经济活动风险进行分析。

（一）蒙特卡罗分析方法

蒙特卡罗方法是一种随机模拟数学方法。该方法用来分析评估风险发生的可能性、风险的成因、风险造成的损失或带来的机会等变量在未来变化的概率分布。具体操作步骤如下：

1. 量化风险。将需要分析评估的风险进行量化，明确其度量单位，得到风险变量，并收集历史相关数据。

2. 对历史数据进行分析，借鉴常用建模方法，建立描述该风险变量在未来变化的概率模型。建立概率模型的方法很多，如差分和微分方程方法、插值和拟合方法等。这些方法大致可分为两类，一类是对风险变量之间的关系及其未来情况作出假设，直接描述该风险变量在未来的分布类型（如正态分布），并确定其分布参数；另一类是对风险变量的变化过程作出假设，描述该风险变量在未来的分布类型。

3. 计算概率分布初步结果。利用随机数字发生器，将生成的随机数字代入上述概率模型，生成风险变量的概率分布初步结果。

4. 修正完善概率模型。通过对生成的概率分布初步结果进行分析，用实验数据验证模型的正确性，并在实践中不断修正和完善模型。

5. 利用该模型分析评估风险情况。

（二）压力测试法

压力测试是指在极端情景下，分析评估风险管理模型或内控流程的有效性，发现问题并制定改进措施的方法，防止出现重大损失事件。具体操作步骤如下：

1. 针对某一风险管理模型或内控流程，假设可能会发生哪些极端情景。极端情景是指在非正常情况下，发生概率很小，而一旦发生，后果十分严重的事情。假设极端情景时，不仅要考虑本单位或与本单位类似的其他单位出现过的历史教训，还要考虑历史上不曾出现，但将来可能会出现的事情。

2. 评估极端情景发生时，该风险管理模型或内控流程是否有效，并分析对目标可能造成的损失。

3. 制定相应措施，进一步修改和完善风险管理模型或内控流程。

（三）关键风险指标法

一项风险事件的发生可能有多种成因，但关键成因往往只有几种。关键风险指标管理是对引起风险事件发生的关键成因指标进行管理的方法。具体操作步骤如下：

1. 分析风险成因，从中找出关键成因。

2. 将关键成因量化，确定其度量，分析确定导致风险事件发生（或极有可能发生）时该成因的具体数值。

3. 以该具体数值为基础，以发出风险预警信息为目的，加上或减去一定数值后形成新的数值，该数值即为关键风险指标。

4. 建立风险预警系统，即当关键成因数值达到关键风险指标时，发出风险预警信息。

5. 制定出现风险预警信息时应采取的风险控制措施。

6. 跟踪监测关键成因数值的变化，一旦出现预警，即实施风险控制措施。

该方法既可以管理单项风险的多个关键成因指标，也可以管理影响单位控制目标的多个主要风险。使用该方法，要求风险关键成因分析准确，且易量化、易统计、易跟踪监测。

（四）概率分析

风险的某些方面可以用概率等数学方法加以测量。对周期性发生的事情，可以从其历史上的信息和走势中导出其概率。从传统意义上看，不利事件的风险都可以通过概率进行分析，常用的方法主要有概率、期望、方差等。例如，下雨概率对举办室外运动会就很有参考意义。

（五）敏感性分析

敏感性分析不仅适用于风险识别，还适用于风险分析。敏感性分析在合理范围内，通过改变输入参数的数值来观察并分析相应输出结果。由于计算相对容易，敏感性度量方法有时用来补充概率方法。通过敏感性定量分析，可以帮助单位明确自身对相关风险的接受程度。

（六）情境分析法

情境分析法可以同时用于风险识别和风险分析，是一种自上而下“如果——什么”的分析方法，可以计量某事件或事件组合对单位将会产生的影响。它通过想象、联想和猜想来构思和描绘未来可能的情况，从而为指定风险应对策略提供支持。情境分析的主要程序是：1. 确定分析的主题，明确分析的范围；2. 建立风险数据库，并将风险按其对主题的影响进行分类；3. 构思风险各种可能的未来图景；4. 设想一些突发事件，看其对未来情境可能的影响；5. 描述到未来各种状态的发展演变途径。

四、风险应对

风险应对建立在深入的风险分析基础上，为风险控制活动提供依据。行政事业单位应在识别并分析风险发生可能性和影响程度的基础上，根据单位经济活动控制目标、单位风险偏好和风险接受程度，结合实际情况制定适当的风险应对策略。与风险识别和分析一样，风险应对策略制定也是一个输入转化为输出的过程（如图 4－6 所示）。

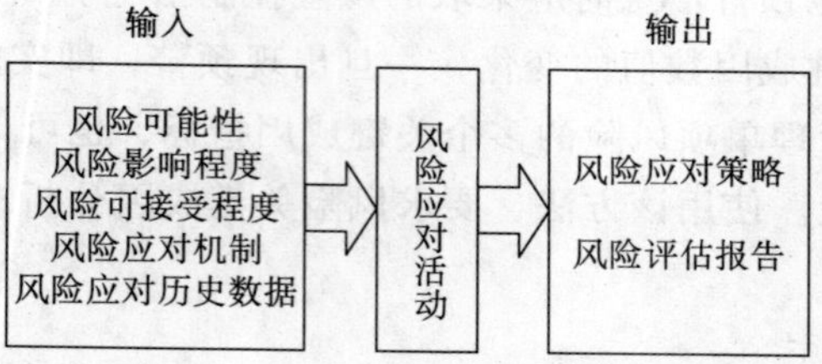

图 4－6　风险应对策略制定过程图

行政事业单位根据风险的可规避性、可转移性、可缓解性和可接受性等四种属性，分别制定风险规避、风险降低、风险转移和风险承受等四种应对策略，既可以单独也可综合使用。

（一）风险规避

风险规避是行政事业单位对超出风险承受度的风险，通过放弃或停止与该风险相关的经济活动以避免和减轻损失的策略。风险规避一般包括两种形态：一是不从事产生某种风险的经济活动，例如，取消原定的公费出国考察计划，则可免除因此导致的责任风险；二是中止已经开展的某些经济活动，如由于社会舆论的压力中止发放高温补贴，再如交管部门按规定严惩“闯黄灯”现象，但社会公众质疑其科学性的呼声很强，交管部门暂时中止处罚。

行政事业单位由于担负着社会管理和公共服务职能，各项经济活动是必须要开展的，完全规避风险就意味着无所作为，也是不现实的。因此，单位应在实施某些经济活动之前多举行听证，并保证听证会的公平公正性，避免采取亡羊补牢的方式补救，出尔反尔会降低单位的威信。

（二）风险降低

风险降低是行政事业单位在权衡成本效益后，准备采取适当的控制措施降低风险发生的概率或减轻风险产生的损失，将风险控制在可承受度之内的策略。根据风险管理目的，风险降低措施又可分为损失预防和损失抑制两类，损失预防是指降低损失发生的概率，即通过采取措施消除或减少可能导致损失发生的原因，例如限制高速公路车速减少了车祸发生概率；损失抑制是指减轻损失程度，即在事故发生时和发生后采取措施减少损失发生范围，可细分为事前措施和事后措施两种，例如消防部门在办公楼设置防火墙或隔离火源的装置，以控制火灾发生时火势可能蔓延的范围。

行政事业单位可通过建立内控系统、内部审计、作业流程等多种控制活动来降低风险，如预算管理、政府采购招标制度、固定资产定期盘点、关键绩效定期报告等。

（三）风险转移

风险转移是行政事业单位借助他人力量，通过合同、业务分包、购买服务、参保等方式和适当的控制措施，将风险转移给外部单位或个人的风险应对方式。风险转移分为财务型和非财务型转移两类，财务型转移又细分为保险转移和非保险转移。例如，行政事业单位将临街房屋出租给其他人经营，可以把管理不善可能带来的损失转移给经营者，单位只需按照协议收取固定租金即可。又如单位向保险公司缴纳车辆涉水险保费，那么一旦车辆遭水浸泡发生损失，保险公司必须在合同规定的责任范围内予以赔偿。

（四）风险承受

风险承受是行政事业单位对风险承受度之内的风险，在权衡成本效益之后，不准备采取控制措施降低风险或减轻损失的策略。风险承受可能是主动的也可能是被动的。对于未能辨识出的风险，单位只能采用风险承担；对于辨识出的风险，单位可能缺乏能力进行主动管理，因此也会采用风险承担。例如，对于不可预见、不可抗力或者风险规避、转移和降低均不可行，或者上述活动执行成本超过风险接受的情况下只能采用风险承担策略。对于单位经济活动中的重大风险，即影响到经济活动目标实现的风险，一般不应该采用风险承担。

行政事业单位综合评估以上四种风险应对策略时，应当考虑这些风险应对策略对风险发生可能性和影响程度的效果，使剩余风险水平与企业的风险承受度相协调。一般情况下，风险回避只有在其他应对措施都不能将风险降低到可承受范围内的情况下采用；风险降低和风险转移的目标是使行政事业单位的剩余风险在可控和承受范围之内。实践中，单位应根据收集的风险信息识别和分析风险，并根据客观情况变化及时调整应对策略，同时还应当决定如何管理这些旨在使风险发生的可能性和影响程度处于风险承受度之内的应对组合（如图4－7所示）。

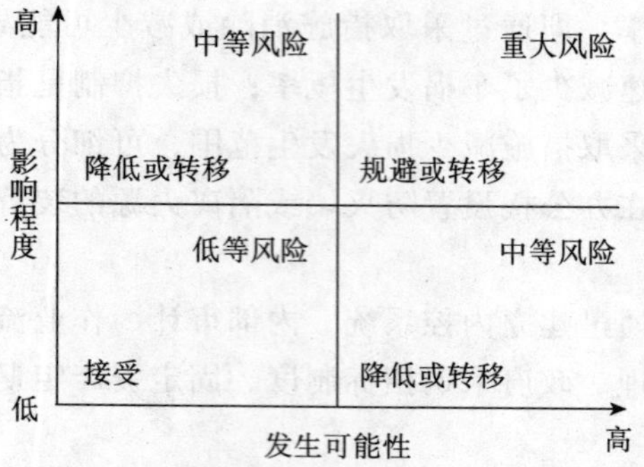

图 4－7　风险应对策略与风险坐标图

风险评估工作完成后，单位应根据风险评估结果编制风险评估报告，并及时提交单位领导班子，以提请单位领导关注重要风险，及时采取针对性的应对策略和控制措施。根据行政事业单位实际情况，借鉴企业风险评估报告内容，单位经济活动风险评估报告至少应包括以下内容：

1. 风险评估组织情况。包括风险评估活动的工作机制、范围、程序和方法，以及资料和证据收集等情况。

2. 发现的主要风险事件。包括组织机构、议事决策、关键岗位、关键人员、会计系统以及信息技术等单位层面的风险事件，以及预算管理、收支管理、采购管理、建设项目、资产管理、合同管理等业务层面的风险事件。

3. 风险分析。从风险发生可能性和影响程度两方面对风险发生因素进行分析并排序，确定需重点关注的风险因素，并进行分析，提醒单位领导重点关注。

4. 风险应对措施建议。提出风险应对措施的建议，确保建议的针对性、具体性和可行性，并落实到责任部门和责任人。

行政事业单位应根据上述程序开展风险评估工作，并建立有效的风险评估保障机制，如制定风险评估管理制度，明确单位领导在风险评估中的责任，组建风险评估工作组，制定风险评估方案，明确风险评估方法等，确保单位经济活动风险评估工作有效开展，为单位层面和业务层面内部控制建设奠定基础。

第三节　行政事业单位风险评估的关注要点

风险评估作为行政事业单位内控建设的重要环节，为单位层面和业务层面内部控制设计确定了方向和重点。行政事业单位应当成立风险评估工作小组，由单位领导担任组长，定期开展经济活动风险评估工作，建立单位经济活动风险评估工作机制。

一般来说，单位开展风险评估工作可能面临的主要风险包括：没有明确的经济活动目标以及工作计划，无法通过管理控制措施保证目标的实现；未建立风险识别机制，无法准确识别风险因素；未形成合理的风险分析方法，风险分析不到位，无法真正掌握风险发生的原因和影响；未建立有效的经济活动风险防范机制，不能及时对识别的风险采取适当应对措施。为防范这些风险点，行政事业单位应从目标设定、风险识别、风险分析及风险应对等方面，明确风险评估的控制目标，设计关键控制措施，确保单位风险评估工作有效开展。

一、目标设定

（一）目标设定的控制目标

目标设定的控制目标在于为单位设定恰当的控制目标并进行沟通。控制目标一般分为单位层面目标和业务层面目标。单位层面目标是指单位的总目标和经济活动相关控制目标，与高层次资源分配和优先利用相关；业务层面目标是总目标的子目标，是针对单位经济活动设置的更专业细化的目标。

（二）目标设定的关键控制点

第一，根据单位业务实际建立经济活动控制目标，并在单位范围内进行充分沟通，确保单位经济活动目标与工作计划的一致性。例如通过“两上两下”预算目标编制程序确定年度预算目标，通过预算讨论会方式，获得单位员工对预算目标的反馈信息。

第二，定期评估经济活动目标与工作计划，对更新的单位目标与工作计划进行适当的复核和批准。单位可通过定期召开会议对单位目标与年度工作计划执行情况进行评估，并根据评估结果对工作计划进行调整，以获得单位领导的复核和审批。

第三，根据单位实际确定合理的风险偏好和风险承受度，重点考虑以下因素：

1. 若单位风险承受度定得过高，比如试图承受单位面临的全部风险而不采取任何防范措施，则一旦风险发生很可能对本单位造成致命打击；若单位风险承受度定得过低，在经济活动过程中就会导致瞻前顾后、无所作为。

2. 若单位对风险产生的结果没有控制力或控制力不够，就无法制定较高的风险承受度。

3. 风险转移的可能程度，若风险能够转移则可以确定较高的风险承受度。

4. 当单位确定无法防范损失的发生，且没有转移风险的可能时，则只能制定最高的风险承受度，自己来承担风险。

二、风险识别

（一）控制目标

风险识别的控制目标是为单位建立风险识别机制，对单位经济活动目标实现产生影响的风险因素进行预期和识别。风险识别需考虑所有可能发生的风险事项，以及单位与相关外界之间的所有重大相互影响。风险识别应当以一种系统方法来进行，以确保单位的所有经济活动及其风险都被囊括进来，并有效分类。风险识别也是一个重复的过程，需要针对环境的变化持续进行。有效的风险识别应当形成一个风险清单或风险库，列明单位面临的各种经济活动风险。

（二）关键控制措施

第一，建立有效的风险识别机制，对单位层面和业务层面风险进行预期和识别，包括建立风险识别的流程和活动指引、对风险识别过程的策划及记录、掌握有效风险识别并保证适宜性。

单位应当定期或不定期查找和发现各经济活动、各内设机构及业务流程中存在的风险，收集相关风险信息以及历史数据和未来预测，确保风险事项信息库的完整性和持续更新。

单位应当明确风险管理职能，根据管理过程和经济活动特点，定期对风险识别活动进行评估，确保单位所有重大风险均得到识别。

第二，了解单位层面和业务层面影响经济活动开展的各种因素。由于行政事业单位涉及领域广，工作活动内容丰富，面临的风险多样化，在风险识别过程中应重点予以关注。

根据图 4－8 所示，单位层面风险识别应重点关注：

1. 内部控制工作的组织情况。包括是否确定内部控制职能部门或牵头部门；是否建立单位各部门在内部控制中的沟通协调和联动机制。

2. 内部控制机制的建设情况。包括经济活动的决策、执行、监督是否实现有效分离；权责是否对等；是否建立健全议事决策机制、岗位责任制、内部监督机制等。

3. 内部管理制度的完善情况。包括内部管理制度是否健全；执行是否有效。

4. 内部控制关键岗位工作人员的管理情况。包括是否建立工作人员的培训、评价、轮岗等机制；工作人员是否具备相应的资格和能力。

5. 财务信息的编报情况。包括是否按照国家统一的会计制度对经济业务事项进行账务处理；是否按照国家统一的会计制度编制财务会计报告。

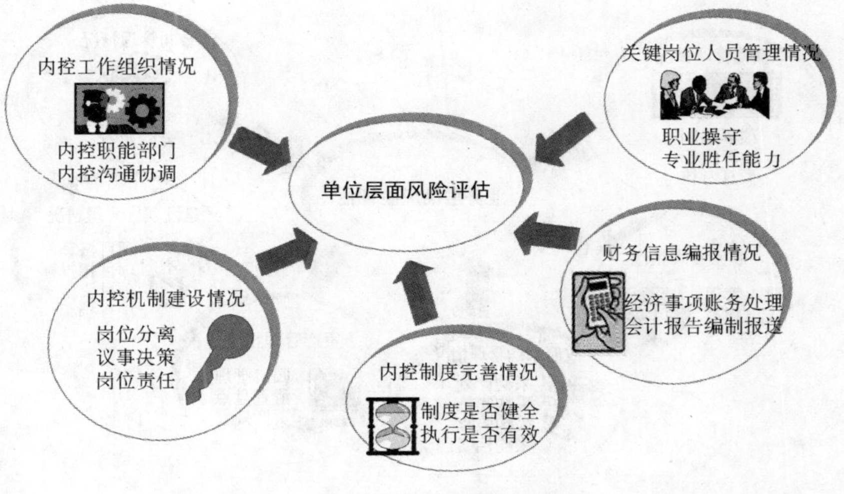

图 4－8 单位层面风险识别关注点

根据图 4－9 所示，业务层面风险识别应重点关注：

1. 预算管理情况。包括预算编制过程中单位内部各部门间沟通协调是否充分，预算编制与资产配置是否相结合、与具体工作是否相对应；是否按照批复的额度和开支范围执行预算，进度是否合理，是否存在无预算、超预算支出等问题；决算编报是否真实、完整、准确、及时。

2. 收支管理情况。包括收入是否实现归口管理，是否按照规定及时向财会部门提供收入的有关凭据，是否按照规定保管和使用印章和票据等；发生支出事项时是否按照规定审核各类凭据的真实性、合法性，是否存在使用虚假票据套取资金的情形。

3. 政府采购管理情况。包括是否按照预算和计划组织政府采购业务；是否按照规定组织政府采购活动和执行验收程序；是否按照规定保存政府采购业务相关档案。

4. 资产管理情况。包括是否实现资产归口管理并明确使用责任；是否定期对资产进行清查盘点，对账实不符的情况及时进行处理；是否按照规定处置资产。

5. 建设项目管理情况。包括是否按照概算投资；是否严格履行审核审批程序；是否建立有效的招投标控制机制；是否存在截留、挤占、挪用、套取建设项目资金的情形；是否按照规定保存建设项目相关档案并及时办理移交手续。

6. 合同管理情况。包括是否实现合同归口管理；是否明确应签订合同的经济活动范围和条件；是否有效监控合同履行情况，是否建立合同纠纷协调机制。

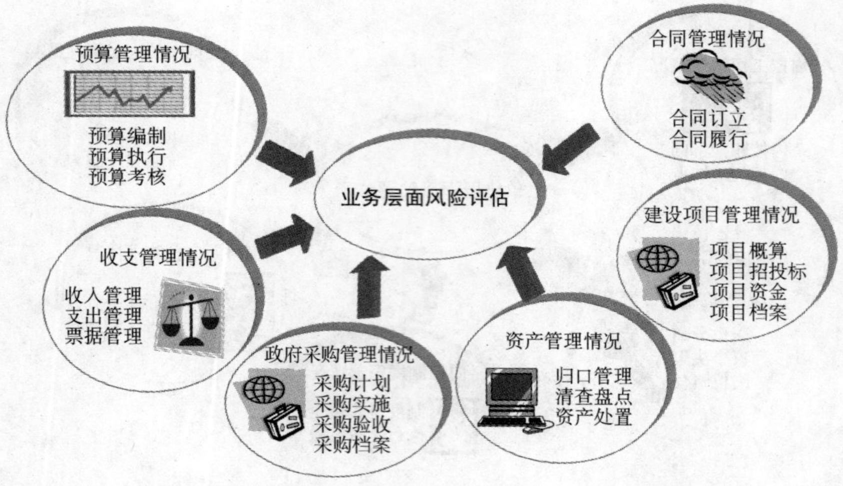

图 4-9　业务层面风险识别关注点

三、风险分析

（一）控制目标

风险分析的控制目标旨在从发生可能性和影响程度两个维度对识别出的风险进行分析评价，重点关注以下几个方面：

1. 确定适当的度量单位。
2. 分析风险发生的可能性（频率、概率）。
3. 分析风险发生后的影响程度。
4. 确定风险的重要性水平。
5. 建立适当的风险分析技术方法。
6. 制定风险分析的流程、指引、策划、执行、评估、资源支持等。
7. 明确风险评估参与人员的结构和技术要求。

（二）关键控制措施

第一，建立完善的风险分析程序，确保风险分析过程得到完整记录，并被恰当地反馈给相关责任人。单位应当明确风险分析过程中的所有必要活动，确定这些活动的顺序和相互关系，准确描述并形成书面文件。风险分析的基本流程包括数据收集、技术方法选择、分析实施、分析结果和数据存档。为保证风险分析流程有效运行，必须对流程各个环节进行规范，明确具体的责任、目标、分析要求。对于风险分析活动过程应进行必要的记录，相关记录也应该加以存档。

第二，做好风险分析策划，建立风险分析的反馈及信息沟通机制。风险评估人员应确定下列内容：风险分析参与人员的结构和技能要求；风险分析策略的时机，风险分析所需的相关信息及来源；风险分析的相关技术。同时，对风险数据进行收集分析，如宏观环境数据、其他单位业务数据、外部专家数据、单位历史数据等，以把握问题的根源和发展趋势，更加精确地分析风险。

第三，根据自身实际选择恰当的风险分析技术和方法。依据风险的复杂程度和重要性，采用定量技术和定性技术相结合的方式进行风险分析。定性技术是指对风险的影响和可能性以定性的方式进行描述，基于评估人员丰富的实践经验而作出评估结论。定量分析是在可以获得充分、准确的数据的情况下而实施的评估技术。常见的定量分析包括风险价值技术、风险现金流技术、风险收益技术、损失分布技术、事后检验技术、敏感性分析技术、情景分析技术、设定基准技术和压力测试技术等。

定量分析技术具有精确性，可以弥补定性分析技术的不足。但是，定量技术的缺陷也很明显，即对所有重要因素进行量化是困难的，获得更多的数据需要更高的成本。在风险分析中，定量与定性技术应结合运用，两者可以互补不足。单位可依据自身特征决定采用何种具体的组合形式。

第四，借助外部专家的支持，如专业风险管理技术公司等。外部专家的专业技能可以提高风险分析的效率和准确性，同时通过外部专家的知识传播，单位风险分析人员的技术水平和整个单位成员的风险意识水平也可以得到提升。同时，风险分析中形成的结论应形成正式报告，包括风险可能性、影响程度、重要性评级和风险地图，相关的数据和记录也应加以保存，作为单位风险管理数据库的重要组成部分。

四、风险应对

（一）控制目标

风险应对的控制目标在于确保单位对所识别的风险采取有效的应对措施。单位实施风险应对时，应评估风险应对的成本和效益，并选择一种可以使剩余风险维持在预期风险容忍度范围内的应对方案。重点关注以下方面：

1. 确保风险应对策略建立在充分的风险分析和评价基础之上。
2. 确保风险应对策略本身的技术、资源可行性。
3. 确保风险应对策略能够使剩余风险处于单位可接受程度内。
4. 确保风险应对策略符合成本效益原则。
5. 确保单位风险应对组合方案的建立、评估、决策方法技术的可行性。

6. 确保风险应对策略能实现相应的管理创新。

（二）关键控制措施

第一，建立风险应对的相关制度，包括风险应对的要求、工作指引、职责权限规定、评估要求等，以保证风险应对策略在一定流程指引、资源支持下得以合理地、实事求是地制定。同时，单位还应当建立重大例外事项的报告和处理程序，确保对例外事项采取有效的应对措施。

第二，确定风险应对制定过程中的权责分配，明确风险应对过程中参与人员的分工和层级。职责权限的分配应符合单位的规模、业务性质及其他特点。

第三，建立风险应对的流程，确保风险应对策略的制定遵循一定的程序。风险应对的具体流程如表 4 – 5 所示。

表 4 – 5　　风险应对基本流程

序号	工作流程	特点
1	风险应对方案生成 ↓	单位内部相关历史记录 其他单位相关风险案例 准备尽可能多的应对方案 适当的人员参与
2	风险应对方案评估 ↓	方案成本效益评估 方案技术和资源可行性评估 风险应对组合方案技术、成本、效益评估 剩余风险评估
3	风险应对方案确定	确定最优方案 确定最优风险应对组合

第四，评估风险应对方案时，应主要关注以下几点：

1. 评估风险应对策略的成本与效益，主要考虑：风险应对策略的初始成本，包括直接成本和间接成本，如人员、过程、技术等；维持风险应对的成本，包括直接成本和间接成本；风险应对的效益，包括直接效益和间接效益。

2. 评估应对策略对风险的影响。单位风险管理的目的是为单位目标的实现提供合理保证，使单位风险处于可接受范围内。确定风险应对方案过程中，单位应评估采用风险应对后的剩余风险，风险分析的技术方法仍然适用于剩余风险评估。

3. 风险应对的技术与资源可行性评估。风险应对是风险控制活动的依据，风险控制活动是风险应对的具体化。因此，风险应对的技术与资源可行性也是风险应对的重要内容。

4. 组合风险应对策略的评估。单位应从全局角度，全面考虑风险应对组合，并从整体上评估其效果。在组合风险应对评估中，需要把握以下几点：单一风险应对策略的评估方法和技术仍然适用于组合方案的评估；对同一风险采取的风险应对组合，需按每个方案的效益最大化原则和组合方案效益最大化原则确定适当的组合方案。

第五，在评估风险应对的基础上，开展风险应对决策，确定符合要求的风险应对或应对组合，并提交单位领导班子审批。确保剩余风险处于单位的期望限度之内，确保风险应对符合单位的实际资源技术条件，确保风险应对符合成本效益原则。

第六，通过督办等方式对风险应对措施进行检查和监控，并建立报告渠道，对单位有重大影响的变化应及时向单位领导报告。

综上所述，行政事业单位在经济活动风险评估过程中，应针对目标设定、风险识别、风险分析和风险应对涉及的重点管控环节，制定和实施有效的管控措施，确保单位经济活动风险评估有效开展。

第五章
行政事业单位单位层面内部控制设计

行政事业单位单位层面内部控制主要包括组织机构、议事决策、关键岗位权责分配、关键岗位人员能力、会计系统、信息系统等要素。单位层面内部控制是行政事业单位内部控制的顶层设计，它为业务层面内部控制提供了一个良好的“生存土壤”，直接决定了业务层面内部控制的有效实施和运行，对单位内部控制整体效果的发挥和控制目标的实现具有重大影响。

第一节　组织机构内部控制设计

根据《内控规范》第三章第十三条规定：“单位负责人对本单位内部控制的建立健全和有效实施负责”，“单位应当单独设置内部控制职能部门或者确定内部控制牵头部门，负责组织协调内部控制工作。同时，应当充分发挥财会、内部审计、纪检监察、政府采购、基建、资产管理等部门或岗位在内部控制中的作用。”行政事业单位负责人应通过完善单位组织机构设置，合理调配单位人员编制，明确各内设机构的内部控制责任，建立健全单位内部控制运行的组织基础。

一、组织机构控制概述

根据《中华人民共和国国务院组织法》、《中华人民共和国地方各级人民代表大会和地方各级人民政府组织法》、《国务院行政机构设置和编制管理条例》和《地方各级人民政府机构设置和编制管理条例》等法律法规，各级机构编制管理机关在本级政府的领导下，负责行政事业单位机构设置和编制管理的具体工作，主要包括单位职责权限、内设机构、人员编制及领导职数等三大内容，即通常所讲的“三定”规定。各级行政事业单位的“三定”规定均是按照规定的统一体例和审核、审批程序，由党委、政府印发的具有一定法律效力的规范性文件。

组织机构管理分为政府机构管理和行政事业单位内设机构管理两个层级。政府机构设置指国务院和地方各级政府行政机构的设立、撤销、合并或者变更规格、名称。国务院行政机构的设立、撤销或者合并由国务院机构编制管理机关事先组织有关部门和专家进行论证后提出具体方案。若为国务院直属机构、办事机构和国务院组成部门管理的国家行政机构则直接报国务院决定；若为国务院组成部门则由国务院常务会议讨论通过后，由国务院总理提请全国人大或常委会决定。地方各级人民政府行政机构的设立、撤销、合并或者变更，由本级人民政府提出方案，经上一级人民政府机构编制管理机关审核后，报上一级人民政府批准，并依法报本级人民代表大会常务委员会备案。行政事业单位内设机构设置是指国务院行政机构、地方各级行政机构及下属的各级事业单位内设机构的设立、撤销、合并或者变更等。行政事业单位机构设置由该单位根据国家相关规定提出具体方案，报本级人民政府机构编制管理机关审核或者审批，并根据单位组织级别由本级人民政府批准。行政事业单位增设内设机构的方案至少应包括下列事项：增设机构的必要性，增设机构的名称和职能，与业务相近的内设机构职能的划分等内容；行政事业单位撤销或者合并内设机构的方案应当包括下列事项：撤销或者合并机构的理由，撤销或者合并机构后职能的消失、转移情况，撤销或者合并机构后编制的调整等内容。

在行政事业单位机构设置的基础上，需依据单位所承担的工作职责，按照精简的原则核定编制，包括单位人员的数量定额和领导职数。各级机构编制管理机关应当按照编制的不同类别和使用范围审批编制。如国务院行政机构的编制在国务院行政机构设立时确定，其编制方案应当包括下列事项：机构人员定额和人员结构比例；机构领导职数和司级内设机构领导职数。国务院行政机构增加或者减少编制，由国务院机构编制管理机关审核方案，报国务院批准。地方各级政府的行政编制总额，由省、自治区、直辖市政府提出，经国务院机构编制管理机关审核后，报国务院批准。地方各级政府根据调整职责的需要，在行政编制总额内调整本级政府有关部门的行政编制。行政事业单位依照国家规定程序设置的机构和核定的编制，是录用、聘用、调配工作人员、配备领导成员和核拨经费的依据。

二、组织机构控制设计

行政事业单位组织机构是单位开展风险评估、实施控制活动、进行监督评价的载体。一个科学高效、分工制衡的组织机构可以使单位自上而下地对风险进行识别和分析，进而采取控制措施予以应对，并通过开展监督评价保障内部控制的有效运行。根据行政事业单位组织机构管理的基本内容，结合《内控规范》中组织机构控制的表述，行政事业单位组织机构控制应包括单位内设机构设置控制、单位内设机构职责权限控制、单位内设机构人员编制控制、单位机构编制监督检查控制（如图5-1所示）。

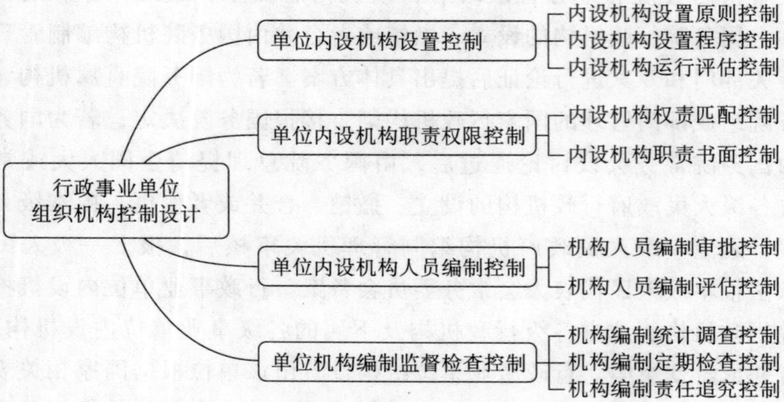

图5-1　行政事业组织机构控制设计

单位内设机构设置控制是指单位应建立决策机构、执行机构、监督机构三者之间科学分工、有效制衡的组织机制，特别是应明确单位内部控制的牵头机构或者职能机构。具体来说，一方面应明确单位内设机构设立、合并、撤销或者变更规格、名称的原则，另一方面应规范单位内设机构设立、合并、撤销或者变更规格、名称的程序，同时定期对单位内设机构的运行状况进行评估。行政事业单位内设机构设置控制具体包括内设机构设置原则控制、内设机构设置程序控制和内设机构运行评估控制。

单位内设机构职责控制是指根据单位目标合理配置各内设机构的具体职责，明确各内设机构的管理权限，特别是明确财会、内部审计、纪检监察、政府采购、基建、资产管理等机构的内部控制职责权限。具体来说，一方面应根据单位业务实际明确各内设机构的职责和权限，确保各内设机构权责一致；另一方面应对各内设机构的职责权限进行固化，编制单位内设机构图和机构职责书。行政事业单位内设机构职责控制具体包括内设机构权责匹配控制和机构职责书编制控制。

单位内设机构人员编制控制是指根据单位人员编制总数，结合各内设机构的主要职责确定相应的人员编制。重点考虑各内设机构的主要职能和权限配置，确保各内设机构在开展业务工作时有足够的人员保障。行政事业单位内设机构人员编制控制具体包括内设机构编制总额控制和内设机构人员编制分配控制。

单位机构编制监督检查控制是指各级政府机构编制管理机构对各单位的机构

设置和编制执行情况进行监督检查，同时，各行政事业单位向机构编制管理机关提供单位机构设置和编制管理情况的监督检查报告。单位机构编制监督检查主要包括机构编制统计调查控制、定期检查控制、责任追究控制等。

行政事业单位应当根据《内控规范》要求和单位实际情况设置或确定单位内部控制职能部门，负责组织协调单位内部控制制度的建立、实施和日常工作，建立健全内部控制管理的责任体系，实现内部控制的真正落实和广泛参与。

三、组织机构管理的控制目标、主要风险及关键控制措施

（一）单位内设机构设置控制

行政事业单位内设机构的设计是单位组织机构管理的重要环节，包括机构的设立、合并、撤销或者变更机构规格、名称等内容，特别是明确单位内部控制的牵头机构或者职能机构。

1. 控制目标

对于行政事业单位内设机构而言，一方面应确保内设机构的设置遵循精简、统一、效能的原则，严格按照规定程序进行单位内设机构的设立、合并或撤销；另一方面应确保内设机构适应单位业务特点和管理要求，为单位开展业务提供积极保障。

2. 主要风险

第一，单位内设机构未根据业务特点和管理需要设置，可能导致管理层级过多或者集中分散方式选择不当，不利于单位实际业务的开展。

第二，单位内设机构的设置、调整以及撤销未按照规定程序进行，或者未根据环境变化及时进行调整，可能导致内设机构设置不当或不符合单位实际情况。

第三，单位内设机构的设计和运行不能满足信息沟通的要求，不利于信息的上传下达和在各层级、各业务之间的传递，无法为员工提供履行职权所需的信息。

3. 关键控制措施

第一，单位内设机构设置原则控制。行政事业单位应在职责科学配置的基础上，按照“职责明确、分工合理、机构精简、权责一致”的原则综合设置单位内设机构，确保单位决策和执行相协调，有效提高行政效能。同时，行政事业单位内设机构设置应体现“制衡性、适应性、协同性”三大原则，确保单位决策机构、执行机构、监督机构既实现相互分离、相互制约和相互监督，又做到相互之间的协调配合，且具备一定的灵活性，以有效应对单位重大经济活动。行政事业单位内设机构设置原则的具体表现如表 5－1 所示。

表5－1　行政事业单位内设机构设置原则

机构设置原则	具体表现
制衡性原则	负责单位经济活动决策的机构不应参与具体执行过程
	负责执行经济活动的机构无权自行决策，也不得随意改变决策
	负责经济活动监督的机构独立于决策与执行，保证监督效果
适应性原则	结合单位的编制情况设置不同的内设机构，在现有编制内灵活设计工作机制，选择合适的方式组织协调内部控制的建立、实施和日常工作。
	根据单位业务性质和管理要求，按照适当集中或分散方式设置内设机构，确保信息的上传、下达和各经济活动间的传播
	单位内设机构在保持相对稳定的同时，可以随着外部环境的变化、单位经济活动的调整和管理要求的提高，对组织机构进行修订和完善。
协同性原则	单位机构设计立足于整体，全面考虑单位经济活动的决策、执行和监督的全过程，单位各层级之间以及同级之间信息得到有效的沟通
	单位机构设计在把握整体的基础上，应重点关注重要经济活动和经济活动的重大风险

第二，单位内设机构设置程序控制。行政事业单位应当按照机构编制的相关法律法规，建立健全单位各层级内设机构设立、调整以及撤销的工作流程，并严格按照工作流程开展内设机构的设置与调整工作。各级行政事业单位应当根据履行职责的需要，在外部环境发生变化的情况下进行适时调整。但在一届政府任期内，各级行政事业单位的工作部门应当保持相对稳定。根据《国务院行政机构设置和编制管理条例》和《地方各级人民政府机构设置和编制管理条例》，各级政府行政机关内部机构设置、调整以及撤销如图5－2所示。

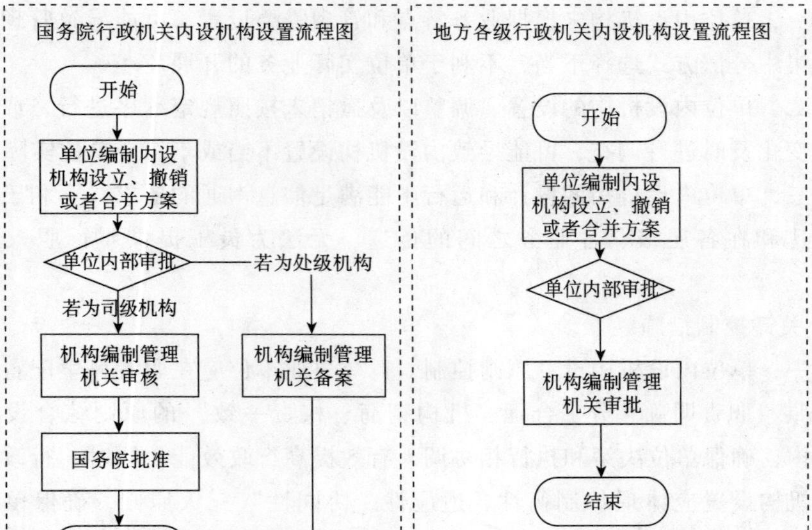

图5－2　各级政府行政机关内部机构设置、调整以及撤销流程

第三，单位内设机构运行评估控制。行政事业单位应当根据内设机构的设置情况编制单位组织机构图，进一步明确单位决策机构、监督机构和执行机构之间的关系，考虑到我国行政事业单位实际而建立的组织机构图如图5-3所示。

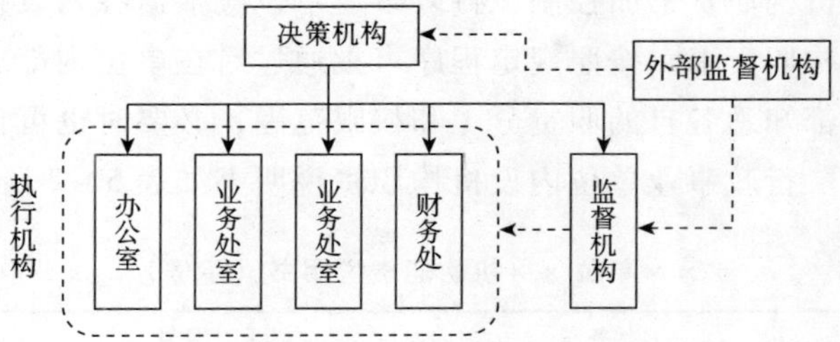

图5-3　依据我国行政事业单位实际建立的组织机构图

单位应当定期对内部机构设置的合理性和运行的高效性进行评估。在评估机构设置的合理性时，应重点关注其与单位内外环境的适应性、与单位工作目标的一致性、对单位内部分工的协调性以及权责分配的对等性等；在评估内设机构运行的高效性时，应重点关注内设机构职责分工的效率、权力制衡和信息沟通的效率。通过对单位内设机构设置和运行进行评价，及时发现缺陷并进行优化调整，使单位内设机构始终处于高效运行状态。

（二）单位内设机构职责权限控制

行政事业单位内设机构权责控制是在单位各内设机构组成基础上，根据业务分工和管理需要对各内设机构的职责进行分工，明确相应的管理权限和汇报机制，确保职责得到有效履行。在单位内设机构权责配置方面，特别需要明确包括财会、内部审计、纪检监察、政府采购、基建、资产管理等机构的内部控制职责权限，确保单位内部控制责任落到实处。

1. 控制目标

行政事业单位各内设机构的职责分工和权限分配应确保做到权责一致、职责明确、分工协作，避免职能交叉、缺失或权责过于集中，以形成各司其职、各负其责、相互制约、相互协调的工作机制。

2. 主要风险

第一，单位对各内设机构的职责权限、机构运行流程缺乏明确的书面说明和规定，可能导致单位在关键职能上存在缺位或者出现职能交叉的现象。

第二，单位未对内设机构权限的设置和履行进行监督，可能导致无法及时发现机构越权或权限缺位情况，无法及时对相关情况进行纠正和处理。

3. 关键控制措施

第一，内设机构权责匹配控制。行政事业单位应在机构设置的基础上，针对各内设机构在单位业务工作中扮演的角色，本着责、权、利统一的原则，对各内设机构的责任和权限进行界定。行政事业单位应建立对下属单位的授权体系，并检查和监督各下属单位对职责的履行情况，对越权的行为按照规定进行惩罚。

第二，内设机构职责书面控制。行政事业单位应根据各内设机构的职责，编制单位各内设机构职责书，按照规定程序审批通过后在单位内部颁布执行，确保单位各内设机构都知悉各自的职责分工和权限范围，必要时也可作为政务公开的一部分向外发布。行政事业单位内设机构职责说明书如表 5－2 所示。

表 5－2　　××单位××机构职责说明书（示例）

机构名称	财务科	部门编号	S001
机构负责人	张三	分管领导	李四
定编数量	6	岗位数量	4
机构定位	组织单位资产资金、收支往来、费用报销等财务核算和财务管理工作。		
组织结构图	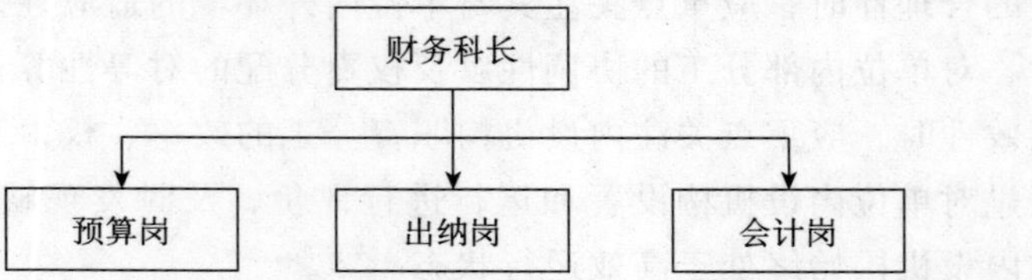		
管理权限	1. 根据工作需要，要求其他各部门提供相关信息、资料、需求的权力。 2. 根据单位文件规定，对原始凭证的审核权。 3. 组织对单位资产盘点、核实的权力。 4. 在权限范围内对违反财务制度的单位和个人给予处罚的权力。 ……		
工作职责	1. 制度管理：不断建立和完善各项财务管理制度，包括财务核算制度、单位内控制度和内部结算制度等，并监督实施。 2. 资金管理：根据单位资金的运作情况，协助高层主管及相关部门合理调配资金，确保单位资金正常运作。 ……		
主要业务流程	主责流程： 借款流程、费用报销流程、预算编制流程 参与流程： 合同管理流程 监督流程： ……		
工作协作关系	内部协作关系：与上级部门、平行部门以及下级部门的关系 外部协作关系：与其他单位的协作		
备注			
编写人	××	审核人	××
批准人	××	生效日期	20××年××月××日

（三）单位内设机构人员编制控制

行政事业单位人员编制管理是行政事业单位组织机构管理不同于企业组织机构管理的重要方面，同时人员编制也是行政事业单位录用、调配工作人员和获得财政资金的依据。行政事业单位人员编制一方面从总体上约束单位组织机构的规模，另一方面对单位内设机构设置及权责分配起着规范作用。行政事业单位应在机构编制限额内，合理分配和使用内设机构的人员编制，有效保障各内设机构的业务运作。

1. 控制目标

行政事业单位各内设机构人员编制管理，一方面应确保各内设机构人员编制名额不超编，编制使用合法合规；另一方面应确保各内设机构人员编制满足单位工作需要，有效保障单位各内设机构业务的有效开展。

2. 主要风险

第一，单位各内设机构超出编制限额安排人员，或者在编制使用上违反相关政策规定，可能导致单位相关人员受到处罚。

第二，单位各内设机构的编制使用和名额分配未经恰当审批，可能导致出现混用、挤占、挪用或者违规使用编制的情况。

第三，未定期对单位各内设机构人员编制使用进行评估，或者评估方法不当，可能导致单位内设机构编制使用不合理，不利于单位业务的正常开展。

3. 关键控制措施

第一，内设机构人员编制审批控制。行政事业单位应根据各内设机构的工作职责，在单位编制限额内制定各内设机构编制方案，包括人员数额、人员结构、职位配置和领导职数等基本内容。同时，应明确不同类别编制方案的审批程序，并按照程序将内设机构编制方案提交单位领导及相关职能机构进行审批，确保单位内设机构编制管理合法合规。在对行政事业单位编制进行审批时，应重点关注编制的不同类别和使用范围，行政机构应当使用行政编制，事业单位应当使用事业编制，不得混用、挤占、挪用或者自行设定其他类别的编制（二者的比较见表5－3）。

表5－3　行政编制与事业编制的比较

	行政编制	事业编制
定义	行政编制是我国党政机关使用的人员编制，包括国家机关、各党派和人民团体使用的人员编制，其经费由行政经费开支。	事业编制是指各类事业单位所使用的人员编制，其经费由国家事业经费开支。
特点	行政编制的使用和国家的政治与管理活动密切相关，具有较强的外在约束，不能随意扩大。	事业编制使用范围广泛，总量不断增长，经费开支形式多样，受社会政治经济发展因素的约束较强。

第二，内设机构人员编制评估控制。行政事业单位应按照一定的标准、方法和程序，定期对单位内设机构编制管理的效果、效益和公众回应进行论证、评价。机构编制的评估内容是机构设置、职责配置、编制核定和监督检查的执行情况。评估结果应作为调整机构编制的参考依据。科学、客观、准确的评估是衡量机构编制效果、改进和完善机构编制管理工作的一项重要手段。

（四）单位机构编制监督检查控制

机构编制监督检查是行政事业单位定期报告机构编制管理情况或者接受机构编制管理机关的监督检查，确保单位机构编制管理符合国家法律法规。在行政事业单位机构编制管理方面，对违反机构编制规定的有关情形，应依法对负有直接责任的主管人员和其他责任人员予以行政处分。

1. 控制目标

行政事业单位通过定期监督检查机构设置和编制管理情况，确保机构编制能有效满足单位工作开展及管理的要求，保证单位机构设置的科学合理、编制使用合法合规。

2. 主要风险

第一，未定期开展机构编制管理监督检查工作，或者监督检查的时间安排、方法选择不合理，可能导致无法发现机构编制管理中存在的问题，监督检查效果不明显。

第二，未对机构编制监督检查中发现的问题进行整改，或者未对机构编制规定的相关人员进行适当惩戒，可能导致机构编制相关问题得不到真正解决。

3. 关键控制措施

第一，机构编制统计调查控制。根据《机构编制统计工作规定（试行）》，行政事业单位应当根据机构编制机关下发的统计表格，定期统计本单位各内设机构组成、人员编制以及人员变动情况等内容，并对统计结果进行相应的分析。行政事业单位应真实、准确、完整、及时地提供统计调查所需的资料，不得提供不真实或者不完整的统计资料，不得迟报、拒报统计资料。

第二，机构编制定期检查控制。行政事业单位应在机构编制管理机关的统一组织下开展机构编制管理自查自纠，通过听取汇报、召开座谈会、个别谈话、走访等方式，对本单位的机构设置、职能配置、编制配备、领导职数配备等机构编制事项进行自查，并将机构编制自查结果报告机构编制管理机关。机构编制监督检查应严格遵循实事求是、依法办事、注重实效的原则。坚持监督检查与加强管理相结合，预防、教育与惩处相结合。根据《机构编制监督检查工作暂行规定》（中央编办发［2007］5号），机构编制监督检查的主要内容如表5-4所示。

表 5－4　　行政事业单位机构编制监督检查主要内容

序号	机构编制监督检查内容
1	机构编制管理法律、法规的贯彻执行情况
2	地方各项机构编制管理政策、措施是否符合法律、行政法规和国家有关规定
3	上级党委、政府、机构编制管理机关批准的改革方案中涉及机构编制事项的执行情况
4	地方各级人民政府行政机构限额、行政和事业编制总量控制情况
5	行政机构、事业单位职能配置、机构设置、编制配备、领导职数配备等机构编制事项的执行情况
6	机构编制管理权限和审核、审批程序的执行情况
7	受理违反机构编制管理规定问题的举报和查处违反机构编制管理规定问题的情况
8	机构编制统计的情况
9	其他需要监督检查的事项

第三，机构编制责任追究控制。根据《机构编制监督检查工作暂行规定》（中央编办发［2007］5 号），行政事业单位若出现违反机构编制管理规定的问题，机构编制管理机关在调查核实之后可采取以下处理措施：通报批评；建议改正或者责令限期纠正；予以纠正；建议财政部门对超编人员不予核拨经费；建议对负有直接责任的主管人员和其他直接责任人员给予处分。同时，行政事业单位应对机构编制监督检查中发现的问题及时整改，确保相关问题得到切实有效的解决。

综上所述，行政事业单位应当以机构编制管理的相关政策法规为依据，科学设置单位内设机构，明确机构职责权限，加强人员编制管理，监督检查机构编制执行情况，落实单位各内设机构的内部控制责任，建立健全单位内部控制的组织基础。

第二节　议事决策内部控制设计

根据《内控规范》第三章第十四条规定，“单位经济活动的决策、执行和监督应当相互分离。单位应当建立健全集体研究、专家论证和技术咨询相结合的议事决策机制。重大经济事项的内部决策，应当由单位领导班子集体研究决定。重大经济事项的认定标准应当根据有关规定和本单位实际情况确定，一经确定，不得随意变更。”可见，建立健全单位议事决策机制是行政事业单位内部控制建设的重要方面。实践中，单位一方面应建立决策与执行、监督相互分离的机制，确保决策的科学合理；另一方面应建立集体决策机制，提高单位的决策水平，防范单位决策风险。

一、议事决策控制概述

作为履行公共职能的行政事业单位，随时都要作出各种类型的决策，既包括单位内部开展各种经济活动、处理各种日常业务的事项，也包括单位向社会提供的各种公共服务事项。对于行政事业单位而言，建立科学合理的议事决策机制，既是单位的一项基本职能，同时也是单位正确开展业务的条件保障，决策不当可能导致单位业务无法有效开展，甚至给单位带来较大损失。

不同于其他国家的公共组织，我国行政事业单位的管理体制多为党委领导下行政首长负责制，在议事决策方面一般通过组建类似党委会或者领导班子会议之类的集体决策组织，采用集体讨论的形式进行决策。行政事业单位在议事决策的管理上，一般通过制定单位议事决策管理制度，明确决策机构的职责权限和人员组成，设定集体决策事项的类别和范围，规范单位议事决策程序，并通过加强决策过程和结果的管理，以建立健全单位议事决策机制，确保单位决策的科学性和合理性。

在行政事业单位内部控制建设中，应重点关注单位经济活动开展相关的决策机制，确保单位经济活动的决策与执行和监督相互分离，保证决策的公正性和公平性；同时，单位应明确重大经济活动事项的认定标准，规定重大经济活动决策不得随意变更，保证决策的权威性和有效执行。

二、议事决策控制设计

根据行政事业单位议事决策管理的基本内容，结合《内控规范》中对议事决策控制的表述，行政事业单位议事决策控制具体包括：决策人员组成控制、决策事项范围控制、议事决策程序控制、议事决策问责控制。行政事业单位可通过制定单位议事决策管理制度，明确单位决策机构权限和人员组成、决策事项类别和范围、决策程序、方法和原则以及决策结果和问责机制等四类控制的实现方式，确保单位议事决策管理有据可依、有章可循。

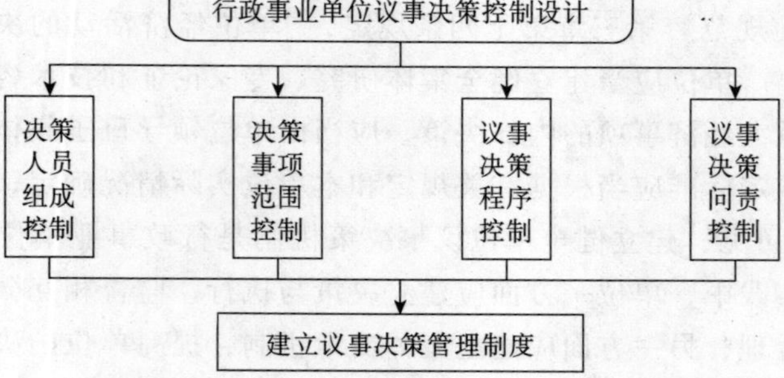

图 5－4　行政事业单位议事决策控制框架图

如图 5－4 所示，行政事业单位应从决策主体、决策对象、决策过程和决策结果四个方面，加强单位议事决策管理，完善单位议事决策机制。具体来说，在决策主体方面，单位应建立常设的决策机构，明确决策机构的职责权限和人员组成，建立科学合理的决策工作机制，如单位决策的工作方式和原则、决策会议的召集和组织方式、决策人员的能力素质要求等；在决策对象和内容方面，单位应对决策事项的类别进行区分，明确不同类别决策事项的审批权限，确保按照规定权限对各类经济活动进行审核审批；在决策过程方面，单位应建立规范的决策程序，在决策过程中充分发挥集体研究、专家论证和技术咨询的作用，做好决策记录，注重决策落实和反馈；在决策结果方面，单位应定期评估决策结果的科学性和有效性，建立决策责任追究制度，明确决策人员的具体责任。

行政事业单位通过建立健全单位议事决策控制机制，规范单位议事决策控制，提高单位决策管理水平，确保单位各项经济活动决策制定的科学性和合理性。

三、议事决策管理的控制目标、主要风险和关键控制措施

建立科学有效的议事决策机制，是行政事业单位开展经济活动、履行单位职能的重要保障。行政事业单位通过明确单位经济活动目标，分析经济活动中可能存在的风险，控制单位经济活动决策制定中的各种风险，确保决策制定的科学性和有效性。

（一）控制目标

第一，确保单位建立科学合理的决策机制，既符合单位经济活动业务开展的实际情况，又能在国家法律法规的范围内对单位经济活动进行决策。

第二，确保单位制定科学有效的经济活动决策，防范单位经济活动中因决策不当而出现的资源浪费和资金损失。

第三，确保单位经济活动决策过程中不存在舞弊和腐败现象，有效预防舞弊和腐败行为。

第四，确保单位资产安全完整和有效使用，提高单位公共服务的效率和效果。

（二）主要风险

第一，决策人员缺乏相关专业知识或者素质不高，可能导致单位经济活动决策水平不高。

第二，决策机构职责权限不明确，决策审批权限设置不当，可能导致出现越权决策或未经授权而进行决策，影响经济活动决策的效果。

第三，决策程序不符合国家政策文件，与相关法律法规相冲突，可能导致单位经济活动违法违规，单位受到相应处罚。

第四，决策程序设置不当，或者决策过程控制不严，可能导致单位决策过程中出现舞弊或腐败现象。

第五，决策过程缺乏专家论证或技术咨询等环节，决策事项未经集体研究讨论，可能导致经济活动决策不科学，甚至出现决策不当，从而给单位带来损失。

第六，未建立经济活动决策的问责机制，可能导致单位随意进行经济活动决策，影响单位经济活动的有效开展。

（三）关键控制措施

行政事业单位应制定单位议事决策管理制度，建立科学合理的议事决策机制，确保单位经济活动决策相关控制目标的实现。在单位议事决策管理制度文件中，至少应明确：单位决策机构的人员组成和职责权限，单位决策事项的类别范围和审批权限，单位议事决策的工作程序和基本原则，单位议事决策结果公开和责任追究机制。具体如下：

第一，明确单位决策机构的人员组成和职责权限。行政事业单位经济活动决策一般由单位领导班子集体决策，通过组织单位党委会、领导班子会议、办公联席会、专项讨论会等形式的决策会议，决定单位大额资金使用、大宗设备采购、基本建设等重大经济活动事项。单位领导班子成员一般由党委、行政和纪检主要领导组成，各领导成员需具备决策事项相关的能力素质和专业技能。同时，针对不同的决策事项，单位可机动的加入与具体决策相关的分管领导和专家。单位领导班子成员应能够充分行使职权，坚持决策的客观性，贯彻民主集中制，充分发挥其领导和管理作用。在决策过程中如遇不同意见，应实行少数服从多数。此外，应正确处理集体决策和个人负责的关系，集体决策不意味着要集体负责，因为集体负责的结果往往会是无人负责。对于不同意见，单位应当记录在案，以便将来分清责任。

行政事业单位应当通过组织不同形式的决策会议进行集体决策，以防范“一言堂”、“一支笔”等造成的决策风险和腐败风险。一方面，单位的各种决策会议本身就是不同的决策机构，应在制度文件明确规定这些决策会议的职责权限，包括决策事项的范围和金额、决策会议的召集和召开方式、决策会议的召开频率等；另一方面，应充分发挥专家在集体决策过程中的作用，针对重大经济活动决策事项建立专家论证机制（如表5－5所示），对业务或项目的可行性进行分析论证，合理配置资源，并将论证结果作为决策的依据。

表 5－5　　　行政事业单位专家论证制度

基本步骤		主要内容
确定专家成员	成员来源	根据具体情况选择从单位自行调配有关人员组成专家组或设立专职机构或委托单位外专业机构
	成员结构	在知识结构方面，必须考虑为了解决问题而需要的多重知识，同时必须考虑不同专家的利益立场，尽可能使受决策影响的各方都能有专家参与，从而通过相互制约而获得平衡
专家论证的原则	独立性	对某业务或项目进行专家论证时，应当保持客观，就业务或项目本身进行可行性论证，不受其他影响论证客观性因素的干扰；专家应独立于决策者和执行者，弱化专家意见的主观倾向性，增强论证结果的科学性
	有效性	为避免专家论证流于形式，应当通过程序的规范来抑制专家结果被吸收的随意性，即要求决策机构慎重处理论证专家的意见，除非特别且合理的理由，否则不得违反专家论证结果。决策机构在最后决策过程中，不采纳专家的论证意见，必须说明理由，并允许论证专家的陈述申辩；发生争议的，该争议也必须向公众公开，以征求更广泛的意见。
	责任性	专家论证对决策的最终敲定有着重要影响，专家应当对论证结果的合理性承担责任，避免无责论证引起的敷衍了事现象

第二，设定单位决策事项的类别范围和审批权限。行政事业单位应根据单位经济活动的性质和特点，明确重大经济事项的决策标准，如决策事项金额达到 10 万以上、决策事项可能涉及特殊行业以及决策事项属于政府集中管理等。各单位可以根据有关规定和自身实际情况确定本单位重大经济决策事项标准，一经确定，不得随意变更。同时，应当按照经济活动类别对经济活动决策事项进行分类，如资产管理决策事项、采购活动决策事项、建设项目决策事项等。针对不同类别的决策事项明确具体的决策机构和决策方式，对于大额资金使用、大宗设备采购、基本建设等重大经济事项的内部决策，应由单位领导班子集体研究决定。

行政事业单位应当根据经济活动决策事项的类别和标准，制定具体的审核审批权限表，在权责对等的原则上建立分级授权审批制度。对于重大经济活动决策事项建立审批机制和会签制度。可以说，单位经济活动的审批权限是从决策到执行的重要环节，直接关系到财政资金的使用效率和效果。完善的单位经济活动决策审核审批制度有助于明确权利和义务，帮助单位最大限度地规避风险。行政事业单位审核审批权限如图 5－5 所示。

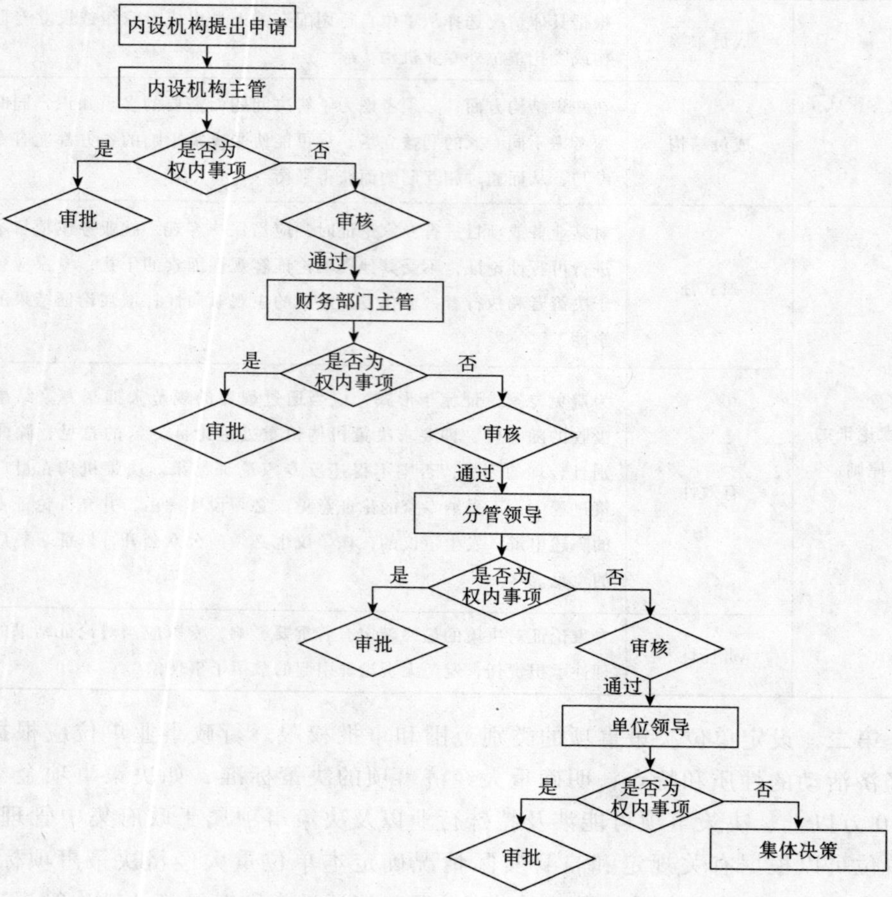

图 5-5　行政事业单位审核审批权限示例图

第三，制定单位议事决策的工作程序和基本原则。行政事业单位应当建立单位经济活动议事决策工作程序，明确单位议事决策的基本原则和表决方式。在此基础上，制定决策工作流程，明确每一决策步骤开展的具体要求，决策过程中各个环节之间的相互衔接、不同人员的相互协调，确保决策过程中信息畅通。在决策原则上，应当坚持民主集中、科学高效和责任追究的基本原则，采用口头、举手、记名或者无记名投票等多种方式，按照少数服从多数的原则进行决策，确保单位决策工作符合国家政策法规。行政事业单位决策过程管理如表5-6所示。

表 5－6　　行政事业单位决策过程管理

决策过程管理		主要内容
决策程序		提出集体决策申请——→整理各决策方案——→召开决策会议——→作出决策——→整理决策会议记录及相关资料，备案
决策原则	民主集中原则	集体领导、民主集中、个别提案、会议决定
	科学高效原则	在集体决策之前必须经过民主程序，加强调查研究，广泛听取意见，充分进行论证，实行科学决策，并提高决策效率
	责任追究原则	坚持谁决策、谁负责、责任与过错相适应，确保权力正确行使、决策正确贯彻执行，防止权力失控、决策失误、行为失范
表决形式		口头、举手、记名或无记名投票；少数服从多数的原则，经出席会议的成员半数以上同意等。

行政事业单位加强决策过程管理，一方面应做好单位决策会议记录及备案工作，如实反映每位班子成员的决策过程和意见，决策会议记录经每位班子成员核实签字，并及时归档；另一方面，应注重决策落实，加强决策实施过程的监督，决策后对决策执行的效率和效果实行跟踪，避免决策走过程，失去权威性。

第四，建立单位议事决策结果公开和责任追究机制。行政事业单位一方面应建立可操作性的决策问责制度，将决策责任具体落实到个人身上，做到“谁决策、谁负责”，确保决策的贯彻落实，以实现预期的决策效果。另一方面，应在决策前实现信息公开，不涉及保密事项的决策要做到决策结果的公开，将决策结果置于社会的监督之下，保证决策结果的公正和公平。同时在决策后也要实行对效率和效果的跟踪，确保决策客观和高效。

行政事业单位通过设定单位议事决策的相关控制目标，识别并分析单位经济活动决策过程中的风险因素，建立包括决策人员组成、决策事项范围、议事决策过程、议事决策问责等四个方面的决策控制机制，强化单位议事决策控制，建立健全单位议事决策机制。

第三节　关键岗位内部控制设计

根据《内控规范》第三章第十五条规定，“单位应当建立健全内部控制关键岗位责任制，明确岗位职责及分工，确保不相容岗位相互分离、相互制约和相互监督。单位应当实行内部控制关键岗位工作人员的轮岗制度，明确轮岗周期。不具备轮岗条件的单位应当采取专项审计等控制措施。内部控制关键岗位主要包括预算业务管理、收支业务管理、政府采购业务管理、资产管理、建设项目管理、合同管理以及内部监督等经济活动的关键岗位。”

一、关键岗位控制概述

关键岗位是指在行政事业单位内部管理、业务开展、对外服务过程中对单位职能履行起重要作用，与单位管理目标的实现密切相关，并且在一定时期内难以通过内部人员置换和外部人才供给所替代的一系列重要岗位的总和。行政事业单位在开展各项经济活动过程中，均存在着若干对单位业务开展起重要作用的关键岗位。这些关键岗位是保障经济活动业务有效实施的关键，没有这些关键岗位，就无法保证单位经济活动的正常开展。

根据《中华人民共和国公务员法》、《公务员法实施方案》和《事业单位岗位设置管理（试行）》等法律法规，我国在行政事业单位职位或岗位管理上实施分类分级管理（如表5－7所示），按照不同类别等级要求设置具体职位或岗位，并明确规定职位或岗位的任职条件和聘用原则。

表5－7　我国行政事业单位职位或岗位类别等级划分

	行政单位	事业单位
职位/岗位类别	综合管理类、专业技术类、行政执法类	管理岗位、专业技术岗位、工勤技能岗位
职位/岗位级别	综合管理类领导职务层次与级别对应分别为：国家级正职（一级）、国家级副职四级至二级、省部级正职（八级至四级）、省部级副职（十级至六级）、厅局级正职（十三级至八级）、厅局级副职（十五级至十级）、县处级正职（十八级至十二级）、县处级副职（二十级至十四级）、乡科级正职（二十二级至十六级）、乡科级副职（二十四级至十七级）。 综合管理类的非领导职务由高至低依次为：巡视员（十三级至八级）、副巡视员（十五级至十级）、调研员（十八级至十二级）、副调研员（二十级至十四级）、主任科员（二十二级至十六级）、副主任科员（二十四级至十七级）、科员（二十六级至十八级）、办事员（二十七级至十九级）。	管理岗位按部级正职、部级副职、厅级正职、厅级副职、处级正职、处级副职、科级正职、科级副职、科员、办事员分别为一到十级。 专业技术高级岗位分7个等级，即一至七级，其中正高级的岗位包括一至四级，副高级的岗位包括五至七级；中级岗位分3个等级，即八至十级；初级岗位分3个等级，即十一至十三级，其中十三级是员级岗位。 工勤技能岗位按高级技师、技师、高级工、中级工、初级工分别分为一至五级。
任职条件	详见《〈中华人民共和国公务员法〉实施方案》附件：《公务员职务与级别管理规定》《综合管理类公务员非领导职务设置管理办法》以及《党政领导干部选拔任用工作条例》	详见《事业单位岗位设置管理试行办法》、《〈事业单位岗位设置管理试行办法〉实施意见》

然而，我国行政事业单位职位岗位管理现行法律法规并未明确规定单位关键岗位的识别、设置、职责权限以及人员分配等。近些年，一些行政事业单位由于关键岗位管理不善，如对关键岗位未进行轮岗或缺乏有效的监督机制，导致关键岗位员工利用职权开展违法违规活动，造成大量国家财产的损失和浪费。

《内控规范》明确了单位关键岗位管理的要求，行政事业单位应根据自身实际识别经济活动中关键岗位，明确关键岗位的职责权限，确保关键岗位规范有序。具体来说，行政事业单位应当在单位经济活动分析的基础上，识别确定与经济活动相关的关键岗位，建立单位关键岗位管理制度，加强单位关键岗位管理，提高单位关键岗位管理水平。

二、关键岗位控制设计

行政事业单位应针对单位经济活动中的关键岗位，建立关键岗位责任机制。

首先，应当明确单位相关人员在内部控制组织实施中的责任，建立内部控制实施责任制度。一般来说，单位负责人对单位内部控制的建立健全和有效实施负责；单位各内设机构负责人对本机构内部控制的具体实施负责；内部审计、纪检监察负责人对单位内部控制的评价监督负责。行政事业单位应根据《内控规范》的要求和单位实际情况，明确单位负责人和各内设机构负责人在内部控制中的责任，确保单位内部控制管理责任得到有效落实。

其次，应当建立包括关键岗位识别、责权分配、任职管理、岗位分离、轮岗管理、绩效奖惩等六个方面控制机制。行政事业单位可通过制定单位关键岗位管理制度，明确规定关键岗位的识别程序和原则、关键岗位的职责分工和权限分配、不相容岗位的类别和名称、关键岗位的任职条件和人员素质要求、关键岗位的轮岗方式和周期、不具备轮岗条件的采取专项审计等控制措施，同时规定关键岗位工作的绩效考核和奖惩标准等内容，实现对关键岗位管理的制度化和规范化，确保单位建立健全关键岗位责任机制。行政事业单位关键岗位控制框架如图5－6所示。

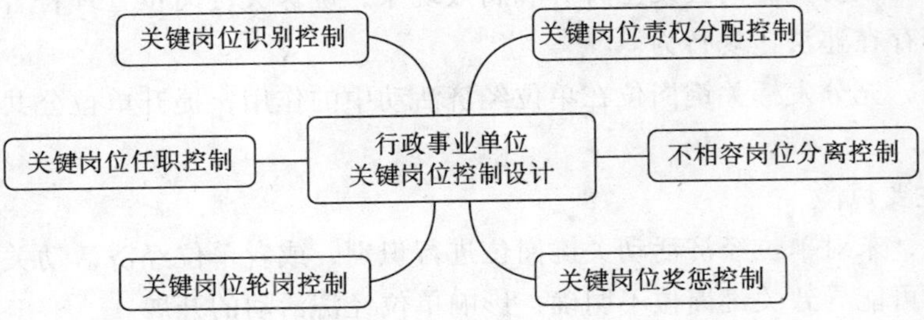

图5－6　行政事业单位关键岗位控制框架设计

在关键岗位识别方面，应当结合单位性质、预算类型以及收支管理特点，确定与单位经济活动相关的关键岗位，并明确关键岗位识别的标准、原则、程序以及关键岗位识别中应注意的事项。

在关键岗位责权分配方面，应当根据关键岗位在单位经济活动中的作用，制定关键岗位职责说明书，明确关键岗位的职责分工、管理权限、工作标准和任职条件等，确保关键岗位责权匹配。

在不相容岗位分离方面，应当结合经济活动特点，分析各个关键岗位之间的相互关系，确定单位经济活动中的各类不相容岗位，建立各个不相容岗位之间的分离和牵制机制。

在关键岗位任职方面，应当根据国家相关政策法规，结合各关键岗位的性质和职能，明确各关键岗位所需的知识技能和人员素质，并在岗位说明书中进行明确。

在关键岗位轮岗方面，应当明确关键岗位轮岗的方式和周期，规定关键岗位轮岗的具体要求，预防关键岗位舞弊现象的发生。

在关键岗位奖惩方面，应当建立关键岗位晋升渠道，设计关键岗位管理考核指标，明确关键岗位奖惩机制，特别是奖励和惩罚措施应具体化，既要给予关键岗位应有的关怀，又要明确必要的惩罚措施，确保关键岗位管理规范有序。

三、关键岗位管理的控制目标、主要风险和关键控制措施

行政事业单位关键岗位既是单位经济活动有效开展的重要保障，也是单位经济活动中最容易发生舞弊和腐败的领域。建立单位经济活动关键岗位控制机制，有助于防范关键岗位出现舞弊和腐败现象，提高单位公共服务的效率和效果。

1. 控制目标

第一，合理识别单位经济活动中的关键岗位，保障单位经济活动有效开展。

第二，对单位经济活动关键岗位进行适当的责权分配，确保不相容岗位相互分离，提高单位内部管理水平。

第三，预防关键岗位发生舞弊和腐败现象，确保关键岗位管理符合国家法律法规，不存在违法违规行为。

第四，充分发挥关键岗位在单位经济活动中的作用，提升单位公共服务的效率和效果。

2. 主要风险

第一，未对单位经济活动关键岗位进行识别，或者单位经济活动关键岗位识别不当，可能导致关键岗位不明确，影响单位经济活动的开展。

第二，未恰当描述和说明单位经济活动的关键岗位职责，或者单位经济活动的关键岗位权责不匹配，可能导致关键岗位职能不明确、存在交叉，出现推诿扯

皮和运行效率低下等问题。

第三，未对单位关键岗位中存在的不相容岗位进行分离，或者在单位关键岗位管理中未实行轮岗，可能导致关键岗位出现舞弊和腐败现象。

第四，关键岗位考核奖惩机制设计不合理，可能无法有效激励关键岗位员工的积极性，影响单位经济活动的开展。

3. 关键控制措施

第一，关键岗位识别控制。行政事业单位可按照单位目标贡献度、岗位工作重要性、岗位工作复杂性、任职条件独特性等四个维度对各岗位进行评价。其中，目标贡献度是指岗位工作对单位目标实现所发挥的作用。贡献越大，越可能成为关键岗位；贡献越小，越不可能成为关键岗位。岗位工作重要性是指岗位工作开展对单位核心经济活动开展所起的承载能力，包括对核心业务流程的承载和对关键绩效指标的承载。承载能力越强，越可能成为关键岗位；承载能力越低，越不可能成为关键岗位。岗位工作复杂性是指岗位工作具有较大的不确定性，工作压力较大，对单位内部其他岗位和单位外部的协调难度较大。任职条件独特性是指岗位工作所需要的关键技能、实践经验和综合文化素质等方面要求很高，要能深入系统地学习本领域的理论、原理、方法及程序，并具有丰富的经验和良好的综合文化素质。

行政事业单位可结合本单位特点对以上四个维度进行细化分解，建立适合单位实际的岗位评价指标，并为各评价指标设定具体分值，然后由单位管理人员进行打分排序，确定单位经济活动中的关键岗位。在此基础上，通过制定单位关键岗位管理制度，固化关键岗位识别的方法和程序，规定关键岗位识别的周期和原则，建立健全单位经济活动关键岗位识别机制，包括识别的方法、程序、原则等。一般来说，行政事业单位经济活动中的关键岗位主要包括预算管理、收支管理、政府采购管理、资产管理、建设项目管理、合同管理以及内部监督等经济活动的关键岗位。

第二，关键岗位责权分配控制。行政事业单位应通过制定关键岗位职责说明书，明确单位经济活动关键岗位的职责和权限。关键岗位职责说明书的内容主要包括岗位信息、岗位使命、岗位工作职责、岗位工作标准、岗位任职要求和岗位考核等（如表5-8所示）。

表5-8　××单位××关键岗位说明书（示例）

单位名称（盖章）：　　　　编写日期：　年　月　日

单位名称	××单位	所在部门	办公室
岗位名称	办公室主任	岗位代码	GL07001
岗位类别	管理	岗位等级	七级

续表

岗位使命	负责单位日常管理工作，保证单位业务正常运作。
工作职责	1. 在单位负责人领导下，负责单位文秘、财务、文书收发、档案、车辆等行政综合管理事务工作；参与单位业务计划、目标制定工作，负责制定单位的各项管理规章制度；综合协调单位内外事务。 2. 负责拟订单位有关事务管理的具体办法，检查督促各项事务管理规定的执行。 3. 负责有关公文，起草相关文件，单位印章管理等工作。 4. 负责上级下发的各类文件、简报、信件（传真）的收文、拆封、登记和分送等工作的处理。 5. 负责单位网站指定栏目的信息采编及维护工作。
工作标准	1. 严格遵守单位的章程和规章制度。 2. 熟悉单位业务工作相关法律法规和政策、条例。 3. 尽职尽责，爱岗敬业，廉洁自律、奉公守法、作风正派、光明磊落。 4. 热爱社会事业，有奉献精神。 5. 胜任本职工作，完成好岗位说明书各项职责任务。
任职要求	1. 具备《党政领导干部选拔任用工作条例》、《××事业单位岗位设置管理实施意见》等规定的任职基本条件。 2. 大学专科以上学历，外招人员应具备大学本科以上学历。×年以上行政管理工作经验，近×年考核合格以上，身体健康。 3. 熟悉事业单位日常行政管理工作，具有一定的管理能力，能够胜任所任岗位职务。 4. 符合单位人事聘任的其他要求。
岗位考核	1. 个人述职 2. 民主测评 3. 评定等级（优秀、合格、基本合格、不合格）
备注	

行政事业单位编制关键岗位说明书时，应当按照岗位职责与权限相匹配、任职要求满足岗位工作、岗位考核与奖惩相统一的原则确定单位经济活动关键岗位职责分工。其中，岗位职责与权限相匹配是指在界定岗位职责时应赋予岗位工作所需的管理权限，或者在岗位管理权限之内确定岗位职责分工，确保单位关键岗位责权相统一。任职要求满足岗位工作是指在界定岗位职责的同时应明确岗位工作所需的工作技能和人员素质，确保岗位工作条件保障充分。岗位考核与奖惩相统一是指应建立适当的岗位工作激励和惩罚机制，通过完善的绩效考核来实行岗位奖励和和惩罚，确保岗位工作的责、权、利相统一。

关键岗位说明书编制完成后，应按照规定程序审批通过并在单位内部颁布执行，同时每年按照单位相关政策进行复核与更新。

第三，不相容岗位分离控制。行政事业单位应在确定单位经济活动关键岗位职责分工过程中，重点分析各关键岗位的权限和相互关系，明确单位经济活动中的不相容岗位。行政事业单位不相容岗位主要包括：授权审批职务、业务执行职务、监督检查职务、会计记录职务、财务保管职务等五类职务，五类不相容岗位之间的分离和制约机制如图 5－7 所示。

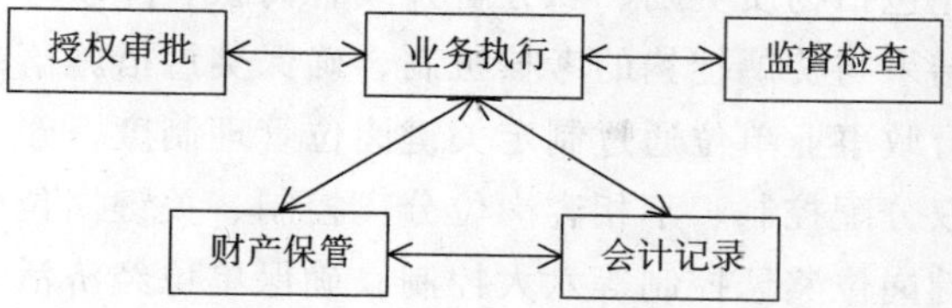

图 5－7　行政事业单位不相容岗位分离和制约示意图

第四，关键岗位任职控制。行政事业单位应在综合分析单位经济活动规模、复杂程度和管理模式的基础上，明确单位经济活动关键岗位的岗位能力要求，包括岗位专业技能、人员素质、人员资质等。具体来说，单位一方面应当按照岗位任职条件把好人员入口关，为内部控制关键岗位配备能力和资质合格的人员；另一方面应当加强关键岗位人员的培训和继续教育，全面提高关键岗位人员的素质，确保关键岗位人员符合关键岗位任职条件。

第五，关键岗位轮岗控制。行政事业单位应当建立内部控制关键岗位人员和部门负责人的轮岗制度。一方面，应在关键岗位管理制度中明确轮岗的方式、周期、条件和要求等内容，使单位关键岗位轮岗制度化、规范化；另一方面，应通过定期开展关键岗位评估工作，监督检查各关键岗位轮岗具体执行情况，确保单位关键岗位轮岗工作执行到位。对于不具备轮岗条件的关键岗位，应定期或不定期检查岗位工作开展情况，或者通过专项审计、部门互审等替代控制措施，以确保关键岗位工作得到有效监控。

必要时，行政事业单位也可实行关键岗位强制休假制度，这既可作为对关键岗位员工的一种关怀，也是监督关键岗位工作的一种方式。单位可根据自身实际情况，结合单位经济活动开展需要，明确关键岗位强制休假的条件、方式、时间等内容，根据业务实际执行关键岗位强制休假工作。

第六，关键岗位奖惩控制。行政事业单位应当建立有效的关键岗位激励约束机制，通过制定、实施单位经济活动绩效考核方案并对考核结果进行奖惩，以激励和约束单位关键岗位工作的有效开展。由于工作业绩难以量化考核，行政事业单位激励约束机制普遍不强，干部能上不能下、职工得过且过现象比较普遍，很多单位有功不奖、有过不罚，单位整体呈现一潭死水、自由散漫的氛围，也容易滋生各种风险因素。

行政事业单位应当以单位经济活动开展为基础，制定经济活动绩效考核方案，将年度经济活动任务分解到各个关键岗位，明确各个岗位的任务和完成任务的标准；由作风正派、综合素质高的干部职工组成考核小组，秉持客观公正的原则，严格考核，确保不存在双重标准，无论领导还是普通职工都同等对待。同时，将考核结果与物质奖励、职务晋升结合起来，既要包括表彰奖励、通报批评等精神奖惩，也应包括物质奖励、职务晋升或者罚款、降级等物质奖惩，从而形成关键岗位考核结果与奖惩挂钩的考核机制，确保奖惩措施落到实处。

综上所述，行政事业单位通过制定关键岗位管理制度，建立关键岗位识别控制、关键岗位责权分配控制、不相容岗位分离控制、关键岗位任职控制、关键岗位轮岗控制、关键岗位奖惩控制等六大控制，确保单位经济活动关键岗位管理规范有序、控制设计科学合理。

第四节　关键岗位人员内部控制设计

根据《内控规范》第三章第六条规定："内部控制关键岗位工作人员应当具备与其工作岗位相适应的资格和能力。单位应当加强内部控制关键岗位工作人员业务培训和职业道德教育，不断提升其业务水平和综合素质。"行政事业单位应当加强内部控制关键岗位人员的管理，建立健全关键岗位人员控制机制，提高关键岗位人员的业务技能和综合素质，为单位内部控制建设提供人员保障。

一、关键岗位人员控制概述

关键岗位人员是指行政事业单位中承担关键岗位工作的员工，涵盖了预算管理、收支管理、政府采购管理、资产管理、建设项目管理、合同管理以及内部监督等经济活动的关键岗位人员。关键岗位人员管理是单位人员管理的一个重要组成部分，对单位经济活动业务开展起着重要作用。一方面，行政事业单位员工特别是关键岗位人员，决定着单位内部控制的有效运行；另一方面，单位经济活动内部控制实质上是对人的控制，特别是对关键岗位人员的控制。设计有效的关键岗位人员控制机制是单位内部控制的题中之义。

概括来说，关键岗位人员管理是指为了实现单位目标，通过一整套科学有效的方法对单位关键岗位人员进行的管理，核心在于协调人与事的关系，处理人与人的矛盾，充分发挥人的潜能，使得人尽其才、事得其人、人事相宜，最终实现单位管理目标。行政事业单位关键岗位人员管理主要分为关键岗位人员的引进、开发、使用和退出四个部分。其中，关键岗位人员引进是指根据关键岗位的任职要求选择和配置符合条件的人员，确保关键岗位工作有效开展；关键岗位人员开发是指通过培训和教育以增加关键岗位人员知识、经验、技能，提高关键岗位人员的综合素质；关键岗位人员使用是指通过业绩考核、奖励处罚、薪酬待遇等方式，对关键岗位人员进行激励保障，提高关键岗位人员工作的积极性；关键岗位人员退出是指对于不能满足要求的人员，不能让其承担关键岗位工作职责，或者由于关键岗位人员职务晋升或转岗等不再承担关键岗位工作职责。

不同于企业关键岗位人员管理，行政事业单位作为使用国家财政资金的公共部门，其关键岗位人员管理必须以国家干部人事管理的相关法律法规为依据。如行政单位关键岗位人员必须依据《中华人民共和国公务员法》、《公务员法实施方案》以及其他有关公务员选录政策法规进行管理；事业单位关键岗位人员必须依据《事业单位工作人员处分暂行规定》等事业单位人事管理政策进行管理。对单位党政领导的管理，则须坚持党管干部的原则，按照党的用人管理规定进行管理，如近些年出台《党政领导干部选拔任用工作条例》、《党政领导干部选拔任用工作有关事项报告办法（试行）》、《党政领导干部选拔任用工作监督检查办法（试行）》以及《党政领导干部选拔任用工作责任追究办法（试行）》等。

二、关键岗位人员控制设计

根据关键岗位人员管理的主要内容，结合《内控规范》规定，行政事业单位关键岗位人员控制设计主要包括关键岗位人员资格控制、关键岗位人员培训控制、关键岗位人员奖励控制、关键岗位人员惩戒控制。关键岗位人员资格控制是指在招录、选用、调配关键岗位人员时，选择符合关键岗位任职条件的人员承担关键岗位工作。关键岗位人员培训控制是对单位关键岗位人员进行的培训、交流以及教育辅导计划，确保关键岗位人员的能力和综合素质符合岗位要求。关键岗位人员奖励控制是指通过采用职务晋升、物质奖励等方式，建立关键岗位人员的激励机制。关键岗位人员惩戒机制是指通过采用职务降级、物质惩罚等方式，建立关键岗位人员的惩戒机制。

根据图5－8所示的关键岗位人员控制框架，行政事业单位应从关键岗位人员资格、关键岗位人员培训、关键岗位人员奖励和关键岗位人员惩戒四个方面来加强单位内部控制。

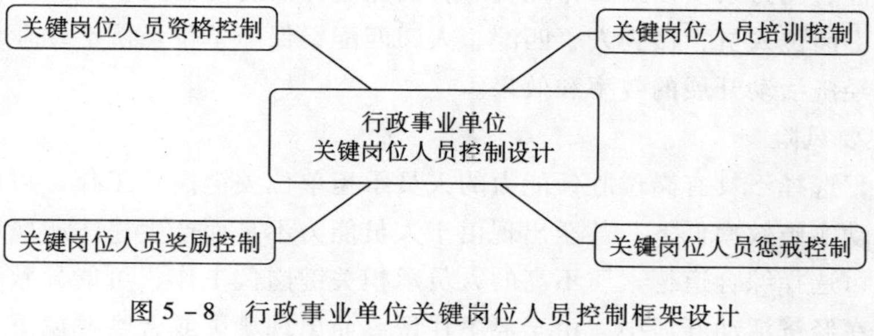

图5－8　行政事业单位关键岗位人员控制框架设计

在关键岗位人员资格方面，应当建立单位人员档案，统计分析单位职员的基本信息、工作经验、工作能力以及综合素质，对单位全体人员的资格和能力有全面了解；同时，根据关键岗位的任职条件，从单位全体人员中选择与关键岗位相符的人员，或者招录符合条件的关键岗位人员，确保关键岗位人员能力素质符合任职资格。

在关键岗位人员培训方面，可以通过组织单位关键岗位人员集体学习、外出交流考察以及邀请专家学者讲座等形式，或者通过参加上级单位组织的公务人员培训等，提升关键岗位人员的专业素质；可以通过建立单位分管领导与关键岗位人员之间的帮带机制，由各分管领导辅导关键岗位人员成长；还可以通过尝试关键岗位人员之间的交流和合作，提升关键岗位人员的能力和综合素质。

在关键岗位人员奖励方面，应当明确关键岗位人员的奖励方法和标准，建立关键岗位人员工作激励机制。单位可通过定期绩效考核，对考核结果优秀者给予奖励；也可在日常经济活动中结合具体项目开展明确奖励标准，激励关键岗位人员高质量完成工作。

在关键岗位人员惩戒方面，应当按照《行政机关公务员处分条例》和《事业单位工作人员处分暂行规定》等相关政策，对在单位经济活动开展中违法违纪的关键岗位人员进行处罚。同时，在行政事业单位年度考核方案中明确奖惩措施，对考核不通过的人员给予适当惩罚，确保单位日常工作有效开展。

三、关键岗位人员管理的控制目标、主要风险和关键控制措施

（一）关键岗位人员资格控制

行政事业单位关键岗位人员资格控制实质是要把好关键岗位人员的入口关，对照关键岗位任职资格选择符合条件的人员承担关键岗位工作，确保关键岗位人员的能力和素质符合岗位要求。

1. 控制目标

行政事业单位应在招录、选择、调配关键岗位人员的过程中，综合分析员工的资格条件、能力素质以及工作经验等，确保选择具有岗位胜任能力和综合素质合格的关键岗位人员，做到人事匹配、人岗匹配，保障单位经济活动业务有效开展，提高经济活动开展的效率和效果。

2. 主要风险

第一，选择不具有岗位胜任能力的人员承担单位关键岗位工作，可能导致单位经济活动实施效率低下，甚至出现由于人员能力不足而产生违法违规现象。

第二，选择综合道德素质不高的人员承担关键岗位工作，可能导致单位关键岗位人员在经济活动开展中，由于经不住诱惑而出现舞弊或者腐败现象。

第三，未根据关键岗位的任职要求选择岗位人员，或者关键岗位人员选择过程中存在舞弊或腐败，可能导致关键岗位人员选用违法违规，无法选用符合条件

的关键岗位人员，影响单位关键岗位经济活动的开展。

3. 关键控制措施

第一，对本单位人员的基本状况、知识结构、专业技能、工作经验等信息进行统计分析，建立单位岗位人员信息卡或者人员信息档案，充分了解每个人的性格、特长和相关技能，以使单位在关键岗位人员选择时人员信息充足，确保选择符合条件的关键岗位人员。

第二，根据关键岗位特点选择合适的岗位人员选用方式，明确关键岗位人员选用程序和标准。行政事业单位可综合采用社会公开招录、其他单位调配以及内部民主推荐等方式选择关键岗位人员，并根据人员选用方式不同制定具体选用程序，如通过专业考试和综合面试相结合的人员选用程序。

第三，根据关键岗位人员选用要求，制定考试录取标准和人员面试评价表，设计关键岗位人员选择录用的评价指标，并确保评价指标与关键岗位任职要求相符，以选择符合条件的关键岗位人员。

（二）关键岗位人员培训控制

行政事业单位关键岗位人员培训控制实质上是对关键岗位人员的再开发，根据岗位工作要求以及单位经济业务实际，不断提升关键岗位人员的能力素质和道德水平，确保关键岗位工作有效开展。

1. 控制目标

行政事业单位关键岗位人员培训旨在通过业务培训、参观考察、职务交流以及职业道德教育等方式，确保关键岗位人员的业务能力和综合素质得到不断提升，保证关键岗位工作的有效开展。

2. 主要风险

第一，未针对关键岗位人员开展专门培训，可能导致关键岗位人员的相关工作技能无法得到提升。

第二，关键岗位人员培训方式不当、培训内容与业务实际不相符，可能导致培训效果不明显，无法满足关键岗位人员的业务需要。

3. 关键控制措施

第一，根据相关培训政策规定，明确关键岗位人员的培训方式、培训内容和培训时间安排。一般情况下，单位应在年初制定具体的培训计划安排，并将关键岗位人员培训纳入业务考核，作为关键岗位人员业务提升的重要依据，确保关键岗位人员的培训效果。同时，在制定关键岗位人员培训计划时，应准确收集相关培训需求，并与上级单位的相关培训活动相结合，确保关键岗位人员培训具有针对性、培训安排恰当合理。

第二，结合单位实际情况，在培训之外通过综合运用职务交流、参观考察以及人员帮带等方式加强单位关键岗位人员的教育辅导。一方面，岗位人员之间以及不同层级之间应建立相互协作和帮带机制，以共享关键岗位人员的知识经验和技能；另一方面，可以组织与外单位的短期业务交流、参观考察以及职务之间的短期互换等，借鉴优秀管理经验和相关技能，提升单位关键岗位人员技能水平。

（三）关键岗位人员奖励控制

行政事业单位关键岗位人员奖励控制实质是对关键岗位人员的一种激励机制，通过采用职务晋升、物质奖励或者精神表扬等方式，提高关键岗位人员的工作积极性，确保关键岗位人员工作有效开展。

1. 控制目标

行政事业单位制定工作考核方案并实施具体奖励措施，旨在确保单位关键岗位人员工作积极性得到充分发挥，保证单位经济活动的效率和效果，提升单位公共服务的水平。

2. 主要风险

第一，未针对关键岗位人员工作设定具体的奖励措施，或者相关奖励政策设定不当、不符合单位实际，可能无法调动关键岗位人员工作的积极性。

第二，关键岗位人员工作奖励实施不当，未根据考核结果实施奖励或者奖励兑现未及时落实，可能导致关键岗位人员工作积极性受损，无法有效提升关键岗位人员工作效率。

第三，关键岗位人员奖励政策和奖励实施不公正，奖励实施过程不符合政策法规，可能导致单位关键人员奖励存在违法违规，甚至出现舞弊和腐败现象。

3. 关键控制措施

第一，依据相关政策法规，设定合理的关键岗位人员工作奖励标准，根据各岗位工作特点设计不同的激励方式，通过综合运用职务晋升、物质奖励、精神表扬等方式，激励爱岗敬业、有突出业绩、有特别贡献的关键岗位人员。

第二，建立关键岗位人员业绩考核机制，并在政策法规允许的范围内依据考核结果对关键岗位人员进行奖励。一般来说，关键岗位人员奖励实施一定要确保合法合规且能及时兑现，在奖励实施时应选择合适的时机，或者进行分阶段的过程奖励，或者采用一次性的结果奖励，保证单位关键岗位人员奖励合理恰当。

（四）关键岗位人员惩戒控制

行政事业单位关键岗位人员惩戒控制实质是对关键岗位人员的一种约束机制，应按照《行政机关公务员处分条例》、《事业单位工作人员处分暂行规定》

以及党政领导干部管理的相关规定，建立符合单位实际的关键岗位人员惩戒标准和措施。

1. 控制目标

行政事业单位关键岗位人员惩戒控制旨在通过建立有效的关键岗位人员工作约束机制，制约单位自由散漫、得过且过、业绩平平甚至违法违规的关键岗位人员，确保单位关键岗位人员工作合法合规、满足单位基本要求，激发关键岗位人员的工作主动性。

2. 主要风险

第一，未针对关键岗位人员工作设定惩戒标准和措施，可能导致关键岗位人员工作缺乏约束，无法对关键岗位人员工作进行最低限度的把关。

第二，关键岗位人员工作惩戒标准和措施设定不符合业务实际，甚至与相关政策法规不符，可能导致无法有效约束单位关键岗位人员的工作。

第三，关键岗位人员惩戒不公正、不公平，甚至在惩戒过程中出现徇私舞弊现象，可能无法有效发挥惩戒的作用。

3. 关键控制措施

第一，按照相关政策规定，建立单位关键岗位人员惩戒工作程序，根据违法违纪情况建立不同的惩戒方式和审批权限。一方面，关键岗位人员惩戒是对未完成工作任务或者存在违法违纪行为的人员进行的惩罚，必须严格按照审批权限进行审批，以确保相关惩戒事实准确属实；另一方面，关键岗位人员惩戒应选择恰当的惩戒方式，既要给违法违纪人员以相应警示，又不打击关键岗位人员的积极性，使其能够更有效的开展工作。

第二，依据关键人员业绩考核结果，对业绩落后的人员进行惩戒，且在惩戒措施和惩戒强度的选择上应恰当合理。关键岗位人员惩戒控制实质上是一种反向激励，即通过约束和惩罚的手段激发关键岗位人员更好的工作。单位在具体惩戒选择上应以批评教育为主、处罚为辅，若出现违法违纪且给单位带来损失的关键岗位人员，应依据单位人事纪律给予相应的处分。

综上所述，行政事业单位通过从关键岗位人员资格控制、培训控制、奖励控制和惩罚控制等四个方面，建立健全单位关键岗位人员控制机制，确保单位关键岗位人员管理规范有序，为单位内部控制提供人员保障。

第五节　会计系统内部控制设计

根据《内控规范》第三章第十七条规定，“单位应当根据《中华人民共和国会计法》的规定建立会计机构，配备具有相应资格和能力的会计人员。单位应当根据实际发生的经济业务事项，按照国家统一的会计制度及时进行账务处理、编制财务会计报告，确保财务信息真实、完整。”行政事业单位必须通过建立健全会计系统控制，完善单位会计业务处理程序，提高单位会计人员的专业技能和综合素质，加强单位会计机构建设，为单位经济活动开展保驾护航，确保单位会计系统管理规范有序、财务信息真实完整、资产安全和使用有效。

一、会计系统控制概述

会计系统是指单位会计机构、会计人员和会计工作的有机组合，其在行政事业单位内部控制中居于核心地位。一方面，行政事业单位内部控制建设多是由单位会计机构牵头组织并负责日常管理，单位会计机构的健全和会计人员的素质是建立内部控制的组织基础；另一方面，行政事业单位内部控制是围绕单位经济活动而开展的风险管控机制建设，旨在通过规范经济活动以提高财政资金的使用效率，单位会计系统的建立健全是各项经济活动控制机制有效运行的前提。

不同于企业会计系统建设，行政事业单位业务单一、会计核算简单，且在会计核算规则上与企业不同，需严格按照国家关于行政事业单位会计管理的政策法规，建立健全单位会计系统。目前，我国行政事业单位会计管理的政策法规主要包括：《中华人民共和国会计法》、《会计基础工作规范》、《行政单位财务规则》、《行政单位会计制度》、《事业单位财务规则》、《事业单位会计制度》、《事业单位会计准则》以及包括教育、文化、广播、体育等各类事业单位在内的财务管理规则。行政事业单位应根据上述财务法规制度对单位会计活动进行管理，并根据单位财务定额、财务计划目标等对资金运动（或日常财务活动、现金流转）进行指导、组织督促和约束，确保单位财务计划（目标）实现。

具体来说，行政事业单位会计系统建设至少包括会计机构建立、会计人员配备和会计业务处理程序完善三个方面。其中，会计业务处理主要包括原始凭证填制审核、记账凭证编制与审核、会计账簿登记和财务报表编制四个阶段（如图5－9所示）。

行政事业单位应从原始凭证控制、记账凭证控制、会计账簿控制和会计报表控制四个方面，加强单位会计业务过程管控，提高单位会计业务管理水平。但长期以来，由于行政事业单位会计管理力量薄弱，单位领导对会计工作重视度不够，造成当前我国行政事业单位会计体系存在不少问题（如表5－9所示）。行政事业单位会计系统管理中面临的这些问题，部分是短时间内难以改变的，需要采取替代措施，部分可以通过建立会计控制机制来逐步完善单位的会计系统，规范单位会计活动，提高会计管理水平。

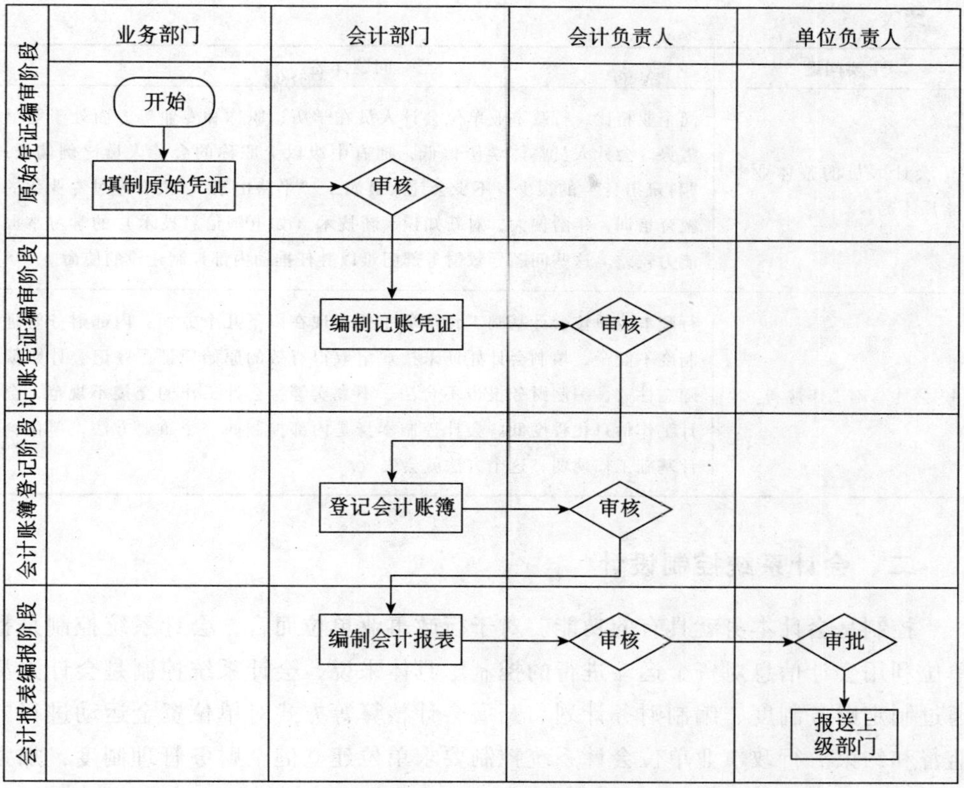

图 5－9　行政事业单位会计账务处理程序

表 5－9　　　　　当前我国单位会计体系主要存在的问题

主要问题	问题详述
1. 财务部门地位不高	在我国行政事业单位中，财务部门和会计人员地位不高，会计工作不受重视是普遍问题。中央单位的机关财务部门不少是设置在办公厅（有些是在机关事务管理局），财务部门不是一级组成机构，虽然不少地方单位的财务部门是一级组成机构，但经常被列为后勤部门而不受重视。内部控制建设和实施是一项关系全局的综合性工作，以财务部门目前的地位，很难胜任这个角色。
2. 财务部门人手不足	行政事业单位普遍反映财务部门人手不足，不少单位只有一个会计、一个出纳，个别单位甚至不具备会计从业资格的人员出任会计、出纳，或者聘用外单位、临时工担任会计、出纳。之所以出现这个问题，往往和会计工作不受重视、财务部门地位不高有关。这样的人员配备状况，会产生两个后果：一是财务部门自身都很难建立内部控制，“一个萝卜一个坑”，部分不相容岗位无法分离，更无法进行轮岗；二是会计人员普遍反映日常工作繁忙，无法额外再承担内部控制建设和日常管理的任务，使得对单位的内控建设无人可用，没人负责。

续表

主要问题	问题详述
3. 会计人员的整体业务素质不高	同企业相比，行政事业单位会计人员在学历、职称和专业等方面处于明显劣势。会计人员整体学历偏低，拥有中级以上职称的会计人员比例偏低；“科班出身”的很少，不少会计人员属于“半路出家”，没有经过专业化的教育培训，年龄偏大，对新知识、新技术（如电脑信息技术）的学习掌握能力较差。这些问题导致财务部门难以胜任推动内部控制建设的使命。
4. 会计基础工作薄弱	行政事业单位会计基础工作薄弱主要表现在以下几个方面：内部财务管理制度不健全，填制会计凭证未按规定取得有效的原始凭证，登记会计账簿随意性大，编制财务报告不合法、不真实等，会计工作的交接不规范，会计工作信息化程度低。会计控制本身是内部控制的一个重要方法，单位会计基础工作薄弱，这个方法就会失效。

二、会计系统控制设计

控制是会计本身就具有的功能。对于行政事业单位而言，会计系统控制是指单位利用会计信息对资金运动进行的控制。具体来说，会计系统控制是会计人员通过制定财务制度、编制财务计划、开展会计核算等方式对单位资金运动进行的监督和约束。行政事业单位会计系统控制要求单位建立健全财务管理制度，加强会计机构建设，提高会计人员业务水平，强化会计人员岗位责任制，规范会计基础工作，加强会计档案管理，明确会计凭证、会计账簿和财务会计报告处理程序。

根据会计系统的主要内容，结合《内控规范》规定，行政事业单位会计系统控制设计主要包括：会计机构控制、会计政策控制和会计业务控制。在会计机构控制方面，单位应当根据实际情况建立会计机构，明确会计机构的职责和权限，设置单位会计工作岗位，进行岗位授权和职责分工，并配备具备资格条件的会计工作人员，建立单位会计工作的责任主体。在会计政策控制方面，单位应当根据《行政单位会计制度》和《事业单位会计制度》，结合单位实际建立内部会计管理制度，制定单位会计工作的基本规范，明确单位会计原则、会计科目、会计报表等管理要求。在会计业务控制方面，单位应当按照会计法和国家统一的会计控制规范，对会计主体发生的各项经济业务进行记录、归集、分类和编报，完善会计业务的处理流程，充分发挥会计系统的控制职能。

根据图 5－10 所示，行政事业单位应从会计机构控制、会计政策控制和会计业务控制三个方面建立单位会计控制机制。其中，会计机构控制包括建立会计机构、设置会计岗位、会计岗位权责、配备会计人员；会计政策控制包括制定会计制度、设置会计科目、会计核算原则；会计业务控制包括原始凭证填制、记账凭证编审、会计账簿登记、会计报表编报。

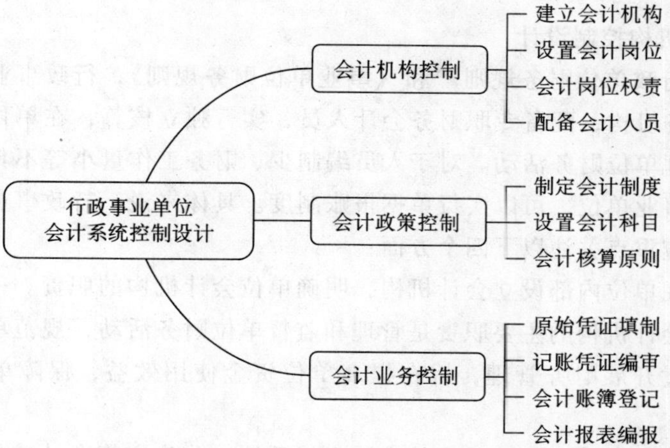

图 5－10　行政事业单位会计系统控制设计

三、会计系统的控制目标、主要风险和关键控制措施

（一）控制目标

行政事业单位会计系统控制的目标旨在提高会计信息质量，保护财产安全完整，保证法律法规及规章制度的贯彻执行等，具体包括：

第一，规范会计行为，保证会计资料真实完整。

第二，堵塞漏洞、消除隐患，防止并及时发现、纠正错误及舞弊行为，保证单位资金的安全、完整。

第三，确保国家有关法律、法规和单位内部规章制度的贯彻执行。

（二）主要风险

第一，单位会计机构和岗位设置不健全，未配备专门的会计人员或者会计人员专业技能和素质不高，可能导致单位财务管理不规范，容易发生舞弊行为，影响单位资金的安全性。

第二，单位会计制度不健全，会计科目设置不当，会计核算规则不明确，可能无法有效规范单位会计行为，影响财务信息的真实性和完整性。

第三，单位会计业务处理过程中未有效审核会计凭证，或者相关审核程序设置不当，可能导致单位会计处理不符合政策法规，产生违规风险。

第四，未按照政府信息公开规定向社会公开单位财务信息，或者单位财务信息公开不及时甚至不真实，可能遭受社会各界质疑，影响单位形象。

（三）关键控制措施

1. 会计机构控制设计

根据《行政单位财务规则》和《事业单位财务规则》，行政事业单位均应当单独设置财务机构，配备专职财务会计人员，实行独立核算，在单位负责人领导下，统一管理单位财务活动。对于人员编制少、财务工作量小等不具备独立核算条件的行政事业单位，可以实行单据报账制度。具体来说，行政事业单位在会计机构建设上应重点关注以下四个方面：

第一，在单位内部设立会计机构，明确单位会计机构的职责。一般来说，行政事业单位会计机构的主要职责是管理和监督单位财务活动，规范单位的财务行为。单位通过开展财务管理，旨在提高单位资金使用效益，保障单位业务工作开展。

与事业单位不同，行政单位的会计组织系统，分为主管会计单位、二级会计单位和基层会计单位三级。向财政部门领报经费，并发生预算管理关系的，为主管会计单位；向主管会计单位或上一级会计单位领报经费，并发生预算管理关系，有下一级会计单位的，为二级会计单位；向上一级会计单位领报经费，并发生预算管理关系，没有下级会计单位的，为基层会计单位；向同级财政部门领报经费，没有下级会计单位的，视同基层会计单位。主管会计单位、二级会计单位和基层会计单位实行独立会计核算，负责组织管理本部门、本单位的全部会计工作。不具备独立核算条件的行政单位，实行单据报账制度，作为“报销单位”管理。

第二，设置会计工作岗位，进行岗位责任分工。行政事业单位应根据会计业务的需要设置会计工作岗位。会计工作岗位一般可包括会计机构负责人（会计主管人员）、出纳、财产物资核算、工资核算、费用核算、资金核算、往来结算、总账报表、稽核、会计信息系统管理、档案管理等。会计工作岗位可以一人一岗，一人多岗或者一岗多人，但在岗位具体分工上应体现以下要求：

（1）出纳人员不得兼管稽核、会计档案保管和预算收入、预算支出、非税收入、非税支出、债权、债务等账簿的登记工作。

（2）出纳人员以外的会计人员不得兼管现金、有价证券和票据。

（3）会计机构负责人（会计主管人员）不得兼任出纳工作。

（4）会计人员不得兼任内部审计工作。

（5）记账人员不得兼任采购员和保管员工作。

（6）审核记账人员不得兼任软件操作人员的输入工作。

（7）实现会计电算化的单位，出纳员、程序编制人员不得兼任微机录入工作，不得进行系统操作。

第三，开展会计岗位授权，明确岗位职责权限。行政事业单位应根据会计工作业务需要编制会计岗位说明书，明确各会计工作岗位的职责权限。岗位授权是指主管将职权和职责授给某位部属负担，并责令其负责管理性或事务性工作。行政事业单位财务管理职责和权限都是以会计岗位为基础，不管谁承担会计岗位工作，都将赋予相应财务管理工作的职责和权限，而一旦失去会计岗位工作也同时会失去行使会计岗位职责的权力。行政事业单位应当按照不相容岗位相互分离的原则，实现会计记录与业务经办相分离、财产保管与会计记录相分离，确保单位财务会计岗位职责明确、权限清晰，形成有效的内部牵制。

第四，配备会计岗位人员，建立会计工作队伍。行政事业单位应根据单位财务工作需要，配备具有会计从业资格、业务水平过关以及道德素质较高的人员，同时在日常业务中应加强会计人员专业技能的培训，强化会计人员的岗位意识，确保单位会计人员具备相应的岗位胜任能力，真正建设一支思想素质高、业务水平过硬的财务会计工作队伍。

2. 会计政策控制设计

行政事业单位应当根据国家关于行政事业单位会计管理的相关政策法规，结合单位业务实际制定内部会计管理制度，建立单位会计工作规范，确保单位会计工作有章可循、有据可依。具体来说，单位会计政策控制应重点关注三个方面：

第一，制定单位会计管理制度，明确会计工作的基本规范。行政事业单位应当依据《中华人民共和国会计法》和《会计基础规范》等法律法规，按照财政部颁发的《行政单位会计制度》和《事业单位会计制度》等文件，结合单位实际制定单位会计管理制度，明确单位会计机构的职责权限，明确会计工作的目标、原则、程序和基本要求，以及会计人员的工作规范。

第二，设置单位会计科目并进行说明，规范会计报表格式。不同于单位会计科目设置，行政事业单位会计科目设置主要分为资产类、负债类、净资产类、收入类和支出类五类。行政事业单位应根据《行政单位会计制度》和《事业单位会计制度》所规定的会计科目下，根据政府收支科目并结合单位业务实际设置具体的明细科目。此外，单位应定期编制资产负债表、收入支出表、财政补助收入支出表等会计报表，无论是会计科目还是会计报表编制完成均需按照规范的程序进行审核，确保会计信息真实准确。

第三，制定单位会计核算原则，确保单位会计信息质量。行政事业单位应根据相关法规建立单位会计核算原则（如表 5－10 所示）。

表 5-10　　行政事业单位会计核算原则

比较项目	行政单位	事业单位
会计核算目标	提供与行政单位财务状况及收支结果相关的会计信息，既符合国家宏观经济管理的要求，又适应预算管理和有关方面的需要，有利于单位加强内部财务管理。	提供与事业单位财务状况、事业成果、预算执行等有关的会计信息，反映事业单位受托责任的履行情况，有助于会计信息使用者进行社会管理、作出经济决策。
会计核算内容	以单位实际发生的各项经济业务为对象，客观真实地记录和反映行政单位自身的各项经济活动及收支情况和结果，包括各项资金和财产都应纳入行政单位会计核算。	以单位实际发生的经济业务或者事项为依据进行会计核算，如实反映各项会计要素的情况和结果，保证会计信息真实可靠。
会计核算分期	会计核算应当划分会计期间，分期结算账目和编制会计报表。会计期间分为年度、季度和月份，会计年度、季度和月份采用公历日期。	会计核算应当划分会计期间，分期结算账目和编制财务会计报告，会计期间至少分为年度和月度，会计年度、月度等会计期间的起讫日期采用公历日期。
会计核算币种	会计核算以人民币为记账本位币。发生外币收支的，应当按照央行公布的当日人民币外汇汇率折算为人民币核算。业务收支以外币为主的，也可以选定某种外币为记账本位币。但编制会计报表时，应该按照编报日期的人民币汇率折算为人民币反映。	会计核算应当以人民币作为记账本位币。发生外币业务时，应当将有关外币金额折算为人民币金额计量。
会计核算基础	会计核算以收付实现制为基础。	会计核算一般采用收付实现制；部分经济业务或者事项采用权责发生制核算的，由财政部在会计制度中具体规定。
会计核算记账	会计记账采用借贷记账法。	会计记账采用借贷记账法。
会计核算口径	会计核算应当按照规定的会计处理方法进行。同类单位会计指标应当口径一致，相互可比。会计处理方法应当前后各期一致，不得随意变更。如确有必要变更，应当将变更的情况、原因和对单位财务收支情况及结果的影响在会计报表中说明。	提供的会计信息应当具有可比性。同一事业单位不同时期发生的相同或者相似的经济业务或者事项，应当采用一致的会计政策，不得随意变更。确需变更的，应当将变更的内容、理由和对单位财务状况及事业成果的影响在附注中予以说明。
会计核算易读性	会计记录和会计报表应当清晰明了，便于理解和运用。	提供的会计信息应当清晰明了，便于会计信息使用者理解和使用。
其他	会计核算应当及时进行。	对于已经发生的经济业务或者事项，应当及时进行会计核算，不得提前或者延后。

3. 会计业务控制设计

行政事业单位应当建立会计业务处理程序，严格核对制度，确保会计信息真实有效。具体来说，单位会计业务处理应重点关注以下四个方面：

第一，明确原始凭证填制要求，规范原始凭证传递和审核程序。原始凭证填制和审核是行政事业单位会计业务开展的第一项内容，原始凭证是否客观真实、合理合法，直接关系到单位会计信息是否真实、可靠，也关系到单位会计工作的质量，影响到正确计量和分析业务状况。为确保原始凭证能够真实、准确并及时反映经济业务，明确经济责任，单位应根据相关规定，建立并实施以下原始凭证的内部控制：

（1）必须真实和准确。原始凭证中应填写的项目和内容必须真实、准确反映经济业务的原貌。无论日期、内容、数量和金额都必须如实填写，不能以估算和匡算的数字填列，更不能弄虚作假，改变事实的真相。

（2）必须完整和清楚。原始凭证中规定的项目必须填写齐全，不能缺漏。文字说明和数字要填写清楚、整齐和规范，凭证填写的手续必须完备。

（3）书面格式要规范。原始凭证要用蓝色或黑色笔书写，字迹清楚、规范，填写支票必须使用碳素笔，凭证的金额数字、金额符号、阿拉伯数字等必须按规定进行填写。

（4）必须有经办人和有关责任人员的签章。原始凭证填制完成后，经办人员和有关责任人员都要认真审核并签章，对凭证的真实性、合法性负责。对于一些重大的经济业务，还应经本单位负责人签章，以示批准的权限。

（5）必须及时填制。原始凭证应在经济业务发生或完成时及时填制，并按规定的程序和手续传递至有关业务部门和会计部门，以便及时办理后续业务，并进行审核和记账。

第二，明确记账凭证编制要求，规范记账凭证审核程序。

（1）除结账和更正错误外，记账凭证必须附有原始凭证并注明原始凭证的张数。

（2）一张原始凭证所列的支出需要由两个以上的单位共同负担时，应当保存该原始凭证的单位开给其他应负担单位的原始凭证分割单。

（3）记账凭证编号的方法有多种，可以按现金收付、银行存款收付和转账业务三类编号，即“现字第×号”、“银字第×号”、“转字第×号”，也可以按现金收入、现金支出、银行存款收入、银行存款支出和转账五类进行编号，即“现收字×号”、“银收字第×号”、“现付字×号”、“银付字第×号”、“转字第×号”。各单位应当根据本单位业务繁简程度、人员多寡和分工情况来选择便于记账、查账、内部稽核、简单严密的编号方法。无论采用哪一种编号方法，都应该按月顺序编号，即每月都从1号编起，顺序编至月末。

（4）若记账之前发现记账凭证有错误，应重新编制正确的记账凭证，并将错误凭证作废或撕毁。已经登记入账的记账凭证，在当年内发现填写错误时，应用红字填写一张与原内容相同的记账凭证，在摘要栏注明“注销某月某日某号凭证”，同时再用蓝字重新填写一张正确的记账凭证，注明“订正某月某日某号凭证”。如果会计科目没有错误，只是金额错误，也可以将正确数字与错误数字之间的差额，另编一张调整的记账凭证，调增金额用蓝字，调减金额用红字。发现以前年度的错误，应用蓝字填制一张更正的记账凭证。

（5）实行会计电算化的单位，机制记账凭证应当符合对记账凭证的一般要求，并应认真审核，做到会计科目使用正确，数字准确无误。打印出来的机制记账凭证上，要加盖制单人员、审核人员、记账人员和会计主管人员印章或者签字，以明确责任。

（6）记账凭证填制完业务事项后，如有空行，应当在金额栏内自最后一笔金额数字下空行处至合计数的空行处划线注销。

（7）正确编制会计分录并保证借贷平衡。

（8）摘要应与原始凭证内容一致，能正确反映经济业务的主要内容，表述简单精炼。

（9）只涉及现金和银行收款之间收入或付出的经济业务，应以付款业务为主，只填制付款凭证，不填制收款凭证，以免重复。

第三，建立会计账簿，登记会计账目。行政事业单位应按照国家统一的会计制度的规定和会计业务的需要设置会计账簿，包括总账、明细账、日记账和其他辅助型账簿。会计账簿登记的主要控制措施包括：

（1）库存现金日记账和银行存款日记账必须采用订本式账簿，不得用银行对账单或者其他方法代替日记账。

（2）实行会计电算化的单位，其通过计算机打印的会计账簿必须连续编号，经审核无误后装订成册，并由记账人员、会计机构负责人、会计主管人员签字或盖章。

（3）启用会计账簿时，应当在账簿封面上写明单位名称和账簿名称。在账簿扉页上应当附上启用表，内容包括启用日期、账簿页数、记账人员和会计机构负责人、会计主管人员姓名，并加盖名章和单位公章。记账人员或者会计机构负责人、会计主管人员调动工作时，应当注明交接日期、接办人员或者监交人员姓名，并由交接双方人员签名或者盖章。

（4）会计人员应当根据审核无误的会计凭证登记账簿，遵循登记账簿的基本要求。

（5）实行会计电算化的单位，总账和明细账应当定期打印。发生收款和付款业务的，在输入收款凭证和付款凭证的当天必须打印出库存现金日记账和银行存款日记账，并与库存现金核对无误。

(6) 账簿记录发生错误，不准涂改、挖补、刮擦或者用药水消除字迹，不准重新抄写，必须按照规定的方法进行更正。

(7) 各单位应当定期对会计账簿记录的有关数字与库存实物、货币资金、有价证券、往来单位或者个人进行相互核对，保证账证相符、账账相符、账实相符。

(8) 各单位应当定期结账。

第四，定期编制会计报表，按规定进行报送。行政事业单位应按照国家统一的会计制度规定，定期编制财务报告，包括会计报表及其说明。会计报表包括资产负债表、收入支出表、财政补助收入支出表等。单位向上级报送或者对外出具的财务报告应当根据国家统一的会计制度规定的格式和要求编制，单位内部使用的财务报告，其格式和要求由各单位自行规定。行政事业单位会计报表具体控制如下：

(1) 会计报表应当根据登记完整、核对无误的会计账簿记录和其他有关资料编制，做到数字真实、计算准确、内容完整、说明清楚。任何人不得篡改或者授意、指使、强令他人篡改会计报表的有关数字。

(2) 会计报表之间、会计报表各项目之间，凡有对应关系的数字，应当相互一致。本期会计报表与上期会计报表之间有关的数字应当相互衔接。如果不同会计年度会计报表中各项目的内容和核算方法有变更的，应当在年度会计报表中加以说明。

(3) 各单位应当按照国家统一的会计制度的规定认真编写会计报表附注及其说明，做到项目齐全，内容完整。

(4) 各单位应当按照国家规定的期限对外报送财务报告。对外报送的财务报告，应当依次编写页码，加具封面，装订成册，加盖公章。封面上应当注明：单位名称，单位地址，财务报告所属年度、季度、月度，送出日期。并由单位负责人、会计机构负责人、会计主管人员签名或者盖章。

(5) 如果发现对外报送的财务报告有错误，应当及时办理更正手续。除更正本单位留存的财务报告外，还应同时通知接受财务报告的单位更正。错误较多的财务报告，应重新编报。

第六节　信息系统内部控制设计

根据《内控规范》第三章第十八条规定，“单位应当充分运用现代科学技术手段加强内部控制。对信息系统建设实施归口管理，将经济活动及其内部控制流程嵌入单位信息系统中，减少或消除人为操纵因素，保护信息安全。”随着我国政务信息化建设的快速发展，行政事业单位的各种经济事项越来越多的依赖于政务信息系统。一方面，信息系统的使用可以提高单位经济活动的效率，防范单位经济活动中存在的人为操作风险，另一方面，信息系统本身已成为单位经济活动风险的重要组成部分，防范信息系统风险是单位内部控制的一个重要方面。因此，行政事业单位应在加强单位信息化建设的同时，规范单位信息系统管理，提高信息系统的安全性和可靠性，确保单位信息系统内部控制健全有效。

一、信息系统控制概述

信息系统是指行政事业单位利用计算机和通信技术，对单位经济活动过程进行集成、转化和提升所形成的信息化管理平台。具体来说，信息系统是由计算机硬件、软件、数据通信装置、规章制度和有关人员等组成的人造系统，通过及时、正确地收集、加工、存储、传递和提供信息，系统性管理与单位业务活动有关的信息，以支持单位的变革与发展以及各级决策与各项业务活动。信息系统在行政事业单位的广泛应用可以有效提高单位的信息处理速度，保障信息的时效性和准确性；信息系统通过固化业务流程，可以减少人为因素影响，保障单位经济活动业务有效开展；信息系统可以提高不相容职务分离控制的执行力和授权审批控制的效力，帮助单位对经济活动实施有效的控制；信息系统通过建立有效的信息沟通机制，有利于提高单位经济活动的预测和决策水平。

根据我国《“十二五”国家政务信息化工程建设规划》、《关于进一步加强政务部门信息共享建设管理的指导意见》等政策法规，行政事业单位应按照国家政务信息化工程建设规划，结合单位自身信息化需求建设单位信息化管理平台。一方面，单位应通过开发与单位业务相关的重要信息系统，提高办事效率和管理水平，促进政务公开和廉政建设，增强为民办事的透明度和公正性；另一方面，应加强现有业务系统以及新开发系统的运行维护，实现重要政务信息系统之间的互联互通、信息共享和业务协同。同时，行政事业单位应强化政务信息系统的安全管理，确保重要信息系统安全可靠，提高信息安全保障能力。

行政事业单位至少应从信息系统开发、运行维护和安全管理三个方面来完善单位信息系统管理，同时加强信息系统建设的统筹规划，将信息系统建设作为“一把手”工程来抓，设置信息系统管理岗位，明确信息系统管理责任，对信息系统实行归口管理。

行政事业单位应重视信息系统在单位内部控制中的作用，根据内部控制相关要求，结合组织机构、业务过程、技术能力等因素，制定信息系统建设总体规划，健全单位信息系统管理程序，有序组织信息系统开发、运行维护，优化单位经济活动流程，防范经济活动中的人为风险，提高单位内部管理水平。

二、信息系统控制设计

行政事业单位信息系统在提高单位科学决策、加强管理、堵塞漏洞、降低风险的同时也带来了相关风险，如信息系统扩大了风险的范围，信息化给传统会计系统控制提出了新的要求也带来了新的风险，网络操作系统的漏洞和应用程序设计的瑕疵带来了安全风险，不同类型事项的审批流程和跨组织审批业务的复杂性给授权审批控制带来了新的风险等。为此，单位必须加强信息系统内部控制设计，保障信息系统的安全可靠。

信息系统内部控制是以单位信息系统为控制对象，由计算机硬件、软件、人员、信息流和运行规程等要素组成。根据信息系统管理的基本内容和控制要求，结合《内控规范》规定，行政事业单位信息系统控制主要包括信息系统岗位控制、信息系统开发控制、信息系统运维控制、信息系统安全控制、信息系统应用控制（如图 5－11 所示）。

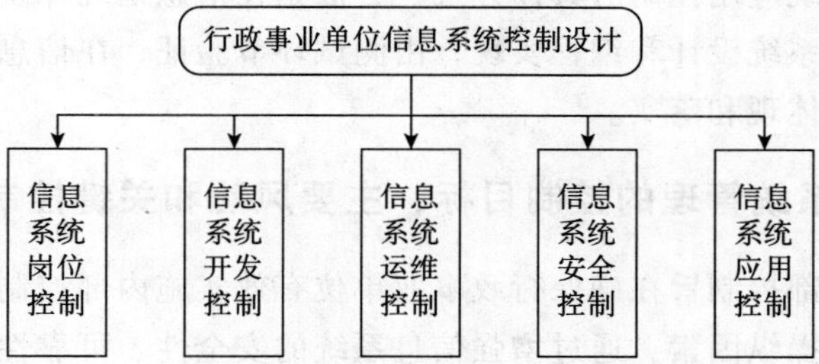

图 5－11　行政事业单位信息系统控制框架

信息系统岗位控制是指行政事业单位应建立信息系统管理的机构和岗位，明确信息系统管理机构和岗位的职责，履行单位信息化管理权限。单位信息管理机构通过制定信息化规划、开发信息系统、负责信息系统日常运行维护、对信息系统进行归口管理等职责，确保单位信息系统管理职责明确、组织有效。

信息系统开发控制包括系统规划和系统设计实施两方面。其中，信息系统规划是指根据单位目标和工作任务，明确单位信息化需求，确定信息系统的发展战略，制定信息系统建设总计划，主要包括 IT 战略规划、IT 技术规划、投资管理、质量管理、项目管理等。信息系统设计实施是指根据拟建系统总体计划进行系统设计和实施的过程，主要包括需求分析、应用系统设计、基础设施获取、运行准备、测试与发布等环节。

信息系统运维控制包括系统运行和维护两方面。其中，信息系统运行控制指记录系统运行状态，保证系统正常运行，并进行必要的修改与扩充，以便及时、准确地向单位提供必要的信息，满足业务工作和管理决策的需要，主要包括日常运行管理、运行情况的记录以及对系统的运行情况进行检查和评价。信息系统维护控制是为保证信息系统正常可靠地运行且得到改善和提高，对应用系统、数据、代码和硬件的维护管理，分为纠错性维护、完善性维护和预防性维护，主要工作包括事件管理、问题管理、配置管理、连续性管理、可用性管理和能力管理。

信息系统安全控制是针对病毒泛滥、黑客入侵、恶意软件、信息失控等复杂环境制定的防御措施，保护单位信息和信息系统未经授权的访问、使用、泄露、中断、修改和破坏。信息系统安全控制的手段一般分为技术类手段和管理类手段。其中，技术类手段与系统提供的技术安全机制有关，包括物理安全、网络安全、应用安全和数据安全；管理类手段与信息系统中各种角色参与的活动有关，包括安全管理制度、安全管理机构和人员安全管理。

信息系统应用控制是指利用信息系统对单位经济活动业务处理实施的控制，旨在确保交易的完整性、准确性、授权和有效性，包括输入控制、处理控制和输出控制。信息系统应用控制的具体方式、方法是在信息系统开发建设的需求分析环节提出，通过系统设计和编程实现，由测试环节验证，在信息系统运行阶段由用户的操作得到体现和落实。

三、信息系统管理的控制目标、主要风险和关键控制措施

信息系统内部控制旨在确保行政事业单位有效实施内部控制，提高内部管理水平，减少人为操纵因素，通过增强信息系统的安全性、可靠性和合理性以及相关信息的保密性、完整性和可用性，为建立有效的信息与沟通机制提供支持保障。

（一）信息系统岗位控制

1. 控制目标

第一，建立明晰的、灵活的、响应及时的信息系统组织架构，并为每一个岗位准确定义职责，为信息系统工作提供有效的组织保证。

第二，信息系统部门和最终用户部门应有充分的职责分离，包括部门之间及各部门内部，以提高在日常工作中及时发现信息系统错误的可能性。

2. 主要风险

第一，信息系统部门的组织模式不合理，如权力集中度与分散度不平衡，可能无法有效调动各方面积极性，及时响应信息系统运行需求。

第二，信息系统组织层级过多，汇报关系过于复杂，可能导致各层管理者之间沟通不畅，影响信息系统建设和维护效率。

第三，信息系统组织内部角色和职责定义不清，存在重叠或空白，可能造成

推诿扯皮现象，影响信息系统团队的合作。

第四，信息系统部门和最终用户部门未实现充分的职责分离，可能无法及时发现工作中发生的错误和舞弊问题。

3. 关键控制措施

第一，根据自身实际情况明确信息系统归口管理部门，规范信息技术部门在信息系统运行管理、技术支持、应用系统开发、质量与安全管理、数据管理以及用户服务方面的职责。

第二，根据自身实际情况设置信息系统管理岗位，如计算机操作员、网络管理员、系统管理员、安全管理员等，建立信息系统开发、运行与维护、系统操作等环节的岗位责任制度，明确各信息系统管理岗位的岗位职责权限，确保不相容岗位相互分离。

第三，在分析信息系统管理岗位的基础上，配备具有信息技术技能和经验的人员，确保信息技术管理岗位人员能力符合要求。

（二）信息系统开发控制

1. 控制目标

第一，建立科学的信息系统总体规划，以便有效指导信息系统建设工作，有效整合信息系统的各种功能，保证信息系统能够满足现在和将来的业务需求。

第二，通过信息系统投资及投资组合的有效决策，以及合理的信息系统预算，保证与信息系统战略的一致性，并持续地提高单位经济活动效率。

第三，及时并按质量标准完成信息系统开发与验收工作，响应管理与业务需求，将信息系统与经济活动业务流程有效集成。

第四，制定并执行科学的信息系统实施方案，保证初始数据的准确完整，知识转移的充分有效，使信息系统顺利地投入使用。

第五，保证符合国家及监管部门关于信息系统开发的法律法规要求。

2. 主要风险

第一，缺乏信息系统规划与方案，或规划与方案不合理，可能造成信息孤岛或重复建设，导致单位经济活动业务效率低下。

第二，信息系统投资决策失误，未将信息化与单位业务需求结合，可能导致信息系统投资超支或浪费，降低信息系统的应用价值。

第三，信息系统建设缺乏项目计划或者计划不当，导致项目进度滞后，费用超支、质量低下。

第四，信息系统需求调研不充分，需求文档表述不准确、不完整，未能真实全面地表达单位需求，导致信息系统不能满足业务需求。

第五，信息系统设计流程或方法不当，设计方案不全面、不能完全满足用户需求、未能有效控制建设开发成本，造成信息系统存在较多设计缺陷。

第六，信息系统测试不充分或不科学，或缺乏有效的验收工作，可能无法保证新开发的或变更的系统上线后不会出现大的问题。

第七，信息系统操作手册不详细、用户培训等知识转移和数据初始化工作不到位，可能影响信息系统运行维护工作正常进行。

3. 关键控制措施

第一，制定信息系统开发战略规划和中长期发展计划，并结合单位年度工作计划制定年度信息系统建设计划，促进单位经济活动与信息系统协调统一。在信息化规划过程中，应充分调动和发挥信息系统归口管理部门和业务部门的积极性，使各部门广泛参与，充分沟通，以提高战略规划的科学性、前瞻性和适应性。

第二，根据自身实际情况选择合适的信息系统开发方式，如自行开发、外购调试或业务外包。自行开发是单位依托自身力量完成整个开发过程，适用于单位自身技术力量较雄厚，市场上没有能够满足单位需求的成熟的商品化软件和解决方案。外购调试是单位购买成熟的商品化软件，通过参数配置和二次开发满足单位需求，适用于单位特殊需求较少，市场上已有成熟的商品化软件和系统实施方案。业务外包是单位委托其他单位开发信息系统，由专业公司或科研机构负责开发、安装实施，单位直接使用，适用于市场上没有能够满足单位需求的成熟的商品化软件和解决方案，单位自身技术力量薄弱或出于成本效益原则考虑，不愿意维持庞大的开发队伍。

第三，建立项目管理组织，制定项目实施计划。单位应组建支持业务需要的信息系统开发团队，并根据信息系统建设规划提出分阶段项目建设方案，明确建设目标、人员配备、职责分工、经费保障和进度安排等相关内容，并按规定的权限和程序审批后实施。单位可以采用标准的项目管理软件（比如 Office Project）制定项目计划，并加以跟踪，在关键环节进行阶段性评审，以保证过程可控。

第四，信息系统归口管理部门应组织单位内部各有关部门提出开发需求，编写业务需求说明书，确保需求文档表述清晰、表达准确。同时，应建立需求评审和需求变更控制流程，依据需求文档评审其设计可行性，并由需求提出人和编制人签字确认，报经业务部门和信息系统归口管理部门负责人审批。

第五，依据系统需求设计解决方案，包括系统总体架构设计、功能模块设计、数据库设计、输入输出设计、处理流程及硬件选择等。该项工作一般由信息系统项目组负责实施。信息系统设计应参照《GB8567－88 计算机软件产品开发文件编制指南》等国家标准和行业标准，确保系统设计说明书的编写质量。单位应当建立设计评审和设计变更控制流程，充分考虑信息系统建成后的控制环节，将单位经济活动业务流程、关键控制点和处理规程嵌入系统程序，实现手工环境下难以实现的控制功能。

第六，加强系统编程环节的控制，建立并执行严格的代码复查评审制度，建立执行统一的编程规范，在标识符命名、程序注释等方面统一风格，使用版本控制软件系统，保证所有开发人员基于相同的组建环境开展项目工作。

第七，建立系统测试工作流程，加强系统测试控制。单位应区分单位测试、组装测试、系统测试、验收测试等不同类型，加强测试分析，将测试结果与预期结果进行对比说明，分析解决测试中发现的系统问题。

第八，制定信息系统验收与上线计划，开展信息系统组件和功能验收，出具验收报告并经信息技术部门和系统运行部门签字。信息系统上线计划一般包括人员培训、数据准备、进度安排、应急预案等内容，成功将系统运行的初始数据导入信息系统中，确保信息系统的平稳运行。

（三）信息系统运维控制

1. 控制目标

第一，保证信息系统的正常、可靠、安全运行，充分发挥信息系统的作用。

第二，不断完善系统，延长系统的生命周期，增强系统的生命力。

第三，保证符合国家及监管部门有关信息系统运行维护的法律法规的要求。

2. 主要风险

第一，信息系统响应时间和停机时间过长，其性能和容量无法满足业务需求，可能影响单位经济活动业务开展的效率。

第二，没有建立规范的信息系统日常运行管理规范，计算机软硬件的内在隐患易于爆发，可能导致信息系统出错。

第三，信息系统运行中遇到的事件、问题无法在规定时间内得到有效解决，影响信息系统的有效运行，可能使单位业务无法正常开展。

第四，未执行信息系统例行检查，导致一些人为恶意攻击长期隐藏在系统中，可能造成严重损失。

第五，信息系统数据未定期备份，可能导致系统损坏后信息无法恢复，或者恢复时间过长，给单位带来损失。

第六，缺乏一个准确而全面的配置库，无法确保硬件和软件配置信息的完整性，可能导致信息系统维护工作无序、低效。

3. 关键控制措施

第一，制定信息系统使用操作程序、信息管理制度以及各模块子系统的具体操作规范，及时跟踪、发现和解决系统运行中存在的问题，确保信息系统按照既定的程序、制度和操作规范稳定运行。

第二，做好系统运行记录，尤其是对于系统运行不正常或无法运行的情况，应将异常现象、发生时间和可能的原因作出详细记录。

第三，重视系统运行的日常维护。如在硬件日常维护方面，应重视各种设备的保养与安全管理、故障的诊断与排除、易耗品的更换与安装等。

第四，配备专业人员负责处理信息系统运行中的突发事件，必要时应会同系统开发人员或软硬件供应商共同解决。

（四）信息系统安全控制

1. 控制目标

信息系统安全控制的目标在于保障信息系统所包含的所有硬件、软件和数据受到保护，不因偶然和恶意的原因而遭到破坏、更改和泄露，信息系统能够连续正常运行。

2. 主要风险

第一，硬件设备分布物理范围广，设备种类繁多，安全管理难度大，可能导致设备生命周期短。

第二，信息系统硬件和软件受到人为恶意攻击，造成系统运行效率降低甚至异常或中断，破坏数据的有效性和完整性，可能导致敏感数据的泄露、滥用。

第三，对系统程序的漏洞或缺陷安全防护不够，缺乏有效的系统和信息安全的监管手段，导致遭受黑客攻击，造成信息泄露。

第四，业务部门信息安全意识薄弱，信息系统使用和维护管理不当，可能导致系统安全性能下降甚至系统异常、停车的事件，使信息系统运营效率低。

第五，对各种计算机病毒防范清理不力，导致系统运行不稳定甚至瘫痪；缺乏对信息系统操作人员的严密监控，可能导致舞弊和利用计算机犯罪。

3. 关键控制措施

第一，建立信息系统相关资产的管理制度，保证电子设备的安全。硬件和网络设备不仅是信息系统运行的基础载体，也是价值昂贵的固定资产。单位应在健全固定资产管理制度的基础上，建立专门的电子设备管控制度，对于关键信息设备，未经授权，不得接触。

第二，成立专门的信息系统安全管理机构，由单位主要领导负总责，对单位的信息安全作出总体规划和全方位严格管理，具体实施工作可由单位的信息主管部门负责。单位应强化全体员工的安全保密意识，特别要对重要岗位员工进行信息系统安全保密培训，并签署安全保密协议。单位应当建立信息系统安全保密制度和泄密责任追究制度。

第三，按照国家相关法律法规以及信息安全技术标准，制定信息系统安全实施细则。根据业务性质、重要程度、涉密情况等确定信息系统的安全等级，建立不同等级信息的授权使用制度，采用相应技术手段保证信息系统运行安全有序。

对于信息系统的使用者和不同安全等级信息之间的授权关系，应在系统开发建设阶段就形成方案并加以设计，在软件系统中预留这种对应关系的设置功能，以便根据使用者岗位职务的变迁进行调整。

第四，有效利用 IT 技术手段，对硬件配置调整、软件参数修改严加控制。例如，单位可利用操作系统、数据库系统、应用系统提供的安全机制，设置安全参数，保证系统访问安全；对于重要的计算机设备，单位应当利用技术手段防止员工擅自安装、卸载软件或者改变软件系统配置，并定期对上述情况进行检查。

第五，单位委托专业机构进行系统运行与维护管理的，应当严格审查其资质条件、市场声誉和信用状况等，并与其签订正式的服务合同和保密协议。

第六，采取安装安全软件等措施防范信息系统受到病毒等恶意软件的感染和破坏。单位应当特别注重加强对服务器等关键部位的防护；对于存在网络应用的单位，应当综合利用防火墙、路由器等网络设备，采用内容过滤、漏洞扫描、入侵检测等软件技术加强网络安全，严密防范来自互联网的黑客攻击和非法侵入。对于通过互联网传输的涉密或者关键业务数据，单位应当采取必要的技术手段确保信息传递的保密性、准确性和完整性。

第七，建立系统数据定期备份制度，明确备份范围、频度、方法、责任人、存放地点、有效性检查等内容。系统首次上线运行时应当完全备份，然后根据业务频率和数据重要性程度，定期做好增量备份。数据正本与备份应分别存放于不同地点，防止因火灾、水灾、地震等事故产生不利影响。单位可综合采用磁盘、磁带、光盘等备份存储介质。

第八，建立用户管理制度，加强对重要业务系统的访问权限管理，避免将不相容职责授予同一用户。单位应当采用密码控制等技术手段进行用户身份识别。对于重要的业务系统，应当采用数字证书、生物识别等可靠性强的技术手段识别用户身份。对于发生岗位变化或离岗的用户，用户部门应当及时通知系统管理人员调整其在系统中的访问权限或者关闭账号。单位应当定期对系统中的账号进行审阅，避免存在授权不当或非授权账号。对于超级用户，单位应当严格规定其使用条件和操作程序，并对其在系统中的操作全程进行监控或审计。

（五）信息系统应用控制

1. 控制目标

第一，在使用信息系统处理业务过程中，确保输入、处理、输出信息的准确性和完整性。

第二，明确信息系统的使用权限，确保信息系统使用符合法律法规，防范超越权限使用的情况。

2. 主要风险

第一，输入系统数据不准确、不完整、不及时，导致输出结果错误，甚至造成财产损失。

第二，未经授权非法处理业务，信息系统处理不正确，导致业务无法正常运行，或者在处理过程中未留下详细轨迹，导致出现错误时无法追踪。

第三，系统输出的信息在内容的正确性、完整性、形式的规范性等方面存在质量问题，无法满足用户的需求。

第四，系统输出的信息被非授权用户获取、或者被篡改，影响单位业务的正常开展。

3. 关键控制措施

第一，建立系统数据的输入控制：(1) 针对手工录入、批量导入、接收其他系统数据等不同数据输入方式，分别考虑对进入系统数据的检查和校验功能，确保数据的准确性、有效性和完整性。(2) 尽量避免通过后台操作修改和删除数据的情况。对于必须的后台数据，单位应建立规范的流程制度，并对操作情况进行监控或者审计。(3) 对于经常性的数据删除和修改，应当自系统功能中予以考虑，并通过审批、符合等程序加以控制。(4) 在重要的信息系统中设置操作日志功能，详细记录系统每个账户的登录时间、重要的操作内容，确保操作的可审计性。(5) 对于异常或者违背内部控制要求的交易或者数据，单位应当在系统中设计自动报告功能。

第二，建立系统数据的处理控制：(1) 建立健全用户管理制度，确保不同权限用户在授权范围内运用信息系统进行业务处理。(2) 系统自动记载各个用户的操作日志，详细记录各用户执行的操作，留下审计线索。(3) 对信息系统进行定期检测维护，及时发现错误并予以修正。

第三，建立系统数据的输出控制：(1) 使用数据勾稽关系校验、数字指纹，保证有关数据的正确性。(2) 综合采用功能权限和数据权限确保经授权的用户才能得到相关输出信息。(3) 强化输出资料分发控制，确保资料只能分发给具有相应权限的用户。

第六章
行政事业单位业务层面内部控制设计

行政事业单位业务层面内部控制是指与单位经济活动直接相关的控制，主要包括预算业务、收支业务、政府采购、资产管理、建设项目、合同管理等六大经济活动。业务层面内部控制是单位内部控制建设的“脊柱”，它通过综合运用各种控制手段和方法，对单位具体业务活动和事项实施控制，将单位内部控制建设与日常管理和业务活动有机融合，并保证单位内部控制的真正落地，对单位内部控制目标的实现具有举足轻重的现实意义。

第一节　预算业务内部控制设计

预算业务控制是行政事业单位其他业务控制的基础。它将社会管理和公共服务目标转化为各行政事业单位、各内设机构、各岗位以至个人的具体行为目标，作为单位开展包括收支业务、采购业务、资产管理、建设项目等经济活动的约束条件，能够从根本上保证行政事业单位内部控制目标的实现。所以，加强预算业务控制，规范预算编制、执行、调整、决算与考评是加强行政事业单位内部控制管理的有效手段。

一、预算业务控制概述

（一）单位预算的定义

根据《中华人民共和国预算法》（以下简称《预算法》），“国家实行一级政府一级预算，设立中央、省、自治区、直辖市，设区的市、自治州，县、自治县、不设区的市、市辖区，乡、民族乡、镇五级预算。中央政府预算（以下简称中央预算）由中央各部门（含直属单位，下同）的预算组成，地方各级政府预算由本级各部门（含直属单位，下同）的预算组成。各部门预算由本部门所属各单位预算组成。单位预算是指列入部门预算的国家机关、社会团体和其他单位的收支预算。”

根据上述定义，我们认为行政事业单位预算是指单位根据职责、任务、发展目标和工作计划而编制的年度财务收支计划，具体包括收入预算和支出预算。根据《行政单位财务规则》和《事业单位财务规则》，我国财政部门对行政单位实行收支统一管理，定额、定项拨款，超支不补，结转和结余按规定使用的预算管理办法；对事业单位实行核定收支，定额或者定项补助，超支不补，结转和结余按规定使用的预算管理办法。

按照预算管理权限，行政事业单位预算管理分为3个级次：

1. 向同级财政部门申报预算的行政事业单位，为一级预算单位；一级预算单位有下级预算单位的，也称主管预算单位。

2. 向上一级预算单位申报预算并有下级预算单位的行政事业单位，为二级预算单位。

3. 向上一级预算单位申报预算，且没有下级预算单位的行政事业单位，为基层预算单位。

各级预算单位应当按照预算管理级次申报预算，并按照批准的预算组织实施，定期将预算执行情况向上一级预算单位或者同级财政部门报告。

（二）单位预算控制的意义

行政事业单位预算是单位财务工作的基本依据，也是单位履行职责和完成年度工作的财力保证，对单位开展各类经济活动具有强制约束力。行政事业单位在财政预算批复的总体收支额度内，通过将总体预算指标在单位内部进行分解和细化，一方面明确了单位的各种支出事项及其活动，体现了单位的主要职能和内设机构的具体工作任务，另一方面明确了预算主体的管理责任和工作目标，有效指导单位各项业务的开展。行政事业单位通过建立健全预算业务管理制度，明确预算管理岗位设置及职责权限，完善预算编制、执行、决算等各阶段的程序，加强预算业务内部控制，提高单位预算管理水平，规范和约束单位各项经济活动的开展。

（三）单位预算的分类

按照我国财政预算编报的层级，政府财政预算可以分为政府总预算和部门预算两个层级。

政府总预算分为中央预算和地方预算。中央预算是经法定程序批准的中央政府的财政收支计划，由中央各部门（含直属单位）的预算组成，并包括地方向中央上缴的收入数额和中央对地方返还或者给予补助的数额。中央预算草案由财政部具体编制，报国务院审定后，提请全国人民代表大会审查和批准。地方预算是经法定程序批准的地方各级政府的财政收支计划的统称，由各省、自治区、直辖市总预算组成，地方各级总预算由本级政府预算（以下简称本级预算）和汇总的下一级总预算组成。地方预算草案由地方各级财政部门具体编制，经本级政府审定后，提请本级人民代表大会审查批准。

部门预算是部门依据国家有关政策规定及其行使职能的需要，由基层预算单位编制，逐级上报、审核、汇总，经财政部门审核后提交立法机关依法批准的涵盖部门各项收支的综合财政计划。部门预算是我国财政预算管理的基本组织形式，既包括行政单位预算，也包括下属的事业单位预算；既包括一般预算收支计划，也包括政府基金预算收支计划；既包括正常经费预算，也包括专项支出预算；既包括财政预算内拨款收支计划，也包括财政预算外核拨资金收支计划和部门其他收支计划。我国的预算部门限定为那些与财政直接发生经费领拨关系的一级预算单位。

部门预算一定程度上也可称为单位预算，因为部门预算本身便是一级预算单位的财务收支计划。单位预算是各行政事业单位就其本身及所属单位的年度经费收支所汇编的预算，是单位本身及其所属单位履行其职责或事业计划的财力保证。单位预算反映了单位的具体职能和内部的具体工作任务，一般会对应到履行职能完成任务的预算执行主体上，与单位内部管理的具体方式相匹配。单位预算作为各级财政预算构成的基本单位，是对财政预算的具体化和细化，并严格遵循财政预算批复的口径与规则。单位预算应该明确履行具体职能完成工作任务的工作方式，并通过细化的支出事项范围设定来体现对经济活动的有效管理和控制。

（四）预算业务控制的依据

根据《预算法》，我国各级政府财政部门具体编制本级预算、决算草案，具体组织本级总预算的执行；各部门编制本部门预算、决算草案，组织和监督本部门预算的执行，定期向本级政府财政部门报告预算的执行情况；各单位编制本单位预算、决算草案，按照国家规定上缴预算收入，安排预算支出，并接受国家有关部门的监督。

具体来说，行政事业单位预算业务控制主要依据以下法律法规：

1. 《中华人民共和国预算法》（1994 年颁布）
2. 《中华人民共和国预算法实施条例》（1995 年颁布）
3. 《财政总预算会计制度》（财预字［1997］287 号 1997 年颁布）
4. 《财政总预算会计管理基础工作规定》（财库［2012］1 号 2012 年颁布）

5.《中华人民共和国国家金库管理条例》（国发［1985］96号1985年颁布）

6.《中华人民共和国国家金库条例实施细则》（财预字［1989］68号1989年颁布）

7.《关于进一步加强预算执行管理的通知》（财库［2008］1号2008年颁布）

8.《中央部门财政拨款结转和结余资金管理办法》（财预［2010］7号2010年颁布）

9.《关于加强地方财政结余结转资金管理的通知》（财预［2010］383号2010年颁布）

10.《关于中央级行政单位财政拨款结转和结余资金会计处理问题的通知》（财库［2010］18号）

此外，财政部面向中央预算单位也出台了若干细则性规定，各级地方政府同时出台适用于本级行政事业单位的预算管理规定，共同构成了我国行政事业单位预算业务控制的依据性文件。

二、预算业务流程与控制设计

2000年，我国开始实行部门预算编制管理模式，采用“二上二下”的预算编报程序。

“一上”是指预算单位编制部门预算建议数，上报财政部门。行政事业单位编报部门预算要从基层预算单位编起，层层汇总，由一级预算单位审核汇编成部门预算建议数，上报财政部门。

“一下”是财政部门与有预算分配权的部门审核部门预算建议数后，下达预算控制数或预算指标。财政部门对各预算单位上报的预算建议数进行审核、平衡后，分配下达预算控制数，包括财政预算拨款指标和预算外资金核拨数额。

“二上”是预算单位根据预算控制数编制部门预算草案报送财政部门。行政事业单位根据财政部门下达的预算控制限额，调整细化单位各项收支，正式编制年度收入和支出预算，经主管预算单位审核汇总后报送同级财政部门。

“二下”是财政部门根据人代会批准的预算草案批复部门预算。财政部门对上报的行政事业单位预算进行审核，在规定期限内批复下达部门预算；主管部门再在部门预算范围内批复单位预算。单位预算经财政部门、主管预算单位批准后作为预算执行的依据。

根据部门预算编报程序，行政事业单位预算业务基本流程一般包括预算编制、预算执行、决算与考评三个阶段，主要涉及预算草案编报、预算审批与下达、预算指标责任落实、预算执行分析与监督、预算调整、决算编制与预算考评等具体环节。这些业务环节相互关联、相互作用、相互衔接，并周而复始地循环，从而实现对行政事业单位经济活动的控制（如图6-1所示）。

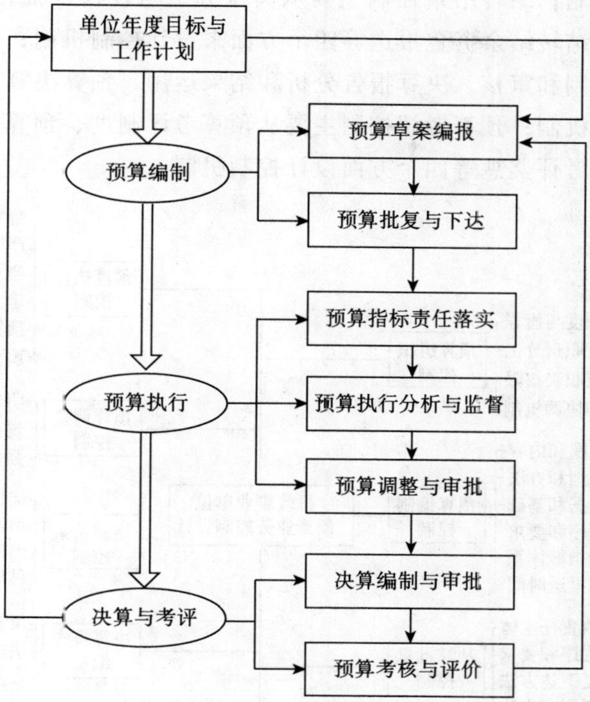

图6－1　行政事业单位预算管理基本业务流程

图6－1中所列示的预算流程适用于各类行政事业单位的部门预算管理活动，具有通用性。各单位在实际工作中，可参照此流程，并结合自身实际情况予以扩充和具体化。

根据单位预算管理基本业务流程，结合《内控规范》相关规定，行政事业单位预算业务控制主要包括预算组织控制、预算编制控制、预算批复控制、预算执行控制、预算调整控制、结转结余控制、决算报告控制和预算考评控制八个方面（如图6－2所示）。

其中，预算组织控制主要从预算管理制度、预算管理职责分工、预算管理岗位责任以及预算管理领导机制和工作协调机制等四个方面来设计控制机制；预算编制控制主要从预算编制范围和内容、预算编制原则和方法、预算编制依据和基础、预算编制程序和要求、预算编制目标和指标以及预算编报时间等六个方面来设计控制机制；预算批复控制主要从预算批复下达的责任主体、预算批复下达程序、预算批复下达方法以及指标分解四个方面来设计控制机制；预算执行控制主要从预算执行责任落实、预算执行过程管理、预算执行监督机制、预算执行分析机制、预算执行报告反馈机制和预算执行动态预警机制等六个方面来设计控制机制；预算调整控制主要从预算调整条件、预算调整原则、预算调整程序等三个方面来设计控制机制；结转结余控制主要从岗位分工与授权审批、结转资金控制、结余资金控制、结转结余资金报送等四个方面来设计控制机制；决算报告控制主要从决算报告编制和审核、决算报告分析和结果运用、预算决算协调机制等三个方面来设计控制机制；预算考评控制主要从预算考评制度、预算考评指标、预算考评实施、预算考评奖惩等四个方面设计控制机制。

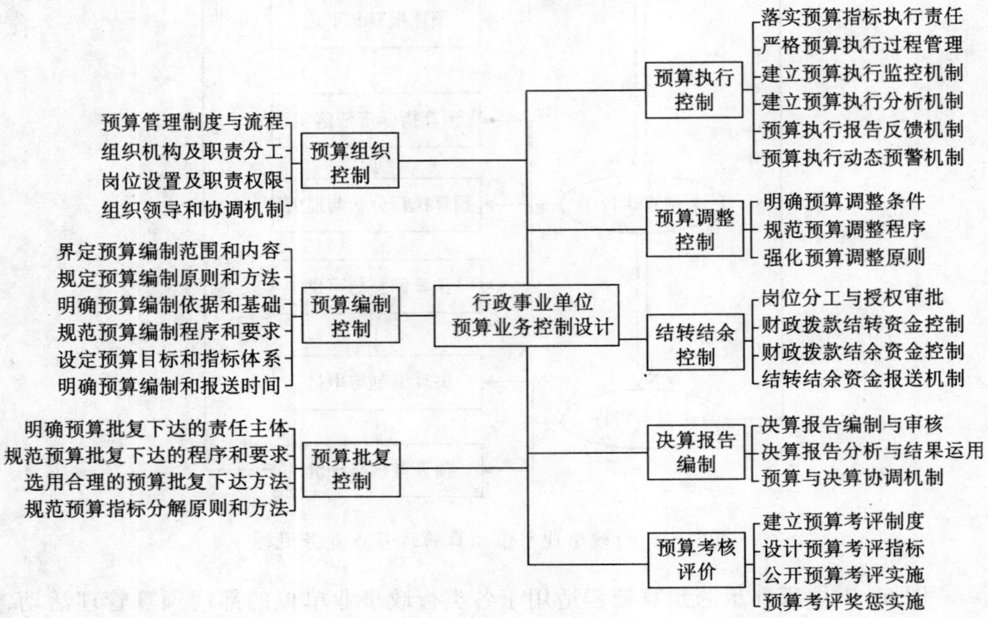

图6-2　行政事业单位预算业务控制设计

三、预算业务的控制目标、主要风险和关键控制措施

（一）预算管理体制及运行机制建立

1. 控制目标

第一，建立符合单位实际且具有可操作性的预算管理制度和流程，确保单位预算编制、审批、执行、决算与评价有章可循，以使预算管理规范有序。

第二，科学设置预算机构和岗位，明确预算管理授权审批权限和岗位职责，确保预算编制、执行、决算和考评人员配备合理。

第三，建立合理的组织领导和工作协调机制，确保预算管理运行机制健全有效，保障预算管理工作有效开展。

2. 主要风险

第一，未建立规范的单位预算管理制度和流程，可能导致预算操作无章可循，致使预算管理随意性加大。

第二，未明确预算管理机构和岗位设置，或预算管理职责分工不明确，可能导致预算管理责任不清，影响预算管理的效果。

第三，未建立健全预算工作的组织领导和工作协调机制，可能导致单位内部各机构之间在预算管理上协作不畅、相互推诿，致使预算管理效率不高。

第四，预算管理运行机制不健全，预算编制、执行、决算和考核等环节流于形式，可能导致预算管理作用得不到有效发挥。

3. 关键控制措施

第一，健全单位预算管理制度，规范预算管理工作流程。单位应根据业务实际需要制定内部预算管理制度，实现以规章制度规范单位预算管理全过程，确保单位预算管理工作有章可循、有据可依，真正发挥预算的作用。

单位应全面梳理预算管理工作流程，编制预算编制、执行、调整、决算和考评等业务流程，明确预算管理各环节的内容、程序、方法、审批权限、责任划分等方面，并以正式文件的形式下发。

第二，设置预算管理组织机构，明确预算管理职责分工。单位预算管理业务主要涉及业务部门、财务部门、单位领导，其中单位领导是预算的决策主体，财务部门是预算日常管理主体，业务部门是预算执行主体。单位应根据自身实际设置预算管理部门，一般为财务部门，明确界定预算管理部门、业务部门以及单位领导在预算管理中的职责分工，确保预算管理主体责任清晰明确（如表6－1所示）。

表6－1　行政事业单位预算管理职责分工

预算执行机构	内设机构/所属单位	单位内设机构/下属单位是编制本单位预算所需基础数据的提供部门，也是编报和执行本单位预算的主体，其职责为： 1. 负责提供本单位编制预算所需的人员情况、资产存量、建设规模、采购计划、履约合同、测算过程、政策依据等基础信息及有关信息； 2. 根据本机构职能和年度工作任务编制本机构预算，依据单位内部统筹平衡的预算控制数对本机构预算进行细化调整，形成本机构预算计划； 3. 根据预算批复结果，遵照财政规则和单位相关规定执行预算，根据年中计划调整需要提出本机构预算调整意见，并对本机构预算执行结果进行监控及决算分析工作。
	归口机构	单位归口机构是根据单位内部职责分工，在预算管理环节，对特定类型的业务事项有统筹分配、汇总审核或审批权限的部门（未设立归口统筹机构的单位，其归口统筹机构为相应岗位）。其中，三公经费、采购事项、资产事项、信息化事项和工程类事项等业务应明确归口管理机构，进行归口管理，其职责包括： 1. 负责归口汇总、审核或审批其统筹事项的预算基础资料及业务部门提交的预算草案； 2. 负责统筹使用统筹事项的预算经费、确定预算指标分解和执行方式； 3. 负责归口审核或审批各内设机构提交统筹事项的预算执行申请和预算调整计划，并对其归口统筹事项的预算执行结果进行绩效分析。

续表

预算管理机构	财务部门	单位财务部门是单位内设具有财务管理职能的部门，是单位预算管理工作的专业机构，一般设置预算工作岗位和财务负责人岗位，分别负责预算全过程管理，其职责为： 1. 拟定单位预算管理制度，并负责检查落实预算管理的执行； 2. 负责提出本单位年度预算编制的基本要求和政策标准； 3. 负责汇总、审核各内设机构/所属单位的预算申报材料及预算草案； 4. 负责汇总及统筹平衡本单位预算收支总计划，编制年度预算、决算草案； 5. 负责对财政/上级部门下达的预算控制数进行分解、细化，确定预算执行规则，审核各内设机构/下属单位的预算执行申请； 6. 负责拟定本单位年度预算调整及追加方案； 7. 负责对本单位年度预算执行情况进行监控分析和监督检查。
预算决策机构	单位领导/领导班子	1. 负责决定本单位的预决算管理制度，审批单位年度预算编制总体目标和总体要求； 2. 研究审定单位年度预决算、重大立项项目和经费分配使用计划、年度预算追加或调整方案，听取预决算执行情况分析报告。
财政/上级部门		依据其职能及国家相关规定，履行行政事业单位预算控制过程中的管理职能。

第三，合理设置预算管理岗位，建立预算管理岗位责任制。单位应当按照不相容职务相互分离的原则合理设置预算管理岗位，明确相关岗位的职责、分工及权限，配备具有岗位胜任能力的预算管理人员，确保预算工作有效开展。预算管理工作各环节的不相容职位一般包括：预算编制与预算审批、预算审批与预算执行，预算执行与预算考核。

第四，建立预算管理组织领导与工作协调机制。单位应当成立包括单位负责人、各内设机构负责人在内的预算领导组织机构，并就预算编制、预算执行、决算编制以及预算考核工作运行过程中存在的问题进行定期讨论沟通，不断完善单位预算工作协调机制。

（二）预算编制控制

预算编制是行政事业单位实施预算管理的起点，具体分为预算建议数编制审批和预算控制数分解批复两个阶段。根据《行政单位财务规则》和《事业单位财务规则》，行政事业单位根据年度工作计划，并参考以前年度预算执行情况及结转结余情况，测算提出预算建议数，逐级审核汇总后报送同级财政部门审批下达预算控制数；行政事业单位对预算控制数进行分解细化，正式编制单位年度预算，由主管部门审核汇总报财政部门，经法定程序审核批复后执行。行政事业单位应当加强对预算编制环节的控制，对编制依据、编制程序、编制方法等作出明确规定，确保预算编制依据合理、程序规范、方法科学、编制及时、内容完整、项目细化、数据准确。

1. 控制目标

第一，切实理解和掌握预算编制要求，确保预算编制符合国家法律法规，做到程序规范、方法科学、编制及时、内容完整、项目细化、数据准确。

第二，根据单位年度目标和工作计划编制单位预算，确保预算编制依据充分，方案符合单位实际，避免预算指标过高或过低。

第三，确保预算编制过程中单位内设机构沟通协调充分，实现预算与资产配置相结合、与具体工作相对应。

第四，对单位预算建议数编报和预算控制数分解进行恰当审批，确保单位预算方案编制的合理性、准确性、完整性和可行性。

2. 主要风险

不编制预算或预算质量不高，可能导致行政事业单位收支缺乏约束，无法保证财政性资金的使用效率和效果。具体表现在：

第一，预算编制以单位财务部门为主，业务部门参与度低，财务部门与业务部门缺乏有效沟通，可能导致预算编制与预算执行、预算管理与资产管理、政府采购与建设项目等经济活动脱节。

第二，预算编制范围和项目不全面，预算编制方法选用不当，或强调采用单一的方法，可能导致预算缺乏科学性、合理性和可行性。

第三，预算编制所依据的相关信息不足和基础数据不足，可能导致单位预算与政策法规、单位年度目标和工作计划相脱离，影响预算编制准确率。

第四，预算编制程序不规范，横向、纵向信息沟通不畅，相互衔接配合不够，可能影响单位预算编制的准确性、合理性和可行性。

第五，预算目标及指标体系设计不完整、不合理、不科学，可能导致预算管理在实现单位目标、促进绩效考评等方面的功能难以有效发挥。

第六，预算编制过程短、时间紧张、准备不充分，可能导致预算编制质量不高，或影响预算的执行。

第七，预算项目不细，内容不完整，编制粗糙，随意性大，可能导致预算约束力不够。

3. 关键控制措施

第一，严格界定预算编制的范围和内容。单位应明确各内设机构及下属单位的预算编制责任，将各内设机构、下属单位的收支业务、政府采购、建设项目等各项经济活动的各个方面、各个环节全部纳入预算编制范围，形成由收入预算、支出预算、政府采购预算等在内的综合预算。

单位应当根据政府预算收支分类科目，按照所在地财政部门制定的统一表格及有关规定，结合本单位业务实际，编制反映本单位各项收入、支出和政府采购的全口径预算，加强财政性资金的统筹安排、综合平衡，保证单位预算编制的完整性。

第二，明确规定预算编制原则和方法。单位预算编制应当始终坚持科学发展观，确保既符合国家发展与改革的方针政策，又能关注社会效益和经济效益。在预算编制过程中，应坚持以下原则：

(1) 遵循“稳妥可靠、量入为出、收支平衡”的原则，不编制赤字预算；各项财务收支均应纳入预算进行管理，不得打埋伏或预算之外另留收支项目。

(2) 坚持积极稳妥的原则，既考虑收入渠道的增减变化，又尽量测算可实现收入的情况。

(3) 坚持统筹兼顾、保证重点和勤俭节约的原则，在足额保证人员经费和单位正常运转的前提下，尽量做到优化支出结构、合理安排单位发展支出。

单位预算应当全面反映本单位各项收入和支出，实行综合预算，并对部门预算中的收入、支出和政府采购等预算，实行不同的编制方法。具体在预算编制过程中，应当本着遵循经济活动规律，充分考虑符合单位自身经济业务活动特点、基础数据管理水平、公共服务周期和管理需要的原则，选择或综合运用固定预算、弹性预算、滚动预算等方法编制单位内部预算。

第三，明确预算编制依据，夯实预算编制基础。年度工作计划作为制定预算目标的首要依据，各单位应当根据年度工作计划，按照国家有关部门预算编制的相关政策法规，编制单位年度预算草案。单位预算草案编制的主要依据包括：

(1) 法律、法规。

(2) 本级政府的指示和要求以及本级政府财政部门的部署。

(3) 本单位的职责、任务和事业发展计划。

(4) 本单位定员、定额标准。

(5) 本单位上一年度预算收支执行情况及本年度预算收支变化因素。

(6) 以前年度结转和结余情况。

(7) 资产占有和使用情况。

(8) 其他因素。

各单位应当深入分析上一期间的预算收支执行情况，充分考虑预算期内单位资源状况、年度工作计划及重点工作任务等情况变化，确保预算草案编制符合单位经济活动的客观实际。

同时，各单位应当重视和加强预算编制基础管理工作，包括历史资料记录、定额制定与管理、标准化工作、会计核算等，确保预算编制以可靠、翔实、完整的基础数据为依据；各单位应当正确把握预算编制有关政策，确保预算编制相关人员及时全面掌握相关规定。

第四，规范单位预算编制程序和要求。单位应根据《预算法》、《预算法实施条例》、《行政单位财务规则》、《事业单位财务规则》等相关规定，按照“两上两下、上下结合、分级编制、归口审核”的要求规范单位预算编制程序，明确预算编制要求。一般来说，单位预算可按照以下程序编制：

（1）单位财务部门根据同级财政部门下达的预算编制规定和要求，制定本单位预算编制时间安排和要求，对单位内设机构预算编制人员进行预算编制培训，准备预算编制模板，部署预算编制工作。

（2）单位各内设机构按照预算编制规则和要求，依据自身职能履行和工作计划需要，并结合上期预算执行情况编制本机构预算计划，使其与实际工作相对应。

（3）归口部门对单位各内设机构提出的三公预算、采购预算、资产预算、信息预算和工程修缮预算等支出需求，进行汇总初审并在内部平衡实际需要，同类事项统一标准，政策流程统一把关，避免多头重复申报。

（4）单位财务部门进行汇总审核和综合平衡收支预算，确定单位收支总盘子，测算、提出单位预算建议数，提交单位领导审批。

（5）单位领导班子对预算建议数进行审批，内部审批通过后由单位财务部门在上级相关部门规定的时间内报同级财政部门审核，财政部门对预算建议书审核无误后，下达预算控制数。

（6）单位财务部门根据财政部门下达的预算控制数，组织单位内设机构进行预算指标的分解细化，明确各内设机构、各业务的具体预算额度。

（7）预算控制数分解完成后由单位领导审批，并经上级主管部门审批通过后报送同级财政部门审核，经财政部门批复的预算方案，单位正式下达各内设机构。

同时，单位应按照基本支出预算编制实行定员定额管理，项目支出预算实行项目库管理，项目支出预算滚动管理，细化基本支出和项目支出预算编制要求，切实做好项目考察论证、筛选和最终确定，按照轻重缓急将有限的资金优先安排到最急需的项目，把预算编细、编实、编准。

第五，合理设计预算目标及指标体系。各单位应当按照“财务指标为主体、非财务指标为补充”的原则设计预算指标体系，根据单位职能发展规划、年度工作目标任务设定预算目标，将单位各项经济活动的各个环节、各个方面的内容都纳入预算指标体系当中，并确保与绩效评价指标协调一致，按照各责任主体在工作性质、权责范围、业务活动特点等方面的不同，设计不同或各有侧重的预算指标体系。

第六，强化预算编报的时间要求。各单位应当根据自身规模大小、组织结构和经济活动的复杂性、预算编制工具和熟练程度、预算开展的深度和广度等因素，确定合适的预算编制时间，并严格按时间进度编制预算，确保预算草案编制工作在预算年度开始前如期完成。

（三）预算批复控制

1. 控制目标

第一，确保预算草案按照《预算法》等相关法律法规及单位内部预算管理制度的规定报经审议批准与下达。

第二，以正式文件的形式将预算审批下达至各内设机构及下属单位，确保预算的权威性、严肃性。

第三，使用科学的预算指标分解方法，将按照法定程序批复的预算在单位内部进行指标的层层分解，确保预算指标落实到单位各内设机构、各项经济活动和各个岗位。

2. 主要风险

预算未经审核批准或超越授权审批，以及预算下达不力，无法保证预算目标与单位发展规划、年度工作计划相协调，或可能而出现重大差错、舞弊而导致损失。具体表现在：

第一，预算批复下达程序不规范，方法不科学，可能导致预算权威性不足，执行力不够。

第二，预算批复的审核批准责任不清晰，标准不明确，可能因重大差错、舞弊而导致单位资源错配、形成资源浪费。

第三，预算批复不正式，批复方式不正确，可能导致预算执行或考核无据可查。

第四，预算指标分解不合理，可能导致单位内部各机构财权与事权不匹配，影响部门职责的履行和财政资金使用效率。

第五，预算指标分解不够详细、具体，不能有效匹配单位业绩考核体系，可能导致单位某些岗位缺乏预算执行依据，造成预算执行不力。

3. 关键控制措施

第一，明确预算批复下达的责任主体。各单位应当设立预算业务归口管理机构，明确其对单位内部的预算批复工作统一管理的责任；设置预算管理岗完成单位内部预算批复工作，对财政预算进行分解细化，并对内部预算指标的名称、额度、开支范围和执行方式进行逐一界定；设立预算领导小组（或通过单位最高决策机构会议）对预算指标的内部分配实施统一决策。

第二，规范预算批复下达的程序和要求。预算批复是单位按照财政/上级部门预算批复结果，在单位内部根据部门/下属单位的业务职能和分工，以预算指标的方式进行逐级分解，批复下达。具体来说，单位应按照以下程序开展内部预算批复下达：

（1）单位收到上级单位下达的年度预算后，由财务部门根据单位内部管理需要进行内部预算分解，并提交单位预算决策机构审定。

（2）财务部门根据单位预算决策机构审定的内部预算分解方案，将预算批复至各业务部门，归口预算批复至归口统筹部门，同时明确内部预算的收入指标任务和支出指标的开支范围和执行方式。

（3）归口统筹部门根据单位内部实际情况一次性统筹批复或逐步调度批复其归口管理事项的预算指标，达到归口统筹的管理目标。

单位应根据批复的年度预算，围绕工作计划和任务对单位各业务部门提出管理目标、要求和责任，分解预算指标，落实管理责任，保证年度预算完成。单位财务部门应将内部预算批复至具体的指标名称和具体内容，并严格按照预算批复用途，在允许开支范围内明确具体经济科目，按收支管理办法明确各事项的预算执行方式和支出类型。

第三，合理选用预算批复下达的方法。内部预算指标的批复，可以根据实际情况综合运用总额控制、逐项批复、分期批复、上级单位统筹管理、归口部门统一管理等下达方式。内部预算批复下达时，应结合实际预留机动财力，对于在预算批复时尚无法确定事项具体内容的业务，可先批复下达该类事项的总额，在预算执行过程中履行执行申请与审批管理；由上级单位统筹管理的预算，可一次性或分次分批下达预算指标，以保留适当的灵活性，从而避免内部预算频繁调整。

第四，合理运用预算指标分解的原则和方法。预算指标分解是按照单位各部门/下属单位业务工作计划对预算资金进行的资源匹配，既包括对单位业务工作计划的资金支撑，将预算批复落实到具体业务部门，完成单位内部财权和事权的科学匹配，也要对业务工作计划的金额、标准和具体支出方向进行限定。

指标分解落实应当遵循定量化、全局性、可控性原则。预算指标的分解要明确、具体，便于执行和考核；预算指标的分解要有利于单位总体目标的实现；赋予责任部门和责任人的预算指标应当是通过该责任部门或责任人的努力可以达到的，责任部门或责任人以其责权范围为限，对预算指标负责。

单位财务部门收到上级财政部门的年度预算批复后，应当在本单位年度预算总额控制范围内，统筹考虑自有资金和结余资金，将内部预算指标层层分解细化，从横向、纵向、时间三个方面细化落实到单位各内设机构、各业务环节和各岗位，形成全方位的预算指标体系。其中，横向分解指预算指标构成要素的细化，是将预算指标分解为若干相互关联的因素，寻找影响预算目标的关键因素并加以控制；纵向分解指将各项预算指标层层落实到最终的岗位和个人，明确责任部门和责任人；时间分解指将年度预算指标分解细化为季度、月度预算，通过实施分期预算控制，实现年度预算目标。

（四）预算执行控制

行政事业单位应严格按照预算实施各项经济活动，合理安排各项资金，不得超预算安排支出。单位应通过落实预算指标责任，实时监控预算执行，开展预算执行分析，建立预算执行反馈报告机制，以确保单位财务收支在预算额度内。

1. 控制目标

第一，建立科学的单位预算责任体系，确保预算责任划分清晰、落实到位。

第二，规范预算执行授权审批管理，确保各项经济活动都在授权的范围内运行，预算执行可控。

第三，强化预算执行实时监控与分析管理，确保能够及时发现并纠正预算执行过程中出现的偏差问题。

第四，建立预算执行反馈与报告体系，确保预算执行信息能够被及时、畅通和有效的传输，单位领导能够全面及时地掌握预算执行中存在的问题。

2. 主要风险

预算执行控制不力，可能导致未能及时发现并纠正预算执行随意、效率低下等问题，进而出现较大的预算执行偏差，影响单位各项业务活动的正常组织实施。具体表现在：

第一，预算责任体系缺失或不健全，可能导致预算责任无法落实，预算缺乏强制性与严肃性。

第二，预算责任与执行单位或岗位的控制能力不匹配，可能导致预算目标难以实现。

第三，预算执行授权审批程序和权限不明确，可能导致越权审批、重复审批，预算执行随意、效率不高。

第四，预算执行过程中缺乏有效监控，可能导致预算执行不力，预算目标难以实现。

第五，未定期对预算执行情况进行分析，或者预算分析不正确、不科学、不及时，可能削弱预算执行控制的效果，无法及时发现预算执行中存在的问题，导致预算执行出现较大偏差。

第六，缺乏健全有效的预算执行反馈和报告体系，可能导致预算执行情况不能及时反馈和沟通，预算执行中的问题无法得到有效解决。

3. 关键控制措施

第一，建立完善预算执行责任制度。单位应当建立严格的预算执行责任制度，对照已确定的责任指标，定期或不定期地对相关部门及人员责任指标完成情况进行检查，实施考评，必要时可通过签订预算指标责任书以进一步明确各内设机构的预算责任。

第二，严格预算执行过程控制。单位应当加强资金收支业务的预算控制，及时组织预算资金的收入，严格控制预算资金的支出，合理调节预算资金收支平衡，防范预算资金支付风险。同时，严格资金支付业务的审批控制，及时制止不符合预算目标的经济行为，确保各项业务事项都在授权范围内运行。各单位应当就涉及资金支付的预算内事项、超预算事项、预算外事项建立规范的授权批准权限和程序，避免越权审批、违规审批、重复审批现象发生。在确定支出事项的授权审批层级时，应根据业务或事项的重要性和金额大小划分权限。对于预算内非常规或金额较大事项，应经过较高的授权批准层审批；对于超预算或预算外事项，应当实行严格、特殊的授权审批程序。

单位应当建立完善预算执行实时监控制度，健全预算执行凭证记录，明确预算执行监督检查的方法、频率和执行主体，定期或不定期地组织对单位预算执行情况进行检查，及时发现和纠正预算执行中的偏差，确保单位各项业务和事项均符合预算要求；对于工程项目、对外投融资等重大预算项目及重大的关键性预算指标，还应密切跟踪其实施进度和完成情况，实行更为严格的监控措施。

第三，做好预算执行分析控制。单位应当建立完善预算执行情况分析制度，定期召开预算执行分析会议，通报预算执行情况，研究、解决预算执行中存在的问题，认真分析原因，提出改进措施；为确保预算分析结果客观公正、准确到位，单位应当规范预算分析流程、方法，选择那些对单位目标实现有重要影响的预算项目，根据不同情况采用定量分析和定性分析相结合的方法，充分反映预算执行单位的现状、发展趋势及潜力，分析预算执行中存在的问题及其产生原因，落实预算责任，并及时提出改进措施与建议纠正偏差。预算分析流程一般包括确定分析对象、收集资料、确定差异及分析原因、提出措施及反馈报告等环节。

第四，健全预算执行情况反馈与报告机制。为全面掌握预算执行的动态和结果，单位应当建立健全预算执行情况反馈与报告工作机制，确保预算执行信息及时、畅通和有效的传输。预算归口管理机构应当加强与本级内设机构及下属各预算执行单位的沟通，运用财务信息和其他相关资料监控预算执行情况，采用恰当方式及时向单位领导、预算最高决策机构、本级内设机构及下属各预算执行单位报告、反馈预算执行进度、执行差异及其对预算目标的影响。

单位可通过采用定期召开预算例会、定期编报预算差异分析报表或预算反馈报告等主要形式反馈预算执行情况。预算信息反馈和报告应简洁、明晰，注重信息内容的真实性、及时性、系统性和有用性。针对预算执行中存在的问题，单位预算归口管理机构应在报告中提出改进措施和建议，经单位领导批准后协调各内设机构、下属各预算执行单位解决，确保年度预算目标的全面实现。

第五，建立预算执行情况动态预警机制。单位应当结合自身特点，科学选择预警指标，合理确定预警范围及标准，及时发出预警信号，积极采取应对措施。

有条件的企业，应当推进和实施预算管理的信息化，通过现代电子信息技术手段控制和监控预算执行，提高预警与应对水平。

（五）预算调整控制

预算调整是预算管理中一个必不可少的环节，是确保预算顺利执行的必要措施。一方面，在预算执行过程中，由于机构调整和职能转变，尤其是当国家政策发生重大变化时，如果片面强调预算的刚性，预算就会变得呆板僵化，妨碍单位的有效运作，此时预算调整就必不可少；另一方面，预算调整又是一个十分规范的过程，必须建立严格规范的调整审批制度和程序，必须按照规定的程序进行调整，在变化中求不变。行政事业单位应当规范预算调整的程序，加强预算调整环节的控制，保证预算调整依据充分、方案合理、程序合规。

1. 控制目标

第一，明确预算调整的条件，规范预算调整程序，严格控制预算追加调整，充分发挥预算对经济活动的管控作用。

第二，预算调整应当符合单位实际情况，并得到相应审查批准，确保预算调整依据充分、方案合理。

2. 主要风险

第一，预算未根据单位经济活动的实际情况变化及时进行调整，导致预算与实际执行情况偏差较大。

第二，预算调整依据不充分、方案不合理、审批程序不严密，造成预算调整随意、频繁，可能导致预算失去严肃性和约束力。

3. 关键控制措施

第一，明确预算调整条件。单位应当在有关预算管理制度中明确规定预算调整的条件，当单位职能和内设机构出现重大调整、上级下达的特定工作任务有较大调整，国家有关政策法规发生重大变化等，导致预算执行发生重大差异确需调整预算的，应当履行严格的审批程序。

（1）根据《预算法》相关规定，基本支出预算一经下达，不予调整。以下情况除外：①单位编制内人员、车辆增加或减少引起基本支出经费变更的；②国家、省、市政策性规定，需要调整预算的；③单位因机构划转、撤并、职能调整，需要调整预算的；④其他按规定经批准需要调整预算的事项。

（2）项目支出预算一经批复，主管部门和项目单位不得自行调整。预算在执行过程中，因项目发生终止、撤销、变更等引起预算调整的，相关项目部门应经审核论证后报主管部门审批。

第二，强化预算调整原则。单位预算调整应遵守以下原则：预算调整应当符合单位职能发展规划、年度工作计划和现实状况；预算调整方案应当客观、合理、可行，在经济上能够实现最优化；预算调整应当谨慎，调整频率应予以严格控制，年度调整次数应尽量少。

第三，规范预算调整程序。单位预算调整应当由单位内设机构逐级提出书面申请，阐述预算执行的具体情况，客观因素变化情况及其对预算执行造成的影响程度，并提出相应的预算调整建议。单位预算归口管理部门应当对内设机构提交的预算调整申请进行审核分析，集中编制行政事业单位年度预算调整方案，预算调整方案应当列明调整的原因、项目、数额、措施及有关说明；然后依次提报单位领导、单位最高决策机构审议通过，经本级政府财政部门审定，提请本级人民代表大会常务委员会审查和批准后，方可下达执行。

（六）结转结余控制

财政拨款结转结余资金管理是预算执行控制的延伸和重要组成部分，单位应将结转结余纳入预算管理的范围，提高结转结余管理的水平。

1. 控制目标

第一，规范单位财政拨款结转结余资金管理，确保将财政拨款结转结余资金纳入预算管理，符合相关法规规定。

第二，正确核算财政拨款结转结余资金，确保相关财务信息的真实、准确和完整。

第三，统筹安排财政拨款结转结余资金，优化财政资源配置，提高财政资金的使用效率，防范资金的闲置、浪费，甚至挪用。

2. 主要风险

第一，财政拨款结余资金未纳入预算管理，长期留存相关部门和单位，无法进行统筹安排和有效利用，影响预算执行的效率性和严肃性，造成财政资金闲置、浪费，甚至被挪用。

第二，未建立完善的结转结余资金管理制度，缺乏相应的激励约束措施规范结转结余资金使用，可能导致相关单位存在抵触情绪，甚至为减少结余资金而大把花钱、突击花钱，有违结转结余资金管理和预算执行管理的初衷。

第三，未规定财政拨款结转结余资金的会计核算规定，可能导致结转结余资金得不到正确反映，无法清楚反映各单位财政拨款收支、结余结转资金和预算执行情况。

3. 关键控制措施

根据《中央部门财政拨款结转与结余资金管理办法》，“财政拨款结转资金是指当年支出预算已执行但尚未完成，或因故未执行，下年需按原用途继续使用的财政拨款资金。财政拨款结余资金（以下简称结余资金）是指支出预算工作目标已完成，或由于受政策变化、计划调整等因素影响工作终止，当年剩余的财政拨款资金。”结合《内控规范》预算业务控制要求，行政事业单位应规范结转结余资金管理，建立财政拨款结转结余资金控制机制。

第一，建立岗位分工与授权批准制度。单位结转结余资金管理的权责分配和职责分工应当明确，结转结余形成事项的审核程序应当明确，结转结余使用事项的管理流程及有关审核控制措施应当清晰规范。

第二，建立财政拨款结转资金控制机制。结转资金包括部门预算基本支出结转资金和项目支出结转资金。其中，基本支出结转资金包括人员经费结转资金和日常公用经费结转资金。基本支出结转资金原则上结转下年继续使用，用于增人增编等人员经费和日常公用经费支出，但在人员经费和日常公用经费间不得挪用，不得用于提高人员经费开支标准。结转资金原则上不得调整用途。在年度预算执行过程中，单位确需调整结转资金用途的，需报财政部门审批。

第三，建立财政拨款结余资金控制机制。对于净结余，单位应当根据部门预算和其他财政财务规定，按照节约原则，合理使用净结余，并按支出控制要求进行管理。单位净结余属于财政性资金，单位不得违反规定用于对外投资和出借。实行国库集中支付后单位形成的净结余，统一反映为指标净结余，不再提取事业基金、职工福利基金、修购基金等。

对于未完结转项目结余资金，单位应对财政下达的部门项目支出预算（包括未完结转项目结余），按规定及时使用，努力提高项目支出预算的经济效益和社会效益。未完结转项目属财政性资金，应当专项使用。

第四，加强财政拨款结转结余资金的报送。预算年度结束后，单位应将单位财政拨款结转结余资金情况逐级汇总，并对形成结转或结余资金的原因进行分析说明，将本部门年度财政拨款结转和结余资金情况表和有关说明文件及时报送财政部门。

（七）决算报告控制

行政事业单位决算报告是指单位根据预算执行结果编制的年度报告。

1. 控制目标

第一，确保决算报告编报符合相关法律法规，做到决算内容真实完整、收支数额准确无误、报送及时高效。

第二，建立完善单位决算分析工作机制，确保决算分析结果与单位预算相互反映、相互促进。

2. 主要风险

第一，决算工作机制不健全，可能导致预算管理效率低下或流于形式。

第二，决算与预算存在脱节、口径不一，难以及时反映预算执行情况。

第三，决算审核分析不到位，难以保证决算数据的真实、准确。

3. 关键控制措施

第一，加强决算报告编审控制。各单位应当加强决算工作组织领导，根据本级政府财政部门的部署，制定所属各单位决算草案的具体编制办法，明确决算报告的编制范围、编制内容、工作组织、填报审核、汇总上报、质量核查及数据资料管理等方面的工作规范。

各单位应当按照主管部门的布置，认真编制本单位决算草案，并在规定期限内上报。决算各项数字应当以经核实的基层单位汇总的会计数字为准，不得以估计数字替代，不得弄虚作假。

各单位应当认真做好会计决算报告的审核工作，根据实际情况采取自行审核、集中会审、委托审核等多种形式，综合运用人工审核与计算机审核相结合的方法，确保上报数据资料真实、完整、准确。决算报告审核的主要内容包括：

（1）审核编制范围是否全面，是否有漏报和重复编报现象。

（2）审核编制方法是否符合国家统一的财务会计制度，是否符合行政事业单位会计决算报告的编制要求。

（3）审核编制内容是否真实、完整、准确，审核单位账簿与报表是否相符、金额单位是否正确，有无漏报、重报以及虚报和瞒报项目等弄虚作假现象。

（4）审核报表中的相关数据是否衔接一致，包括表间数据之间、分户数据与汇总数据之间、报表数据与计算机录入数据之间是否衔接一致等。

（5）对报表与上年数据资料进行核对，审核数据变动是否合理。

第二，突出决算分析和结果运用。各单位应当认真落实决算分析工作，建立完善决算分析工作机制，强化决算分析结果运用。

第三，建立健全预决算协调机制。单位应建立健全单位预算与决算相互协调、相互促进的机制。决算要设置相应的岗位，对预算执行情况进行如实反映和总结，作为单位预算执行考评的依据和下一年度预算编制的参照，加强预算与决算的协调性。

（八）预算考评控制

预算考评是行政事业单位在决算完成后，依据决算结果对单位预算执行情况的考核评价，其以预算编制内容为基础，以预算执行者为考核对象，以预算指标为考核标准，通过预算执行结果与预算指标的对比分析，据以落实责任、评价业绩、实施奖惩。预算考评对发挥预算约束与激励功能，增强预算“刚性”、强化预算执行、确保预算目标实现具有重要作用。

1. 控制目标

建立科学的预算考核评价机制，确保考核过程公开透明、考核结果客观公正、奖惩措施公平合理。

2. 主要风险

第一，预算考评机制不健全，或未得到有效实施，可能导致预算执行结果不理想。

第二，预算考评不严格、考核过程不透明、考核标准不合理、考核结果不公正，可能导致奖惩不到位，严重影响预算目标实现，预算管理流于形式。

3. 关键控制措施

第一，建立预算执行考评制度。单位应当制定有关预算考评的办法或细则，明确规定预算考评主体、考评对象、考评期间、考评指标、考评程序、考评结果公布以及奖惩原则等内容。行政事业单位应当定期组织实施预算考评，对单位各内设机构和下属单位进行考评，以有效发挥单位预算的激励和约束作用，确保预算目标的完成。

第二，科学设计预算考评指标。单位应当根据预算考核内容及标准，科学设计预算考评指标。考评指标应以定量指标为主，同时根据实际情况辅之以适当的定性指标；考评指标应当具有可控性、可达到性和明晰性。

第三，按照公开、公平、公正原则实施预算考评。行政事业单位预算考评应当坚持公开、公平、公正的原则，考评过程及结果应形成完整的记录。一方面，预算考评应当以客观事实为依据，考评程序、标准、结果应当公开；另一方面，预算考评应以预算目标实现为标尺，遵循公平合理、奖罚并存的原则，并确保有关奖惩措施能够得到及时落实。单位奖惩方案制定应当注意各内设机构利益分配的合理性，根据各部门承担的工作难易程度和技术含量合理确定奖励差距；要奖罚并举，不应只奖不罚。

第四，规范预算绩效评价管理机制。单位应当建立“预算编制有目标、预算执行有监控、预算完成有评价、评价结果有反馈、反馈结果有应用”的全过程预算绩效管理机制。一个有效的绩效评价机制，不仅要评价项目的资金落实、资金使用及财务管理情况等，更要评价项目实施的经济效益和社会效益是否达到了预期。实践中，行政事业单位具体可依据《财政支出绩效评价管理暂行办法》（财预［2011］285 号）建立并执行预算绩效管理体系。

单位应加强绩效评价结果的运用，对于绩效考评结果好的单位，在下一年度项目立项和预算分配方面给予一定的优先权；对于绩效考评结果差的单位，在项目立项和预算分配方面进行重点关注，从严把关。单位还可结合预算完成情况，将经费预算执行率、项目实施效果与绩效考评结果挂钩，提高资金绩效性。

第二节　收支业务内部控制设计

收支业务控制是行政事业单位对经济活动资金流入流出过程的控制，旨在确保单位收支预算执行的严肃性和准确性。近年来，随着“三公”经费等预算执行情况的逐步公开，社会公众对行政事业单位经费收支空前关注，客观上要求行政事业单位进一步强化单位收支管理，确保单位收支业务的规范性和科学性。行政事业单位应当按照《内控规范》的要求，建立健全单位收支管理制度，规范单位收支业务流程，加强对单位收支业务的控制，确保财政资金使用的安全、合理、有效。

一、收支业务控制概述

（一）收支业务的定义

1. 行政单位收支定义

根据2012年12月6日财政部颁布的《行政单位财务规则》（财政部令第71号）规定：

（1）收入是指行政单位依法取得的非偿还性资金，包括财政拨款收入和其他收入。其中，①财政拨款收入，是指行政单位从同级财政部门取得的财政预算资金。②其他收入，是指行政单位依法取得的除财政拨款收入以外的各项收入。

行政单位依法取得的应当上缴财政的罚没收入、行政事业性收费、政府性基金、国有资产处置和出租出借收入等，不属于行政单位的收入。

（2）支出是指行政单位为保障机构正常运转和完成工作任务所发生的资金耗费和损失，包括基本支出和项目支出。①基本支出，是指行政单位为保障机构正常运转和完成日常工作任务发生的支出，包括人员支出和公用支出。②项目支出，是指行政单位为完成特定的工作任务，在基本支出之外发生的支出。

2. 事业单位收支定义

根据2012年2月7日颁布的《事业单位财务规则》（财政部令第8号）规定：

（1）收入是指事业单位为开展业务及其他活动依法取得的非偿还性资金。主要包括：①财政补助收入，即事业单位从同级财政部门取得的各类财政拨款。②事业收入，即事业单位开展专业业务活动及其辅助活动取得的收入。其中：按照国家有关规定应当上缴国库或者财政专户的资金，不计入事业收入；从财政专户核拨给事业单位的资金和经核准不上缴国库或者财政专户的资金，计入事业收入。③上级补助收入，即事业单位从主管部门和上级单位取得的非财政补助收入。④附属单位上缴收入，即事业单位附属独立核算单位按照有关规定上缴的收入。⑤经营收入，即事业单位在专业业务活动及其辅助活动之外开展非独立核算经营活动取得的收入。⑥其他收入，即本条上述规定范围以外的各项收入，包括投资收益、利息收入、捐赠收入等。

（2）支出是指事业单位开展业务及其他活动发生的资金耗费和损失。主要包括：①事业支出，即事业单位开展专业业务活动及其辅助活动发生的基本支出和项目支出。基本支出是指事业单位为了保障其正常运转、完成日常工作任务而发生的人员支出和公用支出。项目支出是指事业单位为了完成特定工作任务和事业发展目标，在基本支出之外所发生的支出。②经营支出，即事业单位在专业业务活动及其辅助活动之外开展非独立核算经营活动发生的支出。③对附属单位补助支出，即事业单位用财政补助收入之外的收入对附属单位补助发生的支出。④上缴上级支出，即事业单位按照财政部门和主管部门的规定上缴上级单位的支出。⑤其他支出，即本条上述规定范围以外的各项支出，包括利息支出、捐赠支出等。

3. 作为内部控制对象的行政事业单位收支定义

结合《行政单位财务规则》和《事业单位财务规则》中单位收支定义，本书所称行政事业单位收入是指单位依法取得的非偿还性资金，行政事业单位支出是指单位开展业务所发生的资金耗费和损失。

对于行政单位代收资金，包括依法取得的应当上缴财政的罚没收入、行政事业性收费、政府性基金、国有资产处置和出租出借收入等非税收入，按照《行政单位财务规则》不属于行政单位收入。行政单位的这些代收资金，按照“收支两条线”的原则，应当直接上缴国库或财政专户。但在实际业务中，不少单位通过截留代收资金私设“小金库”，成为单位收入管理风险较高的业务。因此，单位收入控制的重点即是对代收资金的管理，应按照《内控规范》的要求，有政府非税收入收缴职能的单位，应当按照规定项目和标准征收政府非税收入，按照规定开具财政票据，做到收缴分离、票款一致，并及时、足额上缴国库或财政专户，不得以任何形式截留、挪用或者私分。

（二）收支业务控制的意义

收支业务控制旨在规范行政事业单位内部各类收支行为，确保单位收支业务活动本身的合法合规性，各项财政性资金及时收缴入库、各项经费支出及时拨给支付、收支事项及时准确入账，实现单位财务收支平衡，提高财政性资金的使用效率和效果，维护国家利益和社会公共利益，促进党风廉政建设。收支控制是在单位预算控制的基础上，对单位收支计划执行风险的控制，确保单位实际收支在预算范围内，严格预算执行过程，提高预算执行的严肃性。同时，收支控制通过对资金支出上进行把关，可以有效规范单位的政府采购、建设项目以及资产管理等业务，提高单位各项经济活动业务开展的效率和效果。

（三）收支业务的分类

根据财政部2006年颁发的《关于印发政府收支分类改革方案的通知》，为完整、准确地反映政府收支活动，进一步规范预算管理、强化预算监督，自2007年1月1日起全面实施政府收支分类改革。改革后的政府收支分类体系由“收入分类”、“支出功能分类”、“支出经济分类”三部分构成。

收入分类主要反映政府收入的来源和性质。根据目前我国政府收入构成情况，结合国际通行的分类方法，将政府收入分为类、款、项、目四级。其中，类、款两级科目设置情况如表6-2所示。

表6-2　政府收入科目分类表

类级科目	款级科目
1. 税收收入	分设20款：增值税、消费税、营业税、企业所得税、企业所得税退税、个人所得税、资源税、固定资产投资方向调节税、城市维护建设税、房产税、印花税、城镇土地使用税、土地增值税、车船使用和牌照税、船舶吨税、车辆购置税、关税、耕地占用税、契税、其他税收收入。
2. 社会保险基金收入	分设6款：基本养老保险基金收入、失业保险基金收入、基本医疗保险基金收入、工伤保险基金收入、生育保险基金收入、其他社会保险基金收入。
3. 非税收入	分设8款：政府性基金收入、专项收入、彩票资金收入、行政事业性收费收入、罚没收入、国有资本经营收入、国有资源（资产）有偿使用收入、其他收入。
4. 贷款转贷回收本金收入	分设4款：国内贷款回收本金收入、国外贷款回收本金收入、国内转贷回收本金收入、国外转贷回收本金收入。
5. 债务收入	分设2款：国内债务收入、国外债务收入。
6. 转移性收入	分设9款：返还性收入、财力性转移支付收入、专项转移支付收入、政府性基金转移收入、彩票公益金转移收入、预算外转移收入、单位间转移收入、上年结余收入、调入资金。

支出功能分类主要反映政府活动的不同功能和政策目标。根据社会主义市场经济条件下政府职能活动情况及国际通行做法，将政府支出分为类、款、项三级。其中，类、款两级科目设置情况如表6-3所示。

表 6－3　政府支出功能分类表

类级科目	款级科目
1. 一般公共服务	分设32款：人大事务、政协事务、政府办公厅（室）及相关机构事务、发展与改革事务、统计信息事务、财政事务、税收事务、审计事务、海关事务、人事事务、纪检监察事务、人口与计划生育事务、商贸事务、知识产权事务、工商行政管理事务、食品和药品监督管理事务、质量技术监督与检验检疫事务、国土资源事务、海洋管理事务、测绘事务、地震事务、气象事务、民族事务、宗教事务、港澳台侨事务、档案事务、共产党事务、民主党派及工商联事务、群众团体事务、彩票事务、国债事务、其他一般公共服务支出。
2. 外交	分设8款：外交管理事务、驻外机构、对外援助、国际组织、对外合作与交流、对外宣传、边界勘界联检、其他外交支出。
3. 国防	分设3款：现役部队及国防后备力量、国防动员、其他国防支出。
4. 公共安全	分设10款：武装警察、公安、国家安全、检察、法院、司法、监狱、劳教、国家保密、其他公共安全支出。
5. 教育	分设10款：教育管理事务、普通教育、职业教育、成人教育、广播电视教育、留学教育、特殊教育、教师进修及干部继续教育、教育附加及基金支出、其他教育支出。
6. 科学技术	分设9款：科学技术管理事务、基础研究、应用研究、技术研究与开发、科技条件与服务、社会科学、科学技术普及、科技交流与合作、其他科学技术支出。
7. 文化体育与传媒	分设6款：文化、文物、体育、广播影视、新闻出版、其他文化体育与传媒支出。
8. 社会保障和就业	分设17款：社会保障和就业管理事务、民政管理事务、财政对社会保险基金的补助、补充全国社会保障基金、行政事业单位离退休、企业关闭破产补助、就业补助、抚恤、退役安置、社会福利、残疾人事业、城市居民最低生活保障、其他城镇社会救济、农村社会救济、自然灾害生活救助、红十字事业、其他社会保障和就业支出。
9. 社会保险基金支出	分设6款：基本养老保险基金支出、失业保险基金支出、基本医疗保险基金支出、工伤保险基金支出、生育保险基金支出、其他社会保险基金支出。
10. 医疗卫生	分设10款：医疗卫生管理事务、医疗服务、社区卫生服务、医疗保障、疾病预防控制、卫生监督、妇幼保健、农村卫生、中医药、其他医疗卫生支出。
11. 环境保护	分设10款：环境保护管理事务、环境监测与监察、污染防治、自然生态保护、天然林保护、退耕还林、风沙荒漠治理、退牧还草、已垦草原退耕还草、其他环境保护支出。
12. 城乡社区事务	分设10款：城乡社区管理事务、城乡社区规划与管理、城乡社区公共设施、城乡社区住宅、城乡社区环境卫生、建设市场管理与监督、政府住房基金支出、国有土地使用权出让金支出、城镇公用事业附加支出、其他城乡社区事务支出。

续表

类级科目	款级科目
13. 农林水事务	分设7款：农业、林业、水利、南水北调、扶贫、农业综合开发、其他农林水事务支出。
14. 交通运输	分设4款：公路水路运输、铁路运输、民用航空运输、其他交通运输支出。
15. 工业商业金融等事务	分设18款：采掘业、制造业、建筑业、电力、信息产业、旅游业、涉外发展、粮油事务、商业流通事务、物资储备、金融业、烟草事务、安全生产、国有资产监管、中小企业事务、可再生能源、能源节约利用、其他工业商业金融等事务支出。
16. 其他支出	分设3款：预备费、年初预留、其他支出。
17. 转移性支出	分设9款：返还性支出、财力性转移支付、专项转移支付、政府性基金转移支付、彩票公益金转移支付、预算外转移支出、预算单位间转移支出、调出资金、年终结余。

支出经济分类主要反映政府支出的经济性质和具体用途。支出经济分类设类、款两级，科目设置情况如表6－4所示。

表6－4　政府支出经济分类表

类级科目	款级科目
1. 工资福利支出	分设8款：基本工资、津贴补贴、奖金、社会保障缴费、伙食费、伙食补助费、绩效工资、其他工资福利支出
2. 商品和服务支出	分设32款：办公费、印刷费、咨询费、手续费、水费、电费、邮电费、取暖费、物业管理费、差旅费、因公出国出（境）费、维修（护）费、租赁费、会议费、培训费、公务接待费、专用材料费、装备购置费、工程建设费、作战费、军用油料费、军队其他运行维护费、被装购置费、专用燃料费、劳务费、委托业务费、工会经费、福利费、公务用车运行维护费、其他交通费用、税金及附加费用、其他商品和服务支出
3. 对个人和家庭的补助	分设14款：离休费、退休费、退职（役）费、抚恤金、生活补助、救济费、医疗费、助学金、奖励金、生产补贴、住房公积金、提租补贴、购房补贴、其他对个人和家庭的补助支出
4. 对企事业单位的补贴	分设5款：企业政策性补贴、事业单位补贴、财政贴息、国有资本经营预算费用性支出、其他对企事业单位的补贴支出。
5. 转移性支出	分设2款：不同级政府间转移性支出、同级政府间转移性支出
6. 赠与	下设2款：对国内的赠与、对国外的赠与
7. 债务利息支出	分设6款：国内债付息、向国家银行借款付息、其他国内借款付息、向国外政府借款付息、向国际组织借款付息、其他国外借款付息。
8. 债务还本支出	下设2款：国内债务还本、国外债务还本。

续表

类级科目	款级科目
9. 基本建设支出	分设10款：房屋建筑物购建、办公设备购置、专用设备购置、基础设施建设、大型修缮、信息网络及软件购置更新、物资储备、公务用车购置、其他交通工具购置、其他基本建设支出。
10. 其他资本性支出	分设14款：房屋建筑物购建、办公设备购置、专用设备购置、基础设施建设、大型修缮、信息网络及软件购置更新、物资储备、土地补偿、安置补助、地上附着物和青苗补助、拆迁补偿、公务用车购置、其他交通工具购置、其他资本性支出。
11. 贷款转贷及产权参股	分设7款：国内贷款、国外贷款、国内转贷、国外转贷、产权参股、国有资本经营预算资本性支出、其他贷款转贷及产权参股支出。
12. 其他支出	分设6款：预备费、预留、补充全国社会保障基金、未划分的项目支出、国有资本经营预算其他支出、其他支出。

（四）收支业务控制的依据

目前，我国在财政收支管理上遵循国库集中收付制度，即由财政部门代表政府设置国库单一账户体系，所有的财政性资金均纳入国库单一账户体系收缴、支付和管理的制度。财政收入通过国库单一账户体系，直接缴入国库；财政支出通过国库单一账户体系，以财政直接支付和财政授权支付的方式，将资金支付到商品和劳务供应者或用款单位，即预算单位使用资金但见不到资金；未支用的资金均保留在国库单一账户，由财政部门代表政府进行集中统一管理运作，降低政府筹资成本。具体来说，行政事业单位在收支管理上主要依据以下制度规定：

1.《行政单位财务规则》（财政部令第71号　2012年修订）

2.《事业单位财务规则》（财政部令第8号　2012年修订）

3.《财政票据管理办法》（财政部令第70号　2012年颁布）

4.《行政事业单位资金往来结算票据使用管理暂行办法》（财综［2010］1号　2010年颁布）

5.《财政预算资金拨付管理暂行办法》（财库［2001］60号　2001年颁布）

6.《财政国库管理制度改革试点方案》（财库［2001］24号　2001年颁布）

7.《关于印发政府收支分类改革方案的通知》（财预［2006］13号　2006年颁布）

8.《关于加快推进公务卡制度改革的通知》（财库［2012］132号　2002年颁布）

9.《财政部关于进一步推进地方国库集中收付制度改革的通知》（财库［2011］167号　2011年颁布）

此外，财政部面向中央行政事业单位出台的《中央单位财政国库管理制度改革试点资金支付管理办法》（财库［2002］28号　2002年颁布）、《中央预算单位公务卡管理暂行办法》（财库［2007］63 号　2007 年颁布）等，与我国地方各级政府财政部门出台的地方财政收支管理制度，共同构成我国行政事业单位收支管理的制度依据。

二、收支业务流程与控制设计

行政事业单位收支业务的基本流程一般包括收支计划、收支执行和收支监督 3 个阶段（如图 6－3 所示）。其中，收入业务主要涉及收入项目与标准确定、票据开具与管理、收入收缴、收入退付、收入登记与确认、会计核算以及编制收入管理报告等具体环节；支出业务主要涉及用款计划制定与审批、支出申请与审批、业务借款、费用报销、资金支付、会计核算及编制支出管理报告等具体环节。

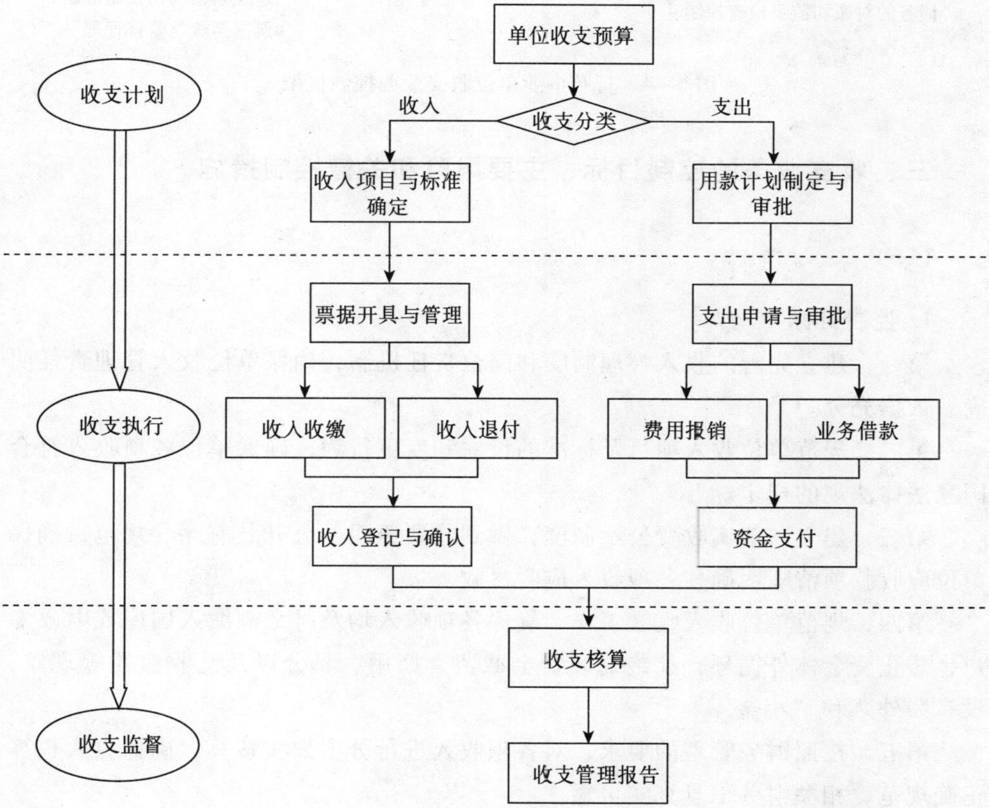

图 6－3　行政事业单位收支管理基本业务流程

单位可根据自身实际收支管理情况，参照图中通用收支流程予以扩充和具体化，形成符合本单位比较细化的收支管理流程。

根据单位收支管理基本业务流程，结合《内控规范》规定，行政事业单位收支管理控制主要包括收入控制、票据控制、支出控制和债务控制四个方面（如

图6－4所示）。

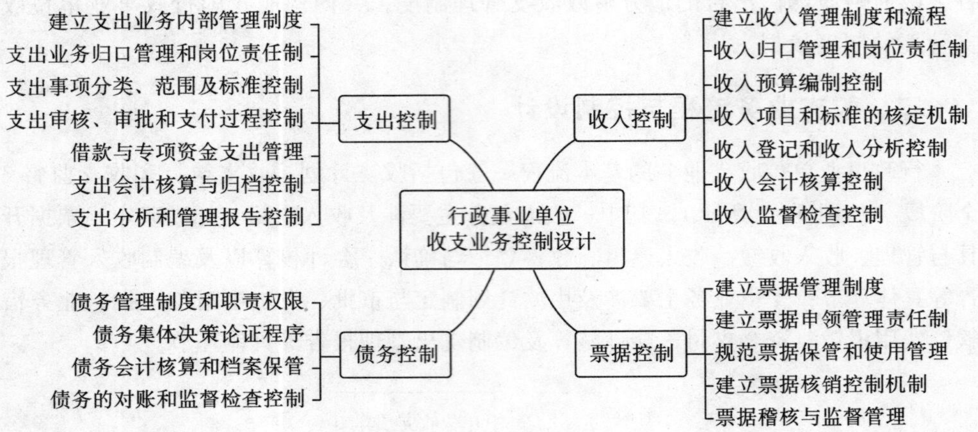

图6－4　行政事业单位收支业务控制框架

三、收支业务的控制目标、主要风险和关键控制措施

（一）收入控制

1. 控制目标

第一，建立完善的收入管理制度和岗位责任机制，确保单位收入管理责任明确、依据充分。

第二，规范单位收入项目及标准的设立和变更行为，确保单位各项收入符合国家法律法规的规定。

第三，建立和落实收费公示制度，做到收费透明、公开、有序、规范，确保单位应收款项清晰明确，各项收入应收尽收。

第四，规范单位收入收缴工作，确保各项收入均及时足额缴入国库或财政专户，防止资金体外循环，杜绝财政资金截留、挪用、私分以及乱收滥罚等现象，没有账外账和“小金库”。

第五，按照财务管理的要求，对各项收入进行分项如实核算，确保收入核算正确规范，相关财务信息真实可靠。

2. 主要风险

第一，未建立规范的单位财务收入管理制度和流程，可能导致单位收入业务操作无章可循，致使财务收入管理随意性加大。

第二，收入业务岗位设置不合理、岗位职责不清晰，收款、开票与会计核算等不相容岗位未有效分离，可能导致错误或舞弊，影响收入管理的效果。

第三，各项收入未按照法定项目和标准征收，或者收费许可证未经有关部门年检，导致收费不规范或乱收费，违反相关法律法规。

第四，收入秩序混乱，未由财务部门统一办理收入业务，其他部门和个人未经批准办理收款业务，可能导致财务舞弊或者私设“小金库”的产生。

第五，未严格执行“收支两条线”管理，各项收入不入账或设立账外账，可能导致私设“小金库”和资金体外循环，出现截留、挪用、私分应缴财政收入的现象。

第六，收入核算不规范，可能导致单位账实不符、账证不符、账账不符或者账表不符，影响财务报表的真实性和准确性。

3. 关键控制措施

第一，建立收入业务内部管理制度和流程。单位应当根据业务实际需要建立健全单位收入业务内部管理制度，规范收入业务管理的组织领导和运行机制，明确收入预算、收入执行、收入监督等阶段的具体工作程序，确保单位收入管理工作有章可循、有据可依。一般而言，单位在收入预算、收入执行和收入监督三个阶段的重点关注点详见表 6－5。

表 6－5　　单位收入业务管理重点关注点

业务阶段	重点关注点
收入预算	单位应根据年度工作计划和履行职能需要，合理预测本单位收入规模，确保收入预算的准确性： 1. 财政经费拨款收入和政府性基金收入按财政部门定员定额标准和单位工作计划据实编制，不得弄虚作假，虚编基础及业务数据。 2. 非税收入征收计划应根据单位业务工作情况，参考以前年度的实际情况编制，并按照政策规定根据征收计划返还比例，对非税收入返还资金安排支出预算。非税收入包括行政性收费、罚没收入、国有资产处置等其他非税收入。 3. 事业收入、经营收入等应全部纳入单位预算编制范围，全面反映单位实际收支情况。
收入执行	单位在发生收入时，需及时登记，并按月度向单位财务部门提交收入报表。 1. 财政经费拨款收入和政府性基金收入，应在国库指标下达时进行收入登记并确认资金来源，匹配财政批复的预算指标，跟踪预算资金的实际到账情况。 2. 非税收入应根据缴入国库或财政专户资金进行收入上缴确认登记，应对应缴未缴的银行存款和现金存量与非税票据进行核对。 3. 事业收入和事业单位经营收入，应根据开具纳税发票额进行收入登记，做好应收款的管理。
收入监督	财政经费拨款收入和政府性基金收入应根据国库额度到账情况进行收入确认；非税收入应按返还额确认到账收入的可用资金；单位应保证收支平衡，在预算执行发生资金支付时，需要明确资金支出所使用的预算到账资金。

第二，建立收入业务归口管理和岗位责任制。单位应当明确收入业务的归口管理部门。一般由财务部门归口管理并进行会计核算，严禁设立账外账，并定期清理掌握本单位各部门的收费项目，作好收费许可证的年检，确保各项收费项目符合国家有关规定。

单位应明确归口管理部门和业务部门的职责分工。业务部门在涉及收入的合同协议签订后应及时将合同等有关材料提交财会部门作为账务处理依据，确保各项收入应收尽收，及时入账；财会部门应当定期检查收入金额是否与合同约定相符，对应收未收项目应当查明情况，明确责任主体，落实催收责任。

单位应合理设置收入管理岗位，建立收款、会计核算、印鉴章保管与领用、票据保管与领用的岗位责任制，明确相关岗位职责权限，并配备合适的收入岗位人员，确保收入管理责任清晰明确。同时，单位应按照不相容职务相互分离的原则，明确收支计划、计划执行、执行监督各环节的授权批准制度，确保收款与会计核算、收款与开票等不相容岗位相互分离。

此外，单位应建立收入管理工作协调机制。财务部门应就收入计划、计划执行、执行监督等工作过程中存在的问题进行定期讨论沟通，不断完善单位财务收入管理工作机制。

第三，规范收入预算编制，明确收入预算编制的依据、程序和原则。

（1）收入预算编制应当做到合法合规。收入预算编制符合预算法及相关法律法规的规定，在法律赋予的权限范围内进行，单位应当按照规范的程序和方法进行编制、审核和报送收入预算，不能代编、估编或越级编报。

（2）收入预算编制应当做到具体明确。单位在编制部门预算时，应详细编制收入计划，包括收入的明细项目、计划数以及编制说明等，按照政府收入分类科目中设定的收入类别、名称，逐项测算、编制，以提高预算编制的准确性。

（3）收入预算编制应当做到有理有据。单位应根据宏观经济形势和国民经济各项指标，充分考虑经济、政策和管理等方面的因素变化，结合本单位发展规划和履行职能需要，实事求是、积极稳妥地合理预测本单位收入规模，确保预算编制有理有据、不脱离单位业务实际，提高收入预算编制真实可靠性。其中，①财政经费拨款和政府性基金收入应当按照财政部门定员定额标准和单位工作计划需要据实编制，不得弄虚作假。②非税收入征收计划应根据单位业务工作开展情况，参考以前年度的实际收入情况编制，按照相关政策和规定，并根据征收计划返还比例，对非税收入返还资金安排部门支出预算。单位在年中预算调整时，应当根据实际收入情况，及时做好非税收入调整计划。如预计增收应提出新增财务追加计划申请；预计减收不能完成年初预算的，将根据收入短收绝对额相应扣减有关单位支出。③事业单位应当依据上年的支出水平、上年的收入数和政策变化等因素，以及预算年度单位业务工作计划，如实测算各项事业收支和经营收支，保证收支数额的准确性。

（4）收入预算编制应当做到积极稳妥。单位在履行职能、完成特定工作任务过程中应将所有收入事项均纳入预算管理，按照编制国家有关年度部门预算工作的要求及财政部门关于财政收支预算编制的口径，全面、系统、完整地予以反映，从而保证收入计划编制的完整性。

第四，加强政府非税收入管理，建立单位收入项目和标准的核定机制。

根据《内控规范》规定，"有政府非税收入收缴职能的单位，应当按照规定项目和标准征收政府非税收入，按照规定开具财政票据，做到收缴分离、票款一致，并及时、足额上缴国库或财政专户，不得以任何形式截留、挪用或者私分。"在政府非税收入管理实务中，具体应从以下几个方面进行控制：

（1）明确界定收入项目范围和适用对象。各单位应当根据其履行政府职能、完成特定工作任务所涉及的经济活动明确界定本单位的收入项目范围及其适用对象。其中，纳入预算管理的非税收入包括：行政事业性收费收入、政府性基金收入、罚没收入、专项收入、国有资本经营及国有资源（资产）有偿使用收入、其他应纳入预算管理的非税收入。

（2）明确收入项目与标准的制定依据。收入项目的设立和标准的制定，必须以客观的管理行为和服务事实为依据，且符合国家相关法律法规及规章制度。如设立行政性收费项目，制定收费标准，必须以国家法律、法规为依据；设立事业性收费项目，制定收费标准，必须以国家法律法规和省人民政府的规章为依据；申请征收政府性基金，必须以法律、行政法规和中共中央、国务院文件为依据，法律、行政法规和中共中央、国务院文件没有明确规定征收政府性基金的，一律不予审批。

（3）科学设定收入项目与标准的核定原则。其中，行政性收费标准的核定必须从严掌握，因社会、经济、技术和自然资源管理或监督需要必须收费的，只能以补偿正常合理的实际支出为限。制发证、照、簿、卡等，凡财政部门已拨给制作经费的，不得再收费；未拨给制作经费的，只准收取核定的工本费，不得收取任何形式的管理费或手续费；事业性收费标准，应结合财政拨款情况，根据提供服务所需的合理费用和服务质量核定。属全额预算管理的，除法律法规和省人民政府规定实行有偿服务的项目外，不得收费；属差额预算管理的，本着"适当补充，收支相抵"的原则核定；属自收自支的，本着"合理开支，以收抵支，略有节余"的原则核定。

（4）规范执行收支项目与标准设立变更程序。政府收费项目严格执行设立变更申报、审批程序，严禁擅自设立收费项目，提高收费标准。其中，行政性收费项目、事业性收费项目、政府性基金收费项目的设立和变更程序如表 6－6 所示。

表 6-6　　政府收费项目的设立和变更程序

收费项目类别	设立、变更程序
行政性收费项目	设立和变更行政性收费项目：由省有关业务主管部门提出具体方案，经省物价部门会同省财政部门审核同意后，报省人民政府审批。对于重要的收费项目，应当报国家物价局、财政部审批； 制定和调整行政性收费标准：由省有关业务主管部门提出具体方案，报省物价部门会同财政部门审批。其中重要的收费标准，报省人民政府或国家物价局、财政部审批。
事业性收费项目	①全省范围内的收费，由省有关业务主管部门提出具体方案，报省物价部门会同省财政部门审批。其中重要的收费，报省人民政府或国家物价局、财政部审批。 ②市（地）范围内的收费，由市（地）有关业务主管部门提出具体方案，经市（地）物价部门会同财政部门审核，并经市（地）人民政府（行署）同意后，报省物价部门会同省财政部门审批。其中重要的收费由省物价、财政部门审核同意后，报省人民政府审批。 事业性收费项目的制定和调整与设立变更程序一致。
政府性基金收费项目	①国务院所属部门、地方各级人民政府及其所属部门申请附加在税收、价格上征收，或者按销售（营业）收入、固定资产原值等的一定比例征收的政府性基金项目，应当由国务院所属部门或者省级政府提出书面申请，经财政部会同有关部门审核后，报国务院批准。 ②国务院所属部门申请征收除上述以外的其他政府性基金项目，应当向财政部提出书面申请，由财政部审批。 ③地方各级人民政府及其所属部门申请征收除上述以外的其他政府性基金项目，应当提出书面申请，经省级政府财政部门审核后，由省级政府财政部门或者省级政府报财政部审批。 事业性收费项目的制定和调整与设立变更程序一致。

（5）严格办理收费项目执收手续。行政性、事业性收费实行许可证制度。收费单位实施收费前，必须按有关规定向物价部门申领《收费许可证》。无《收费许可证》的，不得进行行政性、事业性收费。收费单位被撤销的，其《收费许可证》自撤销之日起作废。

第五，加强单位收入监督管理，建立健全收费公示和收入公开机制。

（1）单位应当建立健全收费公示制度。明确收费公示的原则、种类、内容和方式，严格要求内设执收机构根据国家有关规定，在收费场所公示由本单位负责征收的非税收入的执收文件依据、收费主体、收费项目、收费范围、收费标准、收费对象等，依法接受社会监督。具体公示方式如表 6-7 所示。

表 6－7　　收费公示要求

公示项目	公示要求
收费公示原则	①凡未经国家和省批准的收费均属乱收费，不得公示。 ②国家、省已明文取消的收费项目，不再公示。 ③现行合法批准的项目，不得随意扩大范围和擅自提高标准公示。 ④经营服务性收费项目，不得混入行政事业性收费项目进行公示。 通过坚持这四项原则，避免将越权收费、扩大范围收费、超标准收费、自立项目收费等乱收费行为通过公示“合法化”。
收费公示内容	公示的内容主要包括：收费单位、收费项目、收费标准、计量单位、政策依据（授权单位名称、批准机关及文号、优惠措施等）、收费单位监督电话、价格部门投诉举报电话“12358”等，同时还应将各种收费项目的减免政策规定一并公示，切实保证公示内容的全面完整，便于服务对象全面了解各项收费优惠政策。公示内容不能随意更改、删减。公示内容实行动态管理，对于变更的收费项目和标准，应当及时变更公示内容。
收费公示方式	收费公示可采取多种形式进行，设立公示栏、公示牌、价目表（册）或电子显示屏、电子触摸屏、灯箱屏（统称为“公示牌”）等方式公示，开设互联网站的单位还应在其网站上醒目位置公示规定的收费内容。 公示牌的设立要以“看得清、留得住、易更改”为原则，做到项目齐全、内容真实合法、标示醒目、字迹清晰，长期固定设置在收费场所或方便群众阅知又不易损坏的位置。

（2）严格按法定征管权限办事。执收单位应当依法承担政府非税收入征收管理工作，规范收费行为，严格按照《收费许可证》的收费标准和收费范围收取各项政府非税收入（行政事业性收费、政府性基金、国有资源有偿性使用收入、国有资产有偿使用收入、国有资产经营收益、彩票公益金、罚没收入、主管部门集中收入、以政府名义接受的捐赠收入以及其他政府非税收入）；同时，严格办理政府非税收入减免手续，未经批准不得擅自缓征、减征和免征，做到应收尽收。对于按照法律法规和规章规定可以缓征、减征和免征政府非税收入的，应当由缴款义务人向执收单位提出书面申请，并按照法定批准权限和程序进行审批。

（3）严格落实“收支两条线”政策。各执收单位应当认真落实“收支两条线”管理规定，取得的政府非税收入应及时足额缴存国库或财政专户，不得坐收坐支，以支抵收，私存私放；不得转入协会、学会、工会及单位开办的公司或实体账户。

（4）严格执行“票款分离”办法。执收单位收款应当实行“单位开票、银行代收、财政统管”制度，通过实施“收缴分离”和“收支脱钩”管理改革，切断单位支出与其收费、罚没收入之间的利益联系，消除引发乱收费、乱罚款的制度性因素，确保取得的各项收入及时足额缴入国库或财政专户，防止隐匿、转移、截留、坐支、挪用、私分或者变相私分所收款项，或者将所收款项存入政府非税收入汇缴账户以外的账户。

（5）坚持以票管收、票款同行。各执收单位应当加强票款征缴管理工作，实行缴销收费票据与稽查财政资金同步，做到票面收入与征收入库额度相等，并及时向财政部门结报、核销。

（6）严令禁止乱收滥罚。有组织财政收入任务的单位，不得违反规定巧立名目设立收费项目，不得擅自改变收入项目的范围、标准、对象和期限，不得对已明令取消、暂停执行或者降低标准的收费项目仍然依照原定项目、标准征收或者变换名称征收；单位实施罚款，必须具备法律法规赋予的处罚资格和权力，应当明确被罚单位的违法违规行为，依据哪条法律法规进行处罚。应当依照法定程序进行处罚，不得用白条收取罚款。罚没收入应当全额上交财政，不得坐收坐支，更不得以所谓奖励、提成等任何名目坐支私分钱物。

（7）定期稽核对账。为确保政府非税收入数据的准确性，各单位应当强化财政资金收缴稽核工作，定期向财政部门报送《非税收入报表》，与负有征收义务的单位进行对账，按月编制对账报告及银行余额调节表，确保财政账与单位账相符，促进各项非税收入及时、足额入库。

（8）健全收入监督检查机制。一是建立完善政府非税收入年度审计制度。审计部门于每年年度终了对政府非税收入的征缴情况进行专项审计，重点检查政府非税收入是否应收尽收、是否足额缴入国库或财政专户，政府非税收入减免有无按规定程序办理审批，并将审计情况报告主管部门。二是建立完善非税收入减免通报制度。财政部门每年将减免情况向领导汇报，并通报监察部门。

第六，建立收缴登记和收入分析机制。单位应当健全收入登记制度，明确收入登记岗位责任，完善收入台账管理，逐一记录收入收取和上缴国库或财政专户情况，通过编报内部收入报表等，与财会部门加强联系，确保收入实现进度，并向同级财政部门定期报告本部门、本单位政府非税收入收缴情况。

（1）财政经费拨款收入和政府性基金收入，应在国库指标下达时进行收入登记并确认资金来源，匹配财政批复的预算指标及上报的资金使用计划，以跟踪财政预算资金的实际到账情况，推动单位“无预算不支出、无指标不支付”管理控制。

（2）非税收入应根据缴入国库或财政专户资金进行收入上缴确认登记，实务工作中，应当做好应缴未缴的银行存款和现金存量与非税票据的核对工作，严格执行“收支两条线”管理。

(3) 事业收入和事业单位经营收入，应根据开具纳税发票额进行收入登记，为应收款项管理奠定坚实基础。

单位应当根据收入预算计划或者所掌握的合同情况，对收入征收情况进行分析，分析收入征收状况的合理性，及时找出收入管理中存在的问题，确保全年收入足额完成。

单位内部应定期不定期检查评价收入管理的薄弱环节，如发现问题，应当及时整改，并重点关注：长期挂账的往来款项和冲减支出的交易或事项是否真实；挂账多年的应收款项是否及时进行追缴，确实无法追缴的，是否按规定程序报批后处理；已核销的应收款项是否按照"账销、案存、权在"的要求，保留继续追缴的权利，明确责任人的追缴义务。

第七，建立收入统一会计核算机制，确保财务信息的真实可靠。单位应当按照现行法律法规和有关国家统一会计制度规定建立收入账册，进行会计核算，及时提供合法、真实、准确、完整的会计信息。其中，财政经费拨款收入和政府性基金收入应根据国库额度到账情况进行收入确认；非税收入按返还额度确认到账收入的可使用资金，实行《企业会计准则》的单位，应当按照权责发生制确认收入。

（二）票据控制

1. 控制目标

第一，规范票据印制、发放、购领、使用、保管及核销管理行为，确保票据管理符合国家法律法规。

第二，强化票据稽核监督，遏制各种乱收滥罚现象，确保票款足额上缴、防止舞弊行为发生。

2. 主要风险

第一，票据管理工作不够重视，缺乏相应的制度措施，可能导致单位财政票据管理混乱，出现票据发放随意，结报不及时，票据混用、丢失、毁损、被盗现象，甚至出现开票收款不入账等违法行为。

第二，票据管理人员未经正规业务培训，对票据的使用缺乏足够的认识，对《票据法》和相关的税务知识知之甚少，以至于出现填写内容不齐全、字迹模糊不清、随意涂改、上下联次不一致、随意转借票据、开人情发票等现象。

第三，票据印制不规范，购领、核销手续不完备，票据使用不符合规定，可能导致单位实际收入失真，坐收坐支及转移、隐瞒收入，逃避缴纳税款，造成财政收入减少，导致"小金库"滋生等问题。

第四，票据业务不相容职务未分离，由一人购领、登记、保管并使用，无法做到互相监督、互相制约，容易造成财政资金截流、挪用和私分等问题。

第五，对票据稽核工作缺乏足够的认识，没有设置专门的票据稽核岗位（或人员）对票据的使用情况进行检查监督，从而造成一些使用过的票据没有通过稽核就予以核销，对所收款项是否足额上缴缺乏动态监控，容易导致收费员收款后票款不缴、收入私吞等贪污犯罪行为的发生。

3. 关键控制措施

根据《内控规范》规定，“单位应当建立健全票据管理制度。财政票据、发票等各类票据的申领、启用、核销、销毁均应履行规定手续。单位应当按照规定设置票据专管员，建立票据台账，做好票据的保管和序时登记工作。票据应当按照顺序号使用，不得拆本使用，做好废旧票据管理。负责保管票据的人员要配置单独的保险柜等保管设备，并做到人走柜锁。”结合《财政票据管理办法》和《行政事业单位资金往来结算票据使用管理暂行办法》等政策文件，行政事业单位应规范票据管理工作。

第一，建立票据管理制度，明确各类票据的种类、形式、联次，规范各类票据的申领、启用、核销、销毁等管理程序。

根据《财政票据管理办法》，财政票据的类别、形式和联次如表 6－8 所示。

表 6－8　　财政票据的类别、形式和联次

项目		内容
类别	非税收入类票据	1. 非税收入通用票据，是指行政事业单位依法收取政府非税收入时开具的通用凭证。 2. 非税收入专用票据，是指特定的行政事业单位依法收取特定的政府非税收入时开具的专用凭证。主要包括行政事业性收费票据、政府性基金票据、国有资源（资产）收入票据、罚没票据等。 3. 非税收入一般缴款书，是指实施政府非税收入收缴管理制度改革的行政事业单位收缴政府非税收入时开具的通用凭证。
	结算类票据	资金往来结算票据，是指行政事业单位在发生暂收、代收和单位内部资金往来结算时开具的凭证。
	其他财政票据	1. 公益事业捐赠票据，是指国家机关、公益性事业单位、公益性社会团体和其他公益性组织依法接受公益性捐赠时开具的凭证。 2. 医疗收费票据，是指非营利医疗卫生机构从事医疗服务取得医疗收入时开具的凭证。 3. 社会团体会费票据，是指依法成立的社会团体向会员收取会费时开具的凭证。 4. 其他应当由财政部门管理的票据。

续表

项目		内容
形式	非定额	非定额财政票据应当包括票据名称、票据编码、票据监制章、项目、标准、数量、金额、交款人、开票日期、联次及其用途、开票单位、开票人、复核人等内容。
	定额	定额财政票据应当包括票据名称、票据编码、票据监制章、金额、开票日期、联次及其用途等内容。
联次	非定额财政票据	一般设置三联，包括存根联、收据联、记账联，各联次采用不同颜色予以区分。
	定额财政票据	一般设置两联，包括存根联、收据联。
	非税收入一般缴款书	属于非定额财政票据，一般设置五联，包括回单联、借方凭证、贷方凭证、收据联、存根联。回单联退执收单位，借方凭证和贷方凭证分别由缴款人、收款人开户银行留存，收据联由缴款人收执，存根联由执收单位留存。

第二，建立票据申领管理责任制，规范票据申领程序。财政票据是单位财务收支的法定凭证和会计核算的原始依据，必须严格按照规定的程序、权限由单位财务部门安排专人统一办理购领手续，其他内设机构和个人不得购买。

（1）财政票据实行凭证领购、分次限量、核旧领新制度。单位凭《财政票据领购证》按照财务隶属关系向同级财政部门申请。省级以下财政部门应当根据本地区用票需求，按照财政管理体制向上一级财政部门报送用票计划，申领财政票据。上级财政部门经审核后发放财政票据。

（2）单位首次领购财政票据，应当按照规定程序办理《财政票据领购证》。首先，单位应当向同级财政部门或其委托的票据管理机构提交申请函、单位法人证书、组织机构代码证书副本原件及复印件，填写《财政票据领购证申请表》，并按照领购财政票据的类别提交相关依据；其次，受理申请的财政部门对申请单位提交的材料进行审核，对符合条件的单位，核发《财政票据领购证》，并发放财政票据。一般而言，《财政票据领购证》包括单位基本信息、使用的财政票据名称、非税收入项目（含标准）、文件依据、购领票据记录、审核票据记录、作废票据记录、票据检查及违纪处理记录、销毁票据记录等项目。

（3）单位再次领购财政票据，应当出示《财政票据领购证》，提供前次票据使用情况，包括票据的种类、册（份）数、起止号码、使用份数、作废份数、收取金额及票据存根等内容。受理申请的财政部门审核，并确定其所收取的行政事业性收费或征收的政府性基金收入等已按规定上缴同级金库或财政专户后，核销财政票据存根，并发放财政票据。

（4）单位领购未列入《财政票据领购证》内的财政票据，应当向原核发领购证的财政部门提出申请，并依照规定提交相应材料。受理申请的财政部门审核后，应当在《财政票据领购证》上补充新增财政票据的相关信息，并发放财政票据。财政票据一次领购的数量一般不超过本单位六个月的使用量。

第三，加强票据保管和使用管理，建立票据管理台账，明确票据保管责任。

（1）单位应当指定专人负责票据管理，建立票据使用登记制度，设置票据管理台账（票据登记簿），配置单独的保险柜等保管设备，做到票据管理的专人、专责、专账、专库（柜）管理。票据管理员应对每一种票据分户建立票据领购及缴销管理台账，做好票据申购、领用、缴销序时登记工作。发生票据购买、领用、缴销行为，应及时登记台账，随时掌握票据领用、缴销和结存情况，并定期向同级财政部门报告收费票据的购领、使用、结存情况。

（2）单位应当规范各类票据的使用范围及开具对象，明确填制要素及使用要求，严格按照财政票据的使用范围发放使用相关票据，不得违反规定转让、出借、买卖、代开财政票据，不得擅自扩大票据适用范围，不得拆本使用票据，非本级预算单位不得发放财政票据。严禁使用行政事业单位往来票据、自制票据或“白条”收取非税收入，严禁收费不开票。收费单位不按规定使用票据，被收费单位或个人有权拒付，财会部门不予报销，票据管理机关应认真予以查处。

（3）单位在票据启用前，应当检查票据是否有缺页、漏页、重号等情况，一经发现，应及时向同级财政部门报告。票据填写须做到字迹清楚、内容完整真实、印章齐全、各联次内容和金额一致。填写错误的，应当另行填写。填错的票据应加盖作废戳记，保存其各联备查，不得涂改、挖补、撕毁。如发生票据丢失，应及时声明作废，查明原因，写出书面报告，报同级财政部门处理。

（4）单位在票据使用完毕后应当按照要求填写相关资料，按顺序清理财政票据存根、装订成册、妥善保管。票据存根的保存期限一般为5年。保存期满需要销毁的，报经原核发票据的财政部门查验后销毁。保存期未满、但有特殊情况需要提前销毁的，应当报原核发票据的财政部门批准。

第四，建立票据核销机制，确保票据核销规范有序。

（1）单位在票据用完后需填写“缴销单”，向发放票据单位办理缴销手续。发放票据单位要进行检查或抽查，经审验无误后，在缴销单上盖“验讫”印章，退领用单位一份，予以注销。对检验有差错的票据，应查明原因，分清责任，根据不同情节予以处理。

（2）尚未使用但应予作废销毁的票据，使用单位应当登记造册，报原核发票据的财政部门核准、销毁。

（3）单位发生合并、分立、撤销、职权变更，或者收费项目被依法取消或者名称变更的，应当自变动之日起15日内，向原核发票据的财政部门办理《财政票据领购证》的变更或者注销手续；对已使用财政票据的存根和尚未使用的财政票据应当分别登记造册，报财政部门核准、销毁。单位不得私自转让、销毁收费票据和“票据购领证”。

第五，强化票据稽核与监督管理。单位应当建立收费票据稽核监督管理制度，设置独立的机构或岗位，根据实际情况和管理需要，对收费票据的购领、使用、保管等情况实施定期或不定期的检查。检查的主要内容包括：

（1）按月对票据的领用、缴销、结存情况进行清点核查，做到票据管理台账与票据实际使用情况相符，若有不符，应及时查明原因，出现票据遗失、毁损等情况的及时上报财政部门进行处理。

（2）检查票据使用的合法性。对于出现违反票据使用范围违规收费行为的，责令票据使用单位更正错误行为，并依法给予相应的处罚。

（3）检查使用财政票据所收取的各项资金是否及时、足额上缴财政专户。出现收入不入财政专户和坐收坐支行为的，应责令其迅速将资金缴入财政专户。

（三）支出控制

1. 控制目标

第一，确保各项支出符合国家相关法律法规的规定（包括开支范围和标准等），资金支付符合相关政策与制度要求。

第二，落实各类经费支出的统筹管理职责，确保支出业务相关岗位设置合理，岗位职责清晰，不相容岗位相分离。

第三，科学设置经费支出管理级次与授权审批额度，确保经费支出管控权责对等，管理责任落实规范到位。

第四，系统梳理单位经费支出，科学设计支出事项结构，明确开支标准和范围，确保准确、客观反映单位各项经济行为，提高资金管控效率和效果。

第五，合理规划支出事项管控分类及方案，综合运用各种支出管控方式和业务表单，确保各项支出符合预算管理要求，资金支付符合规定的程序与规范。

第六，根据单位工作计划合理安排各项经费支出，严格履行支出申请审核与授权审批程序，确保各项支出依据充分、真实合理，保证使用的效率和效果。

2. 主要风险

第一，支出业务相关岗位设置不合理、岗位职责不清晰或支出申请和内部审批、付款审批和付款执行、业务经办和会计核算等不相容岗位未有效分离，可能导致错误和舞弊。

第二，各项支出申请不符合预算管理要求，支出控制方式不合理，开支范围及标准不符合相关政策与制度的要求。如基本支出与项目支出之间相互挤占，可能导致单位预算失控或者经费控制目标失效。

第三，未设置经费支出管理级次、权限额度，单位开支标准和范围不明确，难以准确、客观反映单位各项经济行为，可能造成经费支出管控不到位，导致单位经费支出混乱，资源浪费或无效配置。

第四，各项支出未经适当的审批程序，或越权审批，尤其对于重大支出未经集体决策审议，可能导致错误或舞弊。

第五，支出事项不符合国家法律法规，包括开支范围和标准、资金支付不符合有关政策文件要求，如国库集中支付、政府采购、公务卡结算等要求，可能导致单位遭到主管部门或监管机构处罚。

第六，未严格履行支出审查程序，以致采用虚假或不符合要求的票据报销，可能导致单位支出业务不合法不合规，出现虚构支出，用“假发票”套取财政资金等舞弊情形。

第七，缺少对借款范围、金额的要求，缺乏对借款办理程序的规定，未定期对借款（备用金）进行清理，可能导致借款行为混乱、控制流于形式、资金管理失控。

第八，各项支出缺乏定期分析与监控，并对重大问题缺乏应对措施，可能导致单位支出失控。

3. 关键控制措施

第一，建立支出业务内部管理制度，规范支出管理工作程序。单位应当细化支出管理制度，根据国家相关法律法规及有关政策文件要求，规范设置各类经费支出内容、用途及执行方式，明确各类支出事项的工作程序，确保单位支出事项合法合规。

一般来说，单位支出管理制度应当包括：经费支出管理办法、办公费管理细则、接待费管理细则、会议费管理细则、差旅费管理细则、出国（境）费管理细则，交通费管理细则和加班误餐费管理细则等。

第二，建立支出业务归口管理和岗位责任制。单位应对经费支出进行科学分类，合理确定各类经费支出的管理主体，实行支出事项分类归口管理，落实各项重点经费支出的统筹管理职责，发挥各归口管理部门的专业管理优势。

单位应当合理设置岗位，明确支出申请、审核、审批、支付、核算和归档等支出业务关键岗位的职责权限，确保支出申请和内部审批、付款审批和付款执行、业务经办和会计核算等不相容岗位相互分离。

第三，对各类经济活动的支出事项进行分类，明确支出事项的开支范围、标准、审批权限及额度等。单位应当根据费用性质及管理要求，梳理支出事项，科学设计各项经费支出结构，并明确事项开支范围及标准，确保准确、客观反映单位日常行政运行与履行职能、完成工作任务的各项支出情况，提高资金管控效率及效果。

单位应当根据事项属性（标准化实现程度、专业属性强弱、控制要求及自主程度），为各类管控事项设计集分权模式，明确哪些事项要集中管理（集权）、哪些事项要分解管理（分权），科学配置管理级次及相应的权限额度。表 6 –9 为某单位的支出事项开支范围界定。

表 6-9　　某单位支出事项开支范围界定

支出事项	开支范围
人员经费	用于单位编制内人员的工资、津贴补贴、奖金、社会保障费、离退休费、抚恤金、生活补助、计划生育奖和其他对个人和家庭的补助支出等
交通费	用于单位各类交通工具的燃油费、保险费、车船使用税、维修费、停车费、洗车费、过路过桥费（通行费）及其他与单位车辆直接相关的费用
差旅费	用于单位工作人员出差的交通费、住宿费、订票费、保险费、伙食补助费、公杂费及其他费用
会议费	用于单位按规定开支的会议场地租赁费、会议设备租赁费、参会人员伙食费、住宿费及其他与会议有关的费用

支出事项的开支标准包括外部标准和内部标准。外部标准指国家或者地方法规规定的标准，如人员工资标准、差旅费报销标准、公用事业收费标准等，都由国家相关部门规定，单位必须遵照执行。内部标准指在国家有关法规允许的范围内，根据单位实际制定的标准，如接待费标准、食堂用餐标准等。

第四，设置合理的支出执行方式，确保支出执行过程规范合理。单位可在预算内部批复时明确具体的执行方式，包括政府集中采购执行、单位采购执行、经费申请执行和单位自行执行四种。

（1）政府集中采购执行是属于政府集中采购目录内的事项，按照政府集中采购相关规定履行相应的执行审批程序。

（2）内部采购执行是政府集中采购目录范围外需要进行内部采购的事项，按单位规定履行相应的执行审批方式。

（3）经费申请执行是指该事项无须履行采购程序，但重要性程度较高、金额较大的经费支出，需要进行事前的经费执行申请。

（4）单位自行执行是指该事项无须履行采购程序且无须申请执行审批程序，应实行内部审批制度。单位根据实际情况确定内部事前审批的程序和权限，由本单位内部自行完成执行审批程序，属单位内部审批范围的大额事项，需经单位领导班子集体研究决定后执行备案。

第五，加强支出过程控制，建立规范有序的资金支付审核、审批和支付管理机制，确保从严控制支出。

（1）支出审批控制。单位应在支出事项行为发生前，由相应授权人授权批准后才能开展。单位应当对支出审批的权限、级别、程序和责任进行规定，包括分级审批、分额度审批、逐项审批三种方式。审批人应当在授权范围内审批，不得越权审批。单位分级审批、分额度审批、逐项审批的具体介绍如表 6-10 所示。

表 6－10　　行政事业单位审批方式介绍

审批方式	定　义
分级审批	指下级单位发生该经济行为时需要报上级单位审批的控制方式，该方式适用于对支出事项有统一规范的事项。
分额度审批	指按照经济行为的发生额度，分别明确归属不同审批权限人审批的控制方式。
逐项审批	指按照经济行为的性质，由审批人逐项审批的控制方式，该方式适用于对项目支出事项及其他特殊性质事项的审批。

表 6－11 为某单位的资金支付审批权限和审批程序。

表 6－11　　某单位资金支付审批权限和审批程序

经费支出类型		预算执行审批权限				借款审批权限	资金支付审批权限		
		3 万元以下	3 万～10 万元	10 万～20 万元	20 万元以上		3 万元以下	3 万～10 万元	10 万元以上
行政运行经费	人员经费						单位分管财务负责人		
	机关运行经费	行政部门负责人	单位分管财务领导	单位领导	单位负责人办公会	单位分管财务负责人	单位分管财务负责人		
项目经费	单位项目经费	财务部门负责人	单位分管财务领导	单位领导	单位负责人办公会	财务部门负责人	财务部门负责人		

（2）支出审核控制。单位财务部门应加强对各类单据的全面审核，重点审核单据来源是否合法，内容是否真实、完整，使用是否准确，是否符合预算，审批手续是否齐全。如行政事业单位《公务接待审批单》，应注明接待时间、地点、来宾人数、接待要求、经费合计等内容；差旅费应明确出差地点、天数、人数、出差事由以及所对应的预算项目等内容。

支付凭证后应附反映支出明细内容的原始单据，并由经办人员签字或盖章，超出规定标准的支出事项应由经办人员说明原因并附审批依据，确保与经济业务事项相符。单位明确应原始票据相关要求，经费支出要取得真实、完整、合法的原始票据，收款收据、白条严禁入账报销。否则，按照“谁签字、谁入账、谁负责”的原则进行退赔处理。

（3）资金支付控制。单位资金支付业务应当由单位经办人提出申请，说明事由，报相关授权人员或机构审批后，再提交会计主管人员对批准后的资金支付凭证进行支付审核（复核资金支付的批准范围、权限、程序是否正确，手续及相关单证是否齐备，金额计算是否准确，支付方式、支付单位是否妥当等），然后转交出纳人员办理支付手续。

单位应对资金支出业务严格把关，不得由一人办理资金支付业务的全过程。签发的支付凭证应当进行登记，使用公务卡结算的，应当按照公务卡使用和管理有关规定办理业务。各项支出均应依据采购或审批结果提出资金支付申请，并由财务部门负责进行资金支付审核并匹配对应的资金来源。单位出纳应当在职责范围内，按照审批人的批准意见办理资金支付业务，对于审批人超越授权范围审批的资金支付业务，有权拒绝办理，并及时向审批人的上级授权部门报告。

第六，合理安排各项支出，规范借款管理，加强对专项资金支出的管理。

（1）单位支出应当严格执行国家规定的开支范围及标准，优先保证正常运转需要，极大限度地挤出资金用于事业发展，对节约潜力大、管理薄弱的支出应重点管理和控制。其中，津贴、补助、奖金等必须按政策规定发放，不得超范围、超标准或单位自定发放范围和标准。从严控制会议费、接待费、车辆购置费、车辆油料费、外出考察费等支出。凡未列入预算和超预算的支出，财政原则上不追加经费。严格实行小汽车定编管理，不准超编制和超标准购车。严格控制各种外出考察活动，不准借考察名义游山玩水、公款旅游。各单位不得借任何名义擅自发放各种津贴、补助和奖金。各单位的专项支出，要按照批准的项目和用途使用，并按规定向财政部门报送使用情况报表。

（2）单位应当严格控制往来款项规模，并及时进行处理，不得长期挂账。个人向所属单位借款应当及时偿还，出差人员原则上应在出差返回后在规定的期限内办理报销、还款手续；购物、接待事项完成后应立即报销、还款；无正当理由，借款超过约定时间不还者，按挪用公款处理，财务人员应当从借款人工资和其他款项中扣还。任何单位不得借款或贷款发放奖金、福利和补贴，不得借款或贷款用于购买小汽车、装修办公室和添置办公设备。

（3）单位从财政部门或者上级预算单位取得的项目资金，应当按照批准的项目和用途使用，专款专用、单独核算，并按照规定向同级财政部门或者上级预算单位报告资金使用情况，接受财政部门和上级预算单位的检查监督。项目完成后，行政单位应当向同级财政部门或者上级预算单位报送项目支出决算和使用效果的书面报告。任何单位不得擅自改变资金用途，不得滞留、滞拨、挪用各种专项资金，不得蓄意多拨财政资金，不得以各种名义套取、骗取财政资金，严禁挤占挪用救灾、扶贫、救济、抚恤、捐赠、教育、社保等财政专项资金。

第七，加强支出会计核算与归档控制。单位财会部门根据支出凭证及时准确登记账簿，支出业务相关的合同等材料应当提交财会部门作为账务处理的依据。单位应按照《会计法》和国家会计制度的有关要求实行统一财务管理和核算，各内设机构不得独立建账和进行单独的财务支出核算。

第八，建立支出分析管理机制，编制支出业务管理报告。

（1）单位财务部门应当定期编制单位支出业务预算执行情况管理报告，为单位领导管理决策提供信息支撑。对于支出业务中发现的异常情况，单位负责人应当及时分析查找问题原因并采取有效措施，规范各项业务行为，保障各项工作的顺利开展。

支出业务管理报告包括支出事项执行进度表与支出事项预算执行明细表。其中，支出事项预算执行进度表包括支出事项预算执行情况表（分责任单位或部门）和各项支出事项预算执行情况表，分别对单位/各部门支出事项统计支出事项的预算执行情况。支出事项预算执行明细表包括单位基本支出明细表、单位项目支出明细表、单位车辆支出明细表、单位会议支出明细表等重点管控费用。

（2）单位内部应当定期和不定期检查、评价支出管理的薄弱环节，如发现问题，应当及时整改。重点关注：是否存在挪用预算资金向无预算项目支付资金或用于对外投资的情形；是否存在采用虚假或不实事项套取预算资金的情形；是否存在违规向所属预算单位划转资金的情形；是否存在将财政预算资金借贷给其他单位的情形；预付款项的转回或冲销是否合理、合规，是否存在协同第三方套取预算资金的情形；与支出相关的其他情形。

单位年度经费预算、重大开支项目应经集体研究决定，并形成书面资料送财务备案。单位预算的执行情况、经费收支情况、内部稽查情况应定期向单位领导、社会公众公布或通报，自觉接受群众监督。

（四）债务控制

1. 控制目标

第一，建立健全单位债务管理相关制度，确保债务管理符合国家法律法规。

第二，按照国家有关规定开展债务核算，确保债务相关财务信息真实完整。

第三，规范债务管理程序，对债务管理进行监督检查，确保债务管理的相关决策科学合理，债务管理规范有序，确保单位资产安全。

2. 主要风险

第一，未建立规范的债务管理制度和程序，或者举借债务相关程序违反法律法规，可能导致单位受到行政处罚，影响单位声誉和形象。

第二，未按规定程序履行债务集体决策论证，可能导致债务决策不当，出现与单位实际不相符的举借债务行为。

第三，未对债务业务办理过程进行监督，借债资金未按规定用途使用，可能导致业务办理中出现错误或者存在舞弊现象。

3. 关键控制措施

第一，可以举借债务的单位应当建立健全债务内部管理制度，明确债务管理岗位的职责权限。单位应当严格遵循国家有关规定，根据单位的职能定位和管理要求，制定债务管理制度，明确债务管理部门或人员的职责权限。

经办人员应当在指定职责范围内，按照单位领导班子的批准意见办理债务的举借、核对、清理和结算。不得由一人办理债务业务的全过程。

第二，建立债务决策论证程序，确保决策程序规范、决策科学合理。大额债务的举借和偿还属于重大经济事项，单位应当进行充分论证，并由单位领导班子集体决策。

第三，做好债务的会计核算和档案保管工作。单位应当按照国家有关规定设置各类账簿，核算债务资金来源、使用及偿还情况，妥善保管相关记录、文件和凭证，按照规定及时向有关部门上报债务情况。

第四，加强债务的对账和检查控制。单位应当定期与债权人核对债务余额，进行债务清理，防范和控制财务风险。单位内部应当定期和不定期检查、评价债务管理的薄弱环节，如发现问题，应当及时整改。

第三节 政府采购内部控制设计

政府采购作为行政事业单位日常开展的重要经济活动，伴随着财政资金的流出和公共资产的流入，极易导致舞弊、腐败等问题，成为领导干部违规、违纪、违法的高危领域。近年来，个别行政事业单位存在规避政府采购、操作执行环节不规范、运行机制不完善、监督处罚不到位、采购效率低下、采购价格偏高等现象，造成国家财政资金的损失浪费。因此，各级行政事业单位应以《中华人民共和国政府采购法》为依据，加强政府采购内部控制建设，规范政府采购行为，提高采购资金使用效益，维护国家和社会公共利益。

一、政府采购控制概述

（一）政府采购的定义

根据《中华人民政府采购法》规定，“政府采购，是指各级国家机关、事业单位和团体组织，使用财政性资金采购依法制定的集中采购目录以内的或者采购限额标准以上的货物、工程和服务的行为。”在这里，采购是指以合同方式有偿取得货物、工程和服务的行为，包括购买、租赁、委托、雇佣等；货物是指各种形态和种类的物品，包括原材料、燃料、设备、产品等；工程是指建设工程，包括建筑物和建筑物的新建、改建、扩建、装修、拆除、修缮等；服务是指除货物和工程以外的其他政府采购对象。

根据上述定义，我们认为行政事业单位开展的政府采购，是指单位使用财政性资金及与之配套的单位自筹资金，以合同方式有偿取得依法制定的集中采购目录以内的或者采购限额标准以上货物、工程和服务并支付款项的行为，包括购买、租赁、委托、雇佣等。行政事业单位采购业务中，除政府采购外，还有很多单笔采购低于采购限额标准且不在政府采购目录中的采购行为，这类采购行为虽然不纳入政府采购进行管理，但同样需要遵循一定的程序，可以参照政府采购制度进行管理。

行政事业单位政府采购当事人主要包括单位采购人、政府财政部门、采购代理机构和供应商等主体。其中，采购代理机构包括政府集中采购机构和社会代理机构。集中采购机构由各级人民政府设立，主要承担各级国家机关、事业单位和团体组织委托的货物、服务和工程集中采购工作，主要包括政府采购中心和招投标中心等；社会代理机构是指由财政部或省级以上人民政府财政部门按照国家有关规定进行资格认定，并在其所在地财政部门网站登记的、具有政府采购招标资质，代理政府采购事宜的机构。

行政事业单位实施政府采购，不仅是在执行具体的采购过程，也是在执行一整套的采购政策、采购程序、采购过程及采购管理制度，即按照公共采购管理制度的规定进行采购，是一种公共行为。具体来说，政府采购行为一般具有以下特点：资金来源的公共性、非营利性和政策性，采购对象的广泛性和复杂性、规范性和公开性，影响的广泛性等。

（二）政府采购控制的意义

政府采购作为行政事业单位使用公共财政资金的重要方式，若采购行为不规范、采购过程不健全，都可能导致财政资金的浪费和损失。行政事业单位通过加强政府采购管理，规范政府采购行为，对单位采购货物、服务和工程等过程实施控制，有利于提高政府采购资金的使用效益，维护国家利益和社会公共利益，保护政府采购当事人的合法权益，促进廉政建设。同时，政府采购制度的建立健全，能够为单位开展内部采购提供参照，可以规范单位内部采购行为，节约单位采购资金，提高采购效率和质量，保障单位公共职能的有效履行。

（三）政府采购的分类

1. 按采购组织方式分类

按采购组织方式进行分类，行政事业单位采购业务可以分为政府采购和非政府采购。非政府采购是指单位采购未纳入政府集中采购目录且在采购限额标准以下的货物、服务和工程的行为。政府采购是单位采购纳入政府集中采购目录以内的或者采购限额标准以上的货物、工程和服务的行为。政府采购按采购物品是否在集中采购目录内可以分为集中采购和分散采购。其中，集中采购包括部门集中采购和集中采购机构采购，分散采购包括委托代理机构开展政府采购和自行开展政府采购（如图6－5、图6－6所示）。

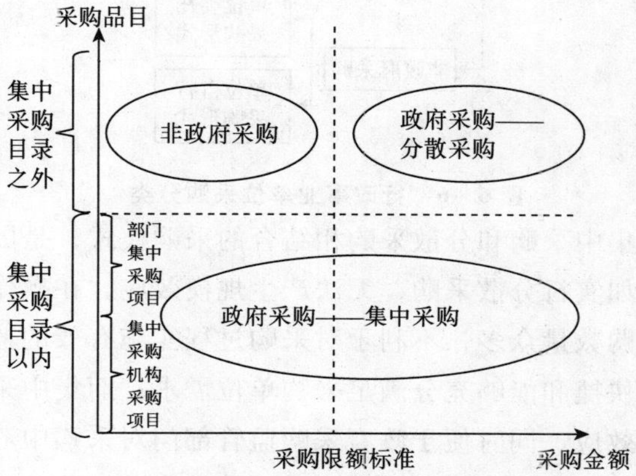

图6－5 行政事业单位采购分类图

集中采购是指采购物品列入集中采购目录内的政府采购行为。集中采购目录由省级以上人民政府公布确定。属于中央预算的政府采购项目，其集中采购目录由国务院确定并公布；属于地方预算的政府采购项目，其集中采购目录由省、自治区、直辖市人民政府或者其授权的机构确定并公布。分散采购是针对未列入集中采购目录内、但在采购限额标准之上的物品，政府采购限额标准由省级以上人民政府公布确定。属于中央预算的政府采购项目，由国务院确定并公布；属于地方预算的政府采购项目，由省、自治区、直辖市人民政府或者其授权的机构确定并公布。

行政事业单位采购纳入集中采购目录的政府采购项目，必须委托集中采购机构代理采购。纳入集中采购目录属于通用的政府采购项目的，应当委托集中采购机构代理采购；属于本部门、本系统有特殊要求的项目，应当实行部门集中采购；属于本单位有特殊要求的项目，经省级以上人民政府批准，可以自行采购。行政事业单位采购未纳入集中采购目录的政府采购项目，可以自行采购，也可以委托集中采购机构在委托的范围内代理采购，但必须按照《政府采购法》等有关法规制度规定的程序进行。

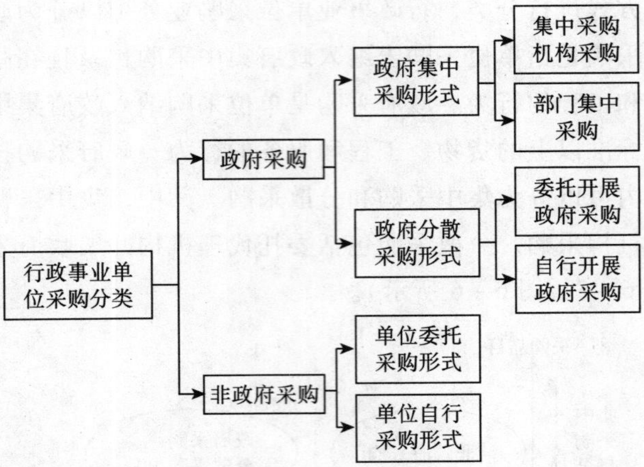

图 6-6　行政事业单位采购分类

政府采购实行集中采购和分散采购相结合的采购模式，是因为集中采购和分散采购各有利弊。如实行分散采购，无法产生规模效应，在操作程序上缺乏严格规范，而且分散采购数量众多，不利于对采购过程实施有效的监督管理，但分散采购的优点是方便快捷和能够充分满足采购单位需求；而集中采购具有集中的功能，能够产生规模效应，同时便于政府采购监管部门对采购中心实施有效的监督管理，集中采购的缺点是采购周期较长，在时效性和照顾特殊性方面尚不能充分满足采购单位的需求。

对于非政府采购项目，即采购未纳入集中采购目录且在采购限额标准以下的物品的项目，由于这些采购项目虽然单笔金额较小，但累计金额较高，且采购的透明度、规范性不高，容易成为单位采购管理中风险点。因此，单位可参照政府采购的相关规定，设计单位内部采购管理机制，规范内部采购制度和程序，控制采购成本，提高采购质量。

2. 按采购方式分类

根据《中华人民共和国政府采购法》规定，我国政府采购采用以下方式：公开招标、邀请招标、竞争性谈判、单一来源采购、询价以及国务院政府采购监督管理部门认定的其他采购方式（如图 6-7 所示）。其中，公开招标是政府采购的主要方式，公开招标的具体数额标准由省级以上人民政府公布确定。属于中央预算的政府采购项目，由国务院规定；属于地方预算的政府采购项目，由省、自治区、直辖市人民政府规定；特殊情况需要采用公开招标以外的采购方式的，应当在采购活动开始前获得设区的市、自治州以上人民政府采购监督管理部门的批准。

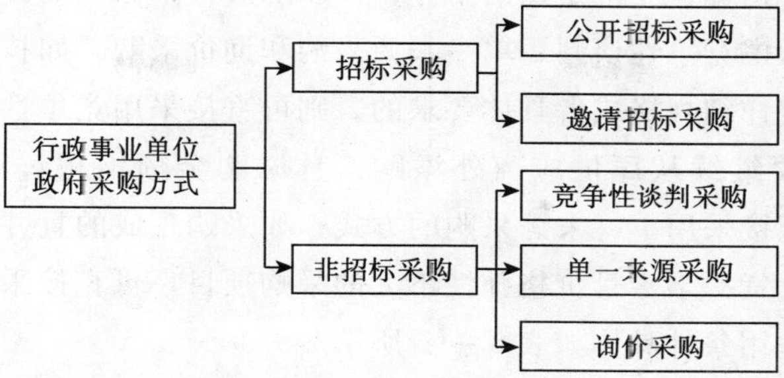

图 6－7　行政事业单位政府采购方式

公开招标采购是指采购方以招标公告的形式邀请不确定的供应商投标的采购方式。该方式具有信息发布透明、选择范围广、竞争范围大、公开程度高等特点，可以最大限度地实现公开、公正、公平原则，无论是透明度、还是程序上均是最富竞争力的采购方式。

邀请招标采购，也称选择性招标采购，由采购人根据供应商或承包商的资信和业绩，选择一定数目的法人或其他组织（不能少于 3 家），向其发出招标邀请书，邀请他们参加投标竞争，从中选定中标的供应商。该方式具有以下特点：（1）发布信息的方式为投标邀请书；（2）采购人在一定范围内邀请供应商参加投标；（3）竞争范围有限，采购人只要向 3 家以上供应商发出邀请标书即可；（4）招标时间大大缩短，招标费用也相对低一些；（5）公开程度逊色于公开招标。

竞争性谈判采购是指采购人或代理机构通过与多家供应商（不少于 3 家）进行谈判，最后从中确定中标供应商。该方式具有较强的主观性，评审过程难以控制，容易导致不公正交易，甚至腐败，必须对这种采购方式的适用条件加以严格限制，并对谈判过程进行严格控制。

单一来源采购，也称直接采购，是指采购机关向供应商直接购买的采购方式，即采购实体在适当的条件下向单一供应商、承包商、服务商征求建议或报价来进行采购。该采购方式的最主要特点是没有竞争性，采购手续简单、过程简化。

询价采购，又称“选购”，也称货比三家，是指采购人向国内外供应商（通常不少于 3 家）发出询价单让其报价，在供应商报价基础上进行比较并确定最优供应商的一种采购方式。该方式具有以下特点：（1）邀请报价的供应商数量至少 3 家；（2）只允许供应商报出不得更改的报价。

对于公开招标、邀请招标、竞争性谈判、询价采购和单一来源采购等五种主要政府采购方式，在执行过程中不能并行对待，而应有优先选择次序。一般而言，首选是公开招标，其次是邀请招标，在以上两种招标采购方式条件均不满足的情况下，再考虑竞争性谈判、单一来源采购和询价采购。如技术复杂或者性质特殊，不能确定详细规格或者具体要求的，则可直接采用竞争性谈判方式；如供应商唯一或需要继续从原供应商外添购，且添购金额不超过原合同采购金额10%的，则可直接采用单一来源采购的方式；如采购现成的且并非按采购人要求的标准化货物，货源丰富且价格弹性不大的采购项目，可直接采用询价采购。五种采购方式的适用条件具体如表6-12所示。

表6-12　　五种政府采购方式的适用条件

政府采购方式	适用条件
公开招标采购	公开招标数额标准以上货物和服务采购
邀请招标采购	(1) 具有特殊性，只能从有限范围的供应商处采购的；(2) 采用公开招标方式的费用占政府采购项目总价值的比例过大的。
竞争性谈判采购	(1) 招标后没有供应商投标或者没有合格标的或者重新招标未能成立的；(2) 技术复杂或者性质特殊，不能确定详细规格或者具体要求的；(3) 采用招标所需时间不能满足用户紧急需要的；(4) 不能事先计算出价格总额的。
单一来源采购	(1) 只能从唯一供应商处采购的；(2) 发生了不可预见的紧急情况不能从其他供应商处采购的；(3) 必须保证原有采购项目一致性或者服务配套的要求，需要继续从原供应商处添购，且添购资金总额不超过原合同采购金额百分之十的。
询价采购	采购的货物规格、标准统一、现货货源充足且价格变化幅度小的政府采购项目。

此外，行政事业单位在政府采购实践中还可采用定点采购、协议供货、采购卡采购和电子化采购等其他方式。集中采购目录中通用的小额零星的采购项目，可以实行协议供货采购和定点服务采购。集中采购代理机构应当通过公开招标方式，集中确定协议供货和定点服务采购的供应商，明确中标产品和服务条件，并以协议书的形式固定。采购人应当在协议供货和定点服务中标范围内，选择中标供应商及中标产品或服务。

（四）政府采购控制的依据

我国政府采购实行监督管理职能与操作执行职能相分离的管理体制，各级政府财政部门履行监督管理职能，各级行政事业单位及政府集中采购机构履行操作执行职能。近年来，为规范行政事业单位开展政府采购活动，国家在政府采购管理方面先后制定了若干法律法规，已成为规范单位开展政府采购的重要依据文件。具体包括：

1.《中华人民共和国政府采购法》(2002年颁布)

2.《政府采购货物和服务招标投标管理办法》(2004年颁布)

3.《政府采购信息公告管理办法》(2004年颁布)

4.《政府采购评审专家管理办法》(2003年颁布)

5.《政府采购资金财政直接拨付管理暂行办法》(2001年颁布)

6.《政府采购供应商投诉处理办法》(2004年颁布)

7.《政府采购代理机构资格认定办法》(2010修订)

8.《集中采购机构监督考核管理办法》(2003年颁布)

9.《关于加强政府采购供应商投诉受理审查工作的通知》(2007年颁布)

10.《关于进一步规范政府采购评审工作有关问题的通知》(2012年颁布)

为促进经济发展，国家还先后出台了《节能产品政府采购实施意见》(2004年颁布)、《关于环境标志产品政府采购实施的意见》(2006年颁布)、《关于实施促进自主创新政府采购政策的若干意见》(2006年颁布)、《政府采购进口产品管理办法》(2007年颁布)《政府采购促进中小企业发展暂行办法》(2011年颁布)等政策文件，并制定了《自主创新产品政府采购预算管理办法》、《自主创新产品政府采购评审管理办法》和《自主创新产品政府采购合同管理办法》等配套规定。

此外，财政部还面向中央行政事业单位出台《中央单位政府采购管理实施办法》、《中央单位政府集中采购管理实施办法》等规定，各级地方政府也出台了若干地方政府采购法规，共同构成了我国政府采购的法规体系。

二、政府采购业务流程与控制设计

行政事业单位政府采购业务一般包括采购计划、采购实施和采购监督三个阶段，主要涉及采购预算编报与下达、采购计划编制与审核、采购需求申报、代理机构选用、采购方式选择、供应商确定、采购合同签订、管理供应过程、采购项目验收、采购结算付款、会计控制、采购资料归档、采购信息公开、质疑与投诉处理以及采购后评估等具体环节（如图6-8所示)。

单位可根据自身实际采购情况，参照上述通用流程予以扩充和具体化，形成符合本单位的政府采购流程。

根据政府采购基本业务流程，结合《内控规范》规定，行政事业单位政府采购控制主要包括政府采购组织控制、政府采购预算与计划控制、政府采购活动

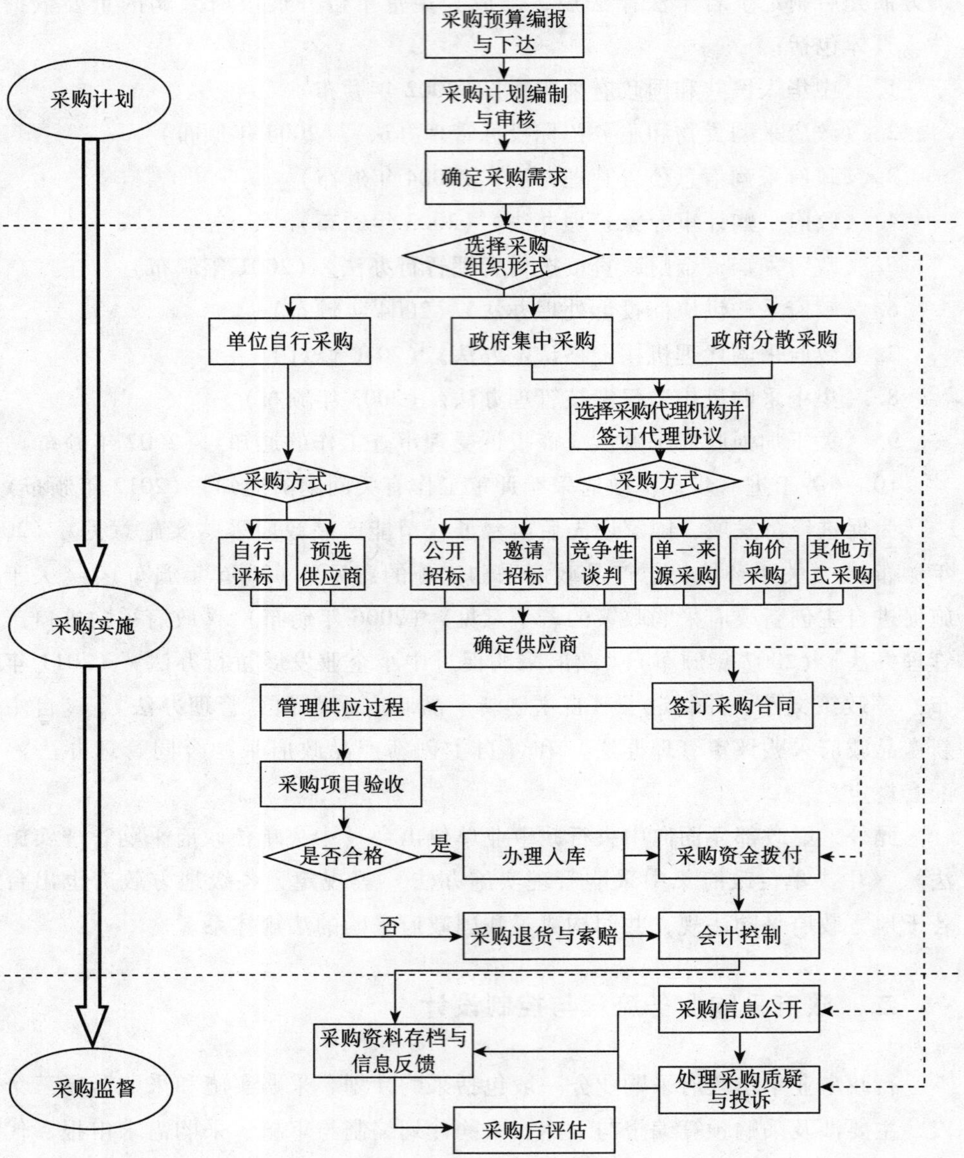

图 6－8　行政事业单位采购基本业务流程

控制、政府采购招投标控制、政府采购合同控制、政府采购验收控制、政府采购资金控制、政府采购信息控制、政府采购监督控制等（如图 6－9 所示）。

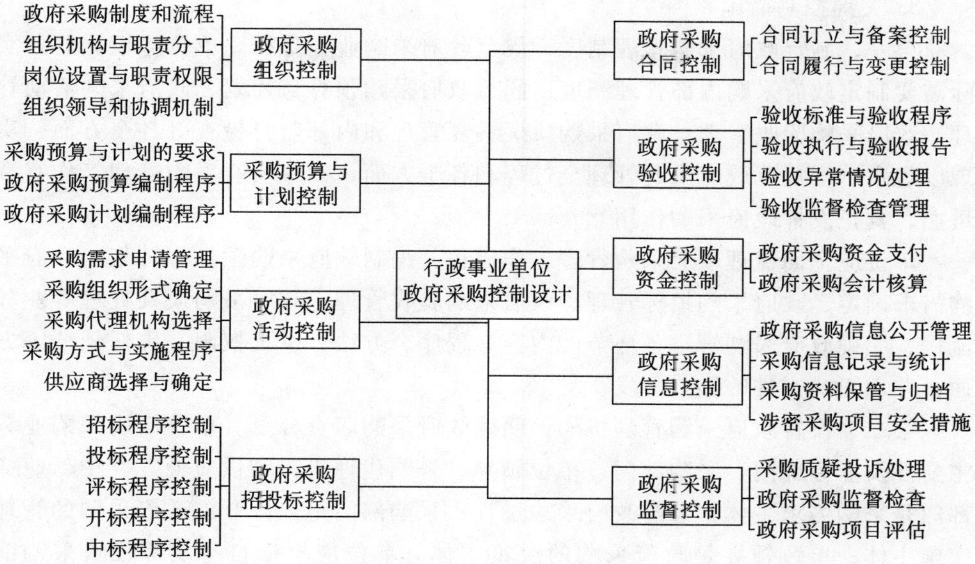

图 6-9 行政事业单位采购业务控制框架

三、政府采购的控制目标、主要风险和关键控制措施

（一）政府采购管理体制及运行机制建立

1. 控制目标

第一，建立完善的政府采购管理制度和流程，确保政府采购计划、组织实施、监督评价等管理活动有章可循，有据可依，以使政府采购管理规范有序。

第二，设置政府采购归口机构和管理岗位，明确政府采购授权审批权限和岗位职责，确保政府采购计划编制、采购实施、采购监督人员配备合理。

第三，建立合理的组织领导和工作协调机制，确保政府采购管理运行机制健全有效，保障政府采购管理工作有效开展。

2. 主要风险

政府采购运行机制不完善，政府采购计划编制、组织实施、监督评价等工作流于形式，政府采购管理作用得不到有效发挥，具体表现在：

第一，未建立规范的政府采购管理制度和流程，可能导致政府采购业务操作无章可循，致使政府采购管理随意性加大。

第二，未明确政府采购管理机构和岗位设置，或政府采购管理职责分工不明确，可能导致政府采购管理责任不清，影响政府采购管理的效果。

第三，未建立健全政府采购工作的组织领导和工作协调机制，可能导致单位内部各机构之间在采购管理上协作不畅、相互推诿，致使采购管理效率不高。

3. 关键控制措施

第一，制定政府采购管理制度，规范政府采购业务流程。单位应根据业务实际需要制定政府采购内部管理制度，涵盖政府采购预算与计划、政府采购活动管理、政府采购验收管理、政府采购质疑答复管理和内部监督检查等各个方面，实现以规章制度规范政府采购管理全过程和各个方面，确保政府采购管理工作有章可循，真正发挥政府采购作用。

单位应全面梳理政府采购管理工作流程，编制政府采购预算和计划、政府采购需求确定、政府采购招标管理、政府采购验收管理、政府采购质疑处理等业务流程，明确政府采购管理各环节的内容、程序、方法、审批权限、责任划分等方面，并以正式文件的形式下发。

第二，设置政府采购管理机构，明确政府采购职责分工。单位政府采购业务主要涉及业务部门、采购部门、单位领导、采购代理机构和供应商。其中，业务部门是采购需求主体，参与政府采购过程；采购部门是单位开展政府采购的管理实施主体；单位领导是政府采购的决策主体。单位应根据自身实际设置采购部门，对于采购业务较多的单位可成立或指定采购主管部门，对于采购业务比较少的单位可成立采购小组来承担采购业务。同时，单位也应明确界定采购部门、财务部门、业务部门等在政府采购管理中的职责分工，确保政府采购管理主体责任明确。

第三，合理设置政府采购管理岗位，建立政府采购业务岗位责任制。单位应当按照不相容职务相互分离的原则合理设置政府采购管理岗位，明确相关岗位的职责、分工及权限。政府采购管理工作各环节的不相容职位一般包括：政府采购需求制定与内部审批、招标文件准备与复核、合同签订与验收、验收与保管、采购活动组织与质疑投诉检查等不相容岗位。

同时，单位应配备具有岗位胜任能力的采购管理人员，指定专人负责收集、整理、归档并及时更新与政府采购业务有关的政策制度文件，定期开展培训，确保办理政府采购人员及时全面掌握相关规定。

第四，建立政府采购管理组织领导与工作协调机制。单位应当加强对采购活动的组织领导，成立包括单位分管采购负责人、各内设机构负责人在内的采购业务领导小组，定期就采购计划、组织实施、监督评价工作运行过程中存在的问题进行讨论沟通，不断完善单位采购工作协调机制。单位应当加强对政府采购活动的管理，对政府采购活动实施归口管理，在政府采购活动中建立政府采购、资产管理、财会、内部审计、纪检监察等部门或岗位相互协调、相互制约的机制。

（二）政府采购预算与计划控制

1. 控制目标

根据财政部门有关规定编制采购预算，合理安排采购计划，保证采购计划（预算）科学合理，并具有财力保障。

2. 主要风险

第一，未详细掌握本单位对于资产物资及服务的实际需求和相关配备标准，难以确保采购计划（预算）的合法性、合理性。

第二，采购预算编制不科学，采购计划安排不合理，造成货物、工程及服务购置与本单位年度工作计划、现有的资产及配置情况相脱节，可能导致采购失败、业务活动中断或资源浪费。

3. 关键控制措施

第一，明确政府采购预算和计划编制的要求。单位应按照“先预算，后计划，再采购”的工作流程，按规定编报政府采购预算和计划，未编报计划的采购项目不得组织实施，具体来说应按照以下要求编制政府采购预算和计划：

（1）单位采购管理部门应按照本单位工程、货物和服务实际需求，经费预算标准和设备配置标准细化采购预算，列明采购项目或货物品目，并根据采购预算及实际采购需求安排编报采购计划；

（2）单位集中采购预算在年初与部门预算同步编制，要应编尽编，将属于集中采购范围的支出项目均编入集中采购预算，体现预算支出规模和方向；

（3）采购主管部门应对单位提交的集中采购预算进行审核，对属于集中采购范围的支出项目而未编制集中采购预算，应责成其重新编制；

（4）单位应加强采购预算和采购计划之间的衔接，建立预算编制、政府采购和资产管理等部门或岗位之间的沟通协调机制。

第二，规范政府采购预算编制与审核程序。政府采购预算与部门预算编制程序基本一致，采用“两上两下”的程序，以中央部门政府采购预算流程为例，具体如下：

“一上”：由下至上逐级填报政府采购预算草案。各部门根据财政部的部署，由下至上按照政府采购预算表格要求，将本年度政府采购项目及资金来源列出，逐级编制预算，汇总后报财政部审核；

“一下”：由上至下审核政府采购预算。财政部接到各部门上报的政府采购预算，结合核定的各部门支出控制数进行审核，并重新编制各部门政府采购预算，将其下达给各部门征求意见，要求各部门按支出控制数调整预算；

“二上”：由上至下重新编制政府采购预算。各部门根据财政部下达的支出控制数，结合本单位预算年度收支情况，按照优先顺序，调整支出项目，提出具体采购项目预算金额及实施时间，总支出不得突破控制数，上报财政部；

“二下”：由上至下批复下达政府采购预算。财政部对各单位调整后的政府采购预算进行汇总，并作进一步审核，随同各部门的预算一起形成预算草案上报国务院批准，经全国人大审议通过后下达执行。

从2001年开始，财政部为减少部门工作量，保证政府采购预算的稳定性和准确性，规定政府采购预算在“二上”时编报。

第三，规范政府采购计划编制与审核程序。采购计划作为采购预算的执行明细，一般以能否向一个供应商实施采购作为立项分项原则，能够向一个供应商购买的，不得拆项。在编制政府集中采购计划时，应当明确政府采购项目基本情况、采购方式、组织形式和预计采购时间等具体内容，并符合下列要求：

（1）项目和资金符合政府采购预算；

（2）相同品目的项目归并编列；

（3）对采购价格、规格及技术要求等相关事项进行市场调查或者论证；

（4）预计采购时间与采购方式程序所需时间基本一致。

集中采购预算与部门预算同步执行，每年12月下旬尚未编报采购计划的，依规定由财政部门收回预算指标。采购计划自下达之日起三个月内有效，各单位应当及时向政府采购中心申报采购。按照"预算生成计划，计划对应采购"的要求，一个集中采购预算项目可以生成多条采购计划，但一个采购计划条目只对应一次采购活动、一张中标（成交）通知书。

（三）政府采购活动控制

1. 控制目标

第一，确保请购依据充分，且经过适当授权或审批，并符合单位实际业务需求，保证采购事项的真实性、合理性、合法性，防止欺诈和舞弊行为。

第二，规范政府采购代理机构的选用程序，选择合理的采购代理机构，确保采购代理机构合法合规，

第三，确保供应商的选择及其评价有利于公司获取“质优价廉”的货物、工程和服务，采购结果符合预期，价格不高于市场同类产品价格水平。

2. 主要风险

第一，缺乏采购申请制度，请购未经授权或超越授权审批，可能导致采购物资过量或短缺，影响单位的正常业务活动开展。

第二，错误选用资质或业务范围不符合采购代理要求的采购代理机构，可能导致采购结果难以满足采购单位的实际需求。

第三，供应商选择不当，采购方式不合理，招投标程序不规范，授权审批不到位，可能导致采购物资质次价高，甚至出现舞弊或遭受欺诈。

第四，采购定价机制不科学，采购定价方式选择不当，缺乏对重要物资品种价格的跟踪监控，导致采购价格不合理，可能造成单位资金损失。

3. 关键控制措施

第一，合理确定政府采购需求，建立采购申请制度，规范请购程序。单位应依据购买物资或接受劳务的类型，确定归口管理部门，授予相应的请购权，明确相关部门或人员的职责权限，规范请购程序。具有请购权的部门对于预算内采购项目，应当严格按照预算执行进度办理请购手续，根据工作计划提出合理采购申请；对于超预算和预算外采购项目，应先履行预算调整程序，由具备相应审批权限的部门或人员审批后，再行办理请购手续。

（1）采购需求部门提出需求文件时应当明确描述采购需求内容，包括采购项目名称、采购项目分类（货物类采购、服务类采购、工程类采购）、采购数量、采购金额、采购方式、采购时限、资金来源等。

（2）单位提出采购需求时至少应当经过资产管理部门和政府采购管理部门的审核同意，重大采购需求应当经单位领导班子会议决策通过；建设项目、大宗专用设备采购等重大项目应聘请专业的评估机构对需求文件进行专业评审。

单位应当加强对政府采购申请的内部审核，按照规定选择政府采购方式、发布政府采购信息。对政府采购进口产品、变更政府采购方式等事项应当加强内部审核，严格履行审批手续。具备相应审批权限的部门或人员审批采购申请时，应重点关注采购申请内容是否准确、完整，是否符合开展业务活动的实际需要，是否符合采购计划，是否在采购预算范围内等。对不符合规定的采购申请，应要求请购部门调整请购内容或拒绝批准；对于建设项目、大宗专用设备采购等重大项目，应聘请专业的评估机构对需求文件进行专业评审。

第二，区分政府采购项目和非政府采购项目，选择合理的政府采购组织形式。凡是纳入集中采购目录的政府采购项目，均应属于集中采购机构的强制性业务范围。其中，纳入集中采购目录属于通用的政府采购项目的，应当委托集中采购机构代理采购；属于本部门、本系统有特殊要求的项目，应当实行部门集中采购；属于本单位有特殊要求的项目，经省级以上人民政府批准，可以自行采购。政府采购法将“纳入集中采购目录的政府采购项目”划分为通用项目和非通用项目，而且作了区别对待，容许采购人采购本部门有特殊要求的通用项目时，实行部门集中采购；采购本单位有特殊要求的非通用项目时，可以依法自行采购。任何单位不得以瞒报、分拆项目等手段规避政府采购程序。

第三，合理选择政府采购代理机构，明确政府采购代理机构选择的要求。根据《政府采购代理机构资格认定办法》（2010 年修订），政府采购代理机构是指取得财政部门认定资格的，依法接受采购人委托，从事政府采购货物、工程和服务采购代理业务的社会中介机构。政府采购代理机构分为政府集中采购机构和政府采购代理中介机构，二者在法律规定的范围内接受采购人的委托，行使政府采购业务。

（1）集中采购机构是经政府批准成立的非营利机构，其开展政府采购活动应当符合采购价格低于市场平均价格、采购效率更高、采购质量优良和服务良好的要求。纳入集中采购目录的政府采购项目，必须委托集中采购机构代理采购；采购未纳入集中采购目录的政府采购项目，可以自行采购，也可以委托集中采购机构在委托的范围内代理采购。

（2）采购代理中介机构是经财政部或省级财政部门认定，具有政府采购招标资质、代理采购事宜的盈利机构。对于未纳入集中采购目录的政府采购项目，采购单位有权自行选择采购代理机构，任何单位和个人不得以任何方式为采购人指定采购代理机构，既可委托集中采购机构也可委托采购代理机构。各单位采购主管部门应当根据采购代理机构的业务范围、服务性质、工作经验等方面信息，对备选采购代理机构进行专业类别分组，形成货物、服务和工程类采购代理机构备选库，报单位主管机构审定后发布实施。

（3）采购单位无论是委托集中采购机构还是采购代理机构办理采购事宜，均需与采购代理机构签订委托代理协议，依法确定委托代理的事项，约定双方的权利义务，明确采购项目、采购数量、采购金额、采购时限和采购方式。

此外，委托采购代理机构采购部门集中类目录和分散采购项目中属于国家、省、市重点项目或者采购金额较大项目的，应当采取公开招标的方式确定采购代理机构。

第四，合理选择政府采购方式，规范政府采购程序。公开招标应作为政府采购的主要采购方式。当单项或批量采购预算金额达到政府规定的具体数据标准时，应当采用公开招标方式。如因特殊情况需要采用公开招标以外的采购方式的，应当在采购活动开始前获得设区的市、自治州以上人民政府采购监督管理部门的批准。

货物或者服务项目采取邀请招标方式采购的，采购人应当从符合相应资格条件的供应商中，通过随机方式选择三家以上的供应商，并向其发出投标邀请书。无论是公开招标还邀请招标，都需按照招标、投标、开标、评标、定标的采购程序开展采购活动。

采用竞争性谈判方式采购的，应当遵循如表 6 - 13 所示的采购程序。

表 6－13　　竞争性谈判方式政府采购程序

采购程序	关注要点
成立谈判小组	谈判小组由采购人的代表和有关专家共三人以上的单数组成，其中专家的人数不得少于成员总数的三分之二。
制定谈判文件	谈判文件应当明确谈判程序、谈判内容、合同草案的条款以及评定成交的标准等事项。
确定谈判供应商名单	谈判小组从符合相应资格条件的供应商名单中确定不少于三家的供应商参加谈判，并向其提供谈判文件。
谈判	谈判小组所有成员集中与单一供应商分别进行谈判。在谈判中，谈判的任何一方不得透露与谈判有关的其他供应商的技术资料、价格和其他信息。谈判文件有实质性变动的，谈判小组应当以书面形式通知所有参加谈判的供应商。
确定成交供应商	谈判结束后，谈判小组应当要求所有参加谈判的供应商在规定时间内进行最后报价，采购人从谈判小组提出的成交候选人中根据符合采购需求、质量和服务相等且报价最低的原则确定成交供应商，并将结果通知所有参加谈判的未成交的供应商。

采取单一来源方式采购的，应当遵循如表 6－14 所示的采购程序。

表 6－14　　单一来源方式政府采购程序

采购程序	关注要点
提出采购理由和依据	采购人或代理机构提出采用单一来源采购方式的理由和依据，书面报政府采购监督管理部门审核，政府采购监督管理部门审核通过后下达《政府采购计划下达函》
成立采购小组	采购小组由其纪检、财务、装备等业务部门 3 人以上单数组成，需要聘请专家的，可以从政府采购评审专家库或其他行业专家中聘请。
编制单一来源采购文件	采购文件中应该包括采购项目需求、技术要求和服务要求等，同时拟定洽谈方案，包括洽谈的主要内容、价格承受上限、质量最低保证、服务要求、应变措施等
邀请单一来源供应商	采购人向洽谈供应商发出洽谈邀请，提供采购文件
组织采购洽谈	供应商依据采购文件要求编制相应文件后，携带相关资格证明文件在采购文件规定的时间、地点参加洽谈。政府采购监督管理部门及有关部门可以视情况到现场监督洽谈活动。洽谈过程由采购人指定专人负责记录，并存档备查。
确定成交结果	采购小组出具成交报告后，采购人向供应商发出成交通知书，成交通知书发出后，采购人改变成交结果，或者成交供应商放弃成交的，应当承担相应的法律责任。

采取询价方式采购的，应当遵循如表 6－15 所示的采购程序。

表6-15　询价方式政府采购程序

采购程序	关注要点
成立询价小组	询价小组由采购人的代表和有关专家共三人以上的单数组成，其中专家的人数不得少于成员总数的三分之二。询价小组应当对采购项目的价格构成和评定成交的标准等事项作出规定。
确定被询价的供应商名单	询价小组根据采购需求，从符合相应资格条件的供应商名单中确定不少于三家的供应商，并向其发出询价通知书让其报价。
询价	询价小组要求被询价的供应商一次报出不得更改的价格。
确定成交供应商	采购人根据符合采购需求、质量和服务相等且报价最低的原则确定成交供应商，并将结果通知所有被询价的未成交的供应商。

第五，规范供应商选择过程，合理选择政府采购供应商。单位应当建立科学的供应商评估和准入制度，对各类货物、工程和服务的供应商资质信誉情况的真实性和合法性进行审查，确定合格的供应商名录（合格供应商库），健全单位统一的供应商网络。单位新增供应商的市场准入、供应商新增服务关系以及调整供应商物资目录，应当由采购部门根据需要提出申请，并按规定的权限和程序审核批准后，纳入供应商网络。

采购部门应按照公平、公正和竞争的原则，择优选择供应商，在切实防范舞弊风险的基础上，与供应商签订质量保证协议。同时，单位应当对供应商提供物资或劳务的质量、价格、交货及时性、供货条件及其资信、经营状况等进行实时跟踪管理，并定期组织开展考核评价，根据考核评价结果，提出供应商淘汰和更换名单，经审批后对供应商进行合理选择和调整，并在供应商清单（供应商库）中作出相应记录。

（四）政府采购招投标控制

根据《政府采购货物和服务招标投标管理办法》规定，政府采购招投标管理主要针对货物和服务类的管理，具体包括公开招标和邀请招标两种方式。公开招标，是指招标采购单位依法以招标公告的方式邀请不特定的供应商参加投标。邀请招标，是指招标采购单位依法从符合相应资格条件的供应商中随机邀请三家以上供应商，并以投标邀请书的方式，邀请其参加投标。

1. 控制目标

第一，确保政府采购招标投标活动遵循公开、公平、公正和诚实信用的原则，符合国家法律法规和相关政策。

第二，建立规范的政府采购招标工作程序，确保选择符合资质条件的中标人，保证政府采购货物和服务的质量。

第三，确保招标文件编制的完整准确，标底不被泄露，评标人员选择恰当合理，防范招标过程中出现舞弊和腐败现象。

2. 主要风险

第一，没有选择恰当的招标方式，或者在招投标中存在不规范甚至违法行为，可能导致舞弊行为。

第二，招标人任意肢解政府采购项目，致使招标项目不完整，或逃避公开招标，可能导致存在违法违规行为。

第三，投标人资质条件不符合要求或挂靠、冒用他人名义投标，可能导致政府采购质量难以保证。

第四，政府采购招标投标程序不规范，评标、开标程序不符合规定，损害招标人利益。

3. 关键控制措施

第一，加强政府采购招投标管理，明确政府采购招标的原则和方式。政府采购货物服务项目达到公开招标数额标准的，必须采用公开招标方式。因特殊情况需要采用公开招标以外方式的，应当在采购活动开始前获得设区的市、自治州以上人民政府财政部门的批准。

招标采购单位应当根据“公开、公正、公平”的原则组织招投标活动，单位不得将应当以公开招标方式采购的货物服务化整为零或者以其他方式规避公开招标采购，不得阻挠和限制供应商自由参加货物服务招标投标活动，不得指定货物的品牌、服务的供应商和采购代理机构，以及采用其他方式非法干涉货物服务招标投标活动。在货物服务招标投标活动中，招标采购单位工作人员、评标委员会成员及其他相关人员与供应商有利害关系的，必须回避。供应商认为上述人员与其他供应商有利害关系的，可以申请其回避。

第二，规范政府采购招标流程，明确招标过程的主要管控点。单位应按照标前准备、编制招标文件、确定标底、发布招标公告或投标邀请函、资格预审的程序开展政府采购招标（如表 6－16）。

表 6－16　　政府采购招标程序

招标程序	主要管控点
标前准备阶段	（1）提出采购需求，确定采购方案，明确招标组织方式，采购方案主要包括项目所涉及产品和服务的技术规格、标准以及主要商务条款和项目的采购清单。 （2）若委托采购代理机构招标，则需选择采购代理机构，并与其签订委托协议，确定委托代理的事项，约定双方的权利和义务。

续表

招标程序	主要管控点
编制招标文件	(1) 招标人根据招标项目的要求和采购方案编制招标文件，一般包括招标公告(投标邀请函)、招标项目要求、投标人须知、合同格式、投标文件格式等内容。 (2) 招标采购单位应当制作纸质招标文件，也可以在财政部门指定的网络媒体上发布电子招标文件，并应当保持两者的一致。电子招标文件与纸质招标文件具有同等法律效力。
确定标底	标底是指招标人根据招标项目的具体情况编制的，完成招标项目所需的基本概算，是对采购项目可接受的最高采购价格，标底价格由成本、利润、税金等组成。 标底由招标人或招标代理机构编制，以招标项目批准的预算为基本依据。标底编制保密性较强，一般确定 2～3 人负责，编制完成后密封保存直至评标时方可公开。
发布招标公告（投标邀请函）	招标公告（投标邀请函）的内容主要包括：招标采购单位的名称、地址和联系方法；招标项目的名称、数量或者招标项目的性质；投标人的资格要求；获取招标文件的时间、地点、方式及招标文件售价；投标截止时间、开标时间及地点。 招标公告必须在财政部门指定的政府采购信息发布媒体上发布，如中国政府采购网和地方政府采购网。
资格预审与发售招标文件	资格预审的办法和程序可在招标公告（投标邀请函）中载明，或者通过指定报刊、媒体发布资格预审公告，由潜在投标人提交资格证明文件，招标人根据资格预审文件对潜在投标人进行资格审查。 招标采购单位在招标公告规定的时间、地点向有兴趣投标且经过审查符合资格要求的供应商发售招标文件。招标文件开始发出之日起至投标人提交投标文件截止之日止，不得少于二十日。 招标文件的售价应按照弥补招标文件印制成本费用的原则确定，不得以营利为目的，不得以招标采购金额作为确定招标文件售价依据。

采用邀请招标方式采购的，招标采购单位应当在省级以上人民政府财政部门指定的政府采购信息媒体发布资格预审公告，公布投标人资格条件，资格预审公告的期限不得少于七个工作日。投标人应当在资格预审公告期结束之日起三个工作日前，按公告要求提交资格证明文件。招标采购单位从评审合格投标人中通过随机方式选择三家以上的投标人，并向其发出投标邀请书。

招标采购单位根据招标采购项目的具体情况，可以组织潜在投标人现场考察或者召开开标前答疑会，但不得单独或者分别组织只有一个投标人参加的现场考察。开标前，招标采购单位和有关工作人员不得向他人透露已获取招标文件的潜在投标人的名称、数量以及可能影响公平竞争的有关招标投标的其他情况。

招标采购单位对已发出的招标文件进行必要澄清或者修改的，应当在招标文件要求提交投标文件截止时间十五日前，在财政部门指定的政府采购信息发布媒体上发布更正公告，并以书面形式通知所有招标文件收受人。该澄清或者修改的内容为招标文件的组成部分。

招标采购单位可以视采购具体情况，延长投标截止时间和开标时间，但至少应当在招标文件要求提交投标文件的截止时间三日前，将变更时间书面通知所有招标文件收受人，并在财政部门指定的政府采购信息发布媒体上发布变更公告。

第三，规范政府采购投标流程，明确投标过程中的主要管控点。投标是潜在投标人接到招标通知后，根据招标文件的要求编制投标文件，并将投标文件送达招标人或招标代理机构的行为。具体来说，招标采购单位应按照表 6 – 17 所示的程序开展投标。

表 6 – 17　　　　政府采购投标程序

投标程序	主要管控点
投标前准备	在投标之前，如果招标人要求进行资格预审，投标人要及时购买由招标人拟定的资格预审文件，按要求填写并及时提交，资格预审合格，接到招标人通知后，进入投标前准备阶段。 投标人购买招标文件，应仔细研究分析全部内容及投标须知，对照具体要求审视自己是否具备中标能力，能否符合招标价格、技术指标、交货期限、产品质量等各方面的条件。
编制投标文件	投标人应当按照招标文件的要求编制投标文件。投标文件应对招标文件提出的要求和条件作出实质性响应。投标文件由商务部分、技术部分、价格部分和其他部分组成。投标人对招标文件要求的格式不得更改。
投标文件密封与标记	投标人对编制完成的投标文件必须按照招标文件的要求进行密封、标记，正本和每份副本分别密封在内层包封，再密封在一个外层包封中，并在内包封上正确表明“投标文件正本”或“投标文件副本”
送达投标文件	投标人应当在招标文件要求提交投标文件的截止时间前，将投标文件密封送达投标地点。招标采购单位收到投标文件后，应当签收保存，任何单位和个人不得在开标前开启投标文件。 自招标文件开始发出之日起至投标人提交投标文件截止日，不得少于 20 天，在招标文件要求提交投标文件的截止时间之后送达的投标文件，为无效投标文件，招标采购单位应当拒收。

投标人在投标截止时间前，可以对所递交的投标文件进行补充、修改或者撤回，并书面通知招标采购单位。补充、修改的内容应当按招标文件要求签署、盖章，并作为投标文件的组成部分。

投标人投标时，应当按招标文件要求交纳投标保证金。投标保证金可以采用现金支票、银行汇票、银行保函等形式交纳。投标人未按招标文件要求交纳投标保证金的，招标采购单位应当拒绝接收投标人的投标文件。

第四，规范政府采购开标流程，明确开标过程中的主要管控点。开标由招标采购单位主持，采购人、投标人和有关方面代表参加。招标采购单位在开标前，应当通知同级人民政府财政部门及有关部门。财政部门及有关部门可以视情况到现场监督开标活动。开标应当在招标文件确定的提交投标文件截止时间的同一时间公开进行；开标地点应当为招标文件中预先确定的地点。

一般来讲，开标应遵循以下步骤：（1）主持人宣布开标开始，宣布评标委员会人员名单和工作人员名单；（2）验标，由投标人或者其推选的代表检查投标文件的密封情况，也可以由招标人委托的公证机构检查并公证；（3）开标，经确认无误后，由招标工作人员当众按招标文件递交的先后顺序拆封；（4）唱标，读投标人名称、投标价格、价格折扣、招标文件允许提供的备选投标方案和投标文件的其他主要内容。未宣读的投标价格、价格折扣和招标文件允许提供的备选投标方案等实质内容，评标时不予承认。

开标过程应当由招标采购单位指定专人负责记录，并存档备查。投标截止时间结束后参加投标的供应商不足三家的，除采购任务取消情形外，招标采购单位应当报告设区的市、自治州以上人民政府财政部门，由财政部门按照以下原则处理：（1）招标文件没有不合理条款、招标公告时间及程序符合规定的，同意采取竞争性谈判、询价或者单一来源方式采购；（2）招标文件存在不合理条款的，招标公告时间及程序不符合规定的，应予废标，并责成招标采购单位依法重新招标。在评标期间，出现符合专业条件的供应商或者对招标文件作出实质响应的供应商不足三家情形的，可以比照前款规定执行。

第五，规范政府采购评标流程，明确评标过程中的主要管控点。评标工作由招标采购单位负责组织，具体评标事务由招标采购单位依法组建的评标委员会负责。评标委员会由采购人代表和有关技术、经济等方面的专家组成，成员人数应当为五人以上单数。其中，技术、经济等方面的专家不得少于成员总数的三分之二。采购数额在300万元以上、技术复杂的项目，评标委员会中技术、经济方面的专家人数应当为五人以上单数。

招标采购单位就招标文件征询过意见的专家，不得再作为评标专家参加评标。采购人不得以专家身份参与本部门或者本单位采购项目的评标。采购代理机构工作人员不得参加由本机构代理的政府采购项目的评标。评标委员会成员名单原则上应在开标前确定，并在招标结果确定前保密。评标专家应当熟悉政府采购、招标投标的相关政策法规，熟悉市场行情，有良好的职业道德，遵守招标纪律，从事相关领域工作满八年并具有高级职称或者具有同等专业水平。

招标采购单位应结合项目特点选择最低评标价法、综合评分法和性价比法等评标方法开展评标。招标结束后，招标人要组织评委编写评标报告，上报采购机构，评标报告主要包括：招标公告刊登的媒体名称、开标日期和地点；购买招标文件的投标人名单和评标委员会成员名单；评标方法和标准；开标记录和评标情况及说明，包括投标无效投标人名单及原因；评标结果和中标候选供应商排序表；评标委员会的授标建议。

第六，规范政府采购中标过程，明确中标过程中的主要管控点。采购代理机构应当在评标结束后五个工作日内将评标报告送采购人。采购人应当在收到评标报告后五个工作日内，按照评标报告中推荐的中标候选供应商顺序确定中标供应商；也可以事先授权评标委员会直接确定中标供应商。采购人自行组织招标的，应当在评标结束后五个工作日内确定中标供应商。

（五）政府采购合同控制

1. 控制目标

第一，按照规范的程序与供应商订立采购合同，确保合同条款符合国家有关法律法规的要求。

第二，跟踪合同履行过程，合同双方不得擅自变更、中止或者终止合同，确保供应商按合同要求及时供货。

2. 主要风险

第一，未经授权对外订立采购合同，合同对方主体资格、履约能力等未达要求、合同内容存在重大疏漏和欺诈等，都可能导致采购单位合法权益受到侵害。

第二，缺乏对采购合同履行情况的有效跟踪，运输方式选择不合理，忽视运输过程中的保险风险，可能导致采购物资损失或无法保证供应。

3. 关键控制措施

第一，规范政府采购合同签订与备案过程，确保政府采购合同签订过程合法合规。单位应依据中标、成交通知书，严格按照合同法相关要求与供应商办理合同签订手续，政府采购合同采用书面形式。具体要求如下：

（1）采购单位与中标、成交供应商应当在中标、成交通知书发出之日起三十日内，按照采购文件确定的事项签订政府采购合同。

（2）中标、成交通知书对采购人和中标、成交供应商均具有法律效力。中标、成交通知书发出后，采购人改变中标、成交结果的，或者中标、成交供应商放弃中标、成交项目的，应当依法承担法律责任。

（3）政府采购项目的采购合同自签订之日起七个工作日内，采购人应当将合同副本报同级政府采购监督管理部门和有关部门备案。

（4）采购单位可以委托代理机构代表其与中标、成交供应商签订政府采购合同。由代理机构以采购单位名义签订合同的，应当提交采购单位的授权委托书，作为合同附件。

（5）经采购人同意，中标、成交供应商可以依法采取分包方式履行合同。政府采购合同分包履行的，中标、成交供应商就采购项目和分包项目向采购人负责，分包供应商就分包项目承担责任。

第二，严格政府采购合同履行过程管理，规范政府采购合同的变更程序。单位应依据采购合同确定的主要条款跟踪合同履行情况，对有可能影响生产或工程进度的异常情况，应出具书面报告并及时提出解决方案，采购必要措施，保证需求物资的及时供应。

政府采购合同履行中，采购单位需追加与合同标的相同的货物、工程或者服务的，在不改变合同其他条款的前提下，可以与供应商协商签订补充合同，但所有补充合同的采购金额不得超过原合同采购金额的百分之十。

政府采购合同的双方当事人不得擅自变更、中止或者终止合同。政府采购合同继续履行将损害国家利益和社会公共利益的，双方当事人应当变更、中止或者终止合同。有过错的一方应当承担赔偿责任，双方都有过错的，各自承担相应的责任。

单位应根据生产进度和采购物资技术特性等因素，选择合理的运输工具和运输方式，办理运输、投保事宜。特别是对重要物资，单位应当建立并执行合同履约过程中的巡视、点检和监造机制。同时，单位应实行全过程的采购登记制度和信息化管理，确保采购过程的可追溯性。

（六）政府采购验收控制

1. 控制目标

第一，建立采购验收制度，明确采购验收程序、标准以及责任人，确保采购验收工作有章可循、有据可依。

第二，维护采购单位和供应商的合法权益，确保财政资金的使用效益，保证政府采购的质量效果。

2. 主要风险

第一，重采购、轻验收，可能造成验收组织不认真，敷衍了事；验收走过场，手续缺失或不完备，容易导致供应商篡改型号、降低配置、变更合同、延期履约、售后服务不到位，甚至在产品质量、合同履约等问题上发生较大经济纠纷。

第二，验收环节重视程度不够、职责不明确、程序不规范、过程不公开、专业性不强，或缺少具体的验收程序、验收标准以及对验收责任人处罚措施的相关规定，容易造成对合同签约后的履行情况、验收环节疏于监管，可能导致弄虚作假、以假乱真、以次充好等问题。

第三，验收方案过于简单、欠缺科学性，不能完全满足验收的需要，或采购验收问题处理不当，对验收过程中存在的异常情况未及时正确地处理，可能导致账实不符、采购物资损失。

3. 关键控制措施

根据《内控规范》规定，"单位应当加强对政府采购项目验收的管理。根据规定的验收制度和政府采购文件，由指定部门或专人对所购物品的品种、规格、数量、质量和其他相关内容进行验收，并出具验收证明。"具体包括：

第一，制定明确的采购验收标准，规范政府采购验收程序。单位应当结合各自采购项目特性量身定制采购项目验收工作方案，规范设计各类采购项目验收标准、程序和方法，对于重大采购项目应当成立验收小组，由技术、法律、财会等方面的专家共同参与验收工作。

货物、服务和工程类应按以下方式开展验收：采购单位依法自行组织采购的，由采购单位按照合同约定自行组织验收；采购单位依法委托政府采购代理机构组织采购的，由采购单位或其委托的政府采购代理机构按照合同约定组织验收；大型或者复杂的采购项目，由采购单位或其委托的政府采购代理机构邀请国家认可的质量检测机构负责验收。

第二，严格办理采购验收手续，规范出具采购验收报告。采购单位应当按照采购文件、采购合同规定的标准和方法组织对采购项目进行验收，重点关注采购合同、发票等原始单据与采购物资的数量、质量、规格型号等是否一致。

对验收合格的货物，应当及时办理入库手续，填制入库凭证，加盖物资"收讫章"，登记实物账，并将入库凭证传递给财务会计部门。物资入库前，采购部门须检查质量保证书、商检证书或合格证等证明文件，验收时涉及技术性强的、大宗的和新特物资，还应进行专业测试，必要时可委托具有检验资质的机构或聘请外部专家协助验收。

采购验收完成后应出具书面验收报告，验收合格报告是申请支付政府采购项目资金的必备文件。采购单位出具验收报告时，验收人员需分别签字并加盖采购单位公章；代理机构人员参加验收的，在验收报告上签署意见，并加盖代理机构公章；其他相关人员参加验收的，在验收报告上签署意见，并加盖行业主管部门公章。

采购单位应在出具验收报告后三个工作日内，将验收报告副本和相关资料报政府采购监管部门备案。

第三，妥善处理验收中发现的异常情况，及时解决相关问题。对于验收过程中发现的异常情况，比如无采购合同或大额超采购合同的采购项目、超采购预算采购项目、毁损的货物等，验收机构或人员应当立即向单位有权管理的相关机构报告，相关机构应当查明原因并及时处理。对于质检不合格货物、服务和工程，采购主管部门应当依据检验结果办理退货、索赔等事宜。对于供应商出现的违约情形，应当及时纠正或补偿；造成损失的，按合同约定追究违约责任，并上报政府采购监督管理部门处理；发现有假冒、伪劣、走私产品、商业贿赂等违法情形的，应立即移交工商、质监、公安等行政执法部门依法查处。

第四，加强采购验收的财务监督管理，确保采购验收规范有序。采购单位应当按规定做好采购项目的验收工作，加强政府采购货物、工程、服务的财务监督，依据发票原件做好资产登记和会计账务核算，确保国有资产的安全完整，防止流失。对于无中标通知书、无供货合同、供应商产品质量有问题、服务不到位、验收手续不全的，一律不予支付货款；对于采购单位故意推迟项目验收时间的，与供应商串通或要求供应商通过减少货物数量或降低服务标准的，在履行合同中采取更改配置、调换物品等手段的，要求供应商出具虚假发票或任意更改销售发票的，谋取不正当利益的，采购主管部门应当依法追究其相关法律责任。

（七）政府采购资金控制

1. 控制目标

第一，确保采购支付结算符合财政资金支付有关规定，提高采购事项的真实性、合理性、合法性，防止欺诈和舞弊行为。

第二，确保采购付款申请手续齐全，并经过相应的资金支付审核和授权批准程序。

第三，确保采购业务会计核算数据的真实性、完整性和准确性。

2. 主要风险

第一，付款审核不严格、付款方式不恰当、付款金额控制不严，可能导致单位资金损失或信用受损。

第二，缺乏有效的采购会计系统控制，未能全面真实地记录和反映单位采购各环节的资金流和实物流情况，相关会计记录与相关采购记录、仓储记录不一致，可能导致单位采购业务未能如实反映以及采购物资和资金受损。

3. 关键控制措施

第一，严格办理采购支付手续，规范采购资金支付相关要求。货物或服务验收完毕或工程项目竣工决算完毕后，采购部门可向财务部门申请办理采购资金支付。支付申请时，采购部门依据采购合同、验收报告、竣工决算报告等文件，按照资金支付的相关规定，填写相关表格，办理采购资金支付申请手续。采购单位财务部门向财政部门办理资金支付申请时，应提供以下文件：《政府采购资金拨付申请表》、发票、中标通知书复印件、合同和验收报告。

采购单位严格履行财务支付审核管理，严格审查采购合同、验收报告、发票等采购文件的真实性、合法性和有效性，判断采购款项是否满足支付条件，确实应支付。其中，出具的验收合格报告应当作为申请支付政府采购项目资金的必备文件。

采购单位应当按照政府采购合同，及时向中标、成交供应商支付采购资金。政府采购项目资金支付程序，应当按照国家有关财政资金支付管理的规定执行。采购资金属于财政预算安排的资金，应当按照国库集中支付制度的有关规定执行。采购单位根据国家有关支付结算的相关规定和采购项目的实际情况，合理选择付款方式，并严格遵循合同规定，防范付款方式不当带来的法律风险，保证资金安全。

第二，规范采购会计核算要求，加强会计系统控制。单位应当加强对购买、验收、付款业务的会计系统控制，详细记录供应商情况、采购申请、采购合同、采购通知、验收证明、入库凭证、退货情况、商业票据、款项支付等情况，做好采购业务各环节的记录，确保会计记录、采购记录与仓储记录核对一致。

（八）政府采购信息控制

1. 控制目标

第一，严格执行《政府采购法》及相关配套法规对政府采购信息公开的有关规定，确保政府采购信息公开发布的及时性、全面性和准确性。

第二，提高政府采购工作的透明度，体现政府采购公开透明、公平竞争原则，规范并统一政府采购信息发布行为。

2. 主要风险

政府采购工作不透明，信息公开不全面，可能导致公众和有关部门监督难以落实到位。

3. 关键控制措施

第二，按规定公开政府采购信息，及时发布政府采购信息公告。采购单位、采购代理机构应当按照有关政府采购的法律、行政法规规定，公告政府采购信息，政府采购信息公告应当遵循信息发布及时、内容规范统一、渠道相对集中，便于获得查找的原则。

（1）单位应界定政府采购信息公告的范围和内容。根据《政府采购信息公告管理办法》，除涉及国家秘密、供应商的商业秘密，以及法律、行政法规规定应予保密的政府采购信息以外，下列政府采购信息必须公告（如表6－18所示）：①有关政府采购的法律、法规、规章和其他规范性文件；②省级以上人民政府公布的集中采购目录、政府采购限额标准和公开招标数额标准；③政府采购招标业务代理机构名录；④招标投标信息，包括公开招标公告、邀请招标资格预审公告、中标公告、成交结果及其更正事项等；⑤财政部门受理政府采购投诉的联系方式及投诉处理决定；⑥财政部门对集中采购机构的考核结果；⑥采购代理机构、供应商不良行为记录名单；⑦法律、法规和规章规定应当公告的其他政府采购信息。

表 6－18　　政府采购公告类型与内容

公告类型	公告内容
公开招标公告	（1）采购人、采购代理机构的名称、地址和联系方式； （2）招标项目的名称、用途、数量、简要技术要求或者招标项目的性质； （3）供应商资格要求； （4）获取招标文件的时间、地点、方式及招标文件售价； （5）投标截止时间、开标时间及地点； （6）采购项目联系人姓名和电话。
邀请招标资格预审公告	（1）采购人、采购代理机构的名称、地址和联系方式； （2）招标项目的名称、用途、数量、简要技术要求或招标项目的性质； （3）供应商资格要求； （4）提交资格申请及证明材料的截止时间及资格审查日期； （6）采购项目联系人姓名和电话。
中标公告	（1）采购人、采购代理机构的名称、地址和联系方式； （2）采购项目名称、用途、数量、简要技术要求及合同履行日期； （3）定标日期（注明招标文件编号）； （4）本项目招标公告日期； （5）中标供应商名称、地址和中标金额； （6）评标委员会成员名单； （7）采购项目联系人姓名和电话。
采购信息更正公告	（1）采购人、采购代理机构名称、地址和联系方式； （2）原公告的采购项目名称及首次公告日期； （3）更正事项、内容及日期； （4）采购项目联系人和电话。
投诉处理决定公告	（1）采购人、采购代理机构名称； （2）采购项目名称及采购日期； （3）投诉人名称及投诉事项； （4）投诉处理机关名称； （5）处理决定的主要内容。

（2）单位选择合理的政府采购信息公布媒介和渠道，在指定媒体公布政府采购信息。采购人、采购代理机构需要公告政府采购信息的，应当以传真、电子邮件等快捷方式将信息提供给政府采购信息指定发布媒体，也可经同级人民政府财政部门提供给政府采购信息指定发布媒体。

政府采购的信息发布渠道必须是政府采购监督管理部门指定的媒体，政府采购的信息必须在指定媒体上公开。之所以要指定媒体，一是使信息披露具有一定的权威性；二是信息载体相对固定，方便社会各个方面了解；三是能体现公益性，费用较低。

第二，定期统计分析政府采购业务信息，并在内部进行通报。单位应当结合单位业务特点和管理需要，不断完善采购支出管理报告机制；各采购业务执行机构应当按照相关要求，定期向财务部门报送各项采购项目实施计划执行情况的管理报告。各级单位财务部门应在审查收到的采购支出资料的基础上，汇总采购执行情况等资料，定期编制本级单位采购预算执行情况管理报告，为领导管理决策提供信息支撑。对于采购支出中发现的异常情况，各单位负责人应及时采取有效措施，规范各项采购业务行为，保障各项采购工作的顺利开展。

第三，妥善保管政府采购文件，规范政府采购业务记录的要求。单位对政府采购项目每项采购活动的采购文件应当妥善保存，不得伪造、变造、隐匿或者销毁。采购文件的保存期限为从采购结束之日起至少保存十五年。采购文件包括采购活动记录、采购预算、招标文件、投标文件、评标标准、评估报告、定标文件、合同文本、验收证明、质疑答复、投诉处理决定及其他有关文件、资料。

政府采购活动记录至少应当包括下列内容：(1) 采购项目类别、名称；(2) 采购项目预算、资金构成和合同价格；(3) 采购方式，采用公开招标以外的采购方式的，应当载明原因；(4) 邀请和选择供应商的条件及原因；(5) 评标标准及确定中标人的原因；(6) 废标的原因；(7) 采用招标以外采购方式的相应记载。

第三，规范政府采购信息的安全保密管理，谨防商业秘密外泄。单位应当在采购前对采购项目是否属于涉密采购进行论证，一般涉密采购项目，应当由本单位安全保密管理工作小组进行安全保密审查，重大涉密采购项目应当报请相关机构审查。单位自行组织采购的，应当与相关供应商签订保密协议或者在合同中设定保密条款；委托采购中心采购的，应当与采购中心签订保密协议或者在委托协议书中设定保密条款。单位应对保密协议和保密条款的执行情况进行监督管理。

涉及商业秘密的政府采购信息不应当公开。政府采购的信息原则上都要求及时向社会公布，但是，当其中有关信息涉及供应商的商业秘密时，如特定的管理技术、专利、成本费用等，不应当公开，以保护供应商的合法权益。

（九）政府采购监督控制

1. 控制目标

第一，规范单位政府采购项目的质疑与投诉管理，及时有效地处理政府采购供应商的质疑与投诉，避免因处理不当给政府采购活动带来不利影响。

第二，按规定开展政府采购监督检查，确保政府采购业务合法合规，采购资金使用有效。

第三，定期开展政府采购总结评估，查找政府采购中存在的问题，确保政府采购业务规范有序

2. 主要风险

第一，政府采购质疑与投诉处理不当，无法有效维护国家利益、社会公共利益，无法保护政府采购当事人的合法权益。

第二，未按规定开展政府采购监督检查，或者监督检查不到位，可能无法及时发现政府采购过程中存在的问题，存在政府采购违法违规现象。

第三，政府采购评估总结不到位，不能及时纠正采购中存在的问题，可能无法有效提高政府采购的管理水平。

3. 关键控制措施

第一，建立政府采购质疑处理机制，明确政府采购质疑处理的程序和要求。供应商认为采购文件、采购过程、中标和成交结果使自己的权益受到损害的，可以在知道或者应知其权益受到损害之日起七个工作日内，以书面形式向采购单位、采购代理机构提出质疑。采购单位、采购代理机构应当在收到供应商的书面质疑后七个工作日内作出答复，并以书面形式通知质疑供应商和其他有关供应商，但答复的内容不得涉及商业秘密。

具体来说，参加政府采购活动的供应商因下列事项认为自己的权益受到损害的，可以依法向采购人、政府集中采购机构及社会采购代理机构提出书面质疑：（1）采购文件有限制性、倾向性条款的；（2）采购文件的澄清或者修改违反规定的；（3）应当回避的人员没有按规定回避的；（4）采购参加人之间存在串通、内定中标或者成交供应商等情形的；（5）其他供应商隐瞒真实情况，提供虚假资料谋求中标或者成交的；（6）采购程序违反规定的；（7）供应商认为自己权益受到损害的其他事项。

供应商质疑应当实名提交书面质疑书，质疑书应当包含下列内容：（1）有明确的质疑请求；（2）有明确的质疑对象；（3）因质疑事项而受损害的权益；（4）有合理的事实和依据；（5）法律、法规和规章规定的其他材料。供应商捏造事实、提供虚假材料质疑，以及假冒他人名义质疑或者无正当理由拒不配合进行质疑调查的，由主管部门记入供应商诚信档案。

质疑供应商对采购人、采购代理机构的答复不满意或者采购人、采购代理机构未在规定的时间内作出答复的，可以在答复期满后十五个工作日内向同级政府采购监督管理部门投诉。

第二，规范政府采购监督检查管理，明确政府采购监督检查的方式和要求。参与政府采购的相关人员，应当主动接受有关部门的监督检查，如实反映情况，并提供有关材料。政府采购实行回避制度，凡参与政府采购的人员与投标供应商有利害关系的，均应回避，不得参加该项政府采购工作。政府采购中有如下情形之一的，应当问责：属于政府采购范围的项目，不依法实行政府采购的；属于集

中采购目录的项目，不委托集中采购机构或委托不具备政府采购代理资格的终结机构办理的；属于公开招标或废标的项目，未经财政部门批准擅自改变采购方式的；在公开招标、竞争性谈判、询价方式采购中，不按规定程序开展采购活动，指定或者变相指定供应商，非法干预、影响评审活动，以及改变评审结果的；无正当理由不在规定期限内确认招标、竞争性谈判、询价结果并与中标和成交供应商签订政府采购合同的；无正当理由不履行政府采购合同的。

第三，建立政府采购业务后评估机制，定期对政府采购业务进行总结评估。单位内部应当定期和不定期评价采购过程中的薄弱环节，如发现问题，应当及时整改。重点关注：是否按照预算和计划组织采购业务；对于纳入政府集中采购目录的项目，是否按照规定委托集中采购机构实行集中采购；是否存在拆分政府采购项目逃避公开招标的情形；采购进口品或变更采购方式的项目是否履行了审批手续；涉及节能、环保、安全产品的项目是否执行了相关政策；是否按时发布了采购信息；对采购限额标准以上公开招标数据标准以下的政府采购项目，是否按照法定要求选择采购方式；是否按照规定履行验收程序；与采购业务相关的其他情形。

第四节　资产管理内部控制设计

行政事业单位资产一般为国家所有，属于国有资产范畴，包括流动资产、固定资产、无形资产和对外投资等其他资产。行政事业单位通过开展单位国有资产管理，合理配置单位国有资产，保障国有资产的安全完整，提高国有资产使用效益，实现国有资产的保值增值，既是单位的一项重要职能，也是单位内部控制建设的重要组成部分。根据《内控规范》规定，行政事业单位应从货币资金管理、实物资产管理、无形资产管理和对外投资管理等方面，梳理单位资产管理的主要风险点，并建立资产管理的风险控制机制。

一、资产管理内部控制概述

（一）资产管理的定义

根据《行政单位财务规则》、《事业单位财务规则》、《行政单位国有资产管理暂行办法》以及《事业单位国有资产管理暂行办法》等相关规定，本书所讲的资产是指行政事业单位占有或使用的，依法确认为国家所有，能以货币计量的各种经济资源的总称，即单位国有（公共）财产。行政事业单位国有资产主要包括用国家财政性资金形成的资产、国家调拨给行政事业单位的资产、行政事业单位按照国家规定组织收入形成的资产，以及接受捐赠和其他经法律确认为国家所有的资产，其表现形式为固定资产、流动资产和无形资产和对外投资等。

行政事业单位资产管理就是在资产配置、资产使用、资产处置、资产评估、产权界定、产权纠纷调处、产权登记、资产清查、资产统计报告和监督检查等过程中所开展的管理活动。目前，我国对行政事业单位国有资产管理，实行国家统一所有，政府分级监管，单位占有、使用的管理体制，坚持资产管理与预算管理相结合、资产管理与财务管理相结合、实物管理与价值管理相结合的资产管理原则。行政事业单位在单位资产管理中，应当通过建立健全单位资产管理制度，加强和规范资产配置、使用和处置管理，确保维护资产安全完整。

（二）资产管理控制的意义

资产管理作为行政事业单位内部控制的重要组成部分，通过加强单位货币资金管理、实物资产管理、无形资产管理以及对外投资管理，确保单位国有资产的安全完整，提高国有资产使用效益。一方面，行政事业单位资产中的货币资金体现的是单位的资金流，实物资产体现的是单位的实物流，资金流和实物流共同驱动着单位的经济业务运作，单位通过加强资产管理可以有效提高单位管钱和管物的水平，进行提升单位的经济业务管理水平；另一方面，行政事业单位资产的所有权属于国家，杜绝资产的损失和浪费、实现资产保值增值是国有资产管理的重要目标，单位通过建立资产管理风险控制机制，特别是在对外投资管理方面，可以有效提高资产的使用效益。根据资产类别的不同，行政事业单位资产控制框架如图 6－10 所示。

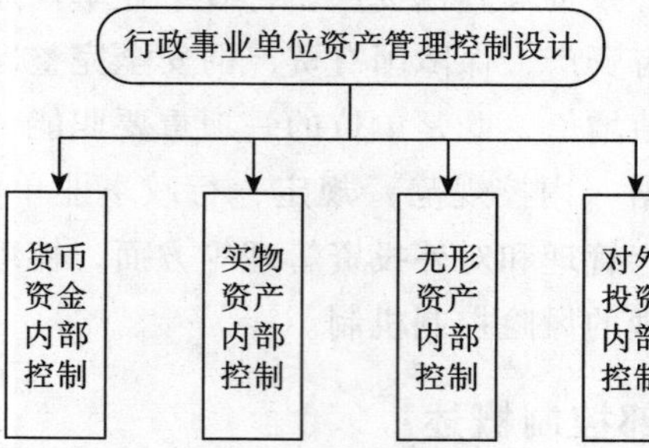

图 6－10　行政事业单位资产管理控制框架图

（三）行政事业单位资产的分类

根据我国现行行政事业单位会计制度，行政事业单位资产一般分为流动资产和非流动资产，其中流动资产包括现金、银行存款、应收及预付款项、存货等，非流动资产包括固定资产、在建工程、无形资产、对外投资和其他资产。结合行政单位和事业单位财务规则以及会计科目的划分，行政单位和事业单位的资产分类具体如表 6－19、表 6－20 所示。

表 6－19 行政单位资产分类

资产类别		资产科目	定 义
流动资产	货币资金	101 现金	包括库存现金、银行存款、有价证券、零余额账户用款额度、财政应返还额度等
		102 银行存款	
		103 有价证券	
		107 零余额账户用款额度	
		115 财政应返还额度	
	暂付及应收	104 暂付款	行政单位在业务活动中与其他单位、所属单位或本单位职工发生的临时性待结算款项。
	存货	105 库存材料	指行政单位在工作中为耗用而储存的资产，包括材料、燃料、包装物和低值易耗品等。
非流动资产	固定资产	106 固定资产	指使用年限在一年以上，单位价值在规定标准以上，并在使用过程中基本保持原来物质形态的资产。包括房屋及建筑物、专用设备、一般设备、文物和陈列品、图书、其他固定资产。
	在建工程		指已经发生必要支出，但尚未达到交付使用状态的建设工程。
	无形资产		指不具有实物形态而能为使用者提供某种权利的资产，包括著作权、土地使用权等。

表 6－20 事业单位资产分类

资产类别		资产科目	定 义
流动资产	货币资金	1001 库存现金	包括库存现金、银行存款、零余额账户用款额度等
		1002 银行存款	
		1011 零余额账户用款额度	
		1201 财政应返还额度	
	短期投资	1011 短期投资	指事业单位依法取得的，持有时间不超过1年（含1年）的投资。
	应收及预付款项	1211 应收票据	指事业单位在开展业务活动中形成的各项债权，包括财政应返还额度、应收票据、应收账款、其他应收款等应收款项和预付账款。
		1212 应收账款	
		1213 预付账款	
		1215 其他应收款	
	存货	1301 存货	事业单位在开展业务活动及其他活动中为耗用而储存的资产，包括材料、燃料、包装物和低值易耗品等。

续表

资产类别		资产科目	定　义
非流动资产	长期投资	1401 长期投资	指事业单位依法取得的，持有时间超过 1 年（不含 1 年）的各种股权和债权性质的投资。
	在建工程	1511 在建工程	指事业单位已经发生必要支出，但尚未完工交付使用的各种建筑（包括新建、改建、扩建、修缮等）和设备安装工程。
	固定资产	1501 固定资产	是指使用期限超过一年，单位价值在 1000 元以上（其中：专用设备单位价值在 1500 元以上），并在使用过程中基本保持原有物质形态的资产。单位价值虽未达到规定标准，但是耐用时间在一年以上的大批同类物资，作为固定资产管理。
		1502 累计折旧	
	无形资产	1601 无形资产	指事业单位持有的没有实物形态的可辨认非货币性资产，包括专利权、商标权、著作权、土地使用权、非专利技术等。
		1602 累计摊销	
其他资产		1701 待处置资产损溢	

根据行政单位和事业单位资产分类，本书将依据《内控规范》关于资产控制的规定，主要从货币资金、实物资产、无形资产和对外投资四个方面来阐述行政事业单位资产管理内部控制。其中，货币资金是指单位拥有的现金、银行存款、零余额账户用款额度和其他货币资金，对行政单位和事业单位均适用；实物资产是指单位占有、使用的，在法律上确认为国家所有、能以货币计量的各种物料用品和低值易耗品等，主要包括固定资产和存货两类，对行政单位和事业单位均适用；无形资产是单位拥有或控制的没有实物形态的可辨认非货币性资产，通常包括专利权、非专利技术、商标权、著作权、特许权、土地使用权等，对行政单位和事业单位均适用；对外投资是指单位依法用自身所拥有的固定资产、流动资产、无形资产等资产向其他单位进行的投资，仅适用于事业单位。

（四）资产管理的依据

近年来，我国相继出台了一系列关于行政事业单位国有资产管理的相关政策法规，各地方政府以及各单位也结合本单位实际出台了各自的资产管理制度。其中，全国性的、最具有代表性的规章制度主要包括：

1. 《行政单位财务规则》（财政部令第 71 号，2012 年颁布）
2. 《事业单位财务规则》（财政部令第 68 号，2012 年颁布）
3. 《中华人民共和国现金管理暂行条例》（1988 年颁布）

4.《现金管理暂行条例实施细则》（1988 年颁布）

5.《预算外资金管理实施办法》（财综字［1996］104 号）

6.《中央预算单位银行账户管理暂行办法》（财库［2002］48 号）

7.《〈中央预算单位银行账户管理暂行办法〉补充规定》（财库［2006］96 号）

8.《人民币银行结算账户管理办法》（中国人民银行令［2003］第 5 号）

9.《行政单位国有资产管理暂行办法》（财政部令第 35 号，2006 年颁布）

10.《事业单位国有资产管理暂行办法》（财政部令第 36 号，2006 年颁布）

11.《中央级事业单位国有资产管理暂行办法》（财教［2008］13 号）

12.《全国政协行政单位国有资产管理暂行实施办法》（财行［2007］545 号）

13.《全国人大行政单位国有资产管理暂行实施办法》的通知（财行［2007］632 号）

14.《中央垂直管理系统行政单位国有资产管理暂行实施办法》的通知（财行［2007］647 号）

二、货币资金管理内部控制设计

（一）货币资金控制概述

行政事业单位货币资金是指单位拥有的现金、银行存款、零余额账户用款额度和其他货币资产。货币资金具有流动性强、控制风险高的特点，同时又贯穿于单位运作的全过程，因此加强货币资金管理，建立健全货币资金内部控制，对保证单位资产安全和保障单位各项工作正常运转起着非常关键的作用。

（二）货币资金管理业务流程和控制设计

按照货币资金运动的一般过程，从资金流入单位开始，到单位对资金的保管、使用和支付，最终流出单位为止，形成了资金营运的整个过程。但由于行政事业单位资金实行国库集中支付，大部分收入业务直接缴入国库，所以行政事业单位货币资金业务重点在于资金支付，涉及资金支付申请、审核、审批、支付、记账和对账等环节，具体业务流程如图 6 – 11 所示。

根据货币资金管理各业务阶段的内容，结合《内控规范》的相关要求，行政事业单位货币资金控制主要包括货币资金岗位控制、货币资金支付控制、库存现金管理控制、银行账户管理控制、印章管理控制、票据管理控制和货币资金核查控制（如图 6 – 12 所示）。

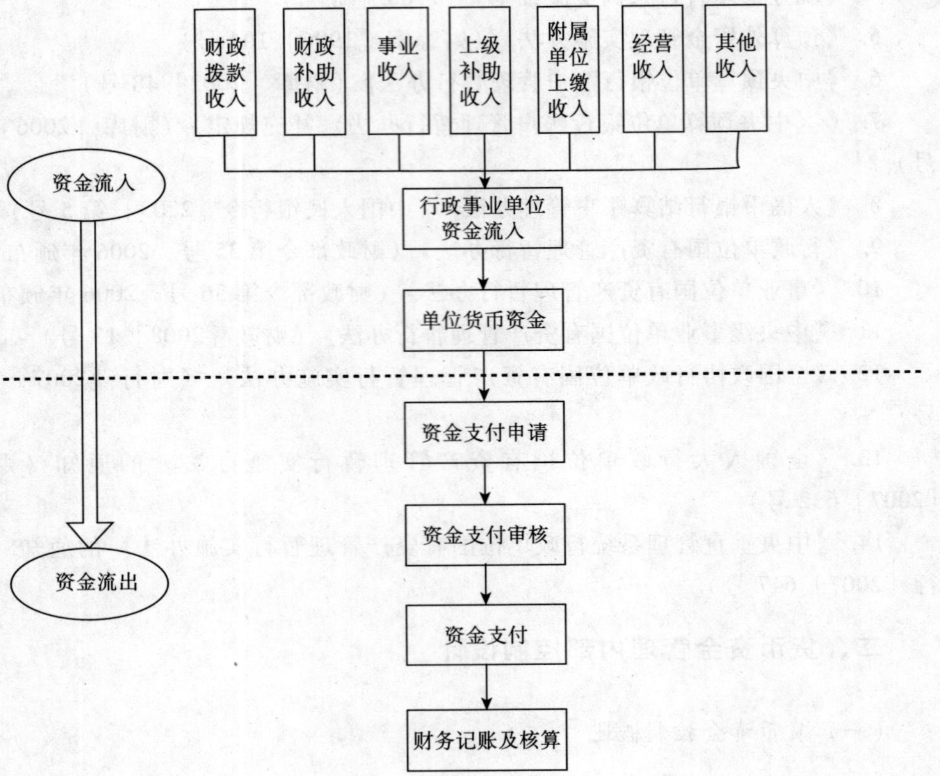

图 6－11　行政事业单位货币资金管理基本业务流程

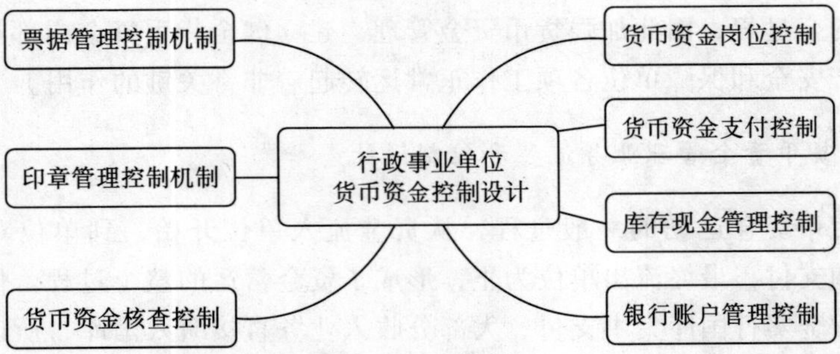

图 6－12　行政事业单位货币资金控制框架

货币资金岗位控制主要包括设置货币资金管理岗位、明确岗位责任制、加强出纳人员管理、建立货币资金授权审批制度等控制措施。

货币资金支付控制主要包括支付申请、支付审批、支付审核和支付办理等控制措施。

库存现金管理控制主要包括规定库存现金限额和使用范围、规范库存现金收支管理、完善库存现金保管机制、开展现金盘点和督查等控制措施。

银行账户管理控制主要包括合理设置银行账户、明确管理责任、规范银行账户开立、变更和撤销程序、规定银行账户使用、定期进行银行对账、加强银行账户管理监督等控制措施。

印章管理控制机制主要包括规范印章刻制程序、严格印章使用过程管理、完善印章保管机制等控制措施。

票据管理控制机制主要包括规范票据领购、票据使用与保管、票据遗失处理与核销、票据监督检查等控制措施。

货币资金核查控制主要包括审计部门对现金支付、银行存款等会计账务处理的监督检查，以及定期对货币资金管理薄弱环节的监督管理。

（三）货币资金管理的控制目标、主要风险和关键控制措施

1. 控制目标

第一，在授权范围内开展货币资金支付、银行账户开立、票据使用和印章管理等活动，确保单位货币资金管理合法合规。

第二，确保单位货币资金安全完整，避免货币资金被盗窃、贪污和挪用等情况发生。

第三，资金收付以业务发生为基础，不得凭空付款或收款，如实记录各项收支活动，不存在白条抵库，确保单位账实相符和财务信息真实、准确、完整。

第四，确保单位货币资金运转管理有效，提高货币资金使用效率。

2. 主要风险

第一，单位货币资金支付、银行账户开立、票据使用和印章管理不符合国家法律、法规要求，可能导致单位货币资金管理存在违规风险。

第二，货币资金管理不规范、未经适当审批或者超越授权审批，可能导致单位货币资金被盗窃、挪用或贪污，造成财政资金遭受损失。

第三，货币资金支付业务记录不准确、不完整，可能导致单位账务不符、财务信息失真。

第四，资金管理职责分工不明确，岗位设置和人员配备不合理，可能导致单位货币资金管理不规范，资金使用效率低下。

3. 关键控制措施

第一，建立货币资金管理岗位控制机制。一方面，单位应根据业务需要合理设置货币资金管理岗位，明确岗位职责和权限，建立货币资金管理岗位责任制。按照不相容岗位分离原则，确保货币资金支付的审批与执行、货币资金保管与会计核算、货币资金保管与盘点清查、货币资金会计记录与审计监督等不相容岗位相互分离、制约和监督。另一方面，应加强出纳人员的管理，确保具备会计从业资格的人员担任出纳人员，出纳不得兼管稽核、会计档案保管和收入、支出、债

权、债务账目的登记工作。同时规定不得由一人办理货币资金业务的全过程，严禁未经授权的部门或人员办理货币资金业务或直接接触货币资金。

同时，单位应建立货币资金授权审批机制，明确审批人对货币资金授权批准的方式、权限、程序和责任及相关控制措施，规定经办人办理货币资金业务的职责范围和工作要求。单位应确保审批人在授权范围内进行审批，不得超越权限审批，大额资金支付应当实行集体决策；经办人在职责范围内按照审批人的批准意见办理货币资金业务，对于审批人超越授权范围审批的货币资金业务，经办人有权拒绝办理。

第二，建立货币资金支付控制机制。单位应通过建立货币资金支付业务流程，明确各流程环节的控制要求。

（1）支付申请。单位各部门和个人用款时，应当提前向审批人提交货币资金支付申请，注明款项的用途、金额、预算、限额、支付方式等内容，并附有效原始单据和相关证明。

（2）支付审批。审批人根据职责、权限和相应程序对支付申请进行审批，审核业务的真实性、金额的准确性，以及申请人提交票据或者证明的合法性，严格监督资金支付。对不符合规定的货币支付申请，审批人应当拒绝批准。对于重要的货币资金支付业务，应当实行集体决策审批，并建立责任追究制度，防止贪污、侵占或挪用资金的行为。此外，单位可根据需要，安排财务人员在审批前先对支付申请进行初步审核，再按规定审批。

（3）支付审核。单位会计主管对货币支付申请进行复核，主要关注货币支付申请的批准范围、权限、程序是否正确，手续及相关单证是否齐备，金额计算是否准确，支付方式、支付单位是否妥当。复核无误后，交由出纳人员办理支付手续。

（4）办理支付。出纳或资金管理部门应当根据经审批的复核无误的支付申请，按照规定办理货币资金支付手续，及时登记现金和银行存款日记账。会计人员根据相关凭证登记有关明细分类账，登账时要准确登记金额、时间、摘要等内容。主管会计根据凭证汇总表登记总分类账，及时与相关明细账核对。

第三，建立库存现金管理控制机制。单位应根据《现金管理暂行条例》和《现金管理暂行条例实施细则》的规定，结合单位实际情况建立单位库存现金管理制度。

（1）规定库存现金限额和使用范围。各单位的库存现金都应核定限额，由开户单位提出限额计划，报开户银行审查核定，一般不超过本单位 3－5 天正常零星开支需要量，最多不得超过 15 天，超过限额的现金应及时存入银行，不得自行保留。单位之间的经济往来，必须通过银行进行转账结算，单位只可在下列范围内使用现金：职工工资、各种工资性津贴；个人劳务报酬，包括稿费和讲课费及其他专门工作报酬；支付给个人的各种奖金，包括根据国家规定颁发给个人的各种科学技术、文化艺术、体育等各种奖金；各种劳保、福利费用以及国家规定的对个人的其他现金支出；收购单位向个人收购农副产品和其他物资支付的价款；出差人员必须随身携带的差旅费；结算起点以下的零星支出；确实需要现金支付的其他支出。

（2）规范库存现金收支管理。单位通过财政拨款、非税收收入拨款、事业收入、上级主管部门补助收入等途径获得的现金收入应及时送存银行，不准坐支现金。如因特殊情况需要坐支现金的应当事先报开户银行审查批准，由开户行核定坐支范围和限额。单位以收费形式收取的预算外资金实行收费许可制度，收费必须使用财政部门统一印制的收费票据。单位取得的货币资金必须及时入账，不得私设小金库，不得账外设账，严禁收款不入账。出纳人员从银行提取现金时，应写明用途并由财务部门负责人签字盖章，经开户行审核后予以支付。

单位借出现金必须符合规定的范围，执行严格的审核批准手续，严禁私自挪用、借出货币资金。单位任何部门不得以任何理由私借或者挪用公款，确因工作需要借用现金的，应填写借款单，经部门负责人和财务负责人审批后方能支取，借出现金应在规定时间送还。单位工作人员办理报销业务时，经办人应详细记录每笔业务开支的实际情况，填写支出凭证，注明用途和金额。出纳人员应严格审核报销的原始凭证，审核无误后方可办理报销手续。

出纳人员应在支付限额范围内办理现金支付，超过限额须由经办人员向财务部门负责人提出申请，经审核通过后由单位主管领导集体决策同意后方可办理现金支付业务。出纳人员应严格按照规定办理现金支付业务，不准以白条冲抵现金，不得擅自将单位现金转借给其他单位，不得利用银行账户代其他单位和个人存入和支取现金，不得用不符合财务制度的凭证顶替库存现金，不得保留账外现金。

（3）完善库存现金保管机制。单位现金保管的责任人为出纳人员，超出限额的现金应由出纳人员送存银行，现金不得以个人名义存入银行，一旦发现公款私存，将对责任人予以严肃处理。出纳人员在每日下班前，应对限额内的库存现金于当日核对清楚后，在保险柜内存放，不得放在办公桌内过夜。保险柜只能由出纳人员开启使用，保险柜由出纳人员自己保管并严格保密，出纳人员调动岗位时应更换密码。

（4）定期进行现金盘点和督查。出纳人员应每天清点库存现金，登记库存现金日记账，做到日清月结，确保现金账面余额与库存相符。月份终了必须进行账目核对，确保“现金日记账”的余额应与“现金”总账的余额核对相符。

单位应建立现金盘点清查制度，定期不定期对库存现金进行清查盘点，重点关注：账款是否相符、有无白条抵库、有无私借挪用公款、有无账外资金。若发现账款不符，应及时查明原因，并做相应处理。若是由一般工作失误造成的，可由单位相关负责人按照规定作出处理，若属于违法行为，则应依法移交相关部门处理。

第四，建立银行账户管理控制机制。根据《内控规范》第四章第四十二条规定，“单位应当加强对银行账户的管理，严格按照规定的审批权限和程序开立、变更和撤销银行账户。”具体来说，行政事业单位应结合《中央预算单位银行账户管理暂行办法》（财库［2002］48 号）、《〈中央预算单位银行账户管理暂行办法〉补充规定》（财库［2006］96 号）及《人民币银行结算账户管理办法》（中国人民银行令［2003］第 5 号）等相关规定，建立健全以下银行账户管控点：

（1）合理设置银行账户。单位应结合国库管理制度规定，建立单位银行账户管理的相关制度和具体办法，规定单位银行账户的设置原则，根据财政资金性质、用途及管理需要，合理设置单位银行账户。

①预算单位零余额账户。实行财政国库集中支付改革的预算单位只能在国库集中支付代理银行开设一个预算单位零余额账户，确因特殊管理需要，经同级财政部门批准可开立一个以上账户。该账户用于财政授权支付与国库单一账户支出清算。

②基本存款账户。实行财政国库集中支付改革的预算单位，要按照国库单一账户体系的管理要求，将所有财政性资金全部纳入单位零余额账户核算和管理，逐步取消基本存款账户。对于有结余资金和自有资金及往来业务的预算单位，可开设一个基本存款账户，该账户用于办理本单位自筹以及往来资金的日常转账结算和现金收付等，待原结余资金和往来业务结算完毕后即取消。没有实行国库集中支付改革的预算单位，只能开设一个基本存款账户。

③基本建设和其他专用存款账户。预算单位有基建项目的，只能开设一个基本建设专用存款账户，用于分账核算本单位的所有基本建设资金。基本建设项目完成后即取消该账户。对因业务需要开设贷款转存款、保证金专用存款账户的，要向财政部门提供相关证明材料，经财政部门批准后方可开设。对国务院、财政部或省人民政府、省财政厅文件明确规定要求进行单设专户核算的专项资金，可开设专项资金专户。没有规定的其他专项资金，一律不得开设专户，由单位在有关账户中进行分账核算。

④应缴财政收入汇缴专用存款账户。预算单位按有关规定收取的非税收入原则上全部实行委托银行代收。如政策规定允许并经财政部门核准确需由单位自行收取的，单位可开设一个应缴财政收入汇缴专用存款账户。该账户用于非税收入的汇缴，账户资金只能按规定及时上缴财政国库或财政专户，实行零余额管理，不得用于本单位的收支。

⑤住房制度改革存款账户。预算单位根据住房制度改革的有关规定，可分别

开设一个住房维修基金、个人公积金存款账户，用于核算本单位职工按住房制度改革政策规定核算的资金。

⑥党费、工会经费和其他专用存款账户。预算单位根据相关规定可开设党费、工会经费专用存款户，用于核算本单位的党费和工会经费。对开办职工食堂、医务室的，可分别开设一个专用存款账户专门核算职工伙食费和医疗费。

⑦学会、协会账户。经省民间组织管理部门批准成立的各类学会、协会可开设专用存款账户，专门核算学会、协会会费资金。

（2）明确银行账户开立和使用的管理责任。预算单位须由财务部门统一办理本单位银行账户的开立、变更、撤销手续，并负责本单位银行账户的使用和管理；预算单位负责人对本单位银行账户申请开立及使用的合法性、合规性、安全性负责；同级财政部门负责单位银行账户开立、变更、撤销的授权审批，以及单位银行账户开立与使用的监管。

（3）规范银行账户开立、变更和撤销程序。单位开立、变更和撤销银行账户，实行财政部门审批、备案制度。未经财政部门审批同意的，一律不得开立、变更和撤销银行账户。

一级预算单位及无主管部门的行政事业单位，须向同级财政部门申请，二、三级预算单位须向其主管部门申请，主管部门报同级财政部门审批，预算单位填制《银行账户审批表》并附相关证明材料，经同级财政部门合规性审核通过后，向同级人民银行申请开立、变更银行账户。

同级人民银行依据有关金融法律、法规和财政部门审批意见，审核行政事业单位的开户资格，对符合规定的核发《开户许可证》。商业银行根据财政部门《银行账户审批表》和人民银行核发的《开户许可证》以及有关规定，对开户单位进行审核，符合条件的，按规定程序办理开户、变更手续。未持财政部门《银行账户审批表》及人民银行核发的《开户许可证》的，商业银行不得为其开设账户。

单位开立、变更或撤销银行账户后，要将结果报送同级财政部门、人民银行备案；银行账户撤销后要将《开户许可证》交回人民银行。

（4）规范银行账户的使用规定。单位应按照规定的用途使用银行账户，不得将账户资金转为定期存款或为其他单位和个人提供信用，不得以个人名义存放单位资金，不得出租、转让银行账户。各单位经批准开设的所有银行账户必须纳入本单位财务机构统一管理，凡未经批准乱用账户、乱存资金的，均视为私设“小金库”。单位应按照限制接近原则使用银行账户，只能是获得授权的人员进行银行账户操作。

（5）定期进行银行对账。单位应按开户银行和其他金融机构名称和存款种类，分别设置银行存款日记账，由出纳人员根据收付款凭证逐笔按顺序登记，每日终了结出金额。银行存款日记账和银行账户至少每月核对一次，并编制银行存款余额调节表。单位会计人员对银行存款余额调节表和账单进行核对，确保银行存款账面金额和银行对账单余额调节相符。

若银行存款账面余额和银行对账单余额调节不符，按以下办法处理：发生记账错误的，应上报财务部门负责人，查明原因后进行处理、改正；因收款结算凭证在单位和银行之间传递需要时间，由此造成的记账时间不同，可通过银行存款余额调节表调节相符。

单位出纳人员不得从事银行对账单获取、银行存款余额调节表的编制等工作，如确需出纳人员办理上述工作的，可指定其他人员定期进行复核和监督。

（6）健全银行账户的管理与监督机制。各级财政部门应建立预算单位银行账户信息管理系统，对预算单位开立的银行账户实施动态监控，跟踪监督账户的开立、变更、撤销等情况，并建立预算单位账户管理档案。

预算单位应建立银行账户年检制度，对所属行政事业单位、社会团体银行账户的开设和使用情况进行定期检查，被查单位必须如实提供有关情况，需要开户银行协助检查的，在符合法律、行政法规规定的前提下，开户银行应如实提供有关情况，不得隐瞒。重点关注以下内容：是否存在未经财政部门批准擅自开立和使用的银行账户；银行账户的相关内容是否已发生变更或已办理撤销账户手续；是否未到财政部门办理备案；是否存在逾期继续使用的银行账户；基本建设项目（竣工结算）交付使用是否未办理撤销账户手续；借款合同履行完毕是否未办理撤销账户手续；是否存在改变用途的银行账户；是否存在业务变化不需要继续保留的银行账户。

预算单位应加强对所属预算单位银行账户的监督管理，建立所属预算单位银行账户管理系统，定期对所属预算单位银行账户进行监督检查。发现所属单位不按规定开立、使用、变更及撤销银行账户的，应及时督促纠正；纠正无效的，应提请财政部等职能部门按有关规定进行处罚。

第五，建立印章管理控制机制。根据《内控规范》规定，单位应当“严禁一人保管收付款项所需的全部印章。财务专用章应当由专人保管，个人名章应当由本人或授权人员保管。负责保管印章的人员要配置单独的保管设备，并做到人走柜锁。按照规定应当由有关负责人签字或盖章的，应当严格履行签字或盖章手续。”具体来说，单位在印章管理方面应建立以下控制点：

（1）规范印章刻制程序。印章刻制需取得登记证书后向管理机关提出书面申请，经核准后，持同意刻制印章委托书到公安机关办理刻制手续，才能刻制，严禁私自刻制。

（2）严格印章使用过程管理。新印章启用（包括更换新印章）需经单位发文报登相关部门备案后，才能启用。新印章启用以后原有印章作废，属上级单位刻制的印章，原印章应交回上级单位封存或者销毁；属自行刻制的，应移交档案室封存或者销毁。单位相关人员使用印章时，应填写印章使用申请，说明使用印章的理由、申请人、启用时间等内容。印章使用申请经过单位负责人审批后，连同需要使用印章的文件一同交予会计人员盖章。

会计人员使用印章时应当认真核对用印资料，明确用印内容和目的，确认符合用印手续后方可盖章。若认为不符合规定可拒绝盖章。会计人员不可随便委托他人代取、代用印章，如因特殊原因须由其他人员代用印章，必须指定专人在场监督。

印章的使用应在单位内部进行，不可携带印模外出用印。因特殊原因确需外出用印的，须经财务处负责人同意后方可带出，并在事情办完后即送回单位。会计人员不得在空白支票上用印，若因特殊原因需盖空白印章的，须经单位负责人批准，并标注份数逐一编号，未用的要全部退回。印章使用申请由会计人员保管，月底汇总后交档案管理人员存档。

（3）完善印章保管责任机制。单位财务印章须由会计人员专人保管，未经授权的人员一律不得接触、使用印章。出纳不得管理印章。会计人员不得将印章转借他人，否则造成后果由会计人员负责。建立用印登记簿，使用印章须履行登记手续，以便备查。印章保管员须认真负责，遵守纪律，秉公办事。印章保管人员出现下列行为，将视情节严重程度给予行政处分，触犯刑律的将移交司法部门依法处理：对印章保管不善造成丢失；把关不严，用印后造成严重错误和损失等不良后果；私自留存、使用应予销毁或上交的印章；非法使用印章。

印章不慎丢失、被盗、毁损，应上报财务部门，并公开声明作废后，按规定程序重新刻制。会计人员调动时，必须将保管的印章及相关文件交割，否则不允许调动。

第六，建立票据管理控制机制。单位应加强与货币资金相关的票据的管理，明确各种票据的购买、保管、领用、背书转让、注销等环节的职责权限和程序，并专设登记簿进行记录，防止空白票据的遗失和被盗用。具体来说，应着重完善以下管控点：

（1）票据领购。单位所需票据应向财政、税务等主管部门申领或购买，并按规定使用，严禁使用自行印制、购买或其他单位代开的票据。单位应指定专人负责票据申领工作，领用票据设立领用票据登记簿，认真核对领用时间、票据名称、起讫号码，并由领用人签字。

（2）票据使用与保管。出纳人员严格按照票据监管机构核准的使用范围开具票据，不得超范围使用票据。未按规定使用票据的，会计人员不予入账。

出纳人员必须按照票据的序号签发支票，不得换本或跳号签发；票据填写项目要齐全，字迹要清楚，全部联次要一次复写、打印，内容完全一致；不得随意开具印章齐全的空白支票。发生填写错误的票据应三联同时作废，同时加盖作废戳记。

严禁涂改、挖补、撕毁票据，不得拆本使用票据；作废票据应妥善保管，与存根联一起按票据序号装订成册，各类票据之间不得相互串用、混用，也不得转借、转让、代开票据，不得自行扩大专业发票的使用范围。

出纳人员必须妥善保管好票据，并设立专门的登记簿对票据的购买、领用、注销等内容进行记录，防止空白票据遗失和被盗用。出纳人员调动前，必须办理移交手续，移交不清的禁止调动。

(3) 票据遗失处理与核销。若发生票据丢失，应及时到主管部门办理挂失，并书面报告情况，协助有关部门查明原因。由于票据保管不善、丢失或被盗所造成的经济损失，由相关责任人承担。单位票据的保管期限一般为5年，对超过法定保管期限的，可以组织销毁。票据销毁前须进行清理，并经单位负责人同意后，向票据主管部门提出销毁票据的申请，主管部门审核同意后方能予以销毁。

单位销毁票据时，需由财务部门、审计部门成立3－5人的销毁小组，对票据销毁进行监督。待票据销毁后，由全体人员签字，并以小组名义出具监销情况报告，经财务部门和单位负责人签字后，报送票据主管部门保存备查。

(4) 票据监督检查。单位应成立专门稽查小组，对单位内部票据使用、保管等工作进行定期、不定期检查，使用票据的单位和个人必须配合检查，如实反映情况和提供材料，不得拒绝、隐瞒。单位工作人员发生下列行为的，应按国家相关规定予以处罚：违规转让、出借、代开票据的；因保管不善造成票据撕毁、灭失的；伪造、擅自销毁票据的；其他违反票据管理规定的行为。

第七，建立货币资金的核查控制机制。单位审计部门应指派专门人员，不定期审查单位货币资金管理的相关账目，如银行存款业务的原始凭证、记账凭证、结算凭证是否一致；现金支付的相关手续是否齐备；资金收支账目是否正确、合理等方面，核对是否账实相符、账证相符、账账相符、账表相符，确保单位货币资金管理规范有序、会计核算正确合理、财务信息真实完整。对调节不符、可能存在重大问题的未达账项应当及时查明原因，并按照相关规定处理。

单位内部应当定期和不定期检查、评价货币资金管理的薄弱环节，如发现问题，应当及时整改。重点关注：货币资金业务相关岗位设置情况；是否存在违反《现金管理暂行条例》的情形；是否存在违规开立、变更、撤销银行账户的情形以及其他违反《人民币银行结算账户管理办法》、《支付结算办法》的情形；对以前检查中发现的违规情况，是否及时进行整改等。

三、实物资产管理内部控制设计

(一) 实物资产控制概述

实物资产是指行政事业单位占有、使用的，在法律上确认为国家所有、能以货币计量的各种固定资产、物料用品或低值易耗品等，一般包括房屋及建筑物、专用设备、一般设备、文物和陈列品、图书、办公用品或低值易耗品。

行政事业单位在实物资产管理中，应根据实物资产特点，提高实物资产管理效率。第一，实物资产中固定资产因为价值比较大，购置选择必须慎重，且固定资产往往具有不可替代性和专用性，所以其管理的技术能力也比较强，需要由内行的、责任心强的专职人员来管理，并落实责任制，以保证出现问题后将责任追究到底，彻底解决；第二，实物资产应用于单位日常运行的各个环节，对其管理也贯穿于单位运行的始终，对其维护和管理不仅是专职人员的义务，所有相关部门必须共同参与、全力支持、通力协作，才能保证资产管理的质量和使用效率；第三，因单位每项实物资产都有不同的用途且种类繁多，导致实物资产会计核算比较具体而又复杂，方法较多，针对性强，因此工作量大，对会计人员的职业技能要求较高。

根据《行政单位国有资产管理暂行办法》和《事业单位国有资产管理暂行办法》，行政事业单位国有资产管理的主要内容一般包括：资产配置、资产使用、资产处置、资产评估、产权登记、产权纠纷处理、资产清查盘点、资产统计报告和监督检查等。其中，资产配置、资产使用和资产处置三个环节最为重要。

1. 资产配置

资产配置是单位根据职能履行需要，按照国家有关法律、法规和规章制度规定的程序，通过购置或者调剂等方式配备资产的行为。行政事业单位资产配置必须严格按照配置标准配备，确保资产配置科学合理、优化资产结构，做到勤俭节约，从严控制。近年来，我国有关部门先后印发《中央国家机关办公设备和办公家具配置标准（试行）》（2009 年）、《中央国家机关公务用车编制和配备标准》（2004 年）和《党政机关公务用车配备使用管理办法》（2011 年）等法规，对于规范单位国有资产配置、降低行政成本、建设节约型机关、解决资产配置不公，禁止铺张浪费具有重要意义。

2. 资产使用

资产使用是指单位自用以及出租、出借资产的行为，核心在于落实使用保管责任，坚持谁使用、谁负责的原则。行政事业单位应当建立健全国有资产使用管理制度，规范国有资产使用行为，落实使用责任，对所占有、使用的国有资产应当定期清查盘点，做到家底清楚，账、卡、实相符，防止国有资产流失。

3. 资产处置

资产处置是指单位对其占有、使用的国有资产进行产权转让或者注销产权的行为，包括各类国有资产的无偿转让、出售、置换、对外捐赠、报损、报废以及货币性资产损失核销等。行政事业单位资产处置应当按照公开、公正、公平的原则进行，由单位资产管理部门会同财务部门、技术部门审核鉴定，提出意见，按照严格的审批权限报送审批，未经批准不得自行处置。资产的出售与置换应当采取拍卖、招投标、协议转让及国家法律、行政法规规定的其他方式进行，处置的变价收入和残值收入，按照政府非税收入管理的规定，实行“收支两条线”管理。行政事业单位出售、出让、转让、变卖资产数量较多或者价值较高的，应当通过拍卖等市场竞价方式公开处置。

（二）实物资产管理业务流程和控制设计

实物资产管理一般包括实物资产取得配置、实物资产使用维护、实物资产报废处置三个阶段，涉及实物资产预算、实物资产请购、实物资产取得验收、实物资产领用与登记、实物资产使用与维护、实物资产清查盘点、实物资产更新改造、实物资产统计报告以及实物资产处置等环节（如图6-13所示）。

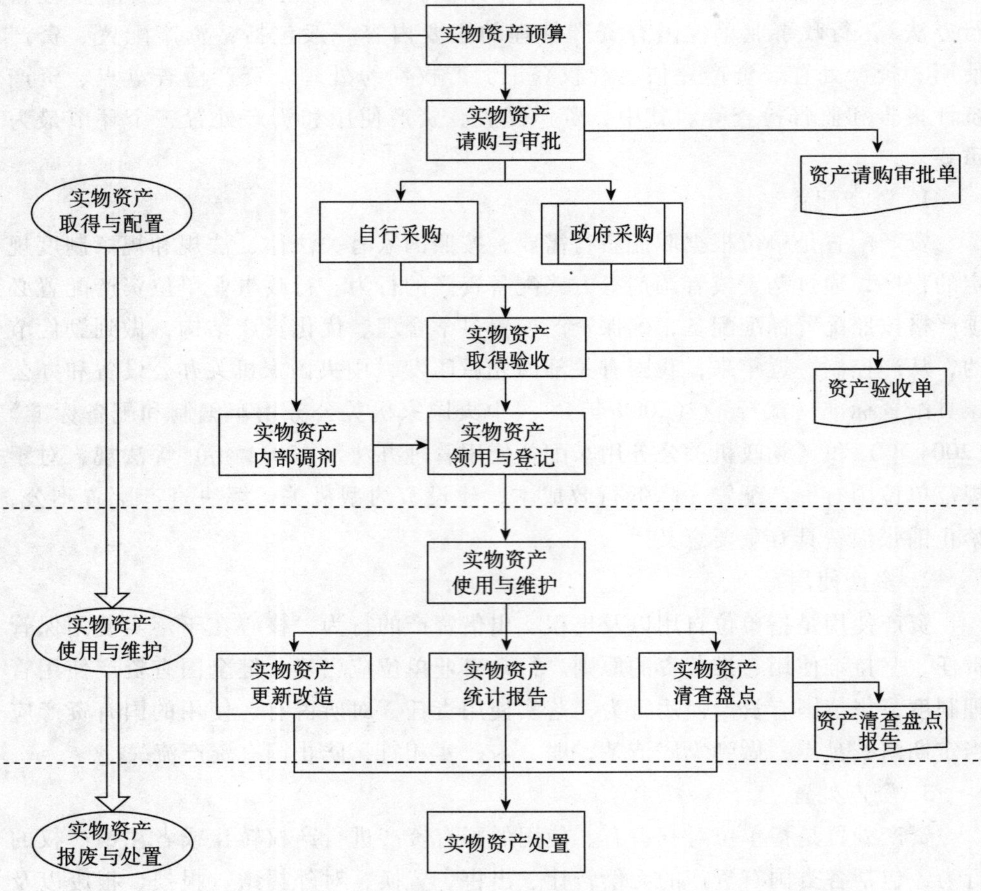

图6-13 行政事业单位实物资产管理基本业务流程

在实物资产取得与配置阶段，单位应以实物资产预算为起点，一般通过外购、自行建造、接受捐助、其他单位无偿划拨转入、非货币性资产交换等方式取得实物资产，主要包括资产请购程序、内部调剂程序、采购程序、验收程序以及领用登记程序等。

在实物资产使用与维护阶段，单位应在实物资产日常使用过程中，通过开展日常维修和保养、定期进行资产清查盘点、对原有技术装备更新改造、统计并报告实物资产信息等业务，并在使用过程中根据需要进行产权纠纷处理和资产评估等活动，确保实物资产在日常管理中保管安全完整和使用高效。

在实物资产报废与处置阶段，单位应对不能继续使用或不合格的实物资产进行处置，包括期满正常处置和使用期未满非正常处置两种情况，主要通过出售、出让、转让、对外捐赠、报废、报损以及货币性资产损失核销等方式进行处置，以对单位资产进行产权转让或注销产权。

根据实物资产管理各阶段的主要内容，结合《内控规范》规定，行政事业单位实物资产控制主要包括实物资产管理组织控制、实物资产取得与配置控制、实物资产使用与维护控制、实物资产报废与处置控制（如图 6－14 所示）。

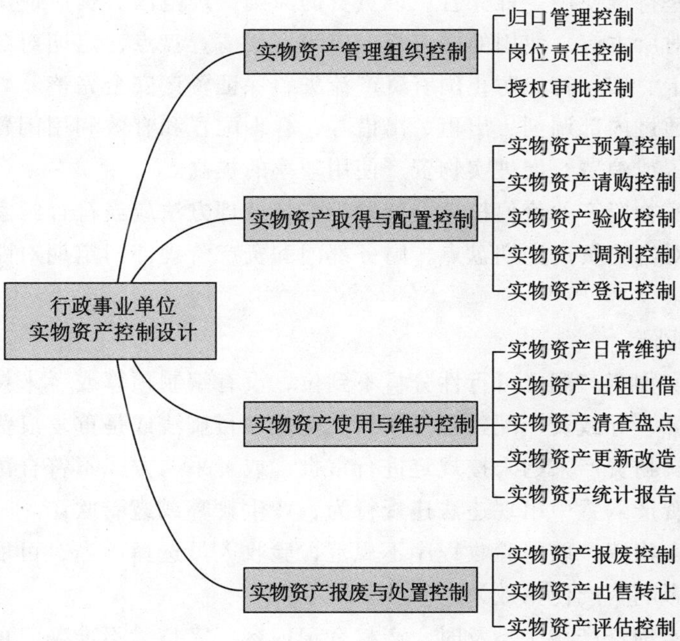

图 6－14　行政事业单位实物资产控制设计

实物资产管理组织控制是单位通过明确资产管理归口部门，合理设置资产管理岗位，明确资产管理岗位职责分工、权限范围和审批权限，确保单位资产管理机构设置和人员配备合理。

实物资产取得与配置控制是单位通过建立实物资产预算、请购审批、取得验收、领用登记以及内部调剂等控制机制，确保单位实物资产取得规范有序，风险管控机制完善。

实物资产使用与维护控制是单位通过建立实物资产日常维护、出租出借、技术更新、清查盘点、统计报告等控制机制，确保单位实物资产安全完整、使用高效。

实物资产报废与处置控制是单位通过建立包括出售、转让、置换、报损、报废等不同处置方式的控制机制，确保单位实物资产处置的范围、标准、程序和审批权限划分合理。

（三）实物资产管理的控制目标、主要风险和关键控制措施

1. 控制目标

第一，确保实物资产配置依据充分合理，符合国家规定的资产配置标准，决策和审批符合程序规定。

第二，坚持谁使用、谁保管、谁负责的原则，规范国有资产使用行为，落实使用责任，对所占有、使用的国有资产应当定期清查盘点，定期对账，做到家底清楚，账、卡、实相符，防止国有资产流失，保证资产安全完整。

第三，通过内部调剂、出租、出借等，合理配置和有效利用闲置资产，避免实物资产闲置或浪费，促进实物资产使用效率的提高。

第四，实物资产的价值核算、处置等会计处理方法应当符合国家统一会计制度的规定，对实物资产定期盘点，财务部门和资产管理部门定期对账，确保账实相符。

2. 主要风险

第一，实物资产配置可行性分析不到位，没有编制预算或者未按照资产购置标准编制预算，导致资产配置预算不当，造成项目搁浅或是重复浪费。

第二，实物资产采购未按规定进行审批，或者采购方式不符合国家资产管理法规，导致资产购置中出现违法违规行为，产生舞弊或遭受欺诈。

第三，实物资产取得验收程序不规范，验收人员选择不当，可能导致资产质量不合格，影响资产使用效果。

第四，实物资产移交不及时，产权登记内容不完整、不准确，可能导致资产流失，资产信息失真、账实不符。

第五，实物资产日常使用不当，运行维护不到位，可能导致资产使用效率低下，资源浪费和损失。

第六，实物资产保管不善，可能引起实物资产被盗、毁损或发生事故等。

第七，未按规定组织实物资产盘点，盘点不及时、不准确，可能造成账实不符或资产贬值严重，盘盈盘亏未能及时处理，造成责任不清，未能及时弥补管理漏洞。

第八，实物资产处置未按国家有关规定进行，未履行审批手续，可能导致资产处置行为不合法、不合规或者存在舞弊。

3. 关键控制措施

第一，健全实物资产管理组织体系，建立实物资产归口管理、岗位责任、授权审批等控制机制。

（1）单位应对实物资产实施归口管理，明确资产使用和保管责任人，落实资产使用人在资产管理中的责任，保证实物资产的安全与完整。贵重资产、危险资产、有保密等特殊要求的资产，应当指定专人保管、专人使用，并规定严格的接触限制条件和审批程序。

（2）单位应合理设置实物资产管理岗位，明确相关部门和岗位的职责权限，建立实物资产业务的不相容岗位和职务相互分离机制。单位实物资产业务管理的不相容岗位主要包括：实物资产预算编制与审批，实物资产请购与审批，实物资产采购、验收与款项支付，实物资产投保申请与审批，实物资产处置申请与审批，实物资产取得、保管与处置业务执行。单位不得由同一部门或个人办理实物资产的全过程业务。

（3）单位应制定实物资产业务的授权批准制度，明确授权审批的方式、程序和相关控制措施，规定审批人的权限、责任以及经办人的职责范围和工作要求。严禁未经授权的机构或人员办理实物资产业务。审批人应当在授权范围内进行审批，不得超越审批权限，经办人员应在职责范围内按审批人的批准意见办理实物资产业务。对于审批人超越授权范围审批的实物资产业务，经办人员有权拒绝办理，并及时向上级部门报告。

第二，加强实物资产取得与配置环节的控制，建立实物资产购置预算、请购审批、取得验收、领用登记以及内部调剂等方面的控制机制。

（1）单位资产管理部门会同财务部门审核资产存量，全面分析存量资产的质量、结构和分布情况，研究单位完成工作任务或履行其管理职能需占用资产的合理额度，根据分析结果提出拟购置资产的品目、数量，测算经费额度，经单位负责人审核同意后报经同级财政部门审批通过后，再将资产购置项目列入单位年度部门预算。实物资产购置项目应严格按照资产配置标准，杜绝资产购置数量与单价超标，没有规定配置标准的，应当从严控制，合理配置。对于重大的固定资产投资项目，单位应聘请独立的中介机构或专业人士进行可行性研究与评价，并由单位领导班子实行集体决策和审批，防止出现决策失误而造成严重损失。对于单价较高或批量较大的实物资产预算项目，需要填报详细的文字材料，经单位负责人和同级财政部门审核后，按需要列入单位预算。

（2）实物资产请购申请由单位资产使用部门提出，并在请购单上详细填写拟购买实物资产的名称、规格、型号、性能、预算金额以及购置原因等相关内容；请购单经单位使用部门负责人签字确认后提交资产管理部门，资产管理部门审核批准后上报单位主管领导或同级财政部门审批，经主管领导或同级财政部门审批通过后，由资产管理部门统一组织购买（纳入政府采购范围的，执行政府采购相关规定），对于一般资产采购，由资产管理部门充分了解和掌握供应商情况，采取比质比价方式确定供应商，对于重大资产采购采用招标方式采购。

（3）单位应对购置的实物资产进行验收，确保实物资产数量、质量符合使用要求，一般由资产管理部门、使用部门及相关部门共同实施。对于外购实物资产，单位应根据合同协议、供应商发货单等对所购实物资产的品种、规格、数量、质量、技术要求及其他内容进行验收，出具验收单或验收报告；对于委托建造的实物资产主要是房屋建筑物的，应由建造单位、资产管理部门、使用部门共同填制资产移交使用单，验收合格后移交使用部门投入使用；对于国家投入、接受捐助、单位合并、非货币性交换、内部调拨以及其他方式取得的实物资产，均应办理相应的验收手续。实物资产验收合格后，单位应及时入库、编号、建卡、调配、投保等手续，以确保实物资产有效识别和盘点。未通过验收的不合格资产，不得接收，必须按照合同等有关规定办理退换货或其他弥补措施。

（4）单位在取得实物资产后应及时登记实物资产，建立实物资产台账等账卡资料。在单位实物资产目录中登记资产编号、名称、种类、所在地点、使用部门、责任人、数量、账面价值、使用年限、损耗等内容，建立实物资产卡片，资产卡片应在资产编号上与资产目录保持对应关系，详细记录各项资产的来源、验收、使用地点、责任单位和责任人、运转、维修、改造、折旧、盘点等相关内容，便于资产的有效识别。资产目录和卡片均应定期或不定期复核，保证信息的真实和完整。

（5）在实物资产内部调剂方面，单位应由资产调入部门填写资产内部调拨单，明确实物资产的名称、编号、调拨时间等，由实物资产调出部门签字。对于跨部门的实物资产调拨，双方应报上级主管部门审核，若单位为实物资产调出方，需报同级财政部门审批，并附实物资产调入方的上级主管部门同意调拨的相关文件。对于跨级次的实物资产调拨，若是上级部门将实物资产调拨给下级单位时，下属单位应提供其主管部门和财政部门同意接收的相关文件，由本单位报同级财政部门审批后进行调拨；若单位作为下级部门接受上级调拨的实物资产时，须经主管部门和同级财政部门审批后，办理实物资产调拨手续。

第三，加强实物资产日常使用环节的控制，建立实物资产日常管理、出租出借、维护保养、清查盘点、统计报告等控制机制。

（1）单位应对实物资产实施归口管理，明确资产使用和保管责任人，落实资产使用人在资产管理中的责任，保证实物资产的安全与完整。贵重资产、危险资产、有保密等特殊要求的资产，应当指定专人保管、专人使用，并规定严格的接触限制条件和审批程序。同时，单位应根据相关要求确定实物资产分类标准和管理要求，并制定和实施实物资产目录，定期或不定期检查实物资产明细及标签，确保具备足够详细的信息，以便对实物资产进行有效识别与盘点。

（2）单位应根据国有资产管理规定，制定单位资产出租出借的程序、方式和原则。对于行政单位而言，不得用国有资产对外担保，若拟将占有、使用的国有资产对外出租、出借的，必须事先上报同级财政部门审核批准，未经批准，不得对外出租、出借。对于事业单位而言，利用国有资产出租、出借和担保等应当进行必要的可行性论证，并提出申请，经主管部门审核同意后，报同级财政部门审批。

（3）单位应建立实物资产运行管理档案，制订合理的实物资产维修计划，并按计划开展实物资产的维修和保养。日常、简单的实物资产维修保养，由资产使用部门负责并定期检查。对于需要进行大修理的实物资产，应由财务部门、资产管理部门和使用部门共同评估，提出修理方案，经单位负责人或授权人员批准后按规定程序报批后安排修理。单位如要开展实物资产的更新改造，则需要组织相关部门进行可行性论证，审批通过后予以实施。

（4）单位应定期开展实物资产清查盘点工作，至少每年进行一次全面的清查盘点，做到账账、账卡、账实相符，防止国有资产流失。在盘点前，单位应制定盘点方案、组建盘点小组。盘点方案应明确盘点范围、时间、形式、人员、组织程序、异常情况处理等事项；盘点小组一般由单位领导、财务部门、资产管理部门组成。财务部对盘点的全过程进行监督，以确保盘点过程的真实性。单位盘点小组对本单位拥有的实物资产进行盘点，根据盘点结果填写实物资产盘点表，并与实物资产台账进行核对。对盘点过程中发现的资产盘盈、盘亏、毁损、丢失、被盗等情况，盘点人员应及时查明原因，编制资产盘盈、盘亏表，并在此基础上完成清查盘点报告，报单位领导批准后追究相关部门和人员责任，妥善处理盘点差异。资产部门、财务部门应及时更新资产卡片信息，并进行账务处理，确保账实相符。

（5）单位应按照国有资产管理信息化的要求，及时将资产变动信息录入管理信息系统，对本单位资产实行动态管理，并在此基础上开展资产统计和信息报告工作。报送资产统计报告，应当做到真实、准确、及时、完整，并对国有资产占有、使用、变动、处置等情况作出文字分析说明。同级财政部门应当对单位资产统计报告进行审核批复，必要时可以委托有关单位进行审计，经财政部门审核批复的统计报告，应当作为单位编制预算和配置资产的依据和基础。

第四，加强实物资产处置环节的控制，建立包括出售、转让、置换、报损、报废等不同处置方式的控制机制。

单位在开展资产处置时，应由资产管理部门会同财务部门、技术部门审核鉴定，提出意见，按审批权限报送审批。对使用期满、正常报废的实物资产，单位应由资产使用部门或管理部门填制资产报废单，按程序报请批准后对该实物资产进行报废。对于使用期未满、非正常报废的实物资产，应由资产使用部门提出报废理由、估计清理费用和可回收残值、预计出售价格等，单位组织有关部门进行技术鉴定后，按规定程序审批后进行报废清理。

单位对于拟出售或转让的实物资产，应由有关部门和人员提出处置申请，对实物资产价值进行评估，并出具资产评估报告，同时列明该项实物资产的原价、预计使用年限、已使用年限、预计出售价格或转让价格等，按程序报请批准后予以出售或转让。

四、无形资产管理内部控制设计

（一）无形资产控制概述

无形资产是单位拥有或控制的没有实物形态的可辨认非货币性资产，通常包括专利权、非专利技术、商标权、著作权、特许权、土地使用权等。单位应加强无形资产的管理，建立健全无形资产分类管理制度，保护无形资产的安全，提高无形资产的使用效率，充分发挥无形资产对提升单位核心能力的作用。

不同于实物资产，无形资产不存在实物形态，通常表现为一种特殊权利。为保证无形资产的完整性、持续性和有效性，单位应承担与无形资产有关的维护费用，建立有效的约束和监督机制，规范单位无形资产管理。同时，单位在无形资产管理中，应分散和减少无形资产投资风险，确保无形资产的安全完整，提高无形资产的使用效率。

（二）无形资产管理业务流程与控制设计

无形资产管理一般包括无形资产取得、无形资产使用保全和无形资产处置三个阶段，主要涉及无形资产预算、取得验收、使用保全、定期评估、升级更新以及无形资产处置等业务环节（如图6－15所示）。

无形资产取得是以预算为起点，通过外购、自行研发以及投资者投入、接受捐赠、债务重组、政府补助、合同、非货币性资产交换等方式获得无形资产，并组织无形资产验收，确定资产权属关系。

无形资产使用与保全是对无形资产的日常管理，包括资产登记、使用管理、权益维护、费用摊销等，并通过定期评估资产的先进性、有效性，以使无形资产能及时升级更新。

无形资产处置是对不具备技术先进性的无形资产，通过评估其价值、组织鉴定以及报批等程序，实施无形资产处置并进行相应的账务处理和资料归档。

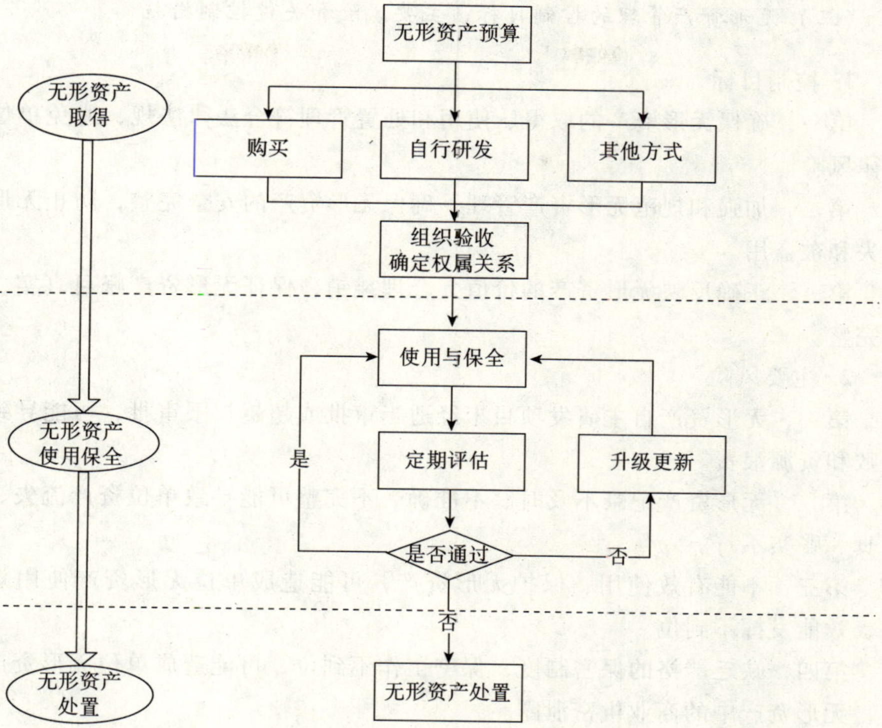

图 6－15　行政事业单位无形资产管理基本业务流程

根据无形资产管理各业务阶段的内容，结合《内控规范》的相关要求，行政事业单位无形资产控制设计主要包括无形资产取得控制、无形资产使用控制和无形资产处置控制（如图 6－16 所示）。

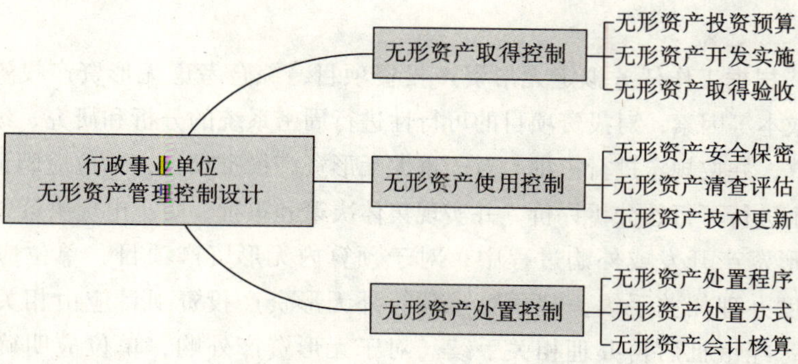

图 6－16　行政事业单位无形资产管理控制框架

（三）无形资产管理的控制目标、主要风险和关键控制措施

1. 控制目标

第一，确保无形资产的取得、使用和处置管理符合法律法规，避免单位承担法律风险。

第二，加强和规范无形资产管理，确保无形资产的安全完整，防止无形资产流失和被盗用。

第三，正确反映无形资产的价值，合理摊销，保证无形资产账目真实、准确和完整。

2. 主要风险

第一，无形资产自主研发项目未经适当审批或超越权限审批，可能导致研发失败和资源浪费。

第二，无形资产记录不及时、不准确、不完整可能导致单位资产流失、信息失真、账实不符。

第三，不能有效使用、保护无形资产，可能造成单位无形资产使用效益低下、效能发挥不到位。

第四，缺乏严格的保密制度，保密工作不到位，可能造成单位无形资产被盗用、无形资产中的商业机密泄露。

第五，未及时对无形资产的使用情况进行检查、评估，可能导致无形资产内含的技术未能及时升级换代，导致单位技术落后或存在重大安全隐患。

第六，无形资产处置、转让不规范，不符合法律法规，可能导致单位资产损失，甚至引起法律纠纷。

3. 关键控制措施

第一，加强无形资产取得环节的控制，建立无形资产预算、取得和验收控制机制。

单位应根据工作任务拟定无形资产投资项目，综合考虑无形资产投资方向、规模、资金成本等因素，对投资项目的可行性进行周密系统的分析和研究，编制无形资产投资预算，并按规定进行审批。对于重大无形资产投资项目，单位应聘请中介机构或专业人士进行可行性分析评价，并实现集体决策和审批，防止出现决策失误。

在无形资产开发或外购过程中，对于预算内无形资产项目，单位应当按照预算执行进度办理相关手续，超预算或预算外无形资产投资项目应由相关责任部门提出申请，经审批后再办理相关手续。对于无形资产外购，单位应明确请购部门和审批部门的职责权限和审批程序。一般无形资产采购，应由采购部门充分了解和掌握产品及供应商情况，采取比质比价的办法确定供应商，重大无形资产采购，应采取招标方式进行，非专有技术等具有非公开性无形资产，应注意采购过

程中的保密保全措施。

单位应对交付使用的无形资产进行验收，确保无形资产符合使用要求。对于外购无形资产，必须仔细审核有关合同协议等法律文件，及时取得无形资产所有权的有效证明文件，同时特别关注外购无形资产的技术先进性。对于自行开发的无形资产，应由研发部门、资产部门、使用部门共同填制无形资产移交使用验收单，移交使用部门使用。单位购入或者以支付土地出让金方式取得的土地使用权，必须取得土地使用权的有效证明文件。当无形资产权属关系发生变动时，应按照规定办理权证转移手续。单位对投资者投入、接受捐赠、债务重组、政府补助、合同、非货币性资产交换、其他单位无偿划拨转入如以及其他方式取得无形资产均应办理相应的验收手续。

第二，加强无形资产使用保全环节的控制，建立无形资产使用、评估、更新等控制机制。

单位应加强无形资产权益保护，规范无形资产日常管理，授权具体部门和人员负责无形资产的日常使用和保全管理，保证无形资产的安全与完整。一方面，应制定无形资产保密管理规定，采取严格保密措施，严防泄露商业秘密，特别是对无形资产各种文件资料进行妥善保管，避免记录受损、被盗和被毁的可能。重要资料不仅要有纸质备份、还应有电子备份，以便在遭受意外损失或毁损时能得以重新恢复。另一方面，应建立无形资产使用和保管的范围和政策，严格限制未经授权人员直接接触技术资料等无形资产，对技术资料等无形资产的保管和接触应保有记录，对重要的无形资产及时申请保护。

单位应定期对专利、专有技术等无形资产的先进性进行评估，发现某项无形资产给单位带来利益的能力受到重大不利影响时，应当考虑淘汰落后技术，加大研发投资推动自主创新和技术升级，确保技术处于领先地位。

第三，加强无形资产处置环节的控制，明确无形资产处置的范围、标准和审批权限。

单位应明确无形资产处置的程序和审批权限，并严格按照处置程序进行无形资产处置业务。一般情况下，首先由单位无形资产使用部门根据需要提出处置申请书，并列明处置原因，然后由资产管理部门组织人员进行经济和技术鉴定，确定合理的处置价格，出具处置呈批单，最后由单位负责人对无形资产处置申请进行审批。资产管理部门根据批准的处置呈批单处置无形资产，编制注销凭证，使用部门注销无形资产保护卡等相关处理。

单位在无形资产处置过程中涉及产权变更的，应及时办理产权变更手续，对于重大的无形资产处置，应委托具有资质的中介机构进行资产评估，并采取集体审批制度。对于经批准的无形资产转让、调出和捐赠，单位应由资产管理部门会同财务部门予以办理，并签订合同协议，就转让的维护保全、商业秘密保护等内容进行约定。对拟出售或投资转出的无形资产，应由有关部门或人员提出处置申请，列明该项无形资产的原价、预计出售价格或转让价格等，报单位授权部门或人员批准后予以出售或转让。

单位应加强无形资产会计核算环节控制，设置无形资产和累计摊销会计科目。委托开发或外购的无形资产应以实际成本入账，包括购买价款、相关税费以及可归属于该项资产达到预定用途所发生的其他支出；自行开发并依法申请取得的无形资产，按照取得时发生的注册费、聘请律师费等费用确定成本，依法取得之前所发生的研究开发支出，应于发生时直接计入当期支出，不构成无形资产成本。接受捐赠的无形资产可按捐赠者提供的有关凭据确认其价值，若无可靠的凭据，则按照法定评估机构评估确认价值入账。单位取得的无形资产应合理摊销，不实行内部成本核算的单位，其购入和自行开发的无形资产摊销时一次计入“事业支出”科目；实行内部成本核算的单位，其无形资产应在收益期内分期摊销，摊销时计入“经营支出”科目。转让处置无形资产取得的收入应计入事业收入。

五、对外投资内部控制设计

（一）对外投资控制概述

对外投资是单位以购买股票、债券等有价证券的方式，或以货币资金、实物资产、无形资产等方式向单位以外的其他经济实体进行投资。按投资权限可划分为债权投资（如债券投资）和股权投资（如股票投资）。

我国现行政策法规严禁行政单位开展对外投资，不得举借债务，不得对外提供担保。财政部2006年颁布《行政单位国有资产管理暂行办法》和2012年修订《行政单位财务规则》均明确规定：“行政单位不得以任何形式用占有、使用的国有资产对外投资或者举办经济实体。”目前，我国还有个别行政单位未完全实现与所办经济实体脱钩，单位应按照国家有关规定，对这些经济实体的经济效益、收益分配及使用情况等进行严格监管，同时政府财政部门应对其经济效益、收益分配及使用情况进行监督检查。

对于事业单位而言，我国政策法规明确规定其可以开展对外投资，但对投资范围和投资程序进行了严格限定。根据《事业单位财务规则》，“事业单位应当严格控制对外投资。在保证单位正常运转和事业发展的前提下，按照国家有关规定可以对外投资的，应当履行相关审批程序。事业单位不得使用财政拨款及其结余进行对外投资，不得从事股票、期货、基金、企业债券等投资，国家另有规定的除外。事业单位以非货币性资产对外投资的，应当按照国家有关规定进行资产评估，合理确定资产价值。”此外，财政部2006年颁布的《事业单位国有资产管理办法》规定，“事业单位利用国有资产对外投资、出租、出借和担保等应当进行必要的可行性论证，并提出申请，经主管部门审核同意后，报同级财政部门审批。事业单位应当对本单位用于对外投资、出租和出借的资产实行专项管理，并在单位财务会计报告中对相关信息进行充分披露。财政部门和主管部门应当加强对事业单位利用国有资产对外投资、出租、出借和担保等行为的风险控制。”

综上所述，在当前我国的政策环境下，行政单位不得开展新的对外投资业务，原有的对外投资资产应当加强管理，并尽快处置；事业单位应当严格控制对外投资，确实需要对外投资，应严格按照规定进行报批并对投资范围进行限制。

（二）对外投资业务流程与控制设计

单位对外投资业务流程一般包括投资决策、投资实施和投资评价三个阶段，主要涉及提出投资意向、投资可行性研究、单位集体论证、投资审批、投资计划编制与审批、投资计划执行、投资使用与管理、投资收益与核算、投资处置与收回以及投资活动评价等业务环节（如图6－17所示）。

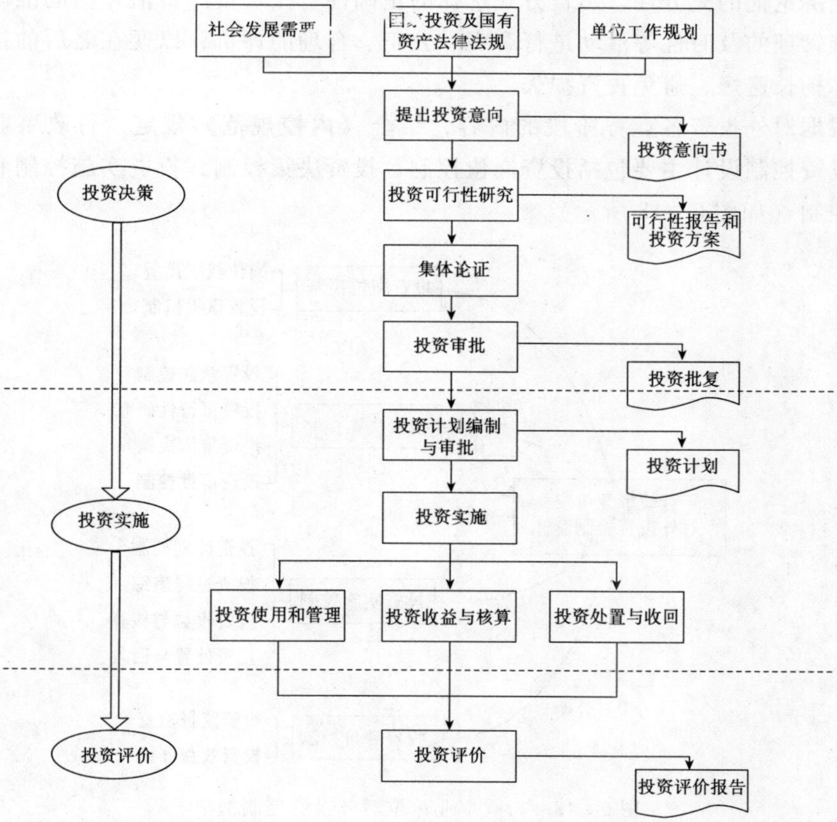

图6－17　事业单位对外投资管理基本业务流程

在投资决策阶段，单位投资管理部门首先根据国家投资及国有资产管理法规、社会需要以及单位工作规划等，结合单位实际情况提出对外投资初步意向；然后指定相关部门和人员对投资意向进行可行性研究，编制单位对外投资可行性报告，制定投资方案；由单位领导集体对投资项目的可行性研究报告和投资方案进行论证，决定投资项目是否应当立项，对于变更投资方案的，应经过单位领导集体讨论决定；最后，由单位指定部门和人员准备相关材料，按规定程序报经主管部门或政府有关部门对投资项目进行立项审批。

在投资实施阶段，单位应根据审批通过的投资方案，编制详细的投资计划，落实不同阶段资金投资数量、投资具体内容、项目进度、完成时间和投资回收情况，并按程序报经相关部门批准。投资计划审批通过后，单位应拍定由专门机构和工作人员负责投资实施，签订投资合同、落实资金投入，做好投资收益管理和会计核算，开展投资资产的处置和回收等，确保投资实施过程规范有序。

在投资评价阶段，单位在投资活动完成后，应对投资对象选择的合理性、技术和经济论证的充分性、出资方式选择的正确性、投资资产价值评估的准确性以及投资管理的及时性等活动进行客观、公正、合理的评价，以便在之后的投资活动中，扬长避短，避免投资损失。

根据对外投资各业务阶段的内容，结合《内控规范》规定，行政事业单位对外投资控制设计主要包括投资岗位控制、投资决策控制、投资实施控制和投资评价控制（如图 6－18 所示）。

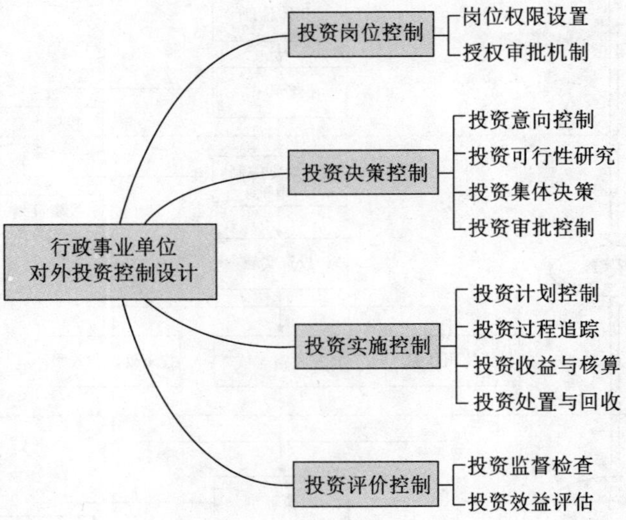

图 6－18　行政事业单位对外投资控制框架

在投资岗位控制方面，单位应建立投资管理岗位责任制，规范对外投资业务流程，明确投资授权审批权限，严格按投资权限开展对外投资业务。

在投资决策控制方面，单位应通过合理选择投资项目，开展投资可行性研究，实行单位领导班子集体决策论证，报经主管部门和政府财政部门审批，确保投资决策的科学合理。

在投资实施控制方面，单位应制定投资实施计划，严格按照计划实施投资，并通过加强投资过程追踪、投资收益、会计核算以及投资处置与收回管理，确保投资实施规范有序，确保投资资产的安全完整。

在投资评价控制方面，单位应加强对投资活动过程的监督检查，在投资完成后开展投资效益评估，确保单位对外投资管控到位。

（三）对外投资管理的控制目标、主要风险和关键控制措施

1. 控制目标

第一，在国家资产管理相关法规规定范围内开展对外投资，确保单位对外投资活动合法合规，不影响单位正常业务开展。

第二，对投资项目进行可行性研究，确保投资行为的科学性、合理性，提高投资的经济效益。

第三，加强对外投资项目的追踪管理，及时、全面、准确地记录对外投资的价值变动和投资收益情况，避免投资项目失去控制，确保对外投资资产的安全、完整。

第四，对外投资活动由单位领导班子集体决策，确保投资决策的科学性和合理性，防止个人决策的随意或者舞弊行为。

2. 主要风险

第一，投资决策失误，盲目投资，投资项目未开展可行性论证，可能导致国有资产流失。

第二，投资决策程序不规范，未开展集体决策，擅自决定对外投资，可能导致对外投资失去管理甚至国有资产巨大损失。

第三，对外投资未实施严格的授权审批和不相容职务分离，由一个岗位执行对外投资活动的全过程，可能导致出现贪污舞弊现象。

第四，没有对投资项目进行追踪管理，投资价值变动及收益情况没有及时、全面、准确的记录，可能产生各种违法行为，造成国有资产流失。

3. 关键控制措施

第一，合理设置投资管理岗位，建立对外投资管理岗位责任制，明确对外投资授权审批权限和业务程序。

（1）单位应结合业务需要设置投资管理岗位，明确相关岗位的职责权限，确保对外投资的可行性研究与评估、对外投资决策与执行、对外投资处置的审批

与执行等不相容岗位相互制约、相互分离和相互监督。

（2）单位应制定投资业务审批权限，明确审批人的授权批准方式、权限、程序、责任及相关控制措施，规定经办人的职责范围和工作要求，严禁未经授权的部门和人员办理对外投资业务。

（3）单位应制定投资业务流程，应明确投资决策、实施以及评价等各环节的具体程序以及控制要求，确保对外投资各业务环节正常开展。

第二，建立投资决策控制机制，明确投资意向提出、可行性研究、集体论证以及投资审批的程序，建立投资决策责任追究机制。

（1）单位应审慎选择对外投资项目。投资意向的提出应以单位工作规划、国家产业政策和社会需要为依据，确保符合国家投资和资产管理法律法规。单位应通过明确投资的管理部门，选择具备相关的经验和能力投资管理人员，确保选择科学、合理的投资项目。

（2）单位应对拟选择的投资项目进行严密的可行性研究。对于股权投资，要结合技术水平、市场经济环境、单位拥有的资产及环境产业政策等进行调查研究，通过比较分析制定股权投资方案；对于债券投资，单位还应就投资发行债券机构的财务信用状况和投资债券的风险情况进行认真的分析和评估。

单位可授权投资部门或委托相关中介机构对拟立项的对外投资项目进行分析论证，分析评估该投资项目内外相关的风险，比较选择投资方案，提出对外投资建议；同时要请财务部门对投资项目所需资金、预期现金流量、投资收益以及投资的安全性进行测算和分析，确保投资有资金保障。

（3）单位应对投资方案进行集体决策论证。一方面，单位投资项目应充分发扬民主，充分听取单位各部门和干部职工意见；另一方面，单位投资项目应由单位领导班子集体研究决定，并详细记录决策过程中的各种意见并妥善保管。重大投资项目决策应实行集体审议联签，单位任何个人无权改变集体决定。同时，单位应建立投资决策责任追究机制，对外投资中出现重大决策失误、未履行集体决策程序的部门及人员，应当追究相应的责任。

（4）单位对外投资项目应报主管部门和同级财政部门审批。对于股权投资，重点审查投资是否符合投资战略规划、是否具备可行性、投资收益能否实现、投资风险是否可控；对于重要对外投资和投资设立全资或控股单位，须报国家安全监管总局审批；对于债券投资，重点审查拟投资债券是否安全可靠，资金支出是否与单位预算相符，以防范资金风险。

第三，建立投资实施控制机制，及时、全面、准确地记录投资价值变动和投资收益情况。

（1）单位应在投资立项通过后编制投资计划，并严格按照计划确定的进度、时间、金额和方式投出资产。提前或延迟投资资产、变更投资额、改变投资方式、中止投资，均应按规定程序审批。在股权投资情况下，单位以实物资产或无形资产对外投资，应在办理投资手续前进行资产评估，需要签订合同的应先进行谈判并经审查批准后签订投资合同，相关谈判须有两人以上参加。在债券投资情况下，单位应根据债券投资计划申请债券投资资金并办理债券投资事宜，需要签订合同的，应由财务部门起草合同文本，经法律部门审核、单位负责人批准后，交授权人员签订。

（2）单位应加强投资项目的追踪管理，建立对外投资管理档案。对于股权投资，单位应指定专门部门和专门人员负责跟踪，收集并分析被投资单位的财务报表，及时掌握被投资单位的财务状况和经营情况，对被投资企业的一些重大投资、经营事项和问题，要及时向领导和主要负责人汇报。对于债券投资，单位应妥善保管债券投资的各类债券凭证，存放于银行、信托公司和保险公司，建立债券投资管理台账，定期与被投资单位核对，并关注发行债券企业的财务信用状况和投资债券的风险情况。

单位应加强对外投资权益证书的管理，指定专门部门或人员保管权益证书，建立详细的记录。财会部门与相关管理部门和人员应定期核对有关权益证书；由两位非债权投资核算人员分别保管领取债权凭证的密码和钥匙。存取债权凭证必须由两位保管人员经财会部门负责人批准后共同完成，填写存取记录，并由经手人签字。

（3）单位应加强投资收益收取的管理，正确开展投资业务的会计核算。单位应及时足额收取投资收益，每月最后一个工作日由出纳或两位保管人员，与债权核算岗位人员共同完成债权凭证清查盘点工作，填写债权凭证盘点明细表，逐一与债权投资台账、明细账核对，同时债权核算岗位人员核对债权投资总账和明细账。

单位在对外投资业务的会计核算方面，应严禁账外设账。由于对外投资资产的价值会受到各种因素的影响而经常变更，如股票、债券、国库券、股权证明等，为及时总括地反映对外投资购入、处置、结存情况，在财务部门设置对外投资总账的基础上，投资部门或其他相关部门还应根据投资业务的种类、时间先后分别设立对外投资明细登记簿，定期或不定期地进行对账，确保投资业务记录的正确性，防止个别人员为了达到某种目的故意歪曲对外投资的真实价值。

（4）单位应及时处置或收回投资资产，建立投资处置控制机制。在股权投资中，到期的投资项目处置应经过相关部门和人员审批，力求实现国有资产最大的经济收益；核销对外投资应取得因被投资单位破产等不能收回投资的法律文书和证明文件。在债权投资中，单位债券投资因特殊原因需要提前兑付或转让的，应提出提前兑付或专让方案，经负责人审核，金额重大应报领导审批后方可办理；债券投资到期后，财务部门办理到期债券兑付手续，并正确核算债券本金和利益，保障国有资产的投资收益。

单位应确保及时足额收取收回投资资产，提前或延期收回对外投资的，应经集体审议批准；转让、核销对外投资，应经集体审议批准。同时，单位应正确进行对外投资资产处置的相关会计处理，保证收回资产的安全和完整，妥善保管审批文件、投资合同或协议、投资计划书、对外投资处置等文件资料。

第四，建立投资监督评价控制机制，确保单位对外投资得到有效的监控。

单位应定期由专门机构或指定专门人员检查对外投资业务管理情况，检查内容主要包括对外投资业务相关岗位及人员配备情况、对外投资业务授权批准制度的执行情况、对外投资业务的决策情况、对外投资资产投出情况、对外投资持有资产的管理情况、对外投资的处置情况、对外投资的会计处理情况。

单位应对对外投资实施情况进行总体评价，出具评价报告，对涉及会计工作的各项经济业务、内部机构和岗位在对外投资内部控制上存在的缺陷提出改进建议；对执行对外投资内部控制制度成效显著的内部机构和人员提出表彰，对违反内部控制制度的内部机构和人员提出处理意见。必要时，单位可聘请中介机构或相关专业人员对本单位对外投资内部控制制度的建立、健全及有效实施进行评价。接受委托的中介机构或相关专业人士，应当对委托单位已建立的对外投资内部控制制度存在的重大缺陷提出书面检查报告，最终促使行政事业单位对外投资内部控制制度日益完善。

第五节　建设项目内部控制设计

行政事业单位建设项目一般是以政府投资和使用国有资金为主，涉及公共建筑、交通运输、铁路、水利、市政等基础设施建设，这些项目往往与人民生产、生活息息相关，是单位履行公共服务职能的重要体现。由于单位建设项目投入资源大、占用资金多、建设工期长、涉及环节多、各种利益关系错综复杂，往往成为经济犯罪和腐败案件的“高发区”。近年来，我国发生在工程建设领域的违法违规、贪污腐败案件时有发生，项目资金高估冒算、招标环节暗箱操作、“豆腐渣”工程屡有曝光，引发社会各界的强烈不满和批评。因此，加强行政事业单位建设项目内部控制意义重大，既可以管控项目资金的安全有效使用，又可以预防贪污腐败案件的发生，一定程度上保证了建设项目质量，也有助于提高单位公共服务的效率和效果。

一、建设项目控制概述

（一）建设项目的定义

根据《中华人民共和国建筑法》规定："建筑活动，是指各类房屋建筑及其附属设施的建造和与其配套的线路、管道、设备的安装活动。"根据《建设工程质量管理条例》规定，"建设工程，是指土木工程、建筑工程、线路管道和设备安装工程及装修工程。"国家标准 GB/T—50326 - 2006《建设工程项目管理规范》规定，"建设工程项目是指为完成依法立项的新建、扩建、改建等各类工程而进行的、有起止日期的、达到规定要求的一组相互关联的受控活动而组成的特定过程，包括策划、勘察、设计、采购、施工、试运行、竣工验收和考核评价等。"

本书所称建设项目是指行政事业单位自行或委托其他单位进行的建造（包括新建、扩建、改建和修缮等）和安装活动，包括房屋及建筑物建造、基础设施建设、大型设备安装和大型修缮等。建设项目一般规模大、耗资多、周期长、牵涉面广、质量要求高、技术和工艺复杂，而且容易受到内外环境的影响，属于典型的一次性事业，不确定性和风险大。特别是行政事业单位建设项目，一旦出现问题将会产生不利影响，这就要求单位提高建设项目内部控制水平。

（二）建设项目内部控制的意义

作为单位内部控制的重要内容，行政事业单位建设项目一般使用国家财政资金，或者利用国有资金投资，或者通过发行债券、贷款等融资方式进行专项投资等。建设项目实施成败与否直接反映了财政资金的使用效率，建设项目管理的规范化可以有效避免财政资金的浪费和损失。同时，建设项目实施中涉及众多利益相关方，需要遵循各项工程建设法律法规，建设项目管理不规范可能导致出现违法违规和贪污腐败行为，难以充分保障建设工程的安全和质量，影响行政事业单位公共服务职能的有效履行。加强建设项目管理，可以提高建设项目决策的科学性；确保建设项目遵循法律法规和相关政策，可以保证建设项目的安全性和合法性；确保建设项目管理活动有序进行，可以保证建设项目的经济效益，提高单位的财政资金使用效率和公共服务水平。

（三）建设项目的分类

按照建设项目实施方式，行政事业单位建设项目可以分为自行建造或委托他人建造。自行建造是指单位负责建设项目建造的全过程或绝大部分，在建造过程中发挥主导作用。委托他人建造是指单位将建设项目的主要部分或全部以分包方式交由其他单位从事，单位主要负责筹集建设项目所需资金、按期与承包方结算、参与竣工验收等。一般情况下，由于建设项目专业要求高，行政事业单位主要通过委托他人建造这种方式来实施建设项目，且在项目实施中多数由同级政府机关事务管理局统一负责建造。

按照建设项目实施内容，行政事业单位建设项目可以分为单位办公用房建设项目、基础设施建设项目、公用设施建设项目、大型设备安装项目和大型修缮项目。单位办公用房建设项目是指党政机关、事业单位办公楼建设以及业务用房建设；基础设施建设项目是指涉及能源、交通运输、邮电通信、水利设施、市政设施以及环保设施等项目建设；公用设施建设项目是指科技、教育、文化、体育、旅游、卫生、社会福利以及供水、供电、供气、供热公共项目建设；大型设备安装项目是指基于业务需要而开展专业设备购置、安装活动；大型修缮是对各类建设项目定期或不定期所开展的修缮活动。

按照通用的建设项目分类标准，建设项目具体分类如表 6-21 所示。

表 6-21　　　　行政事业单位建设项目分类标准及详情

建设项目分类标准	建设项目分类详情
按建设性质划分	新建项目、扩建项目、改建项目、迁建项目、恢复项目
按计划管理要求划分	基本建设项目、更新改造项目、商品房屋建设项目、其他固定资产投资项目
按施工情况划分	筹建项目、施工项目、投产项目、收尾项目
按工作阶段划分	前期工作项目、预备项目、新开工项目、续建项目
按隶属关系划分	中央项目、地方项目、合建项目
按用途划分	生产性项目、非生产性项目
按建设规模大小划分	基本建设项目可分为大型项目、中型项目、小型项目 更新改造项目分为限额以上项目、限额以下项目

（四）建设项目管理的依据

根据国家标准《建设工程项目管理规范》规定，“建设项目管理，是指运用系统的理论和方法，对建设项目进行的计划、组织、指挥、协调和控制等专业活动。”对于行政事业单位而言，建设项目管理是单位在项目立项、设计、招标、施工以及竣工验收等各阶段进行的管理活动，在建设项目管理中涉及多个主体，包括业主单位、建设单位、设计单位、施工单位、监理单位、招标代理机构和政府有关部门等。本书主要是从建设单位的角度来阐述建设项目管理。目前，行政事业单位在建设项目管理方面主要依据以下法律法规：

1. 《中华人民共和国建筑法》（国家主席令第 91 号 1997 年颁布）

2. 《建设工程勘察设计管理条例》（国务院令第 293 号 2000 年颁布）

3.《建设工程勘察设计资质管理规定》（建设部令第160号2007年颁布）

4.《建设工程安全生产管理条例》（国务院令第393号2003年颁布）

5.《建设工程质量管理条例》（国务院第279号2000年颁布）

6.《工程建设项目招标范围和规模标准规定》（国家发展计划委员会令第3号2000年颁布）

7.《建筑工程设计招标投标管理办法》（建设部令第82号2000年颁布）

8.《工程建设项目施工招标投标办法》（发改委令第30号2003年颁布）

9.《建设工程监理范围和规模标准规定》（建设部令第86号2001年颁布）

10.《建设工程监理规范》（GB　50319－2000）

11.《建设工程项目管理规范》（GB/T　50326－2006）

12.《建筑工程施工发包与承包计价管理办法》

二、建设项目业务流程与控制设计

建设项目管理一般可划分为工程立项、工程勘察设计与概预算、工程招标、工程施工建设与工程竣工验收五个主要环节，主要涉及项目建议书编制、可行性研究、项目评审、立项决策、初步设计、施工图设计、招标、施工合同签订、施工、竣工验收以及资产交付等环节（如图6－19所示）。

图6－19列示了建设项目业务的一般业务流程，行政事业单位可以参照此流程并结合自身情况进行扩充和细化。此外，在建设项目实务中，招标工作贯穿建设项目的全过程，最为常见的是施工招标，但在勘察、设计、监理甚至验收阶段也可能进行招标，因此行政事业单位应紧密结合自身实际进一步完善建设项目的管理和控制。具体来说：

项目立项阶段主要工作包括：(1) 根据国民经济和社会发展长远发展规划，结合地区、单位发展规划的要求，提出项目建议书；(2) 在调查研究和详细技术经济论证的基础上编制可行性研究报告；(3) 政府相关部门或单位组织相关专家对可行性研究报告进行论证和评审；(4) 上级部门根据评审结果进行审批决策。

项目勘察设计和概预算阶段主要工作包括：(1) 根据批准的可行性研究报告进行项目勘察，并根据勘察结果进行项目初步设计；(2) 根据批准的初步设计，进行施工图设计。

项目招标阶段主要工作为：(1) 根据项目建设实际编制招标文件，组织开展招标、投标、开标、评价，最后确定中标单位；(2) 根据中标结果与中标单位签订合同文件。

项目施工建设阶段主要工作包括：(1) 根据批准的施工图设计文件，进行施工前的各项准备工作，包括征地、拆迁、建设许可证办理以及“三通一平”

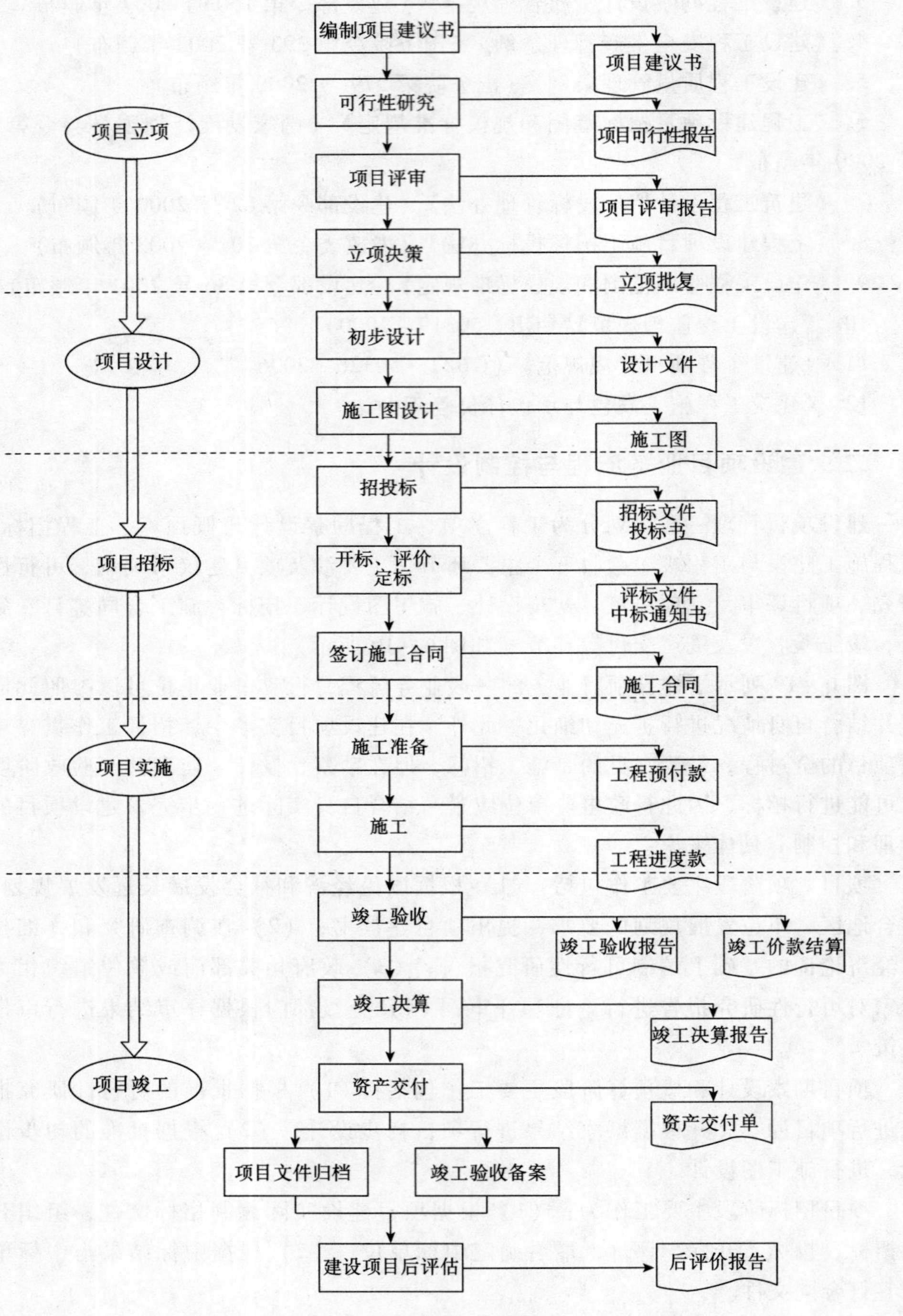

图 6－19　行政事业单位建设项目基本业务流程

工作；（2）组织建设项目施工，并对项目的质量、安全和进度进行把控。

项目竣工验收阶段主要工作包括：（1）进行竣工验收；（2）竣工验收合格后，进行工程价款结算和竣工决算，并办理资产移交手续。

根据建设项目各业务阶段的内容，结合《内控规范》规定，行政事业单位建设项目控制主要包括组织控制、立项控制、设计控制、招标控制、施工控制、竣工控制等环节（如图 6－20 所示）。

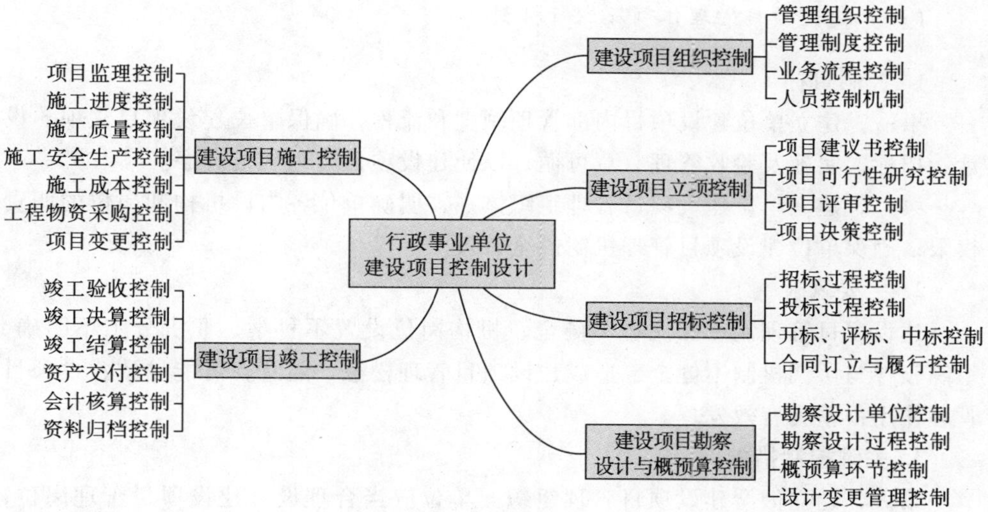

图 6－20　行政事业单位建设项目控制框架

建设项目组织控制是指通过建立健全建设项目管理组织体系，制定项目内部管理制度，完善项目业务流程，配备合格的项目管理人员，形成科学高效的建设项目管理体制和运行机制。

建设项目立项控制是指通过编制项目建议书、开展可行性研究、进行项目评审和决策，并完善各阶段的审核和审批机制，确保单位建设项目立项程序规范、决策科学合理。

建设项目招标控制是指通过确定招标方式，编制招标公告、投标邀请书和招标文件，制定标底和招标控制价，开展投标资格审查，进行开标、评标以及中标管理，订立建设项目合同等方式，确保选择具有资质的项目实施单位。

建设项目勘察设计与概预算控制是指通过选择勘察设计单位，编制勘察设计文件，确定项目概预算，加强设计变更管理等手段，确保建设项目勘察设计科学合理，项目获得最大的社会效益。

建设项目施工控制是指通过加强工程监理控制、工程质量控制、工程安全生产控制、工程成本控制、工程物资采购控制、工程变更控制等，确保项目建设成本、进度和质量得到有效管控。

建设项目竣工控制是指通过加强竣工验收控制、竣工决算控制、竣工结算控制、资产交付控制、会计核算控制和资料归档控制，确保工程建设符合设计要求，并对工程质量进行有效把关。

三、建设项目的控制目标、主要风险和关键控制措施

（一）建设项目管理体制及运行机制

1. 控制目标

第一，建立单位建设项目内部管理制度和流程，确保单位建设项目立项、设计、招标、实施及验收管理有章可循，以使建设项目管理规范有序。

第二，建立单位建设项目管理组织体系，明确单位各内设机构和岗位的职责权限，确保单位建设项目管理机制健全有效。

2. 主要风险

建设项目管理制度和流程不健全、机构岗位设置不科学、职责分工不明确、组织领导与协调机制不健全，造成建设项目管理松散、随意，可能导致建设项目管理作用得不到有效发挥。

3. 关键控制措施

第一，建立健全建设项目管理组织。单位应当合理设置建设项目管理岗位，建立项目管理岗位责任制，明确建设项目管理相关部门和岗位的职责权限，确保办理建设工程业务的不相容职务相互分离、相互制约、相互监督，包括建设项目可行性研究与决策、概预算与审核、项目实施与价款支付、竣工决算与审计等不相容岗位。单位不得由同一部门或个人办理建设项目的全过程业务。

第二，建立建设项目内部管理制度。单位应当建立并不断完善建设项目质量控制制度、进度控制制度、财务管理制度、资金管理制度、成本控制制度、招标投标制度、合同管理制度、施工现场管理制度、工程物资采购制度、档案管理制度、项目考核与评价制度，并采取措施推动各项管理制度有效执行。

单位应当制定建设项目授权批准制度，明确项目授权审批的程序、方式和相关控制措施，规定审批人的权限、责任以及经办人的职责范围和工作要求。审批人应当根据建设项目授权批准制度的规定，在授权范围内进行审批，不得超越审批权限。经办人应当在职责范围内，按照审批人的批准意见办理建设项目业务。严禁未经授权的机构或人员办理建设项目业务，对于审批人超越授权范围审批的建设项目业务，经办人有权拒绝办理，并及时向上级授权部门报告。

第三，建立建设项目业务流程控制。单位应当全面梳理建设项目各个环节业

务流程，针对各风险领域查找、界定关键控制点，明确建设项目在立项、勘察设计与概预算、招标、建设施工、竣工验收等环节的控制要求，并设置相应的记录或凭证，如实记载各环节业务的开展情况，确保建设项目全过程得到有效控制。

单位在对建设项目业务流程进行梳理时，应遵循两个原则：一是要确保法规的遵循性；二是要保证基本流程的完整性。一方面，建设项目在立项、设计、招标、建设、验收等各环节都涉及许多法律法规要求，流程设计必须关注是否符合法规要求，凡国家法律法规对建设项目审批、核准、备案等有明确规定的，必须体现在流程控制中；另一方面，建设项目流程应当贯穿项目的全过程，单位应按照项目形成的顺序依次检查立项至验收（包括后评估）的流程，重点关注流程是否完整，前后是否顺利衔接，是否按照规定的程序排列。

第四，建立建设项目人员控制机制。单位应当根据建设项目的特点，配备合格的人员办理建设项目业务，办理建设项目业务的人员应当具备良好的职业道德和业务素质。

行政事业单位应当通过建立项目管理制度、明确职责权限、梳理业务流程，履行对建设项目业务运行的关键部门和薄弱环节的管控职能，实现以制度管人、按制度办事，促进建设项目规范、廉洁、高效运行。

（二）建设项目立项控制

建设项目立项是项目的决策过程，是对拟建项目的必要性和可行性进行技术经济论证，对不同建设方案进行技术经济比较并作出判断和决定的过程。建设项目立项一般涉及项目建议书编制、可行性研究、项目评估和决策四个环节，其主要任务是通过充实的可行性分析和科学的项目评审、决策，决定是否开展某一项目以及该项目质量、投资和进度安排的总体计划。行政事业单位应指定一个部门归口或牵头管理建设项目，或组建项目法人统筹管理建设项目工作。

1. 控制目标

第一，确保建设项目立项程序规范，符合法律法规及国家政策规定。建设项目立项经过严格周密论证，符合国家有关投资、建设、安全、消防、环保等规定及单位内部规章制度，对于机关单位办公用房建设必须符合规定和资产配备标准，防止超标建设，厉行勤俭节约。

第二，确保建设项目立项决策科学合理，符合国家和单位的利益，技术上可行，能够产生预期的经济和社会效益。建设项目应当实行集体决策，妥善保管决策过程中的文件资料。

第三，确保建设项目立项建议书、可行性研究报告经过适当的审核或评审，并出具审核或评审意见。单位应当组织内部的规划、技术、财会、法律等相关工作人员或者根据国家有关规定委托具有相应资质的中介机构进行审核，出具评审意见。

2. 主要风险

第一，建设项目投资意向与国家、地区发展规划和相关政策不符，可能导致无法产生预期的社会效益，甚至出现违反政策法规的相关情形。

第二，建设项目立项建议书内容不合规、不完整，项目性质、用途模糊，拟建规模、标准不明确，项目投资估算和进度安排不协调。

第三，建设项目立项缺乏可行性研究，或可行性研究流于形式，导致决策不当，难以实现预期效益，甚至可能导致项目失败，如机关单位办公用房建设违规或者超标，可能导致财政资金极大浪费，影响单位形象。

第四，建设项目立项可行性研究的深度达不到质量标准和实际要求，无法为项目决策提供充分、可靠的依据。

第五，建设项目立项评审流于形式，未制定项目评审标准或者项目评审人员不具备专业资格和素质，误导项目决策。

第六，建设项目立项权限配置不合理、决策程序不规范可能导致决策失误，给单位带来巨大损失。

第七，建设项目决策失误，可能造成单位资产损失或资源浪费，建设项目未经适当审批或超越授权审批，可能产生重大差错或舞弊、欺诈行为，从而使单位蒙受损失。

3. 关键控制措施

第一，根据项目投资意向编制项目建议书，明确项目建议书编制和评审的职责分工，确保项目建议书得到单位决策机构的审议批准。

（1）项目建议书是建设某一项目的建议文件，是对拟建项目提出的框架性总体设想，主要内容包括：项目的必要性和依据；拟建规模和建设地点的初步设想；投资估算、资金筹措方案设想；项目的进度安排；经济效果和社会效益的初步估计；环境影响的初步评价等。一般情况下，单位对于重大项目均应编制项目建议书，对于非重大项目也可以不编制项目建议书，但仍需开展可行性研究，对于专业性较强或较为复杂的建设项目，单位也可委托专业机构进行投资分析，编制项目建议书。

（2）单位在编制项目建议书前应全面了解国家和地区的相关政策规定，以法律法规和政策规定为依据，结合实际建设条件和经济环境变化趋势，客观分析项目投资机会，确定建设项目投资意向，避免受到单位内外个别人员主观意向的影响，防止项目建议书流于形式。同时，单位应确定投资分析、编制和评审项目建议书的职责分工，指定牵头或组织机构、人员调配，确定选择专业机构的条件和评审方式等。

（3）在对项目建议书的审议决策过程中，单位决策机构应对项目建议书进行集体审议，必要时可以成立专家组或委托专业机构进行评审，承担评审任务的专业机构不得参与项目建议书的编制。根据国家规定应当报批的项目建议书必须及时报政府有关部门审批或备案。

第二，根据批准的项目建议书开展可行性研究，编制可行性研究报告。

（1）可行性研究是对建设项目在技术、工程、财务、经济、组织、外部协作条件上是否合理和可行，进行全面分析、论证，作多方案比较，为立项决策提供依据。可行性研究报告的主要内容包括：项目概况；项目建设的必要性和社会效益预测；项目建设选址及建设条件论证；建设规模和建设内容；项目外部配套建设；环境保护，劳动保护与卫生防疫，消防、节能、节水；总投资及资金来源；项目建设周期及进度安排；招投标法规定的相关内容等。

（2）单位也可根据国家有关规定及本单位实际，确定可行性研究报告的内容和格式，明确编制要求。委托专业机构进行可行性研究的，应制定专业机构的选择标准，确保可行性研究科学、准确、公正。在选择专业机构时，应当重点关注其专业资质、业绩和声誉、专业人员素质、相关业务经验等。单位建设项目投资应切实做到投资、质量和进度控制的有机统一，即技术先进性和经济可行性要有机结合。

（3）可行性研究报告一经批准，投资估算及资金来源就是具体项目投资的最高限额，即建设项目控制造价的依据，其误差应控制在10%以内。可以说，项目建议书和可行性研究报告是项目立项的重要依据，也是研究、分析项目投资效益的重要条件。

第三，组织开展可行性研究报告的审核或评审，提出评审意见。

单位可以通过组建项目评审组或委托具有资质的专业机构对可行性研究报告进行评审。项目评审组成员不得参与可行性研究，委托专业机构进行评审的，该专业机构不得参与项目可行性研究；评审组成员应当熟悉工程业务，并具有较广泛的代表性；评审组的决策机制不能简单采用“少数服从多数”原则，而要充分兼顾项目投资、质量、进度各方面的不同意见；项目评审应实行问责制，评审组成员要对其出具的评审意见承担责任。在项目评审中，要重点关注项目投资方案、投资规模、资金筹措、生产规模、布局选址、技术、安全、环境保护等方面情况，核实相关资料的来源和取得途径是否真实、可靠，特别要对经济技术可行性进行深入分析和全面论证。

第四，在项目评审的基础上进行项目决策，确保决策的科学、合理和正确。

单位应当根据职责分工和审批权限对建设项目进行决策，决策过程必须有完整的书面记录。重大建设项目应当报单位集体决策或者上级机关批准，任何个人不得单独决策或者擅自改变集体决策意见。同时，单位应当建立建设项目决策责任追究机制，明确决策人员的责任，定期或不定期地进行检查。

此外，单位在建设项目立项后、正式施工前，应依法取得建设用地、城市规划、环境保护、安全、施工等方面的许可。

（三）建设项目勘察设计与概预算控制

项目立项完成后，单位应组织开展建设项目的勘察与设计工作。根据《建设工程勘察设计管理条例》，建设工程勘察是指根据建设工程的要求，查明、分析、评价建设场地的地质地理环境特征和岩土工程条件，编制建设工程勘察文件的活动；建设工程设计是指根据建设工程的要求，对建设工程所需的技术、经济、资源、环境等条件进行综合分析、论证，编制建设工程设计文件的活动。行政事业单位应根据相关法律法规，结合单位建设项目实际情况，组织开展建设项目的勘察设计工作。

1. 控制目标

第一，制定工程勘察、设计的程序，选择符合资质的勘察、设计单位，确保项目勘察、设计工作组织周密，符合国家相关法律法规。

第二，对勘察、设计方案进行有效的论证和审核，确保建设勘察、项目设计方案的科学性、合理性，保证工程造价的准确性。

2. 主要风险

第一，勘察、设计单位不符合项目资质要求；初步设计未进行多方案比选；设计人员对相关资料研究不透彻，初步设计出现较大疏漏；设计深度不足，造成施工组织不周密、工程质量存隐患、投资失控以及投产后运行成本过高等。

第二，建设项目造假，信息不对称，概预算严重脱离实际，导致项目投资失控；工程设计与后续施工未有效衔接或过早衔接，导致技术方案未得到有效落实，影响工程质量，或造成工程变更，发生重大经济损失。

3. 关键控制措施

第一，通过招投标等竞争方式，选择资质合格的勘察、设计单位，并勘察、设计单位签订规范的勘察、设计合同。

单位应建立勘察、设计单位选择程序和标准，严格审查勘察、设计单位资质证书的等级和执业人员注册证书，根据建设项目勘察设计特点选择招标发包或者直接发包两种方式，择优选择具有相应资质的勘察设计单位，并签订勘察设计合同，明确双方的权利和义务。一般情况下，采用特定的专利或者专有技术的、建筑艺术造型有特殊要求的、国务院规定的其他建设工程的勘察、设计，经有关主管部门批准，可以直接发包，其余的建设项目原则上均需按招标法规定招标发包，设计招标依据《建筑工程设计招标投标管理办法》进行。

第二，加强建设项目勘察、设计过程的控制，编制勘察、设计文件，并建立严格的审查和批准制度，确保勘察、设计方案的质量。

（1）单位在从事建设工程勘察、设计活动时，应当坚持先勘察、后设计、再施工的原则，上一环节尚未批准的不得进入下一环节，杜绝出现边勘察、边设计、边施工的“三边”现象。在工程设计方面，一般建设项目可按照初步设计和施工图设计两个阶段进行，对于技术上较复杂、在设计时有一定难度的工程，可以按初步设计、技术设计和施工图设计三个阶段进行。对于有些牵涉面较广的大型建设项目，如大型矿区、油田、大型联合企业的工程，除按上述规定分为三个阶段外，还应进行总体规划设计或总体设计；小型工程项目，技术上较简单的，经项目管理部门同意也可简化为施工图设计一个阶段。

（2）单位建设工程勘察、设计文件应依据明确、内容合理。勘察设计单位编制勘察设计文件应以项目批准文件、城市规划、工程建设强制性标准、国家规定的建设工程勘察、设计深度要求等为依据。铁路、交通、水利等专业建设工程，还应当以专业规划的要求为依据。单位应向勘察设计单位提供开展勘察设计所需的详细资料，并进行有效的经济技术交流，避免因资料不完整造成设计保守、投资失控等问题。编制勘察、设计文件的具体要求如表 6－22 所示。

表 6－22　　勘察、设计文件的具体编制要求

勘察设计文件类别	勘察设计文件要求
工程勘察文件	工程勘察文件应当真实、准确，满足建设工程规划、选址、设计、岩土治理和施工的需要。
方案设计文件	方案设计文件是对工程项目的总体方案和总体技术途径进行构思，对于不太复杂的项目，这一阶段工作可以并入初步设计。 方案设计文件应当满足编制初步设计文件和控制概算的需要。
初步设计文件	初步设计是整个设计构思基本形成的阶段，通过初步设计可以明确拟建工程在指定地点和规定期限内建设的技术可行性和经济合理性，同时确定技术方案、工程总造价和主要技术指标。 初步设计文件应当满足编制施工招标文件、主要设备材料订货和编制施工图设计文件的需要。
技术设计文件	技术设计是初步设计的具体化，也是各种技术问题的定案阶段，需要更详细的勘察资料和技术经济计算加以补充。对于简单工程项目，可以省去该环节。
施工图设计文件	施工图实际通过图纸将设计者的意图和全部设计结果表达出来，作为施工建造的依据。 施工图设计文件编制应当满足设备材料采购、非标准设备制作和施工的需要，并注明建设工程合理使用年限。

（3）单位应建立严格的勘察设计文件审查和批准制度，通过严格的复核、专家评议等制度，层层把关，确保评审工作质量。在初步设计审查中，技术方案是审查的核心和重点，重大技术方案必须进行技术经济分析比较、多方案比选。建设单位在对设计方案比选时要认真考选项目的技术先进性和经济合理性，结合建设与使用，考虑项目全寿命费用。同时兼顾近期与远期要求，选择项目合理的功能水平，同时留有发展余地。此外，还应关注初步设计规模是否与可行性研究报告、设计任务书一致，有无夹带项目、超规模、超面积和超标准的问题。

在对施工图设计进行审查时，应重点关注施工图设计深度能否满足全面施工及各类设备安装要求，施工图设计质量是否符合国家和行业规定，各专业工种之间是否做到了有效配合等。施工图设计基本完成后，应召开施工图会审会议，由建设单位、设计单位、施工单位、监理单位等共同审阅施工图文件，设计单位应进行技术交底，介绍设计意图和技术要求，及时沟通问题，修改不符合实际和有错误的图纸，会议应形成书面纪要。

第三，在开展工程设计的同时加强概预算环节的控制，明确项目概预算编制、审核的要求，确保工程造价科学、合理。

（1）与初步设计相应的是编制设计概算，与施工图设计相应的是编制施工图预算。设计概算由设计单位编制，是在投资估算的控制下根据初步设计的图纸及说明，利用国家或地区发布的概算指标、概算金额或综合指标预算定额、设备材料预算价格等资料，运用科学的方法计算和确定的建设项目从筹建到竣工验收交付使用的预期造价。施工图预算是在施工图设计完成后、工程开工前，根据已批准的施工图纸、现行的预算定额、费用定额和所在地区人工、材料、设备与机械台班等资源价格，按照规定的计算程序确定的工程预算造价。对建设单位而言，施工图预算是确定工程招标控制价的依据，也是拨付工程款及办理工程结算的依据。对于施工单位而言，施工图预算是施工单位投标报价的参考依据，也是安排调配施工力量、组织材料供应的依据。

（2）单位应建立严格的概预算编制与审核制度。概预算的编制要严格执行国家、行业和地方政府有关建设和造价管理的各项规定和标准，完整、准确地反映设计内容和当时当地的价格水平。建设单位应当组织工程、技术、财会等部门相关专业人员或委托具有相应资质的中介机构对编制的概算进行审核，重点审查编制依据、项目内容、工程量的计算、定额套用等是否真实、完整和准确。如发现施工图预算如超过初步设计批复的投资概算规模，应对项目概算进行修正，并经审批。

第四，制定严格的设计变更管理制度。

设计单位应当提供全面、及时的现场服务，避免设计与施工相脱节的现象发生，减少设计变更的发生。对确需进行的变更，应尽量控制在设计阶段，采用层层审批等方法，以使投资得到有效控制。因设计单位的过失造成设计变更的，应由设计单位承担相应责任。必要时，可以引入设计监理，提高设计质量。

（四）建设项目招标控制

建设项目招标是指招标人依照法定程序，以公开或邀请招标方式，鼓励潜在的投标人依据招标文件参与竞争，通过评定，从中选定中标人的一种经济活动。主要包括勘察、设计、施工及监理单位的招标，具体分为招标、投标、开标、评标和定标五个主要环节。根据《中华人民共和国招标投标法》和《工程建设项目招标范围和规模标准规定》（国家发展计划委员会令第3号），大型基础设施、公用事业等关系社会公共利益、公众安全的项目，全部或者部分使用国有资金投资或者国家融资的项目，使用国际组织或者外国政府贷款、援助资金的项目，包括项目的勘察、设计、施工、监理以及与工程建设有关的重要设备、材料等的采购，达到规定标准的，必须进行招标。同时，我国在建设项目管理中专门制定了《建筑工程设计招标投标管理办法》（建设部令第82号）、《工程建设项目施工招标投标办法》（发改委第30号），行政事业单位应根据上述政策法规制定单位招标管理办法，严格按照程序开展招标工作。

1. 控制目标

第一，确保单位建设项目招标投标活动遵循公开、公平、公正和诚实信用的原则，符合国家法律法规和相关政策。

第二，建立规范的项目招标工作程序，确保选择符合资质条件的中标人，保证工程项目建设质量。

第三，确保招标文件编制的完整准确，标底不被泄露，评标人员选择恰当合理，防范招标过程中出现舞弊和腐败现象。

2. 主要风险

第一，招标人任意肢解建设项目，致使招标项目不完整，或逃避公开招标，可能导致发生违法违规行为。

第二，投标资格条件和评标规则因人而设，未做到公平、合理，可能导致中标价格失实，中标人并非最优选择，甚至难以承担工程项目。

第三，招标过程中相关人员违法违纪泄露标底，或者招标人与中标人串通，存在暗箱操作、舞弊和贪污腐败行为。

第四，投标人私下串通投标、合作围标、内定中标人，相互约定抬高或压低投标报价以确保中标，出现违法违规行为。

第五，投标人资质条件不符合要求或挂靠、冒用他人名义投标，可能导致工程质量难以保证。

第六，开标过程不公开、不透明，开标程序不符合规定，损害投标人利益。

第七，评价委员会成员缺乏专业水平，或者单位向评标委员会施加影响，致使评标流于形式。

第八，建设项目合同内容条款不完整或不合规，未明确双方责任和义务，未按照规定权限进行授权审批。

第九，建设项目合同签订后双方未按要求履行等，进而影响工程项目质量、进度及安全。

3. 关键控制措施

第一，建立招标过程控制机制，明确招标准备、招标公告和投标邀请书、招标文件、标底和招标控制价的编制、审核和发布要求。

（1）单位在招标前期准备阶段，应建立招标组织方式（自行招标、委托招标）、招标方式（公开招标、邀请招标）以及标段划分的审核机制。一般由建设单位工程管理部门牵头提出方案，报经建设单位招标决策机构集体审议通过后执行。对于确需划分标段组织招标的，建设单位应当进行科学分析和评估，提出专业意见；划分标段时，应当考虑项目的专业要求、管理要求、对工程投资的影响以及各项工作的衔接，不得违背工程施工组织设计和招标设计方案，将应当由一个承包单位完成的工程项目肢解成若干部分发包给几个承包单位。

（2）单位在确定招标方式后组织编制并发布招标公告或投标邀请书，并明确招标公告或投标邀请书编制、审核及发布相关要求。采用公开招标方式的，应当通过国家指定的报刊、信息网络或者其他媒介发布招标公告；采用邀请招标方式的，应当向三个以上具备承担招标项目的能力、资信良好的特定的法人或者其他组织发出投标邀请书。招标公告和招标邀请书应当载明招标人的名称和地址、招标项目的性质、数量、实施地点和时间以及获取招标文件的办法等事项。

招标公告是指采用公开招标方式的招标人向所有潜在的投标人发出的一种广泛的通告，其目的是使所有潜在投标人都具有公平的投标竞争的机会。若在公开招标过程中采用资格预审程序，可用资格预审代替招标公告。招标公告的编制要公开、透明，严格根据项目特点确定投标人的资格要求，不得根据“意向中标人”的实际情况确定投标人资格要求。招标公告的发布应当遵循《招标公告发布暂行办法》。招标公告、资格预审公告可以由招标人自行编制，也可以委托专业招标机构编制。

（3）单位应当根据招标项目的特点和需要编制招标文件，并明确招标文件的审核和发售机制。招标文件应当包括招标项目的技术要求、对投标人资格审查的标准、投标报价要求和评标标准等所有实质性要求和条件以及拟签订合同的主要条款。招标文件编制完成后应由单位集体决策机关审核，审核通过后再根据招标公告或者投标邀请书规定的时间、地点出售招标文件。自招标文件出售之日起至停止出售之日止，最短不得少于五个工作日。

（4）单位可根据项目特点决定是否编制标底。单位可以自行或委托具有相应中介资质的中介机构编制标底，标底编制过程和标底应当严格保密。招标项目可以不设标底，进行无标底招标。不编制标底而采用工程量清单模式编制招标控制价，招标控制价应当公布。

对于标底审核，单位财务部门应当审核标底计价内容、计价依据的准确性和合理性以及标的价格是否在投资限额内。标底一经审定应密封保存，直至开标时，所有接触过标底的人员均附有保密责任，不得泄露。一旦出现泄露，不仅要按规定追究有关责任人的法律责任，还要及时终止或延迟开标，待重新制定标底后再组织开标。

对于招标控制价，是根据国家或省级、行业建设主管部门颁发的有关计价依据和办法，按设计施工图计算的，对招标工程限定的最高工程价。招标控制价是为了防止出现投标人串标、哄抬标价等难以实现合理报价的情况，招标控制价不能超过批准的概算。委托工程造价咨询机构编制招标控制价的，工程造价咨询人不得同时接受招标人和投标人对同一工程的招标控制价和投标报价的编制。

（5）单位可以根据招标项目本身的要求，对潜在投标人进行资格审查，要求潜在投标人提供有关资质证明文件和业绩情况。资格审查分为资格预审和资格后审。采取资格预审的，招标人应当在资格预审文件中载明资格预审的条件、标准和方法，在投标前对潜在投标人进行的资格审查；采取资格后审的，招标人应当在招标文件中载明对投标人资格要求的条件、标准和方法，并在开标后对投标人进行的资格审查。

资格审查主要关注投标方是否具有独立订立合同的权利；是否具有履行合同的能力，包括专业、技术资格和能力，资金、设备和其他物质设施状况，管理能力，经验、信誉和相应的从业人员；是否处于被责令停业，投标资格被取消，财产被接管、冻结，破产状态；是否在最近三年内有骗取中标和严重违约及重大工程质量问题；是否有法律、行政法规规定的其他资格条件。

第二，建立投标过程控制机制，明确现场考察、投标预备以及投标文件的递交和保密要求。

（1）单位应当根据招标项目具体情况，组织投标人考察项目现场并参加招标预备会。现场考察旨在使投标人更深入地了解项目情况，一般安排在投标预备会前1—2天。投标预备会主要是招标人解答投标人对工程项目提出的具体疑问。

（2）投标人应当按照招标文件的要求编制投标文件，并在招标文件要求提交投标文件的截止时间前，将投标文件密封送达投标地点。投标文件是对招标文件提出的实质性要求和条件的响应，一般包括投标函、投标报价、施工组织设计、商务和技术偏差表等内容。同时，单位应对投标人的信息采取严格的保密措施，防止投标人之间串通舞弊。必要时可将资格预审改为资格后审，同时取消现场考察环节。

（3）单位应当按照招标公告中确定的投标人资格条件对投标人进行实质审查，通过查验资质原件、实地考察，或到工商和税务机关调查核实等方式，确定投标人的实际资质，预防假资质中标。委托报名、投标的，必须要求提交书面委托证明及受托人身份证明、技术资格证明等，以防止借资质串标。

（4）建设单位应当履行完备的标书签收、登记和保管手续。签收人要记录投标文件签收日期、地点和密封状况，签收标书后应将投标文件存放在安全保密的地方，任何人不得在开标前开启投标文件。

第三，建立开标、评标和定标的控制机制，明确开标、评标和定标的相关要求。

（1）单位应明确开标的时间、地点和参与人员等要素。开标应当在招标文件确定的提交投标文件截止时间的同一时间公开进行，开标地点应当为招标文件中确定的地点，开标过程应邀请所有投标人或其代表出席，并委托公证机构进行检查和公证。

（2）单位应依法组建评标委员会，并按照招标文件中评标标准和方法组织评标。评标委员会组成成员应具有较高的职业道德水平，并具备招标项目专业知识和丰富经验。评标委员会成员名单在中标结果确定前应当严格保密。评标委员会成员和参与评标的有关工作人员不得私下接触投标人，不得收受投标人任何形式的商业贿赂。

评标委员会完成评标后，应向招标人提出书面评标报告，评标报告由评标委员会全体成员签字。评标报告中应详细说明每位成员的评价意见以及集体评审结果，对于中标候选人和落标人要分别陈述具体理由，每位成员对其出具的评审意见承担个人责任。

（3）单位应根据评标委员会的评标报告确定中标人，并发出中标通知书。评标委员会推荐的中标候选人应当限定在一至三人，并标明排列顺序。招标人应当接受评标委员会推荐的中标候选人，不得在评标委员会推荐的中标候选人之外确定中标人。

第四，按照招标文件和中标人的投标文件，在规定时间内订立书面合同，建立合同订立控制机制。

单位应当制定工程合同管理制度，明确各部门在工程合同管理和履行中的职责，严格按照合同行使权力和履行义务。建设工程施工合同、各类分包合同、工程项目施工内部承包合同等均应当按照国家或本建设单位制定的示范文本的内容填写，清楚列明质量、进度、资金、安全等各项具体标准。有施工图纸的，施工图纸是合同的重要附件，与合同具有同等法律效力。单位应当建立合同履行执行情况台账，记录合同的实际履约情况，并随时督促对方当事人及时履行其义务，建设单位的履约情况也应及时做好记录并经对方确认。

（五）建设项目施工控制

1. 控制目标

第一，项目施工前按照规定办理各项手续，确保项目施工手续完整、符合法律法规。

第二，严格按照合同确定的工期、进度进行施工建设，确保项目施工的质量、进度和安全。

第三，按项目施工进度需要购置工程物资，确保材料和设备的质量和标准，防范物资采购过程中发生贪污腐败行为。

第四，按规定进行工程价款结算，保证预付款、进度款拨付规范合理，确保财政资金的使用效率。

2. 主要风险

第一，盲目赶进度，牺牲质量、费用目标，导致质量低劣，费用超支。质量、安全监管不到位，存在质量隐患。

第二，工程物资采购过程控制不力，收发、保管、记录不完整，材料和设备质次价高，不符合设计标准和合同要求，影响工程质量和进度。

第三，建设项目使用管理混乱、项目资金不落实，价款结算不及时，可能导致工程延迟甚至中断的风险。

第四，现场控制不当，项目变更审核不严格、工程变更频繁导致的费用超支、工期延误等风险。

3. 关键控制措施

第一，建立严格的建设项目监理控制，选择符合资质的监理单位，对项目施工过程中的质量、进度、安全、物资采购、资金使用以及工程变更进行监督。

根据《建设工程监理范围和规模标准规定》和《建设工程监理规范》，工程监理是指具有相关资质的监理单位受建设单位委托，依据国家批准的工程项目建设文件及有关工程建设的法律、法规和工程建设合同，代替建设单位对承建单位实施监控的专业化服务活动。单位应当通过招标的形式委托具有资质的监理单位实施建立，并与其签建设项目委托监理合同，约定委托监理的阶段（设计监理、施工监理、设备监造）、工作范围和主要内容（质量控制、造价控制、进度控制、安全监理、合同管理等）。

监理单位接受委托后应组建现场监理机构，选择具备相应资质和良好职业操守的项目监理人员，深入施工现场，做好建设项目进度和质量的监控，发现和纠正建设过程中存在的问题，客观公正地执行各项监理任务。未经工程监理人员签字，工程物资不得在工程上使用或者安装，不得进行下一道工序施工，不得拨付工程价款，不得进行竣工验收。

第二，建立项目施工进度控制机制，明确项目进度控制的相关程序、要求和责任。

施工单位应按合同规定的工程进度编制详细的分阶段或分项进度计划，报送监理机构审批后，严格按照进度计划开展工作。制订的进度计划应当适合建设工程的实际条件和施工现场的实际情况，并与承包单位劳动力、材料、机械设备的供应计划协调一致。确需调整进度的，必须优先保证质量，并同建设单位、监理机构达成一致意见。施工单位至少应按月对完成投资情况进行统计、分析和对比，工程的实际进度与批准的合同进度计划不符时，施工单位应提交修订合同进度计划的申请报告，并附原因分析和相关措施，报监理机构审批。

第三，建立项目施工质量控制机制，明确施工单位、监理单位的质量责任和义务，保证建设工程质量。

单位应当根据《建设工程质量管理条例》（国务院第 279 号），要求施工单位建立全面的质量管理制度，在施工前列出重要的质量控制点，报经监理机构同意后，在此基础上实施质量预控。质量控制点中的重点控制对象包括：人的行为，关键过程、关键操作，施工设备材料的性能和质量，施工技术参数，某些工序之间的作业顺序，有些作业之间的技术间歇时间、新工艺、新技术、新材料的应用，对工程质量产生重大影响的施工方法等。

施工单位应按合同约定对材料、工程设备以及工程的所有部位及其施工工艺进行全过程的质量检查和检验，检查和检验应当有书面记录和专人签字。同时，施工单位应定期编制工程质量报表，报送监理机构审查。关键工序作业人员必须持证上岗。监理机构有权对工程的所有部位及其施工工艺进行检查验收，发现工程质量不符合要求的，应当要求施工单位立即返工修改，直至符合验收标准为止。对于主要工序作业，只有监理机构审验后，才能进行下道工序。

第四，建立项目施工安全生产控制机制，规范建设工程安全生产管理过程，明确建设单位、施工单位、监理单位的安全生产责任，保证建设工程安全生产。

（1）单位应当按照《建设工程安全生产管理条例》（国务院令第 393 号），要求施工单位设立安全生产管理机构，配备专职安全生产管理人员，依法建立安全生产、文明施工管理制度，细化各项安全防范措施和操作办法。施工单位应定期对所承担的建设工程进行定期和专项安全检查，并做好安全检查记录。

（2）单位应当加强对施工单位的安全检查，并授权监理机构按合同约定的安全工作内容监督、检查施工单位安全工作的实施。此外，建设单位不得对承包单位、监理机构等提出不符合建设工程安全生产法律、法规和强制性标准规定的要求，不得压缩合同约定的工期。

（3）工程监理单位和监理工程师应当按照法律、法规和工程建设强制性标准实施监理，并对建设工程安全生产承担监理责任。在实施监理过程中，发现存在安全事故隐患的，应当要求施工单位整改；情况严重的，应当要求施工单位暂时停止施工，并及时报告建设单位。

第五，建立项目施工成本控制机制，编制资金使用计划，规范工程价款结算管理过程。

（1）单位应当根据《建设工程价款结算暂行办法》规定，建立完善的工程价款结算制度，明确工作流程和职责权限划分，并切实遵照执行，财会部门应当安排专职的工程财会人员，认真开展工程项目核算与财务管理工作。工程价款结算是指对建设工程的发包承包合同价款进行约定和依据合同约定进行工程预付款、工程进度款、工程竣工款结算的活动。

（2）单位应当根据项目组成（分部、分项工程），结合时间进度编制资金使用计划，作为资产管控和工程价款结算的重要依据，确保资金筹集和使用应与工程进度协调一致。

（3）单位财会部门应当加强与承包单位和监理机构的沟通，准确掌握工程进度，确保财务报表能够准确、全面地反映资产价值，并根据施工合同约定，按照规定的审批权限和程序办理工程价款结算。单位财会部门应认真审核相关凭证，严格按合同规定的付款方式付款，既不应违规预支，也不得无故拖欠。

（4）施工过程中，如果工程的实际成本突破了工程项目预算，单位应当及时分析原因，按照规定的程序予以处理。

第六，建立项目工程物资采购控制机制，明确设备及材料购置的方式、方法。

（1）由建筑单位购买的设备应遵循政府采购的统一要求。重大设备和大宗材料的采购应当采用招标方式。根据重要性程度，建筑材料一般分为主要材料（如钢材、木材、水泥等）、特殊材料（如大理石、花岗岩、高级装饰材料等）和地方材料（如砖、瓦、灰、砂、石等）三大类。地方材料一般由施工单位购买，主要材料及特殊材料部分由施工单位购买，设备采购主要由建设单位购买。

（2）对于由承包单位购买的工程物资，建设单位应当采取必要措施，确保工程物资符合设计标准和合同要求。首先，在施工合同中，建设单位应具体说明建筑材料和设备应达到的质量标准，明确责任追究方式。其次，对于承包单位提供的重要材料和工程设备，应当由监理机构进行检验，查验材料合格证明和产品合格证书，一般材料要进行抽检。未经监理人员签字，工程物资不得在工程上使用或安装，不得进行下一道工序施工。最后，运入施工场地的材料、工程设备，包括备品、备件、安装专用工器具等，必须专用于合同工程，未经监理人员同意，承包单位不得运出施工场地或挪作他用。

第七，建立项目变更控制机制，规范项目变更程序，明确项目变更的审核审批机制。

单位应当建立严格的工程变更审批制度，严格控制工程变更。确需变更的，要按照规定程序尽快办理变更手续，减少经济损失。对于重大的变更事项，必须经建设单位、监理机构和承包单位集体商议，同时严加审核文件，提高审批层级，依法需报有关政府部门审批的，必须取得同意变更的批复文件。

工程变更获得批准后，应尽快落实变更设计和施工，承包单位应在规定期限内全面落实变更指令。

如因人为原因引发工程变更，如设计失误、施工缺陷等，应当追究当事单位和人员的责任。对工程变更价款的支付实施更为严格的审批制度，变更文件必须齐备，变更工程量的计算必须经过监理机构复核并签字确认，防止承包单位虚列工程费用。

（六）建设项目竣工控制

1. 控制目标

第一，项目竣工后按照规定时限及时办理竣工决算和验收，确保单位建设项目竣工验收和资产移交过程合法合规。

第二，及时办理竣工验收和资产移交手续，确保建设项目质量合格、符合设计要求，单位资产安全完整。

第三，建立健全建设项目核算账户，及时处理会计核算事务，确保单位建设项目财务核算真实完整和财务报告及时准确，

第四，做好建设项目档案文件、材料的收集、整理、归档和保管工作，确保建设项目档案管理合理有效，并按规定移交资产接收单位或有关政府机关。

2. 主要风险

第一，竣工验收不规范，质量检验把关不严，可能导致工程交付使用后存在重大质量隐患。

第二，竣工验收时权责不明、验收不及时，验收资料不合格、不齐全或未按规定审批，都可能埋下重大隐患。

第三，虚报项目投资完成额、虚列建设成本或者隐匿结余资金，竣工决算失真。

第四，固定资产达到预定可使用状态后，未及时进行估价、结转，可能影响资产的安全完整性。

3. 关键控制措施

第一，建立项目竣工验收控制机制，制定竣工验收的各项管理制度，明确竣工验收的条件、标准、程序、组织管理和责任追究。

建设项目竣工验收是指项目竣工后，由建设单位会同施工单位设计、施工、

监理以及工程质量监督部门等，对建设项目是否符合规划设计以及建筑施工和设备安装质量进行全面检验的过程。竣工验收一般建立在分阶段验收的基础上，可以分为单项工程竣工验收和全部工程竣工验收两个阶段，前一阶段已经完成验收的工程项目在全部工程验收时原则上不再重新验收；规模较小、较为简单的，可以一次进行全部项目的竣工验收。

建设项目竣工验收必须履行规定的程序，至少应经过施工单位初检、监理机构审核、正式竣工验收三个程序。正式竣工验收前，根据合同规定应当进行试运行的，应当由建设单位、监理单位和承包单位共同参与试运行。试运行符合要求的，才能进行正式验收。正式验收时，应当由建设单位、设计单位、施工单位、监理单位等组成验收组，共同审验。工程遗留问题应当有处理意见并在竣工验收意见中注明。重大项目的验收，可吸收相关方面专家组进行评审。竣工验收中发现资金使用中有违纪违规行为，或由于设计失误、论证不足或设备、施工问题影响工程质量，要追究有关单位和人员的责任。

第二，建立项目竣工决算控制机制，明确竣工决算报告的编制、审核和审计相关要求。

单位应在项目完工后及时开展竣工决算，编制竣工决算报告，确保竣工决算真实、完整、及时。竣工决算是以实物数量和货币指标为计量单位，综合反映竣工项目从筹建开始到项目竣工交付位置的全部建设费用、财务情况和投资效果的总结性文件。

在竣工决算编制完成后，单位应依据法律法规组织对工程竣工决算报告进行审核，重点审查决算依据是否完备、相关文件资料是否齐全、竣工清理是否完成、决算编制是否正确等。单位在竣工决算自行审核完成后应及时组织竣工决算审计，可通过委托具有相应资质的中介机构实施审计，未经审计的，不得办理资产验收和移交手续。

第三，建立项目竣工结算控制机制，对施工单位编制的竣工结算报告进行审查并办理价款结算。

工程竣工结算是指施工单位按照合同规定的内容全部完成所承包的工程，经验收质量合格并符合合同要求之后，与建设单位进行的最终工程价款结算。竣工结算由施工单位审查，建设单位可直接进行审查，也可以委托具有相应资质的工程造价咨询机构进行审查。竣工结算完毕，建设单位应根据确认的竣工结算书在合同约定时间内向施工单位支付工程竣工结算价款。

第四，建立项目资产交付控制机制，确保资产在竣工验收完毕后及时交付使用。

单位对于验收合格的建设项目，应及时编制财产清单，办理资产移交手续，并加强对资产的管理。

第五，建立项目会计核算控制机制，明确建设项目账务处理的程序和方法。

根据《基本建设财务规则》（财建［2002］394号），单位应当制定建设项目财务管理制度，设置会计账簿，统一会计政策和会计科目，明确建设项目相关凭证、会计账簿和财务报告的处理程序和方法，遵循会计制度规定的各条核算原则。单位应按照规定加强建设项目的会计核算，如实记载业务的开展情况，妥善保管相关记录、文件和凭证，确保真实、完整地反映建设项目成本发生情况、资金流入流出情况及财产物资的增减变动情况。

单位财会部门会计人员应当认真审核建设项目相关手续，根据审核无误后的有关单据，及时归集建设项目成本，并进行账务处理。对于建设项目初检后确定固定资产达到预定可使用状态的，施工单位应及时通知建设单位，单位会同监理单位初验后应及时对项目价值进行暂估，转入固定资产核算，单位财务部门应定期根据所掌握的工程项目进度核对项目固定资产暂估记录。对于建设项目剩余物资管理，单位在工程竣工后应对各种节约的材料、设备、施工机械工具等进行清理核实，妥善处理，不得任意侵占，应变价处理的库存设备、材料以及应处理的自用固定资产要公开变价处理。

第六，建立项目资料归档控制机制，及时对项目档案进行归档，确保档案资料的完整、准确。

单位应按照国家档案管理规定，及时收集、整理工程建设各环节的文件资料，建立工程项目档案。工程项目档案不仅可以用于工程总结，也是将来出现问题进行分析和查处的依据，需要报政府有关部门备案的，应当及时备案。

建设项目档案文件资料主要包括：项目前期文件以及设备、工艺和涉外文件，由项目管理部收集；勘察、设计基础材料和文件，由勘察设计单位收集并向建设中心移交；项目监理文件，由项目监理单位在项目实体完成后向建设中心移交；项目施工单位负责各自范围内项目文件资料收集整理，统一上交。

建设项目档案验收要求主要包括：项目文字材料、图纸、声像材料、电子文件等收集齐全、完整；各类文件材料按照国家规范和单位相关要求进行分类、整理、编目；项目档案已经单位负责人、档案部门、工程质量监督部门审查认可；项目档案应当由当地政府档案部门出具《建设工程档案验收意见书》，档案验收未通过，不得通过项目竣工验收。

第七，建立项目后评估控制机制，对竣工验收项目进行效益和过程后评估。

单位应当建立完工项目的后评估制度，对完工工程项目预期目标的实现情况和项目投资效益等进行综合分析与评价，总结经验教训，为未来项目的决策和提高投资决策管理水平提出建议。建设项目后评估是指项目已经完成并运行一段时间后，对项目的目的、执行过程、效益、作用和影响进行系统的、客观的分析和总结的一种技术经济活动，一般在项目竣工验收后6个月至1年后。

单位应当采取切实有效的措施，保证项目后评估的公开、客观和公正。原则上，凡是承担项目可行性研究报告编制、立项决策、设计、监理、施工等业务的机构不得从事该项目的后评估工作，以保证后评估的独立性。要严格落实工程项目决策及执行相关环节责任追究制度，项目后评估结果应当作为绩效考核和责任追究的依据。

第六节 合同管理内部控制设计

合同管理是行政事业单位经济活动的重要组成部分，无论是政府采购业务，还是建设项目实施，合同双方均需签订合同，明确双方的权利和义务，规范和约束单位经济行为。加强行政事业单位合同管理，既是单位内部控制的重要手段，又是维护单位合法权益、防范相关法律和业务风险的重要方式，可以有效提高单位的内部管理水平。根据《内控规范》规定，行政事业单位应从合同订立、履行、登记以及纠纷管理等方面，梳理合同管理有关的风险点，并建立相应的风险控制机制。

一、合同管理内部控制概述

（一）合同管理的定义

根据《中华人民共和国合同法》规定，“合同是平等主体的自然人、法人、其他组织之间设立、变更、终止民事权利义务关系的协议。”从广义上讲，合同主要包括民法上的民事合同、行政法上的行政合同、劳动法上的劳动合同、国际法上的国际合同等。本书中所讲的合同，主要指与行政事业单位经济活动相关的经济合同，即单位为实现一定经济目的，与平等民事主体的法人、自然人以及其他经济单位之间订立的明确相互权利义务关系的协议。行政事业单位订立的经济合同，严格意义上说也是一种民事合同，只不过这种民事合同不涉及婚姻、收养、监护等有关身份关系的协议，是一种涉及债券、物权关系的财产合同。

行政事业单位合同管理是指单位对以自身为当事人的合同依法进行订立、履行、变更、解除、转让、终止以及审查、监督、控制等一系列行为的总称。其中，订立、履行、变更、解除、转让、终止是合同管理的内容，审查、监督、控制是合同管理的手段。单位合同管理必须是全过程的、系统性的、动态性的。全过程是指合同管理由洽谈、草拟、签订、生效开始，直至合同失效为止，不仅要重视签订前的管理，更要重视签订后的管理；系统性是指凡涉及合同条款内容的各部门都要一起来管理；动态性是指注重履约全过程的情况变化，特别要掌握对自己不利的变化，及时对合同进行修改、变更、补充或中止和终止。

（二）合同管理内部控制的意义

合同管理贯穿于行政事业单位经济活动的始终，涉及单位收支管理、资金管理、采购管理、建设项目管理、资产管理等多项业务，需要单位各部门共同参与和管理。行政事业单位在经济活动中通过签订合同，规范合同双方的经济活动开展。一方面有助于单位防范法律风险，预防经济纠纷，维护合法权益，保证单位经济活动符合法律法规；另一方面有助于控制单位财务风险，通过合同管理帮助单位节省交易时间，降低交易成本，加速资金周转，减少费用，提高单位资金使用效率。同时，行政事业单位通过加强合同管理，可以有效协调单位内部各方关系，有利于提高单位内部管理水平，提升单位公共服务的效率和效果。

（三）行政事业单位经济合同的类别

根据合同订立的形式，主要包括书面形式、口头形式和其他形式订立的合同。行政事业单位经济合同一般以书面合同为主，即指通过合同书、信件和数据电文（包括电报、电传、传真、电子数据交换和电子邮件）等可以有形地表现所载内容的形式而订立的合同。

按照合同内容划分，主要包括买卖合同，供用电、水、气、热力合同，赠与合同，借款合同，租赁合同，融资租赁合同，承揽合同，建设工程合同，运输合同，技术合同，保管合同，仓储合同，委托合同，经纪合同，居间合同等十五类合同，具体定义如表 6－23 所示。

表 6－23　　合同的类别

合同类别	定义
1. 买卖合同	买卖合同是出卖人转移标的物的所有权于买受人，买受人支付价款的合同，对行政事业单位而言主要指采购合同。
2. 供用电、水、气、热力合同	供用电合同是供电人向用电人供电，用电人支付电费的合同；供用水、气、热力合同，参照供用电合同的定义。
3. 赠与合同	赠与合同是赠与人将自己的财产无偿给予受赠人，受赠人表示接受赠与的合同。
4. 借款合同	借款合同是借款人向贷款人借款，到期返还借款并支付利息的合同。
5. 租赁合同	租赁合同是出租人将租赁物交付承租人使用、收益，承租人支付租金的合同。
6. 融资租赁合同	融资租赁合同是出租人根据承租人对出卖人、租赁物的选择，向出卖人购买租赁物，提供给承租人使用，承租人支付租金的合同。
7. 承揽合同	承揽合同是承揽人按照定做人的要求完成工作，交付工作成果，定做人给付报酬的合同。
8. 建设工程合同	建设工程合同是承包人进行工程建设，发包人支付价款的合同，包括工程勘察、设计、施工、监理合同。

续表

合同类别	定　义
9. 运输合同	运输合同是承运人将旅客或者货物从起运地点运输到约定地点，旅客、托运人或者收货人支付票款或者运输费用的合同，包括客运合同、货运合同、多式联运合同
10. 技术合同	是当事人就技术开发、转让、咨询或者服务订立的确立相互之间权利和义务的合同，包括技术开发合同、技术转让合同、技术咨询合同和技术服务合同
11. 保管合同	保管合同是保管人保管寄存人交付的保管物，并返还该物的合同。
12. 仓储合同	仓储合同是保管人储存存货人交付的仓储物，存货人支付仓储费的合同。
13. 委托合同	委托合同是委托人和受托人约定，由受托人处理委托人事务的合同。
14. 经纪合同	经纪合同是经纪人以自己的名义为委托人从事贸易活动，委托人支付报酬的合同。
15. 居间合同	居间合同是居间人向委托人报告订立合同的机会或者提供订立合同的媒介服务，委托人支付报酬的合同。

（四）合同管理的依据

行政事业单位经济合同管理主要依据《中华人民共和国合同法》、《中华人民共和国招投标法》和《中华人民共和国政府采购法》中关于合同管理的相关规定。

二、合同管理业务流程与控制设计

合同管理一般包括合同订立、合同履行两个阶段。合同订立阶段主要涉及合同策划、合同调查、合同谈判、合同文本拟定、合同审核、合同签署等环节；合同履行阶段主要涉及合同履行、合同补充或变更转让、合同解除、合同纠纷处理、合同结算、合同登记与保管、合同归档以及合同履行评估等环节（如图6－21所示）。行政事业单位应根据合同管理的一般流程，结合单位合同管理的实际情况梳理合同管理业务流程，规范单位合同管理过程。

如图所示，合同业务流程涉及单位业务部门、财务部门、法律部门等。其中，业务部门负责合同起草、签订、履行过程中的业务风险管理，财务部门负责与资金支付审核相关的财务风险管理，法律部门负责合同权利义务条款相关的法律风险管理。合同管理本身就是合同风险控制的过程，通过找出合同订立、履行、变更、解除等各个环节的风险点并加以控制，规避风险的发生，达到预期管理目标。

根据合同管理各业务阶段的内容，结合《内控规范》的相关要求，行政事业单位合同控制的主要内容包括合同管理组织控制、合同订立控制、合同履行控制、合同归档评估控制（如图6－22所示）。

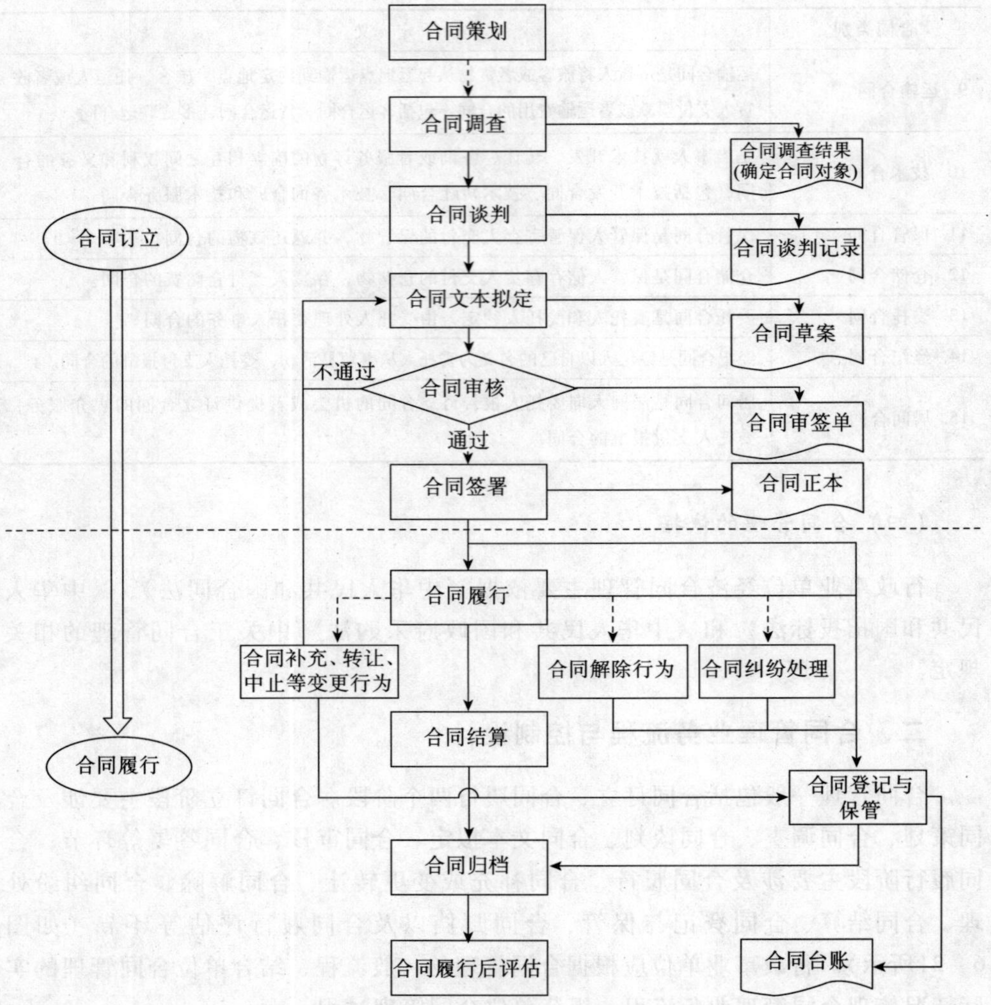

图 6－21　行政事业单位合同管理基本业务流程

合同管理组织控制是指单位通过建立健全合同管理制度和业务流程，对合同实施统一归口管理，合理设置合同管理岗位，明确合同管理职责分工，落实合同管理责任，确保单位合同管理组织体系健全、运行机制完善。

合同订立环节控制是指单位通过开展合同策划与调查，规范合同谈判过程，明确合同文本拟定和审核要求，在权限范围内签署合同文本，对合同订立情况进行登记备案，确保单位合同订立过程规范有序。

合同履行环节控制是指单位通过监控合同履行情况，规范合同补充、转让和解除等合同变更程序，明确合同结算要求，妥善处理合同纠纷，详细登记合同履行和变更情况，确保单位合同履行过程管控严格。

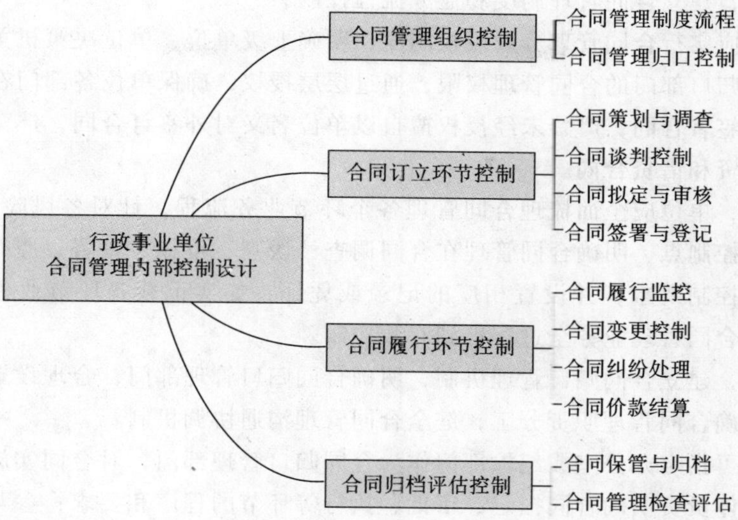

图 6－22　行政事业单位合同管理内部控制框架

合同归档评估控制是指单位通过登记合同订立、履行和变更情况，建立合同统计分析和分类管理机制，妥善保管合同文本，及时进行合同归档，定期开展合同管理评估工作，确保单位合同信息安全可靠、合同管理健全高效。

三、合同管理的控制目标、主要风险和关键控制措施

（一）合同管理组织及运行机制

1. 控制目标

第一，建立完善的合同管理组织体制，明确单位合同归口管理部门，设置合同管理岗位，对单位的合同事务实行审核把关、统一管理，确保签订合同的格式、内容合法合规，符合单位利益。

第二，建立规范的合同管理制度和业务流程，明确合同订立的授权审批程序，确保单位对外签订合同经过合法授权，不签订超出有关规定范围的合同。

第三，建立合同管理各部门之间的沟通协调机制，确保单位业务部门、财会部门与合同归口管理部门之间进行有效的沟通协调，实现合同管理与预算管理、收支管理相结合。

2. 主要风险

合同管理制度和流程不健全，合同管理工作职责分工不明确，合同管理组织领导与协调机制不完善，可能造成多部门共同管理的边际盲区，影响公共服务的效率和效果。

3. 关键控制措施

第一，建立合同管理制度和业务流程控制。

单位应实行合同管理分级授权制度，明确上级单位、单位决策机关、业务部门、合同归口部门的合同管理权限，通过层层授权，确保单位各部门在权限范围内审批或签署合同，严禁未经授权擅自以单位名义对外签订合同，严禁违规签订担保、投资和借贷合同。

同时，单位应全面梳理合同管理各个环节业务流程，针对各风险领域查找、界定关键控制点，明确合同管理在合同调查、谈判、审核、签署、履行、结算等各环节的控制要求，并设置相应的记录或凭证，如实记载各环节业务的开展情况，确保合同管理业务全过程得到有效控制。

第二，建立合同归口管理机制，明确合同归口管理部门，合理设置合同管理岗位，明确合同管理职责分工，健全合同管理沟通协调机制。

单位可指定办公室或纪检部门作为合同归口管理部门，对合同实施统一归口管理，具体负责明确合同拟定、审批、执行等环节的程序和要求；参与重大合同的起草、谈判、审查和签订；参与组织合同纠纷的调节、仲裁、诉讼活动；管理合同印章；管理与合同有关的法人授权委托书；定期检查和评价合同管理中的薄弱环节，采取相应的控制措施，促进合同的有效履行。

在合同管理岗位设置方面，单位应建立合同管理岗位责任制，在岗位授权范围内进行合同洽谈、拟定合同文本并落实合同的履行，确保合同签署目的的实现。在合同管理不相容岗位分离方面，应确保合同拟定与审核、合同审核与审批、合同审批与执行、合同执行与监督评估等不相容职务的相互分离、相互制约和相互监督。

在合同管理职责分工方面，单位应明确界定业务部门、合同归口管理部门、财务部门在合同管理中的职责分工，并确保各部门之间进行有效的沟通。单位业务部门作为合同承办部门负责职责范围内承办相关合同，财务部门侧重于履行对合同的财务监督职责，包括审查合同价格条款、结算期限和方式的合理性，按照合同规定及时结算，监控资金的收入或支出。

此外，单位应加强合同管理相关人员的专业技能和素质水平，明确合同管理考核和责任追究机制，对合同订立、履行过程中出现的违法违规行为，给单位造成损失或信誉损害的行为，应当追究有关机构人员的责任。

（二）合同订立控制

1. 控制目标

第一，对合同对方主体资格进行充分调查，确保对方具有履约资格和能力，减少合同违约风险。

第二，确保合同内容的规范性，合同相关法定要素齐全，文字表达准确，违约责任等关键条款明确，签章填写规范。

第三，规范合同审签权限，确保合同签订程序规范，合同登记备案手续完善，快速查询合同签订情况。

2. 主要风险

第一，违规签订担保、借贷和投资合同，或者将需要招标或领导审批的重大经济合同分拆成金额较小的合同，可能导致合同签订违法违规。

第二，合同调查中忽视被调查对象的主体资格审查，将不具有相应民事权利能力和民事行为能力或不具备特定资质的主体确定为准合同对象，或与不具备代理权或超越代理的主体签订合同，导致合同无效，或引发潜在风险。

第三，合同谈判中忽略合同重大问题或在重大问题上作出不当让步，谈判经验不足，缺乏技术、法律和财务知识支撑，导致单位利益受损。

第四，合同内容和条款不完整、表述不严谨，或存在重大疏漏和欺诈，导致单位合法利益受损。

第五，合同审核人员因专业素质或工作态度原因未能发现合同文本中的不当内容和条款；审核人员虽然通过审核发现问题但未提出恰当的修订意见；合同起草人员没有根据审核人员的改进意见修改合同，导致合同中的不当内容和条款未被纠正。

第六，超越权限签订合同，合同印章管理不当，签署后的合同被篡改，因手续不全导致合同无效等，都可能给单位造成损失。

3. 关键控制措施

第一，建立合同策划与调查控制机制，确保单位充分了解合同对方的主体资格、信用状况和履约能力。

合同策划是合同控制的起点，单位应明确合同签订的业务和事项范围，凡是应当签订合同的业务和事项均应签订书面合同；不得将需要招标管理或需要高级别领导审批的重大经济合同拆分成金额较小的若干不重要的经济合同；严格审核合同策划目标是否与单位职责使命和战略目标一致；加强计划管理，防止因签订合同导致超计划投资、超成本支出。

单位应组建合同调查工作组，选择专业素质高和责任心强的工作人员担任，详细审查合同签约对方的主体资格、履约能力和资信情况，主要包括：（1）审查被调查对象的身份证件、法人登记证书、资质证明、授权委托书等证明原件，必要时可向发证机关查询证书的真实性和合法性，关注授权代理人的行为是否在其被授权范围内，在充分收集相关证据的基础上评价主体资格是否恰当。（2）获取调查对象经审计的财务报告、以往交易记录等财务和非财务信息，分析其获利能力、营运能力，评估其财务风险和信用状况，并在合同履行过程中持续关注其资信变化，建立和及时更新合同对方的商业信用档案。（3）对被调查对象进行现场调查，实地了解和全面评估其生产能力、技术水平、产品类别和质量等生产经营情况，分析其合同履约能力。（4）与被调查对象的主要供应商、客户、开户银行、主管税务机关和工商管理部门等沟通，了解其生产经营、商业信誉、履约能力等情况。

第二，建立合同谈判控制机制，确保在自愿公平的原则下磋商合同内容和条款。

单位应根据市场实际情况选择适宜的洽谈方式，并通过组建素质结构合理的谈判团队开展谈判，记录谈判过程并重点做好以下方面的控制活动：（1）收集谈判对手资料，充分熟悉谈判对手情况，做到知己知彼；研究国家相关法律法规、行业监管、产业政策、同类产品或服务价格等与谈判内容相关的信息，正确制定本单位谈判策略。（2）关注合同核心内容、条款和关键细节，具体包括合同标的数量、质量或技术标准，合同价格的确定方式与支付方式，履约期限和方式，违约责任和争议的解决方法、合同变更或解除条件等。（3）对于影响重大、涉及较高专业技术或法律关系复杂的合同，组织法律、技术、财会等专业人员参与谈判，充分发挥团队智慧，及时总结谈判过程中的得失，研究确定下一步谈判策略。（4）必要时可聘请外部专家参与相关工作，并充分了解外部专家的专业资质、胜任能力和职业道德情况。（5）加强保密工作，严格责任追究制度。（6）对谈判过程中的重要事项和参与谈判人员的主要意见予以记录并妥善保存，作为避免合同舞弊的重要手段和责任追究的依据。

第三，建立合同文本拟定和审核控制机制，确保合同文本的形式和内容规范合理。

单位在对外发生经济活动时需要拟定正式的书面合同，一般由业务承办部门起草、归口管理部门审核，重大合同或法律关系复杂的特殊合同应由归口管理部门参与起草，保证合同内容和条款的完整准确；由签约对方起草的合同，单位应当认真审查，确保合同内容准确反映单位诉求和谈判达成的一致意见，特别留意“其他约定事项”等需要补充的栏目，如不存在其他约定事项，应注明“此项空白”或“无其他约定事项”，防止合同后续被篡改。国家或行业有合同示范文本的，可以优先选用，但对涉及权利义务关系的条款应当进行认真审查，并根据实际情况进行适当修改；合同文本须报经国家有关主管部门审查或备案的，应当履行相应程序。

合同文本拟定完成后，单位应对合同文本进行严格审核。（1）审核人员应对合同文本的合法性、经济性、可行性和严密性进行重点审核，关注合同的主体、内容和形式是否合规，合同内容是否符合单位的经济利益，对方当事人是否具有履约能力，合同权利和义务、违约责任和争议解决条款是否明确等。（2）单位应当建立合同会审制度，对影响重大或法律关系复杂的合同文本，组织归口管理部门、财务部门、审计部门、纪检部门、业务主管部门进行审核，内部相关部门应当认真履行职责。（3）业务部门应慎重对待审核意见，认真分析研究，对审核意见准确无误地加以记录，必要时对合同条款作出修改并再次提交审核。单位可通过制定合同审签表格，规范合同审核程序，借助信息化手段实现合同的线上审核，提高合同审核工作效率。

第四，建立合同文本签署和登记控制机制，确保合同签署权限程序合理、登记备案手续完善。

单位应合理划分各类合同的签署权限和程序，按照规定的权限和程序与对方当事人签署合同，严禁超越权限签署合同。对外正式订立的合同应当由单位法定代表人或由其授权的委托代理人签名或加盖有关印章；授权签署合同的，应当签署授权委托书。

单位应明确合同印章的使用和保管要求。合同经编号、审批及单位法定代表人或由其授权的代理人签署后，方可加盖合同印章。印章保管人应在用印结束后立即收回印章并妥善保管，及时记录合同印章使用情况以备查，防止他人滥用。如果发生合同印章遗失或被盗现象，应立即报告并采取措施，如向公安机关报案、登报声明作废等，以最大限度消除可能带来的负面影响。

单位应实行合同连续编号管理，按照统一编号对合同订立情况进行登记，建立合同管理台账。合同归口部门可借助信息化手段详细登记合同名称、合同主体、标的金额、签署日期、履行时间以及签署部门和责任人等信息。对于下属单位签订的合同文本或者上级单位有相关要求的合同签署，应按照相关规定做好合同签订的备案手续，确保合同签订过程有据可查、合同查询方便快捷。

单位应采取恰当措施，防止已签署的合同被篡改，如在合同各页码之间加盖骑缝章、使用防伪印记、使用不可编辑的电子文档格式等。按照国家有关法律、行政法规规定，需办理批准、登记等手续之后方可生效的合同，单位应当及时按规定办理相关手续。

（三）合同履行控制

1. 控制目标

第一，对合同履行情况进行监控，合理解决合同履行中的各项纠纷，确保单位利益不受损失。

第二，根据需要对合同进行调整，确保合同补充、转让和解除等合同变更程序合法合规。

第三，按合同规定及时支付合同款项，确保合同款项支付规范有序，能有效保证业务的开展。

2. 主要风险

第一，未按照合同条款规定履行合同，可能导致单位利益受到损失或遭受诉讼。

第二，合同未明确事项未及时签订补充协议，导致合同无法正常履行，给单位造成经济、声誉损失。

第二，合同纠纷处理不当，导致单位遭受外部处罚、诉讼失败，损害单位利益、信誉和形象等。

第四，未按合同规定期限、金额或方式付款，或者在未签订合同的情况下盲目付款，可能导致单位资金损失。

3. 控制措施

第一，建立合同履行监控机制，确保合同履行过程得到有效的跟踪监控。

单位应对合同履行情况实施有效监控，强化合同履行过程及效果的检查、分析和验收，确保按合同规定履行本单位义务，并敦促对方积极执行合同条款，保证合同有效履行。单位业务部门和经办人员应对其承办的合同，从订立、履行到终结的全过程进行跟踪监控，一旦发现因对方或单位自身原因导致可能无法按时履约的行为，应当及时提示风险并立即采取应对措施将合同损失降到最低。

第二，建立合同变更控制机制，根据需要及时补充、转让甚至解除合同。

单位应结合自身实际情况建立合同履行监督审查制度，对合同履行中签订补充合同，或变更、解除合同等按照国家有关规定进行审查。（1）对于合同没有约定或约定不明确的内容，通过双方协商一致对原有合同进行补充；无法达成补充协议的，按照国家相关法律法规、合同有关条款或者交易习惯确定。（2）对于显失公平、条款有误或存在欺诈行为的合同，以及因政策调整、市场变化等客观因素已经或可能导致单位利益受损的合同，按规定程序及时报告，并经双方协商一致，按照规定权限和程序办理合同变更或解除事宜；对方当事人提出转让、解除合同的，造成单位损失的，应向对方当事人书面提出索赔。（3）单位应当明确合同终止的条件以及应当办理的相关手续，指定专人对合同终止手续进行复核。

第三，建立合同纠纷控制机制，确保合同纠纷得到及时有效的解决。

在合同履行过程中发生纠纷的，单位应当依据国家相关法律法规，在规定时效内与对方当事人协商谈判，并按规定权限和程序向单位有关负责人报告。合同纠纷经协商一致的，双方应当签订书面协议；合同纠纷经协商无法解决的，经办人员应向单位有关负责人报告，并根据合同约定选择仲裁或诉讼方式解决。单位内部授权处理合同纠纷，应当签署授权委托书。纠纷处理过程中，未经授权批准，相关经办人员不得向对方当事人作出实质性答复或承诺。

第四，建立合同结算控制机制，确保按照合同履行情况及时进行价款结算和账务处理业务。

单位财务部门应当在审核合同条款后办理价款结算和账务处理业务，按照合同规定付款，及时催收到期欠款。未按合同条款履约或应签订书面合同而未签订的，财务部门有权拒绝付款，并及时向单位有关负责人报告。在财务系统与合同管理系统对接方面，应实现业务数据与财务数据的衔接。

同时，在合同履行过程中发生变更、纠纷以及价款结算的，合同管理部门应详细登记合同履行和变更情况，并定期对合同履行情况进行统计分析，及时向单位有关负责人报告未履行完成的合同、发生变更的合同、存在纠纷的合同、产生损失的合同事项，督促单位业务部门有效履行各项合同。

（四）合同归档评估控制

1. 控制目标

第一，根据需要对合同进行科学分类，按照类别开展合同的登记、统计和分析工作，实现合同分级分类管理。

第二，妥善保管合同文本并及时对合同进行归档，确保合同保管安全可靠，合同信息不被泄露。

第三，定期开展合同管理检查评估，不断完善单位合同管理工作，确保合同约定得到一贯正确地运行。

2. 主要风险

第一，未妥善保管合同文本，或者合同保管工作不到位，合同归档不及时甚至出现纰漏，可能导致合同丢失或者被盗。

第二，泄露合同订立与履行过程中涉及的国家秘密、工作秘密或商业秘密，可能导致单位利益甚至国家利益遭受损失。

第三，未建立合同管理后评估制度，或合同管理后评估程序不合理，可能导致合同管理水平长期得不到改善和提升。

3. 关键控制措施

第一，建立合同保管与归档控制机制，确保合同信息的安全可靠。

单位应在登记并统计合同订立、履行和变更情况的基础上，结合单位经济活动业务需要对合同文本进行科学分类和统一编号，按照类别和编号妥善保管合同文本，建立合同台账，确保合同保管安全可靠、查询快捷方便。合同履行完成后，合同管理人员应及时办理归档手续。

单位应加强合同信息安全保密工作，未经批准，任何人不得以任何形式泄露合同订立与履行过程中涉及的国家或商业秘密。同时，单位应明确合同文本保管职责，规范合同查询、流转和借阅程序等有关要求，实施合同管理责任追究制度，对合同保管情况实施定期和不定期检查。

第二，建立合同管理检查评估控制机制，确保合同管理中存在的问题得到整改落实。

单位应当建立合同管理情况检查评估制度，至少于每年年末对合同管理的总体情况和重大合同履行的具体情况进行分析评估。对合同管理分析评估中发现的不足，单位应当及时加以改进。合同管理检查评估的内容主要包括：合同签订是否符合程序；合同审核意见是否得到合理采纳，不采纳的主要原因及其产生的后果；合同是否全面履行，重大合同未履行的主要原因分析和教训总结；合同履行中是否存在不足，应当采取何种改进措施；合同纠纷是否得到妥善处理；合同是否适当归档；合同管理工作中是否有成绩、创新，是否存在违法、违规行为；合同管理内部控制的设计和执行是否有效；是否存在提高合同管理效率和效果的建议等。

第七章
行政事业单位内部控制评价与监督

评价与监督是促进内部控制有效运行和不断完善的重要措施。行政事业单位内部控制评价与监督，是指内外部相关组织对单位内部控制的建立与实施情况进行监督检查，评价内部控制的有效性，发现内部控制缺陷并进行持续整改的过程。按照监督检查实施主体的不同，行政事业单位内部控制监督可以划分为内部监督和外部监督。

第一节　行政事业单位内部控制的内部监督

内部监督是由行政事业单位内部人员实施的内部控制监督检查活动。根据《内控规范》第五章第六十条规定，“单位应当建立健全内部监督制度，明确各相关部门或岗位在监督中的职责权限，规定内部监督的程序和要求，对内部控制建立与实施情况进行内部监督检查和自我评价。”

一、内部监督的实施主体

根据监督与执行分离的基本原理，内部监督应当与内部控制的建立和实施保持相对独立。因此，内部控制监督不能由内部控制牵头部门来承担：对于设立了独立内部审计部门或者专职内部审计岗位的单位，可以指定内审部门或者岗位作为内部控制监督的实施主体；对于没有内审部门或岗位的单位，可以指定纪检监察部门或者其他专门部门或岗位作为内部监督的实施主体；对于将所有下属单位纳入内部控制建设范围统一开展内部控制建设的上级单位，其内部监督实施主体同时也作为下属单位的实施主体。

具体来说，行政事业单位内部监督实施主体主要包括单位负责人、内部审计人员、纪检监察人员、管理人员及一般职员，其职责分工具体如下：

1. 单位负责人是行政事业单位内部控制有效性的最终责任人，对单位内部控制建立、实施及监督检查的整体情况负责。

2. 内部审计部门或岗位应当定期或不定期检查单位内部管理制度和机制的建立与执行情况，以及内部控制关键岗位及人员的设置情况等，及时发现内部控制存在的问题并提出改进建议。

3. 纪检监察部门或岗位应当定期或不定期检查单位党组成员、其他领导干部以及各部门合法合规、廉政建设的建立与执行情况，及时发现违规违纪、舞弊、贪污腐败等行为，并采取有效措施进行治理。

4. 各级管理人员是所管辖业务活动内部控制有效性的责任人，对所辖业务活动内部控制建立和实施情况负责。

5. 各相关部门主要负责本部门业务活动内部控制有效性的日常监督，也可根据实际情况自行组织开展专项监督活动，并积极配合内外部审计、纪检监察等部门针对本部门开展的内部控制监督检查工作；对于发现的内部控制缺陷和问题，应当进行积极改进。

6. 各所属单位应根据上级单位的要求，逐级落实本单位的内部控制监督检查责任，建立健全本单位内部监督制度。所属单位负责人对本单位内部控制有效性最终负责。

二、内部监督的实施方式

按照监督检查实施对象的不同，行政事业单位内部监督可以分为日常监督、专项监督和内部控制自我评价。其中，日常监督，又称持续性监督，是指单位对建立和实施内部控制的情况进行常规的、持续的监督检查。日常监督与行政事业单位的日常管理活动相结合，整合在单位的日常管理活动之中，与单位日常管理活动结合进行。专项监督，又称个别评估，是指在单位组织结构、经济活动、业务流程、关键岗位员工发生较大调整或变化的情况下，对单位内部控制的某一方面或某些方面进行的有针对性的监督检查。行政事业单位应根据风险评估的结果以及日常监督的有效性确定专项监督的对象和范围。内部控制自我评价，是指对单位整个内部控制系统进行的评价活动。由于行政事业单位内部控制体系是一个整体，内部控制体系的各组成部分必须相互配合才能发挥作用，因此除开展日常监督和专项监督外，还需要对单位内部控制整个系统整体进行评价，以论证其有效性。

按照监督检查实施时间的不同，内部监督又可以分为事前监督、事中监督和事后监督。其中，事前监督是指对单位将要发生的经济活动进行监督检查，主要表现为规避和防范风险事件的发生；事中监督是指对单位正在发生的经济活动进行监督检查，主要表现为风险控制，即将风险事件控制在萌芽状态；事后监督则是对单位已经发生的经济活动进行监督检查，主要表现为揭弊纠错，危机处理，以起到警示作用。从监督检查的效果来看，事后监督不如事中监督，事中监督不如事前监督。行政事业单位在实务操作中，应结合具体情况，灵活选择监督的方法。一般来说，三种监督方法相互补充、相互配合，综合运用效果最佳。

此外，按照监督检查实施期限的不同，内部监督还可以分为定期监督和不定期监督；按照监督检查价值取向的不同，内部监督可以分为合规性监督和合理性监督等等。这些不同的监督方式，共同构成了一个有效的内部监督方式网络，满足了不同层次和不同种类的监督活动的需要，为实现行政事业单位内部监督目的提供了有力保障。实践中，行政事业单位可根据实际需要灵活运用。

三、内部监督的程序及方法

1. 内部监督的程序

通常来说，单位内部监督的主要程序可以分为：了解内部控制设计和实施的基本情况、实施现场测试、评估控制结果、报告与整改。

（1）了解内部控制设计和实施的基本情况

即采取问卷调查、访谈等多种方法，与被评价单位充分沟通，了解被评价单位组织结构、职责分工、经济活动、管理制度、业务流程等的建立与实施情况。

（2）实施现场测试

根据了解到的基本情况，确定评价范围、检查重点、抽样数量以及人员分工，综合运用穿行测试、抽样、实地查验、比较分析、专题讨论等各种评价方法，对被评价单位内部控制的建立和实施情况进行现场测试，按要求填写工作底稿、记录相关测试结果。

（3）评估控制结果

制定内部控制缺陷标准，根据测试结果对内部控制缺陷及等级进行评估和认定。对于不存在重大缺陷的情形，应当认定其内部控制有效；若存在一个或多个重大缺陷，则应当认定该项内部控制无效。

（4）报告与整改

对于单位内部监督实施过程中发现的内部控制缺陷，有关责任人应当分析缺陷的性质和产生的原因，提出整改方案，采取适当的形式及时向单位领导报告。积极跟踪内部控制缺陷的整改情况，并就内部监督中发现的重大缺陷，追究相关责任单位或者责任人的责任。

2. 内部监督的方法

（1）抽样法

抽样法是指单位针对具体的业务流程，依据其发生频率及固有风险的高低，按一定比例从确定的范围内抽取一定数量的样本。通过对样本的符合性分析判断，进而对内部控制执行的有效性作出评价。抽样法分为随机抽样和非随机抽样。随机抽样是按机会均等原则从样本库中选取一定数量的样本，其特点是总体中每个单位被抽中的概率是相同的，完全由众多随机因素综合作用来决定。非随机抽样是指抽样时不遵循随机原则，而是人工选取或按某一特定标准从中选取一定数量的样本。需要注意的是，样本库要包含符合测试要求的所有样本，测试人员应首选对样本库的完整性进行确认；其次，要确定选取的样本应充分和适当，即测试证据的数量能合理保证相关控制的有效性；同时，获取的证据应当与相关控制的设计与运行有关，并能真实反映控制的实际运行状况。

（2）实地查验法

实地查验法主要应用于业务层面控制评价，通过对单位财产进行盘点、清查，以及针对业务流程中的各控制环节进行现场查验等方式，进行控制测试。如现场查验存货出、入库环节。

（3）比较分析法

比较分析法也称对比分析法，是指通过分析单位经营中的各类数据，比较数据间的关系、比率和趋势来进行有效评价。比较分析法根据分析的特殊需要又可分为两种类型：一是绝对数比较，即利用绝对数进行对比，从而寻找差异的一种方法；二是相对数比较，即通过两个相关联指标的对比计算，反映数量联系程度的综合指标，其数值表现为相对数。需要注意的是，在对比分析中，选择合适的对比标准是十分关键的步骤，选择的合适，才能作出客观公正的评价；选择不合适，评价可能得出错误的结论。

（4）标杆法

标杆法是指通过与行业内具有相同或相近经营活动的标杆单位进行比较，进而对单位内部控制设计和运行的有效性进行评价的方法。标杆法的核心是以同类型的标杆单位为对象，通过不断寻找和研究同类型一流单位的内部控制体系，以此为基准与本单位的内部控制体系进行比较、分析、判断，从而更好地开展本单位的内部控制评价工作。

（5）重新执行法

重新执行法又称重复执行法，是指评价人员根据有关资料和业务处理程序，重新处理一遍业务，并比较结果，进而判断企业内部控制执行的有效性。重新执行法是一种通过对某一控制活动全过程的重新执行来评估内部控制执行情况的方法。

（6）专题讨论法

专题讨论法是集中与业务流程有关的专业人员就内部控制执行情况或控制缺陷进行分析，它既可以是内部控制评价的手段，也是形成缺陷整改方案的有效途径。对于同时涉及单位多个业务部门的控制缺陷，就需要由内部控制管理部门组织召开专题会议，综合各部门意见，确定整改方案。

此外，还可以利用信息系统开发检查方法或利用实际工作检查测试经验等方法进行内部控制评价。对于通过系统采用自动控制、预防控制的，应在方法上注意与人工控制、发现性控制的区别。

行政事业单位应当根据本单位实际情况确定内部监督检查的方法、范围和频率，通常不能少于一年一次。负责内部监督的部门或岗位应定期或不定期检查单位内部控制措施的建立和执行情况，对单位建立和实施内部控制的情况作出评价，对于内部控制存在重大缺陷的，应向单位领导班子提出，要求整改。

第二节 行政事业单位内部控制的自我评价

内部控制自我评价是对整个内部控制系统进行的评价活动。行政事业单位内部控制自我评价，是指由单位负责人领导的，旨在对本单位内部控制的有效性进行评价，并出具单位内部控制自我评价报告的过程。

一、内部控制自我评价组织

行政事业单位应当结合日常监督和专项监督的情况，定期对本单位内部控制设计和运行的有效性进行自我评价，出具内部控制自我评价报告。明确行政事业单位内部控制自我评价组织形式以及各相关方在内部控制自我评价中的职责分工，是合理保证单位内部控制自我评价工作有效开展的关键因素。

1. 内部控制自我评价机构设立

根据《内控规范》规定，单位负责人对本单位内部控制的建立健全和有效实施负责。单位负责人应当指定专门部门或专人负责对单位内部控制的有效性进行评价并出具内部控制自我评价报告。

一般来说，由于内部审计机构在行政事业单位内部处于相对独立的地位，而且其工作内容、业务专长与内部控制评价工作有着密切的关联，单位负责人可以考虑授权内部审计部门负责本单位内部控制自我评价的组织实施工作。若单位设置了单独的内部控制专门机构，也可授权其负责内部控制自我评价的具体组织实施工作。此外，单位还可以委托外部专业机构实施内部控制自我评价。需要明确的是，外部专业机构为其提供的内部控制评价是一种非保证服务，行政事业单位内部控制自我评价报告的有效性仍然由本单位自身承担。

总体来说，无论行政事业单位采用何种方式设立内部控制自我评价机构，必须确保该机构满足以下条件：一是必须与负责内部控制设计与实施的部门适当分离，确保内部控制自我评价机构的独立性；二是能够独立行使对单位内部控制系统建立与实施过程及结果进行监督的权力；三是具备评价内部控制系统相适应的专业胜任能力和职业道德素养；四是与单位其他部门就评价内部控制系统方面保持协调一致，在工作中相互配合、相互制约、相互促进，在效率效果上满足单位对内部控制进行评价所提出的有关要求；

2. 各相关方在内部控制自我评价中的职责分工

内部控制自我评价的参与主体涉及行政事业单位领导、内部控制评价机构、其他业务/职能部门和所属单位。在内部控制自我评价工作实施过程中，无论单位采取何种组织形式，各参与主体的职责分工都不会发生本质变化。一般来说，各参与主体在内部控制评价中的职责分工具体如下：

（1）单位领导

单位领导对内部控制的建立健全和有效实施负责，因此，也对内部控制自我评价承担着最终的责任。单位领导可以通过内部审计机构来承担内部控制自我评价的组织、领导和监督职责。单位领导和内部审计机构应听取内部控制自我评价报告，审定内控重大缺陷、重要缺陷整改意见，对内部控制自我评价机构在评价组织、实施以及督促整改过程中遇到的困难，积极协调，排除障碍。

（2）内部控制自我评价机构

内部控制自我评价机构根据授权承担单位内部控制自我评价的具体组织和实施任务，通过复核、汇总、分析内部监督资料，结合单位领导要求，拟定合理的评价工作方案并认真组织实施；对于评价过程中发现的重大问题，应及时与单位领导进行沟通，并认定内部控制缺陷，拟定整改方案，编写内部控制评价报告，及时向单位领导报告；与内部审计机构、外部审计机关沟通，督促各部门、所属单位对内控缺陷进行整改；根据评价和整改情况拟定单位内部控制考核方案。

（3）其他各业务/职能部门

其他各业务/职能部门负责组织本部门的内控自查、测试和评价工作，对发现的设计和运行缺陷提出整改方案和具体整改计划，积极整改，并报送内部控制自我评价机构复核，配合内部控制自我评价机构开展单位层面的内控评价工作。

（4）所属单位

所属单位应逐级落实内部控制自我评价责任，建立日常监控机制，开展内控自查、测试和定期检查评价工作，发现问题并认定内部控制缺陷，拟定整改方案和计划，报本级单位领导审定后，督促整改，编制内部控制自我评价报告，对内部控制执行和整改情况进行考核。

二、内部控制自我评价内容

内部控制自我评价是针对内部控制的有效性发表意见。行政事业单位内部控制有效性，是指单位建立与实施的内部控制系统对控制目标的实现提供合理保证的程度，具体包括内部控制设计有效性和内部控制运行有效性。其中，内部控制设计有效性，是指为实现控制目标所必需的内部控制要素都存在并且设计恰当；内部控制执行有效性，是指在内部控制设计有效的基础上，现有内部控制是否按照规定程序得到了正确执行。需要注意的是，评价内部控制运行有效性的前提必须是内部控制设计有效，如果评价证据表明内部控制设计存在缺陷，那么即使内部控制按照设计得到了一贯执行，也不能认为其运行是有效的。

根据所处结构层次的不同，行政事业单位内部控制自我评价的内容可以确定为两个方面：单位层面内部控制和业务层面内部控制。单位可根据《内控规范》的要求以及单位内部控制各业务领域的控制目标、主要风险和关键控制措施，在单位和业务两个层面，分别从设计和运行两个维度来设计内部控制自我评价指标。

1. 单位层面内部控制自我评价指标

根据单位层面内部控制各要素的控制目标、主要风险和关键控制措施，行政事业单位层面内部控制自我评价指标如表 7－1 所示。

表 7－1　　单位层面内部控制自我评价指标示例

一级评价要素	二级评价要素	要素定义
组织机构	内部控制责任机制	明确了并实际执行单位负责人对本单位内部控制的建立健全和有效实施负责的理念和机制。
	内部控制牵头部门	单独设置内部控制职能部门或者确定内部控制牵头部门，负责组织协调内部控制工作。
	内部控制职责分工	单位明确了财会、内部审计、纪检监察、政府采购、基建、资产管理等部门或岗位在内部控制中的职责分工。
	内部控制权力制衡	单位决策机构、执行机构、监督机构是否做到相互分离、相互制约和相互监督，达到权力制衡的效果。
	内部控制协同机制	单位建立各部门在内部控制中的沟通协调和联动机制，通过业务流程优化和信息技术，实现了机构之间的协同和信息沟通畅通。
决策机制	专家论证机制	单位在议事决策方面是否建立了专家论证和技术咨询机制，明确了专家论证的人员组成和议事原则。
	集体决策机制	单位重大经济事项的决策是否经过单位领导班子集体研究决定，建立了完善的集体决策机制。
	议事决策程序	单位制定议事决策的工作流程，针对不同级别决策事项明确了审批权限，规定了具体的决策原则。
	议事决策结果	单位建立了议事决策结果公开和责任追究机制，实行“谁决策、谁负责”的原则，让决策结果置于社会监督之下。

续表

一级评价要素	二级评价要素	要素定义
权益分配	关键岗位识别机制	单位准确识别了预算业务、收支业务、政府采购、资产管理、建设项目、合同以及内部监督等经济活动的关键岗位，建立了完善的关键岗位识别机制。
	关键岗位职责权限	单位制定了关键岗位职责说明书，明确了关键岗位的职责权限和任职条件，建立了完善的内部控制关键岗位责任制。
	不相容岗位分离	单位按照不相容岗位相互分离的要求，针对授权审批、业务执行、监督检查、会计记录、财务保管等五类不相容职务，实现了相互分离和制约机制。
	关键岗位轮岗机制	单位建立了关键岗位轮岗机制，明确了轮岗的方式、周期、条件和要求等内容，对不具备轮岗条件采取了专项审计等控制措施。
人员能力	关键岗位人员资格	单位内部控制关键岗位工作人员均具备与其工作岗位相适应的资格和能力。
	关键岗位人员培训	单位针对内部控制关键岗位工作人员定期开展业务培训和职业道德教育，不断提升其业务水平和综合素质。
	关键岗位人员奖励	单位建立了关键岗位人员奖励机制，通过采用职务晋升、物质奖励或者精神表扬等方式，提高关键岗位人员的工作积极性。
	关键岗位人员惩戒	单位建立了关键岗位人员惩戒机制，明确了关键岗位人员的惩戒标准和措施。
会计系统	会计机构设置	单位应建立会计机构，设置会计工作岗位，明确会计机构和岗位的工作职责和权限，制定机构职责及岗位说明书。
	会计人员配备	单位配备具有会计从业资格、业务水平过关以及道德素质较高的会计岗位人员，建立会计工作队伍。
	会计政策制定	单位应明确财务记账的相关会计科目、会计原则以及会计报表要求等相关会计政策，建立会计管理制度
	会计业务管理	单位应当根据实际发生的经济业务事项及时进行账务处理、编制财务会计报告，确保财务信息真实、完整。
信息系统	信息技术归口管理	单位设立了信息系统的归口管理机构和岗位，明确了信息系统管理机构和岗位的职责权限。
	内部控制信息系统	单位建立了内部控制信息系统，将经济活动及其内部控制流程嵌入单位信息系统中，实现了用现代科学技术手段加强内部控制的要求。
	信息内部公开机制	单位通过信息系统建设实现了经济活动信息内部公开管理，明确了信息内部公开的内容、范围、方式和程序。
	信息技术安全管理	单位建立信息安全管理机制，通过减少人为操作和加强信息技术安全监控，实现单位的信息安全。

续表

一级评价要素	二级评价要素	要　素　定　义
风险评估	风险定期评估机制	单位建立了经济活动风险定期评估机制，每年至少开展一次单位经济活动风险评估，实现对单位风险的全面、系统和客观评估。
	风险评估工作开展	单位成立了由单位领导担任组长的经济活动风险评估工作小组，形成了经济活动风险评估书面报告，并提交单位领导班子。
	风险评估方法内容	单位建立了经济活动风险事件库，并形成符合自身实际的风险评估方法，风险评估内容涉及各项经济活动。
	风险评估应对机制	单位针对风险评估结果提出了应对措施，并将风险评估作为完善内部控制的重要依据。
监督机制	内部控制内部监督	单位建立内部监督机制，明确各相关部门或岗位在内部监督中的职责权限，规定内部监督的程序和要求，对内部控制建立与实施情况进行内部监督检查。
	内部控制自我评价	单位建立了内部控制自我评价机制，指定专门部门或专人负责对单位内部控制的有效性进行评价并出具单位内部控制自我评价报告。
	内部控制自我审计	单位定期或不定期检查单位内部管理制度和机制的建立与执行情况，以及内部控制关键岗位及人员的设置情况等，及时发现内部控制存在的问题并提出改进建议。
	内部控制外部监督	财政部门及纪检监察部门对单位内部控制的建立和实施情况进行监督检查，有针对性地提出检查意见和建议，并督促单位进行整改。
	内部控制绩效考核	单位建立了内部控制绩效考核机制，运用特定的标准、方法，对各级管理人员履行内部控制职责作出价值评价。

2. 业务层面内部控制自我评价指标

根据业务层面内部控制各要素的控制目标、主要风险和关键控制措施，行政事业单位业务层面内部控制自我评价指标示例如表7－2所示，以预算业务为例。

表7－2　　业务层面内部控制自我评价指标示例——预算业务

一级评价要素	二级评价要素	要　素　定　义
预算管理体制及运行机制建立	预算管理制度和流程	单位是否建立健全预算编制、审批、执行、决算与评价等预算内部管理制度流程。
	预算管理职责分工	单位是否设置了完善预算管理机构，明确了预算管理机构及相关内设机构的预算管理职责。
	预算管理岗位	单位是否设置预算管理岗位，明确相关岗位的职责权限，并实现预算编制、审批、执行、评价等不相容岗位相互分离。
	预算管理领导与工作协调	单位是否成立预算领导机构，并建立预算编制、预算执行、资产管理、基建管理、人事管理等部门或岗位的沟通协调机制。

续表

一级评价要素	二级评价要素	要素定义
预算草案编报	预算编制政策	单位预算编制人员是否正确把握预算编制有关政策，能否及时全面掌握相关规定。
	预算编制方法	单位是否按规定建立了科学的预算编制方法，明确预算编制原则，确保预算编制内容完整。
	预算编制依据	预算编制是否依据以前年度收支实际情况，真实反映本年度全部业务收支计划，确保预算编制依据充分。
	预算编制基础	单位是否严格按照规定时间进度编制预算草案，确保预算草案编制工作在预算年度开始前如期完成。
	预算编制程序	单位是否按规定建立“两上两下”的预算编制程序，确保预算编制做到上下结合、分级编制和归口审核。
	预算编报时间	单位是否严格按照规定时间进度编制预算草案，确保预算草案编制工作在预算年度开始前如期完成。
预算批复下达与指标分解	预算批复程序	单位是否规定预算批复下达的程序、方法，明确预算批复下达的主体责任和形式等。
	预算指标分解	对于按法定程序批复的预算，单位是否按支出事项性质和重要性进行内部指标分解。
	预算方案依据	单位内部预算批复是否将以前年度的业务支出金额和本年度工作计划作为依据。
预算执行控制	预算责任落实	单位是否将预算执行责任落实到每一内设机构或人员身上，例如通过签订预算指标责任书的形式确保预算责任落实。
	预算执行过程	单位是否按照批复的预算安排各项收支，确保预算严格有效执行，保证单位财务核算和预算执行的一致性。
	预算执行分析	单位是否建立预算执行分析机制，例如通过定期编报各部门预算执行情况、召开预算执行分析会议等形式，研究解决预算执行中存在的问题，提出改进措施，提高预算执行的有效性。
	预算执行反馈	单位是否建立财务核算工作对预算批复和执行工作的信息反馈与验证机制。
预算调整	预算调整原则	单位是否在实际支出超出预算批复额度后，建立了预算指标追加调整机制，明确预算调整的条件、程序和原则等。
	预算调整审批	单位是否对预算指标调整进行审议，且在指标调整后对预算支出事项进行重新排列。
财政拨款结转结余	财政拨款结转资金制度	单位是否建立财政拨款结转结余资金管理制度，定期向财政部门报送财政拨款结转结余报表。
	财政拨款结转资金控制机制	单位财政拨款结转结余是否纳入预算管理，并形成了有效的财政拨款结转结余资金控制机制。

续表

一级评价要素	二级评价要素	要素定义
决算报告	决算报告编制	单位是否定期编制决算报告，建立了规范的决算报告编制程序，决算报告内容真实、完整、准确、及时。
	决算分析运用	单位是否建立了决算分析工作机制，强化决算分析结果运用，健全单位预算与决算相互反映、相互促进的机制。
预算考评	预算考评指标	单位是否建立针对内设机构和干部预算工作绩效进行考评的机制，制定预算考评相关办法，设计了具体预算考评指标。
	预算绩效管理机制	建立"预算编制有目标、预算执行有监控、预算完成有评价、评价结果有反馈、反馈结果有应用"的全过程预算绩效管理机制。

三、内部控制自我评价程序及方法

内部控制自我评价的方式、范围、程序和频率，由单位根据业务活动变化、实际风险水平等自行确定。规范的内部控制自我评价程序是确保行政事业单位内部控制自我评价工作高效开展的关键。

1. 内部控制自我评价程序

行政事业单位内部控制自我评价程序一般包括制定评价工作方案、组成评价工作组、实施现场测试、认定控制缺陷、编制评价报告等环节。

（1）制定评价工作方案。

行政事业单位内部控制自我评价机构应当根据单位内部监督情况和管理要求，分析单位运行管理过程中的高风险领域和重要业务事项，确定检查评价方法，制定科学合理的评价工作计划和方案，报经单位领导班子批准后实施。内部控制评价工作方案应当包括：确定评价对象、确定控制区域对象重要性质、评价项目主体范围、工作任务、人员组织、进度安排和费用预算等相关内容。评价工作方案可以以全面评价为主，也可以根据需要采用重点评价的方式。一般而言，内部控制建立与实施初期，实施全面综合评价有利于推动单位内部控制工作的深入有效开展；内部控制系统趋于成熟后，单位可在全面评价的基础上，更多地采用重点评价或个别评价，以提高内部控制评价的效率和效果。

（2）组成内部控制评价工作组。

由于内部控制自我评价是一项涉及面广、专业技能要求较高的工作，因此，在开展单位内部控制自我评价工作时，有必要根据评价项目的需要，组织吸收单位内部相关机构熟悉情况、参与日常监控的负责人或岗位人员参加，组成专门的内部控制评价工作组，专责执行内部控制自我评价。确保这些人员掌握单位内部控制评价的内容、目标、流程和方法，具备匹配的业务技能和责任心，并保持一定的独立性。

(3) 实施现场测试。

现场测试开始时，评价工作组首先应与被评价单位充分沟通，了解其单位层面和业务层面内部控制设计和执行的基本情况。根据了解的单位内部控制基本情况，按照评价人员具体分工，综合运用抽样法、穿行测试法、实地查验法等各种评价方法对内部控制设计和运行的有效性进行现场检查测试，按要求填写工作底稿、记录相关测试结果，并对发现的内部控制缺陷进行初步认定。评价工作底稿应进行交叉复核签字，并由评价工作组负责人审核签字确认。评价工作组将评价结果及现场评价报告向被评价单位进行通报，由被评价单位相关负责人签字确认后，提交单位内部控制自我评价机构。

(4) 内部控制缺陷认定。

内部控制评价机构汇总评价工作组的评价结果，对工作组现场初步认定的内部控制缺陷进行全面复核、分类汇总，对控制缺陷的成因、表现形式以及风险程度进行定性和定量的综合分析，按照对控制目标的影响程度判定缺陷等级。对于认定的内部控制缺陷，内部控制评价机构应当结合单位领导班子的要求，提出整改建议，要求责任单位及时整改，并跟踪整改落实情况；已经造成损失和负面影响的，应当追究相关人员的责任。

(5) 编制评价报告。

内部控制自我评价机构以汇总的评价结果和认定的内部控制缺陷为基础，综合内部控制工作整体情况，客观、公正、公平、完整地编制内部控制自我评价报告，并报送单位领导班子，由单位负责人最终审定后对外报送。

2. 内部控制自我评价常用方法

行政事业单位应该按照内部控制评价的基本程序，结合单位自身实际情况，综合运用个别访谈、问卷调查、专题讨论、穿行测试、实地查验、抽样和比较分析等各种评价方法，科学、有序开展内部控制自我评价工作。

需要指出的是，上述内部控制评价的方法通常不可以单独使用，评价工作组开展内部控制评价工作时应结合单位实际情况，区别内部控制设计和执行，综合运用以上内部控制评价方法，以得到更加可靠的评估结果。评价工作组也可以根据评价工作的需要和单位特定情况应用其他有效的评价方法。

四、内部控制评价报告

行政事业单位内部控制自我评价机构应当根据内部控制自我评价结果，结合内部控制评价工作底稿和内部控制缺陷汇总表等资料，按照规定的程序和要求，及时编制内部控制自我评价报告。

1. 内部控制自我评价报告的内容和格式

内部控制自我评价报告是内部控制自我评价工作的结论性成果。行政事业单位应当根据《内控规范》及单位实际情况，对内部控制自我评价实施的过程及结果进行总结和汇报。具体来说，行政事业单位内部控制自我评价报告一般至少包括下列内容：

（1）单位领导对内部控制报告真实性的声明。声明单位领导对报告内容的真实性承担个别及连带责任，保证报告内容不存在任何虚假记载、误导性陈述或重大遗漏。

（2）内部控制评价工作的总体情况。包括单位内部控制评价工作的组织形式、领导体制、工作总体方案和进度安排、组织协调和汇报途径等。

（3）内部控制评价的依据。说明单位开展内部控制评价工作所依据的法律法规和规章制度。

（4）内部控制评价的范围。描述内部控制评价所涵盖的被评价单位以及纳入评价范围的业务事项。内部控制评价的范围应当涵盖本级及所属单位的各种业务和事项，在全面评价的基础上突出重要性原则，重点关注单位运行管理的重要业务事项和高风险领域，确保不存在重大遗漏。

（5）内部控制评价的程序和方法。描述内部控制评价工作遵循的基本流程以及评价过程中采用的主要方法。

（6）内部控制缺陷及其认定。描述适用本单位的内部控制缺陷具体认定标准和认定程序，并声明与以前年度保持一致，若不一致，说明原因；根据内部控制缺陷认定标准，确定评价期末存在的重大缺陷、重要缺陷和一般缺陷。

（7）内部控制缺陷的整改情况及拟采取的整改措施。针对评价期末存在的内部控制缺陷，阐明拟采取的整改措施及预期效果。对于评价期间发现、期末已完成整改的重大缺陷，说明单位有足够的测试样本显示，与该重大缺陷相关的内部控制目前保持了设计与运行有效。

（8）内部控制有效性的结论。对不存在重大缺陷的情形，出具评价期末内部控制有效结论；对存在重大缺陷的情形，不能作出内部控制有效的结论，并需描述该重大缺陷的成因、表现形式及其对实现相关控制目标的影响程度。自内部控制评价报告基准日至内部控制评价报告发出日之间发生影响内部控制有效性的因素，内部控制评价部门必须对其性质和影响程度予以核实，并根据核查结果对评价结论进行相应调整。

2. 内部控制自我评价报告的编制时间

内部控制自我评价报告按照编制时间的不同，分为定期报告和不定期报告。定期报告是指单位至少每年进行一次内部控制自我评价工作，编制自我评价报告，并由单位领导对外发布或以其他方式合理利用。不定期报告是指单位出于特定目的或针对特定事项而临时开展的内部控制自我评价工作并编制形成自我评价报告。不定期报告的编制时间和编制频率由单位根据实际情况确定。

3. 内部控制自我评价报告的报送与使用

行政事业单位内部控制自我评价报告必须按规定报送各级财政、审计等监管部门，接受监督检查。其中，各级财政部门及其派出机构应当根据行政事业单位内部控制自我评价报告，了解单位内部控制建立和实施的基本情况，以此作为对单位实施内部控制监督检查的依据和参考。同时，还可以据此掌握行政事业单位内部控制规范建设过程中遇到的问题和经验，并制定有针对性的对策和措施，以更好地指导和监督行政事业单位内部控制建设。各级审计机关及其派出机构在开展单位内部控制审计时，应当参考行政事业单位内部控制自我评价的结果，有针对性地制定审计工作方案，揭示内部控制存在的缺陷，提出审计处理意见和建议，并督促单位进行整改。

第三节　行政事业单位内部控制的外部监督

外部监督是指由行政事业单位外部相关组织或机构实施的监督检查活动。行政事业单位内部控制外部监督的实施主体一般为上级主管部门、政府财政部门、政府审计部门、纪检监察部门等。

一、外部监督的必要性

1. 内部控制固有局限性

虽然内部控制会给行政事业单位带来好处，但是仍然存在局限性。一方面，单位管理人员在决策过程中的判断可能会有纰漏，有关应对风险和建立控制的决策需要考虑相关的成本和效益，类似个人主观判断导致的简单误差或错误可能会导致缺陷的发生；另一方面，内部控制可能会因为两个或多个人员的相互串通而被规避。此外，管理人员有能力凌驾于企业内部控制制度之上。一般来说，政策的制定者是政策的受益者，管理人员不愿意制定和执行限制自身权利、约束自身行为的政策制度，即使有这样的制度，也可能不具体、缺乏可操作性而流于形式，或者很容易被管理层超越。因此，内部控制难以防止管理人员的舞弊。

2. 内部监督的不足

实际工作中，大多数行政事业单位都是由内部审计部门和/或内部控制评价机构对本单位的内部控制建立健全和有效性进行监督检查和评价。然而，一方面，内部审计或内部控制评价本身就是内部控制的一个组成部分，且内部审计或内部控制评价又受单位领导班子领导，因而其内部监督很大程度上是按照领导层的意图进行的，这种监督作用能否发挥直接受领导层的影响，独立性较差。同时，单位领导层以及内部审计或内部评价机构自身的内部控制有效性也缺乏外部监督，因此，这样的内部控制监督是不完整的。另一方面，受单位自身机构限制，有些行政事业单位并没有设立内部审计部门，或内部审计人员没有经过专门的培训和训练，可能导致内部控制监督评价缺失或达不到应有目标。

因此，在内部监督不足的情况下，有必要通过外部监督进行评价。没有外部监督的内部控制难以防止、发现和纠正领导层的差错与舞弊行为。

二、外部监督的实施主体及关注要点

1. 上级主管部门

上级主管部门是行政事业单位的行政管理者，也是行政事业单位与国家中央机关之间的桥梁。上级主管部门要根据国家的相关法规制定适合本单位、本系统的内部控制规定，并要求系统各下级单位贯彻落实。因此，需要对下级单位内部控制的建立健全及实施情况进行经常性监督与定期的评价，保证国家部门和本部门制定的各项法规规章的贯彻实施。

2. 政府财政部门

政府财政部门是行政事业单位内部控制规范的主要制定者和发布者。各级财政部门是行政事业单位内部控制的直接外部管理者和监督者。根据《内控规范》规定，国务院财务部门及其派出机构和县级以上地方各级人民政府财政部门应当对单位内部控制的建立和实施情况进行监督检查，有针对性地提出检查意见和建议，并督促单位进行整改。具体来说，财政部门对行政事业单位的内部控制有效性进行监督的目的，主要是确保由财政部颁发的财政、会计、预算、内部控制等各项政策法规的贯彻实施，履行对行政事业单位的经济管理职能。

3. 政府审计机关

政府审计机关是行政事业单位外部审计机制的主导部门，也是行政事业单位内部控制的直接外部监管者。根据《内控规范》规定，国务院审计机关及其派出机构和县级以上地方各级人民政府审计机关对单位进行审计时，应当调查了解单位内部控制建立和实施的有效性，有针对性地提出审计处理意见和建议，并督促单位进行整改。审计机关对政府机构、国有企事业单位和拥有国有资产的单位的财政、财务收支及其经济效益进行审计的同时，也应当对其内部控制进行检查与评价，并将审计报告与内部控制审核报告一同提交给相关部门。

4. 纪检监察部门

纪检监察部门是行政事业单位党风廉政建设和纪律监察方面的主导部门，因此，也应该在其职责范围内对行政事业单位党风廉政、纪律监察等方面的内部控制建立健全和有效性情况进行定期或不定期的监督检查，确保行政事业单位遵守党的路线、方针、政策，有效防范违法违纪、贪污腐败、舞弊欺诈等案件的发生。

三、外部监督和内部监督的相互协调

外部监督与内部监督在监督检查的主体、内容、目的以及采取的方式方法上都会有所区别和交叉，两种形式在各自发挥作用的同时应该有机结合、协调一致，以便使整个内部控制监督检查形成一个体系，最大限度地促进单位内部控制制度的有效建立和实施。

一般来讲，外部监督和内部监督应该在两个方面进行协调：一是外部监督应该以内部监督为基础，并对其质量和效果进行验证；二是内部各部门在外部机构对本部门或单位进行内部控制监督检查时，一方面应当配合其工作，另一方面也应当对其工作及结果有关方面进行信息反馈，以制约外部相关部门工作质量和效果。

第八章 行政事业单位内部控制信息化

行政事业单位内部控制体系的建立，涉及单位的每一项经济活动，每一个部门和岗位。单位要实现内部控制的真正有效落地，信息化是不可或缺的重要手段，可量化的信息数据可为单位内部控制提供重要的评价依据。通过信息系统对内部控制进行集成、转化和提升后形成的信息管理平台，将会大大提高单位内部控制的效率和效果。可以说，信息化是单位内部控制建设和实施的重要手段，也是单位业务管理的重要方向，不但可以提高单位内部控制实施的有效性，同时也为单位政务信息化建设注入新的内容和活力。

第一节　行政事业单位内部控制信息化概述

随着现代科学技术的发展，管理信息化已经成为不可逆转的潮流，加强政务信息化建设也是当前我国行政事业单位提升管理水平的重要保障，内部控制建设和实施也不例外。一方面，通过信息化手段推进单位内部控制建设，将内部控制的基本要求固化到信息系统之中，可以促使《内控规范》的落地实施；另一方面，通过信息系统实时反映单位内部控制的运行过程，实现对单位经济活动的自动、实时控制，降低人为因素的影响，促使单位内部控制的有效运行。行政事业单位应加强内部控制信息化建设，建立内部控制管理信息系统，实现单位内部控制的真正落地和有效运行。

一、单位内部控制信息化是《内控规范》的基本要求

行政事业单位内部控制信息化是将单位经济活动涉及的控制制度、控制程

序、控制措施等要素通过信息化的手段固化在信息系统中，实现单位业务管理、财务管理和内部控制的有机结合。根据《内控规范》第三章第十八条规定，“单位应当充分运用现代科学技术手段加强内部控制，将经济活动及其内部控制流程嵌入单位信息系统中，减少或消除人为操纵因素。”因此，行政事业单位应在内部控制建设和实施中，加强信息化手段的运用，确保单位内部控制建设和实施的效率和效果。

同时，我国“十二五”期间的政务信息化工程建设，客观上也要求内部控制建设和实施必须通过信息化来实现，并与单位的其他政务信息系统形成信息共享、业务协同和互联互通的机制。2012 年 5 月 5 日，国家发展改革委员会向社会发布了经国务院批复的《“十二五”国家政务信息化工程建设规划》，该规划文件旨在“通过实施国家政务信息化工程，到‘十二五’期末，形成统一完整的国家电子政务网络，初步建成共享开放的国家基础信息资源体系，基本建成国家网络与信息安全基础设施，基本建成覆盖经济社会发展主要领域的重要政务信息系统。”国家政务信息化工程的实施客观上需要单位内部控制管理系统提供支撑，同时也为内部控制管理信息系统建设提出了新的要求，即与相关政务信息系统形成业务共享。

二、单位内部控制信息化是内部控制有效落地的保证

行政事业单位内部控制管理信息系统建设，是单位内部控制建设和实施的重要支撑，旨在保障单位内部控制的真正落地和有效运行。借助信息化手段对单位经济活动涉及的管理制度、业务流程以及控制措施进行梳理，并将内部控制建设的最终成果用信息系统来展示，使单位全体人员能够在系统平台上及时知晓内部控制的要求，不会像纸质版文件很可能最后被束之高阁、无人问津。实践中，既可以将控制措施嵌入具体的业务系统之中，实现对经济活动的信息化管控；也可以通过将经济活动过程嵌入内部控制管理系统中，在内部控制管理系统中处理经济活动业务，促使内部控制的信息化运行。

传统的内部控制建设仅是将单位经济活动控制机制显性化的过程，单位控制措施能否真正得到实施只能通过定期的内控评价来验证，无法对单位经济活动进行实时控制，也无法实时掌握单位内部控制运行的状态。行政事业单位内部控制信息化建设，不仅可以实现单位内部控制的梳理优化，而且能够促使单位内部控制有效运行，实现内部控制建设成果的落地实施，真正为单位经济活动管理创造价值。

三、单位内部控制信息化是提升单位管理水平的要求

行政事业单位通过将内部控制嵌入已有信息系统之中或通过内部控制管理信

息系统，可以实现内部控制的程序化和常态化，也可以改变单位各项经济活动分块管理、信息分割、信息“孤岛”的局面，还可以使单位领导的管理方式由传统的日常管理向例外管理转变，集中精力处理重大问题，进一步提高管理效率。同时，利用单位内部控制管理信息系统还可以实现信息的自动生成，能够形成满足日常管理需要的相关信息，各级领导干部在各自权限范围内，通过可视化界面，得到有关预算执行、文件流转和工作进度的及时信息，有利于全程控制和实时决策。实践证明，信息化可以促使单位的管控效能迈上一个新的台阶。行政事业单位通过建设内部控制管理信息系统，建立对单位经济活动业务的信息化管控，有助于实现单位内部控制的真正落地和有效运行，提高单位的经济活动管理水平，提升单位公共服务的效率和效果。

第二节 行政事业单位内部控制信息化建设规划

行政事业单位内部控制信息化建设，旨在通过建立单位内部控制管理信息系统，确保单位经济活动风险有效控制，最终实现单位经济活动控制机制的真正落地。行政事业单位在内部控制信息化建设过程中，可以按照本节所述的几个阶段，建立本单位内部控制管理信息系统，实现单位经济活动全过程的信息化控制。

一、单位内部控制信息化基础准备

行政事业单位在开展内部控制信息化建设前，首先应作好前期的基础准备工作，进行充分的调研，研究制订符合单位自身特色的内部控制信息化解决方案。具体来说，单位内部控制信息化应作好两方面的准备工作，一是梳理单位现有的经济活动管理制度和控制流程，明确经济活动风险控制点，制定单位内部控制标准，以使单位经济活动内部控制过程显性化；二是应深人研究内控规范，并开展相关调研，可通过咨询内控管理专业人士，充分理解并研究内控规范的理论，做好内控实施的人才储备，也可通过咨询内控信息化解决方案供应商以及已开展内控信息化建设的同类单位，以制订合理的内部控制信息化解决方案。

在内部控制信息化实施前，单位要弄清楚信息化技术能够实现对本单位哪些内控风险点的控制，不能实现的则需要通过其他非信息化手段加以实现。因此，梳理内部经济活动风险控制点，确定可实现信息化的内控节点十分必要，有助于确定信息化经济活动控制流程，促进内部控制信息化的高效顺利构建。

单位内控体系建立的过程也是原有内部管理体系优化的过程。由于新的内部控制体系运行需要一个适应期，必须在单位内部控制体系建立的同时，建立规范化的经济活动管理制度，与经济活动控制流程优化相结合。因此，单位在实施内部控制信息化时，应确保内部控制信息化实施与制度建设同时开展。通过梳理现有规章制度，对照研究内控规范，制定单位内控标准，建立新的经济活动管理制度，规范单位经济活动控制流程，使内部控制实施有章可循、避免盲目。

二、单位内部控制信息化实施要点

1. 内控实施，观念先行。单位内部控制体系建设是新兴事物，需要在不断探索中逐步推进、协调、再推进。而且，单位内部控制虽是对经济活动进行的控制，但并不是局部控制，并不只是财务部门的事，也不只是业务部门的事，内部控制建设及其信息化均为“一把手”工程。因此，单位负责人必须对内部控制建设及信息化负责，才能保证项目的顺利推进，提高项目的执行效果，促进单位内部控制体系的最终建成。

2. 遵循线上线下整合控制的原则。单位内部控制信息化建设是将线下手工控制和线上自动控制相结合，既不可追求一步到位，搞突击，也不能完全依赖于信息系统。应明白，内部控制仅能够帮助单位更好地防范和控制风险，尽可能地把风险降低到可控范围，而非杜绝风险。

3. 选择最适合的方案。单位应在充分调研、综合线上线下整合控制的基础上，合理取舍现有系统，选择最佳方案。需要注意的是，方案的选择是相对的，而非绝对的，必须根据单位实际情况和业务需要选择，适合单位自身的方案才是最好的方案。必要时也可将两种方案结合起来，一部分采用优化现有系统，满足内部控制需要；一部分采用建立内部控制管理信息系统。单位可以采用总体规划、分期分步实施的方式，降低实施的难度和风险。

三、单位内部控制信息化方案选择

1. 优化单位现有信息系统，满足内部控制需要

行政事业单位在政务信息化建设特别是内部管理信息化，如OA、预算编报、财务会计核算、政府采购、资产管理等系统建设方面已经较为完善。在此情况下，若现有软件供应商的内控实施经验丰富或者单位具备足够的二次开发能力，则可根据单位梳理完成的内部控制机制，对现有信息系统进行升级和优化。在现有系统基础上开发和扩展内控功能，将内部控制机制嵌入到现有系统中，优化系统的内控特性，使其满足单位内控的需要。

该方案的优点是：

（1）单位现有信息系统已形成使用习惯，便于上手。

（2）与现有软件供应商有合作基础，沟通协调可能更顺畅。

该方案的缺点是：

（1）单位信息系统种类较多且数据庞大，系统复杂，二次开发的难度大。

（2）变更调整现有信息系统功能，对信息系统冲击大、风险大。

（3）内部控制属于专业领域，现有软件供应商对内控业务有充分理解并将其落实到现有系统中难度非常大。

（4）系统从实施到使用的周期漫长、资源投入巨大。

该方案适合于自身软件二次开发力量、内部控制业务能力及单位资源投入三者都较强的行政事业单位。

2. 借助专业的内控业务咨询和软件供应商，建设内部控制管理信息系统

借助专业供应商，建设内部控制管理信息系统，是适合大部分行政事业单位的一种可行方法。单位可以结合自身经济活动实际，定制开发专门的内部控制管理信息系统，通过该系统具体运行单位经济活动过程，体现单位经济活动的内部控制要求。对于正在实施信息化但并不是很成功的单位，则可借助内部控制体系建设的契机，选择一个或几个专业供应商参与实施，在完善内部控制信息化的同时，完成对单位整体信息化的完善。

该方案优点是：

（1）单位内部控制建设的成功率较高、项目风险较低、投入资源较少、费用较低。

（2）借助专业供应商的业务能力和软件产品，可以快速满足单位经济活动内部控制的规范运行和需求的信息化落地。

（3）借助专业供应商的软件产品实现内部控制评价、审计和监察等职能的实时监控、风险预警、问题追踪和分析。

该方案的重点是：基于对单位经济活动内部控制的梳理，发现一些业务活动和风险控制分布在现有系统中，结合单位实际情况，可以通过三种方式整合业务和信息：

第一种是手工衔接。单位不用投入资源和费用，通过人工对现有系统与内控管理信息系统分别操作，例如内控管理信息系统（从预算编审、批复下达、经费收支、采购管理、合同管理、建设项目管理到资产管理的经济活动全过程事权和财权的管控）与单位现有会计核算系统（会计核算、记账等）的人工衔接。

第二种是分布过渡。单位投入一定的资源和费用，将现有系统与内控管理信息系统对接，实现两者从业务到信息的集成；

第三种是一步到位。将现有系统/功能整合到内控管理信息系统中，形成统一的管控平台。

该方案适合于大部分行政事业单位。但是，采用第二、三种方式存在一定的风险，比如现有系统供应商是否支持，沟通和配合的问题，单位对供应商之间商务关系的考虑等。

第三节　行政事业单位内部控制管理信息系统的主要功能

行政事业单位内部控制管理信息系统的主要功能是：通过实现对经济活动的管理达到内部控制的目的；实现以资金管控为核心，预算管理为主线的管理思路；把内部控制的目标、风险、控制贯穿于信息系统中，从而达到经济活动的规范化、标准化、信息化。考虑到信息系统实现需要基础数据信息设置和系统配置管理能力，使系统能够更加灵活地适应不同类型行政事业单位的治理现状、经济活动需要，从而为发现问题、做好管控措施、决策分析提供依据，所以内部控制管理信息系统还有一个非常重要的功能，就是决策分析、审计监察。

一、内部控制管理系统功能框架

行政事业单位内部控制管理信息系统主要包括预算管理、收入管理、支出管理、采购管理、合同管理、资产管理、项目管理七大业务功能模块，以及决策分析、系统配置管理和安全管理三大系统功能模块，功能框架如图 8－1 所示。

图 8－1　行政事业单位内部控制管理系统功能框架

需要注意的是，内部控制管理信息系统各功能模块并非相互独立，而是相互关联的业务关系（如图 8－2 所示）。

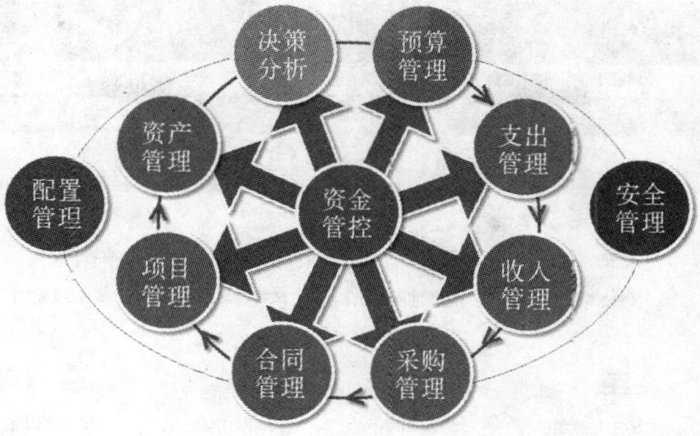

图 8－2 行政事业单位内部控制管理系统功能模块关系图

【功能模块关系说明】

1. 经济活动的起点源于预算管理。无预算不支出，无预算不采购，无预算无项目，即在系统中若没有预算一切经济活动行为将不能进行。

2. 采购和项目建设都会产生对应的合同，虽然形式可能不同，但都会统一归入到对应的合同中，再通过合同的形式产生支付，从而使业务实现有效的衔接和控制。

3. 收支管理主要是控制资金的支出和收入，经费支出事项控制既依赖于预算控制，同时也依赖支出业务流程规范。

4. 采购的固定资产和项目建设交付的项目都会转入到资产管理功能模块。

5. 各大业务功能产生的数据信息，除了各业务功能模块提供的必要查询外，所有的业务分析、综合分析及自定义分析在决策分析功能模块中实现。

6. 系统配置管理为各大业务功能模块内容提供必要的组织基础信息、管控事项、审批流程等配置内容。

7. 通过系统功能权限和数据权限的灵活配置，可满足多层级、多种类别的行政事业单位各角色的权限管理。

二、门户首页管理

内部控制管理信息系统需要实现不同层级、不同角色对系统门户视图的灵活配置，满足单位系统用户的使用习惯、驱动业务的待办事项、关注焦点的展示等。具体门户首页配置如图 8－3 所示。

三、预算管理模块

单位内部控制管理系统预算管理功能主要内容包括以下几个部分：

一是预算编制。采用自下而上的模式，二级预算单位和二级预算单位的各部

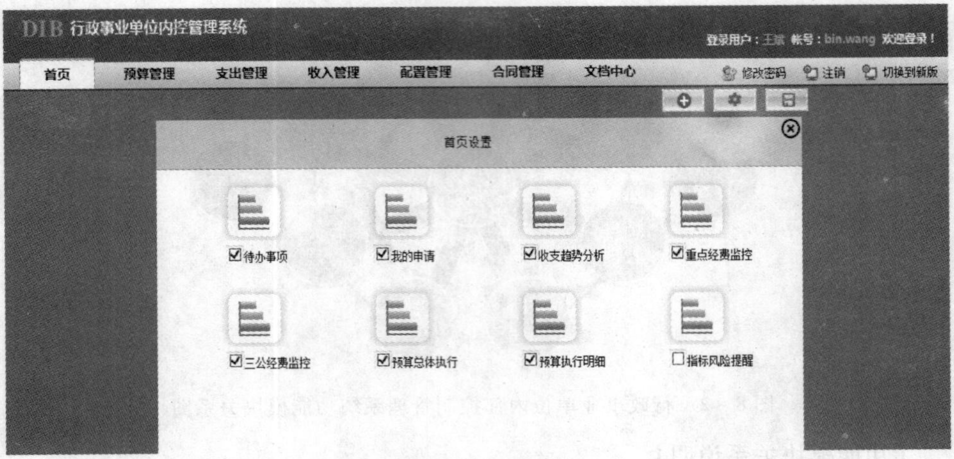

图 8－3　行政事业单位内部控制管理系统门户首页配置视图

门对编制的基本支出预算和项目支出预算层层上报，再由一级预算单位统一汇总统计后上报给财政部门，实现预算建议数的上报，也是“二上二下”中的“一上”；对于另外的“一下”预算控制数和“二上”预算草案，在系统中可以采用文件和标准模板两种方式进行处理。

二是预算的下达和分解（“二下”）。该部分内容是预算管理最重要的内容。当财政预算批复后，在系统中记录财政预算批复的数据，再层层分解下达到二级单位，直至最基层的各业务部门。有了这些预算指标，各基层业务部门即可开展对应的工作。对于在预算执行过程中存在需要调整的情况，则提供对应的预算调整功能，包括财政预算批复和内部预算批复的调整。

三是支出范围设置。该部分功能是设定预算指标可以支出的范围。有些预算指标在下达时就已经设置了对应的支出范围，但二级预算单位可以根据自己的实际情况，在限定范围的基础上再进行调整；有些预算是专项专用；有些比较大的预算事项虽然清楚了支出的范围，但必要时要限定某些支出的额度，也可通过该功能实现。

四是预算发布。在一级预算单位给二级预算单位、二级预算单位给单位内部各部门给定预算指标后，考虑到预算支出进度和预算可以有效控制的情况，系统提供对预算指标一次性发布，同时也提供对预算指标多次发布的功能。

五是预算执行跟进。预算指标通过不同支出途径支出后，需要清楚给定的预算指标支出的情况、剩余的预算额度、占用的预算指标、从上至下给定的预算资金的关联支出情况等。

六是与其他功能模块协作。预算指标下达后通过支出模块和采购、项目模块进行实际的预算执行，在后续各模块的功能说明中会进行介绍。

预算管理主要功能如图 8－4 所示。

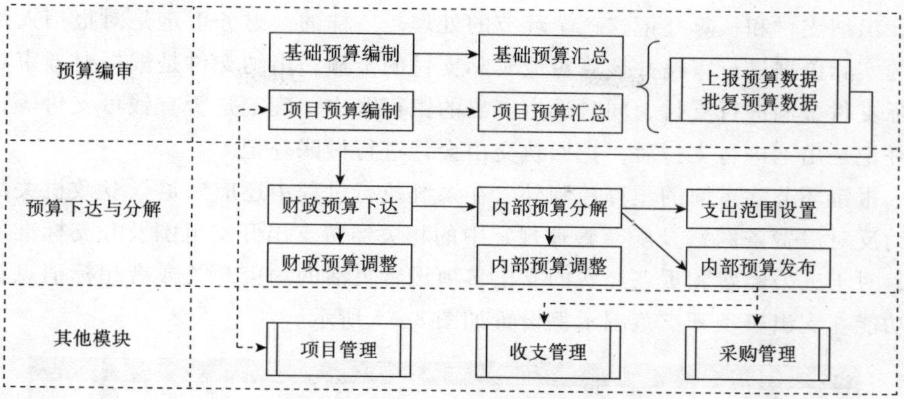

图 8－4　行政事业单位预算管理模块主要功能

四、收支管理模块

收支管理功能主要内容包括以下几个部分：

一是收入管理。根据实际情况，有收入来源的单位应实现收入管理功能，包括收入计划、收入到账后的收入登记、收入上缴等功能。

二是预算资金到账管理。制定预算指标时，一般都会明确该部分预算资金的来源是来自财政拨款、事业单位经营收入还是财政返还额度等。预算资金到账后需要进行统一管理，在预算实际支出时将其有效地关联对接起来，从而可以清楚地知道该指标下有没有钱可花，实现无资金不支付的管理。

三是资金的归垫管理。资金归垫管理实际上是解决在某些预算指标需要支出但实际账户中还没有钱的情况下，可以先从其他有钱的预算指标中先借取支出，然后待该预算指标实际资金到账后再归还到拆借的预算指标中。

四是预算执行申请、借款、报销和合同支付。不论是预算执行申请、借款、报销和合同支付，都是对下达的预算指标的实际执行。而执行这些申请的前提是必须有预算指标，否则将无法进行任何的支出申请。这也是无预算不支出的目标控制。预算执行申请是对重要、专项的预算指标支出前先做申请的行为。每做一笔申请，对应的预算指标将减少，如果预算指标可用的额度不足于做对应的申请（借款、报销、合同支付、预算执行），则可利用预算调整功能进行预算调整或在该指标下不再做任何支出。报销分为直接报销和借款报销两种模式，直接报销是在预算指标的基础上直接支出的行为；借款报销是在报销支出的基础上先冲减对应的借款金额，超出部分才作为报销实际支付金额；如果报销的金额还不足于抵消借款，则需要做对应的还款处理。

借款、报销和合同支付经过的处理环节基本相同，只是在审批环节上可能会根据不同金额大小、支出事项的不同归口部门等有不同的审批人。对于财务审定、出纳支付和核算登记这三个环节的处理是一样的。财务审定是对报销人员提交的实际单据进行审核并核算对应实际支付的金额；出纳支付是根据财务审定的实际支付金额进行支付，同时选定支出的银行账户，确定是否有钱可支付等；核算登记是出纳进行支付后，把回执交由会计进行做账登记。

报销环节除事前的预算控制外，在系统执行过程中还应满足《党政机关厉行节约反对浪费条例》及配套管理规定中的相关经费支出开支范围及开支标准的设定，对于三公经费和重点经费的支出事项设置灵活的约束开关或者超标消息提醒等功能。支出事项开支范围示例设置如图 8－5 所示。

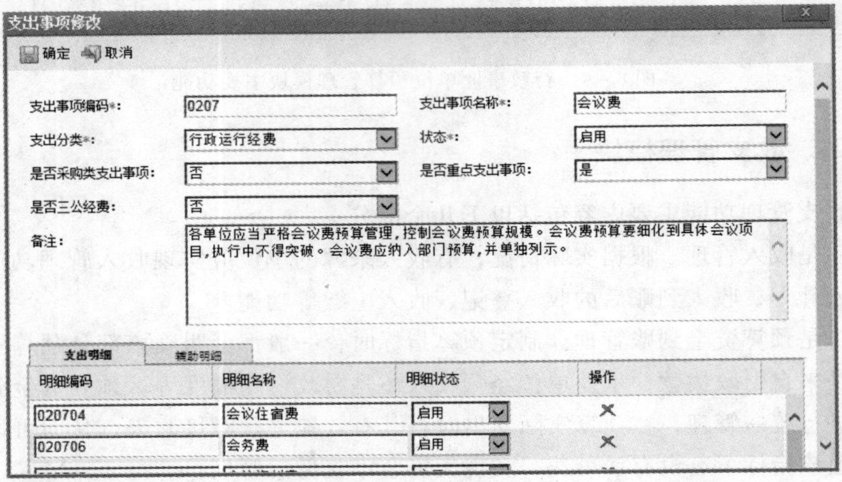

图 8－5　行政事业单位支出事项开支范围设置

支出事项开支标准示例设置如图 8－6 所示。

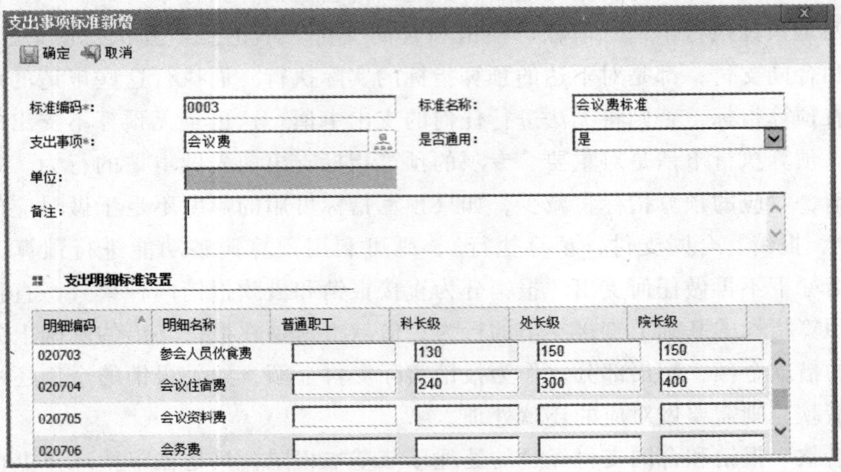

图 8－6　行政事业单位支出事项开支标准设置

五是与其他功能模块协作。如借款、报销后对应的预算指标可用额度将减少。

收支管理模块与预算管理和合同管理有着密切的关系（如图 8－7 所示）。

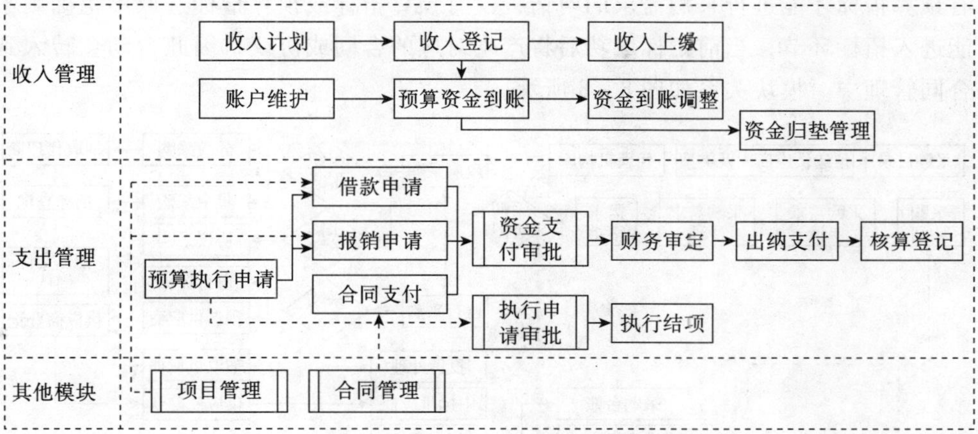

图 8－7　行政事业单位收支管理模块主要功能

五、采购管理模块

采购管理功能主要内容包括以下几个部分：

一是采购需求管理。包括采购需求的申请、采购需求受理和需求审批三个环节。需求部门提出采购需求申请，申请内容应包括采购的内容、采购预算、采购用途等；对应采购归口部门对采购需求申请进行受理，确定采购内容是政府采购还是自行采购，确定采购需求是否有对应的预算以及对应的预算指标是否正确。然后进行需求审批，需求审批根据不同的内容可能经过不同的审批环节和不同的部门。

二是采购过程的管理。采购需求申请审批通过后，则进入采购过程管理，采购需求申请审批通过后，则进入采购过程管理，包括对采购过程进行登记，如代理商抽取登记、供应商抽取、招标登记、中标登记等。考虑到采购的风险因素，系统对代理商和供应商的选取是随机的，而不是人为指定，这样可以在一定程度上防范风险。

三是招标和采购验收处理。招标信息登记和随机选取对应的供应商或代理商后，则进行招标情况的审批。审批环节依据不同行政事业单位的需求进行设置。招标成功后则进行中标信息登记、对后续采购内容和具体采购实物验收，并进行采购后评价。

四是采购执行监督。主要实现对采购各个环节的跟踪和回顾，对采购预算执行情况进行监督处理。

五是与其他功能模块协作。对于采购验收后可以列入到固定资产范围的实物，则系统会自动转入资产管理模块进行后续处理。同时，在采购环节通常需要有预算指标才能进行采购需求的申请，没有预算指标或预算指标选取不正确则不能进入招标环节；当前招标成功后将产生对应的合同或协议，因此自动会转入到合同管理中。模块关系如图 8－8 所示。

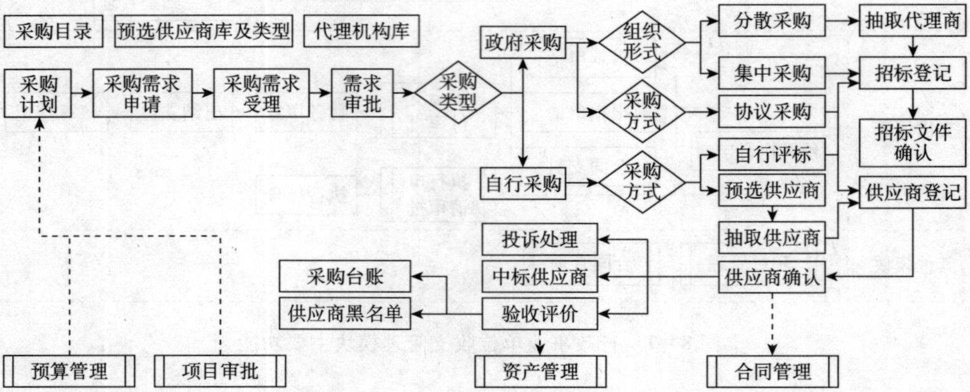

图 8－8　行政事业单位采购管理模块主要功能

六、合同管理模块

合同管理功能主要内容包括以下几个部分：

一是合同信息管理。采购或项目招标成功后都会产生对应的合同，需要把对应合同信息登记下来，并把合同支付对应的几个阶段，记录合同对应的几个阶段及每个阶段支付的合同金额，以便于后续对合同不同阶段进行跟踪和方便对应的付款处理。合同信息登记后还需要对合同内容的正确性、阶段划分的合理性进行确认。

二是合同执行管理。合同每完成一个阶段，需要利用阶段执行跟踪功能进行推进，记录合同每个阶段完成的成果内容，并对合同阶段成果进行审定，审定没有问题则产生该阶段的支付申请。对于最后一个阶段完成的合同则进行合同结项处理。

三是合同例外处理。对于合同执行过程中存在的补充合同协议条款，同样利用合同登记功能进行登记，并关联老的合同形成新的合同。对于合同执行意外中止的，则同样进入合同结项功能，结项状态标记为中止，并补充合同中止的原因。对于合同结项后合同金额尚未使用完的情况，则需要把该部分占用的预算指标释放出来。对于合同追加金额的情况，则需要走预算调整等其他相关的审批流程，处理后才能进行追加。

四是合同变更历史处理。对于存在合同变更的情况将会记录以前的历史信息，方便追根溯源，有据可依。

五是与其他功能模块协作。采购招标成功后，需要签订对应合同或协议则转入到合同管理中；另外，合同阶段完成后需要形成支付的，则在收支管理模块的合同支付中进行处理。功能模块关系如图 8－9 所示。

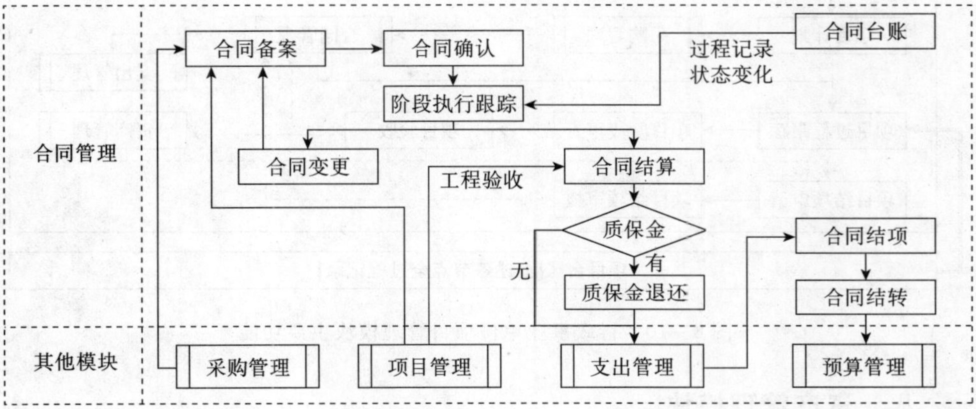

图 8－9　行政事业单位合同管理模块主要功能

七、项目管理模块

项目管理功能主要内容包括以下几个部分：

一是项目信息管理。项目招标成功后，需要把对应项目信息登记，并把项目划分成几个里程碑阶段，每个阶段的阶段成果需进行界定描述，便于后续对项目的跟踪执行。

二是项目执行管理。项目每完成一个阶段，需要根据项目阶段要求的成果和阶段定义的范围进行审核，并利用项目执行跟踪功能进行项目阶段的推进，记录每个阶段完成的成果内容。对于最后一个阶段完成的项目可进行结项处理，项目结项需要执行结项审批。

三是项目例外处理。对于项目执行过程中可能存在的例外情况，如项目中止或挂起，没有按照既定阶段进行推进或阶段成果达不到对应的要求等，则需要在项目结项时进行阶段状态标识，并在标记中止或挂起前进行审批确认；对于项目阶段计划、成果、范围进行调整的，同样需要审批确认后方能成为新的项目信息进行执行。

四是项目变更历史处理。对于项目调整阶段的变更信息将会作为历史信息记录下来，方便追根溯源，有据可依。

五是与其他功能模块协作。项目验收完成后，有些内容会作为资产进行管理，同时项目执行的依据也是以预算指标为前提的，功能模块关系如图 8－10 所示。

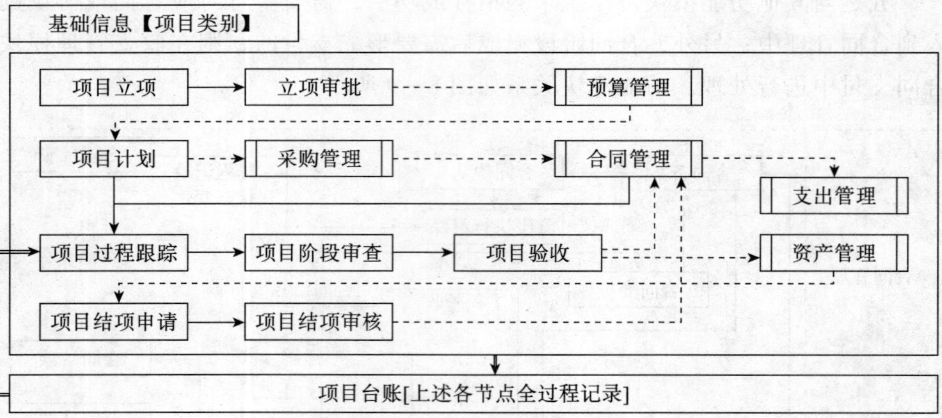

图 8－10　行政事业单位项目管理模块主要功能

八、资产管理模块

多数行政事业单位都建有比较专业的资产管理系统。该系统的功能主要是实现对采购和建设项目产生的资产进行转入管理，方便后续的跟踪和资产管理核算。行政事业单位内控系统可以涵盖的资产管理功能构成如图 8－11 所示。

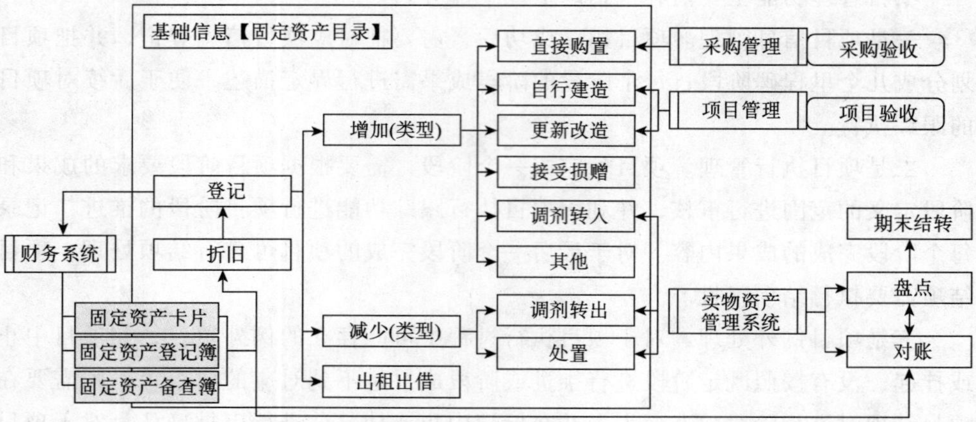

图 8－11　行政事业单位资产管理模块主要功能

九、决策分析模块

决策分析是从不同的角度对内控系统产生的数据信息进行统计，分析内容包括但不限于预算相关分析、收支分析、采购分析、项目分析、资产分析等。

预算相关分析包括预算执行分析、预算到账情况分析、采购预算执行分析、预算完成情况分析等。图 8－12 为单位预算执行情况分析报表示例图。

单位：XXXXXXXXXXX　　截止日期：2013-11-11　　单位：万元

序号	项目名称	预算批复			实际到账额度	实际到账率	实际支付数	预算执行率
		预算批复	预算调整	预算合计				
1	基本支出	0.00	0.00	0.00	0.00	0.00%	0.00	0.00%
2	工资福利支出	0.00	0.00	0.00	0.00	0.00%	0.00	0.00%
3	商品和服务支出	0.00	0.00	0.00	0.00	0.00%	0.00	0.00%
4	对个人和家庭的补助支出	0.00	0.00	0.00	0.00	0.00%	0.00	0.00%
5	项目支出	0.00	0.00	0.00	0.00	0.00%	0.00	0.00%
6	经常性专项	0.00	0.00	0.00	0.00	0.00%	0.00	0.00%
7	会议类	0.00	0.00	0.00	0.00	0.00%	0.00	0.00%
8	宣传活动	0.00	0.00	0.00	0.00	0.00%	0.00	0.00%
9	课题研究	0.00	0.00	0.00	0.00	0.00%	0.00	0.00%
10	信息化运维	0.00	0.00	0.00	0.00	0.00%	0.00	0.00%
11	一次性专项	0.00	0.00	0.00	0.00	0.00%	0.00	0.00%

图 8－12　行政事业单位预算执行情况分析报表示例图

收支分析包括三公经费支出分析、重点费用支出分析、各项事项支出构成分析、收入情况分析、收入计划执行情况分析、收入上缴比率分析等。图 8－13 为三公经费支出对比分析示例图。

单位：XXXXXXXXXXX　　截止日期：2013-12-15　　单位：万元

三公经费支出事项	本年实际（累计）	本年计划（累计）	全年预算	预算实际完成率%	预算计划完成率%	对比计划（+-%）
公务接待费	1,306	1,169	2,016	65%	58%	11.72%
公务用车费	1,528	1,503	2,592	59%	58%	1.66%
因公出国（境）费	555	543	936	59%	58%	2.20%

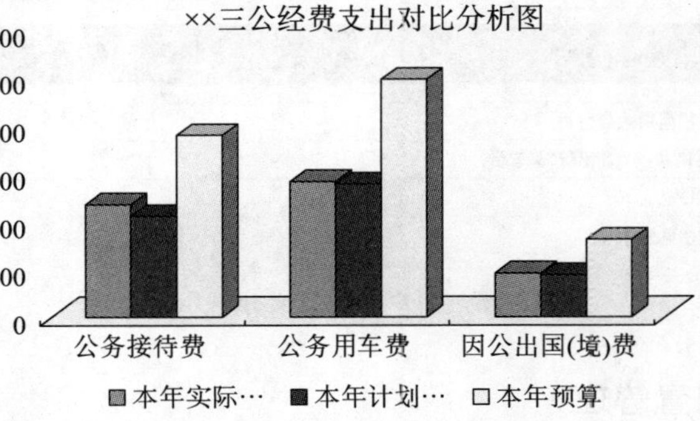

图 8－13　三公经费支出对比分析示例图

采购分析包括采购执行完成情况分析、采购情况一览表、采购预算指标执行情况分析、采购事项各阶段构成分析等。图 8－14 为采购执行情况一览表示例图。

申报单位：XXXXXXXXXXX　申报日期：全部　招标代理：所有　开标日期：全部　单位：万元

年度预算	采购项目	采购金额	申报部门	采购类型	采购方式	采购类别	采购状态	中标金额	中标单位	合同支付金额	合同支付率
2014	内部控制管理系统建	109.00	财务处	政府采购	协议采购	信息化建设	中标确认	109.00	****	32.70	30.00%
2014	OA系统硬件购置	90.00	信息中心	政府采购	协议采购	设备物资类	中标确认	88.00	****	88.00	100.00%
2014	物资管理系统升级	48.00	物资处	政府采购	协议采购	系统运维类	中标确认	48.00	****	14.40	30.00%
2014	XXX设备购置	580.00	物资处	政府采购	公开招标	设备物资类	待审批	0.00	****	0.00	0.00%
2014	反浪费条例宣传活动	23.00	财务处	自行采购	自行评标	公共管理服	待中标登记	0.00	****	0.00	0.00%
2014	预算绩效指标优化项	25.00	财务处	自行采购	自行评标	专项咨询类	中标确认	25.00	****	7.50	30.00%
2014	档案管理项目	18.00	办公室	自行采购	自行评标	专项咨询类	待审批	0.00	****	0.00	0.00%
2014	****************	282.00	******	政府采购	公开招标	信息化建设	待审批	0.00	****	0.00	0.00%

图 8－14　采购执行情况一览表示例图

项目分析包括项目执行阶段分析、项目完成情况分析等。

资产分析包括资产构成情况分析等。

除了常用的决策分析报表外，单位还需要从不同角度对某一内容的执行情况进行分析。单纯的固定图表决策分析方式是满足不了这个需求的。因此，单位内部控制系统还需要提供分析自定义的能力，用户可以从不同的角度、不同需求来分析自己想要的内容，图 8－15 为用户自己定义分析示例图（1. 选择要分析内容，2. 选择报表要显示内容，3. 选择采用什么图形展示）。

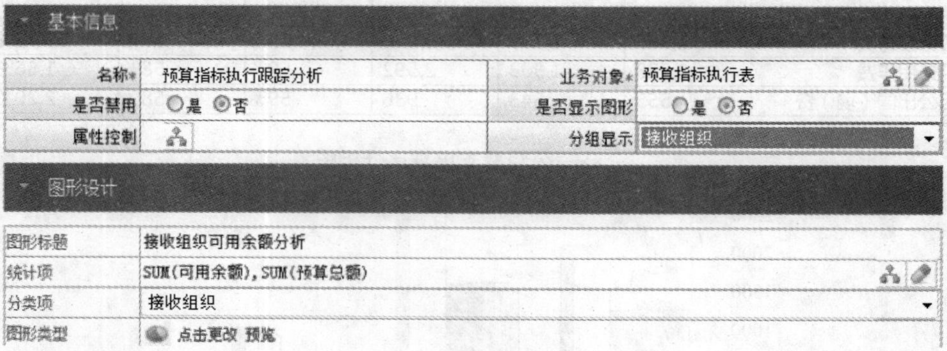

图 8－15　用户自己定义分析示例图

十、系统配置管理

系统配置包含的内容比较多，具体包括组织信息管理（用户、组织和结构、岗位角色、管理组织、归口管理）、预算配置（外部预算事项、内部预算事项、支出事项、财政功能科目、二级单位事项设置等）、管控措施管理（管控事项定义、管控流程设计、管控范围设置等)、系统参数设置、会计科目维护等。这里仅对其中较重要的系统配置进行简单描述。

1. 组织信息管理

系统配置时，先要建立组织结构、用户等最基本的信息内容，包括职能管理关系组织和业务的归口管理等，然后才能在流程审批、流程执行、信息查看范畴上依据设置的内容自动分配对应的权限。

2. 预算配置管理

预算配置的内容包括：外部预算批复需要的财政功能科目和外部预算事项设置；单位内部预算下达分解需要的内部预算事项和支出事项内容；内部预算事项与支出关系、内外部预算事项的关系设置、下级单位基础设置的配置、会计科目设置等。

3. 管控措施管理

管控措施配置的内容包括：哪些内容（如采购、预算、支出）应纳入管控范畴、管控内容适合哪些组织、应采用怎样的流程来进行管理控制；管控的预警措施配置，根据支出和预算的控制标准设定对应要求，当超出对应标准时进行预警提示，从而很好地实现实时的控制。行政事业单位可以灵活、便捷、高效地定义和维护管控流程（如图 8－16)。

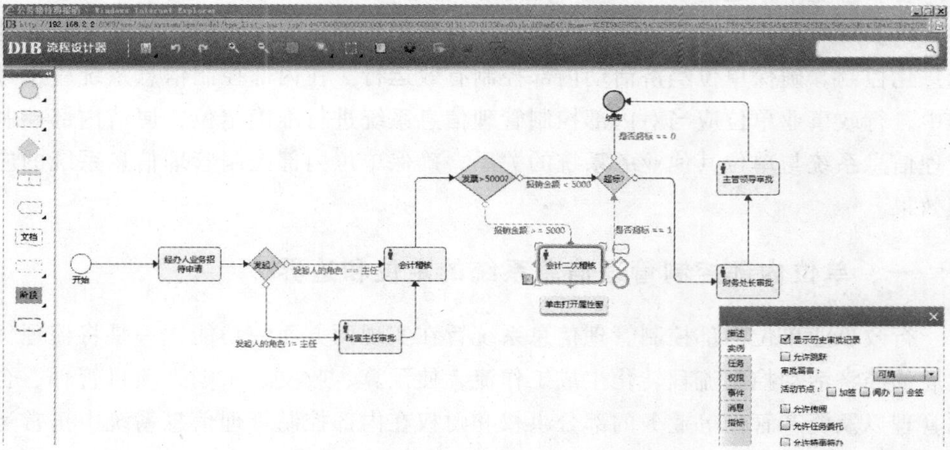

图 8－16　所见即所得的管控流程配置示例图

十一、安全管理

安全管理主要包含用户管理、授权管理（功能权限和数据权限)、日志管理等。图 8－17 为权限配置示例图，行政事业单位可以灵活、便捷、高效的定义和维护系统用户及权限。

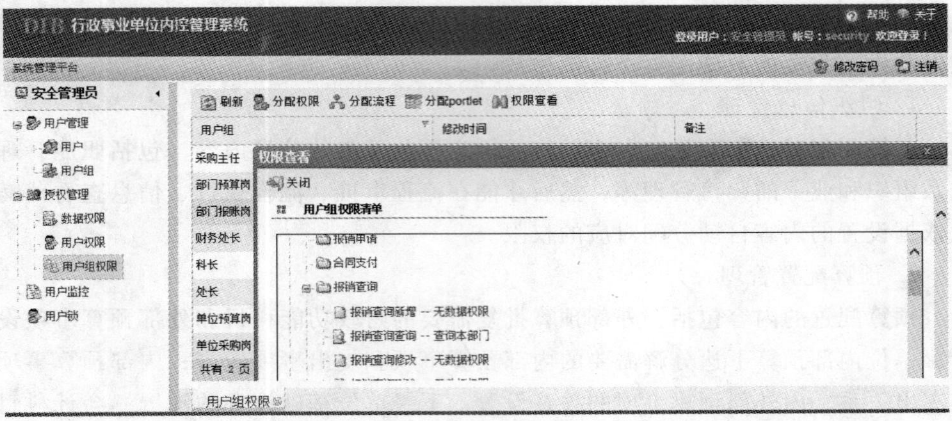

图 8－17　权限配置示例图

第四节　行政事业单位内部控制管理信息系统的应用

行政事业单位通过将单位各项经济活动过程嵌入到内部控制管理信息系统中，以实现对单位预算、收支、采购、项目管理、合同管理和资产管理等业务的信息化控制，确保单位经济活动内部控制有效运行。在内部控制信息系统应用过程中，行政事业单位应当对内部控制管理信息系统进行准确定位，厘清内部控制管理信息系统与单位其他业务系统的关系，确保单位内部控制管理信息系统的应用效果。

一、单位内部控制管理信息系统的定位和边界

行政事业单位内部控制管理信息系统旨在实现两方面的功能，一是将梳理优化后的经济活动控制流程转化生成工作流，使预算、收支、采购、项目管理、合同管理以及资产管理等业务的部分事权和财权在内部控制管理信息系统中正常运行，实现对单位经济活动业务的实时、全程控制；二是帮助单位分析经济活动风险和问题，实时、动态地开展单位内部控制评价、审计和监察工作。

若将单位内部控制管理信息系统定位为内部控制运行系统，则其功能边界主要包括对单位经济活动业务的处理过程，如相关经济活动信息的输入、处理、输出及决策分析等；若将单位内部控制管理信息系统定位为内部控制评价系统，则其功能边界主要包括内控评价、审计监察等。

总之，无论单位内部控制管理系统是定位为内部控制运行系统，还是定位为

内部控制评价系统，两者均需体现单位经济活动风险控制的内容，均需将梳理优化后的单位经济活动管理制度、控制流程以及控制措施等内部控制成果通过信息系统落实执行。其目的均是保障单位内部控制的有效运行。

二、单位内部控制管理信息系统与业务系统的关系

行政事业单位内部控制管理信息系统通过对经济活动控制运行过程进行监控，以达到确保单位内部控制有效运行的目的。可以说，内部控制管理信息系统本质上是一种管控系统，旨在防范经济活动风险，规范经济活动运行过程。内部控制管理信息系统与业务系统是相辅相成、互相支撑的关系。一方面，内部控制管理信息系统需要向各业务系统采集数据，各业务系统需要与内部控制管理信息系统建立接口，确保单位经济活动数据之间的有效流转；另一方面，内部控制管理信息系统通过监控经济活动控制运行情况，或者定期评价单位内部控制运行情况，及时发现单位经济活动管理过程中存在的问题，并对业务系统提出优化改进建议。

三、单位内部控制管理信息系统的应用效果

行政事业单位通过部署和使用内部控制管理信息系统，在系统中实时处理单位经济活动业务数据，并通过配置相应的权限，实现单位内部控制机制的真正落地。具体来说，单位内部控制管理信息系统的应用效果主要体现在以下方面：

第一，规范经济活动管理制度，建立有效的经济活动管理模式。单位通过对经济活动控制制度、流程以及控制措施进行梳理优化，并将这些控制机制固化在内部控制信息系统中，借助信息化的手段规范单位经济活动制度流程，从而使单位内部管理更加科学高效。特别是在单位资金资产管理上，内部控制管理信息系统通过与业务系统紧密衔接，通过与部门预算、国库集中支付、部门决算系统、资产清查系统之间进行良好的数据交流，同时通过对资金支付、项目全程管理、集中采购、收费等业务的全过程控制，最终实现单位资金资产管理的一体化。

第二，消除经济活动信息沟通障碍，提高单位经济活动管理效率。单位在原有财务核算、资产清查等业务系统的基础上，通过建立统一的内部控制管理系统平台，将预算业务、收支业务、采购业务、项目管理、合同管理以及资产管理等经济活动统一到系统平台中，打破单位内部各系统之间原有的界限，破除信息孤岛，实现局部与总体管理控制工作的高度协调一致，有效扩大管理范围，放大管理能力，加强信息的时效性，提高信息的准确性。

第三，实现经济活动集中管理，统一调配资源，提高资金使用效益。单位通

过建立内部控制管理系统，可以及时准确地掌握下属单位闲置物资、资产情况，在单位间合理调配资源，节约成本。同时，通过内部控制管理系统，可以提高单位资金监管的执行效率和跟踪能力，及时进行财务计划优化，减少资金积压，优化资金使用体系，做到资金使用优质、高效。

综上所述，行政事业单位通过内部控制信息系统建设，规范单位经济活动管理流程和运作程序，落实岗位职责和执行监督，为单位有效管控经济活动风险并最终实现经济活动目标提供坚实保障。

附录1：

党政机关厉行节约反对浪费条例

第一章　总　　则

第一条　为了进一步弘扬艰苦奋斗、勤俭节约的优良作风，推进党政机关厉行节约反对浪费，建设节约型机关，根据国家有关法律法规和中央有关规定，制定本条例。

第二条　本条例适用于党的机关、人大机关、行政机关、政协机关、审判机关、检察机关，以及工会、共青团、妇联等人民团体和参照公务员法管理的事业单位。

第三条　本条例所称浪费，是指党政机关及其工作人员违反规定进行不必要的公务活动，或者在履行公务中超出规定范围、标准和要求，不当使用公共资金、资产和资源，给国家和社会造成损失的行为。

第四条　党政机关厉行节约反对浪费，应当遵循下列原则：坚持从严从简，勤俭办一切事业，降低公务活动成本；坚持依法依规，遵守国家法律法规和党内法规制度的相关规定，严格按程序办事；坚持总量控制，科学设定相关标准，严格控制经费支出总额，加强厉行节约绩效考评；坚持实事求是，从实际出发安排公务活动，取消不必要的公务活动，保证正常公务活动；坚持公开透明，除涉及国家秘密事项外，公务活动中的资金、资产、资源使用等情况应予公开，接受各方面监督；坚持深化改革，通过改革创新破解体制机制障碍，建立健全厉行节约反对浪费工作长效机制。

第五条　中共中央办公厅、国务院办公厅负责统筹协调、指导检查全国党政机关厉行节约反对浪费工作，建立协调联络机制承办具体事务。地方各级党委办公厅（室）、政府办公厅（室）负责指导检查本地区党政机关厉行节约反对浪费工作。

纪检监察机关和组织人事、宣传、外事、发展改革、财政、审计、机关事务管理等部门根据职责分工，依法依规履行对厉行节约反对浪费相关工作的管理、监督等职责。

第六条　各级党委和政府应当加强对厉行节约反对浪费工作的组织领导。党政机关领导班子主要负责人对本地区、本部门、本单位的厉行节约反对浪费工作负总责，其他成员根据工作分工，对职责范围内的厉行节约反对浪费工作负主要领导责任。

第二章　经费管理

第七条　党政机关应当加强预算编制管理，按照综合预算的要求，将各项收入和支出全部纳入部门预算。

党政机关依法取得的罚没收入、行政事业性收费、政府性基金、国有资产收益和处置等非税收入，必须按规定及时足额上缴国库，严禁以任何形式隐瞒、截留、挤占、挪用、坐支或者私分，严禁转移到机关所属工会、培训中心、服务中心等单位账户使用。

第八条　党政机关应当遵循先有预算、后有支出的原则，严格执行预算，严禁超预算或者无预算安排支出，严禁虚列支出、转移或者套取预算资金。

严格控制国内差旅费、因公临时出国（境）费、公务接待费、公务用车购置及运行费、会议费、培训费等支出。年度预算执行中不予追加，因特殊需要确需追加的由财政部门审核后按程序报批。

建立预算执行全过程动态监控机制，完善预算执行管理办法，建立健全预算绩效管理体系，增强预算执行的严肃性，提高预算执行的准确率，防止年底突击花钱等现象发生。

第九条　推进政府会计改革，进一步健全会计制度，准确核算机关运行经费，全面反映行政成本。

第十条　财政部门应当会同有关部门，根据国内差旅、因公临时出国（境）、公务接待、会议、培训等工作特点，综合考虑经济发展水平、有关货物和服务的市场价格水平，制定分地区的公务活动经费开支范围和开支标准。

加强相关开支标准之间的衔接，建立开支标准调整机制，定期根据有关货物和服务的市场价格变动情况调整相关开支标准，增强开支标准的协调性、规范性、科学性。

严格开支范围和标准，严格支出报销审核，不得报销任何超范围、超标准以及与相关公务活动无关的费用。

第十一条　全面实行公务卡制度。健全公务卡强制结算目录，党政机关国内发生的公务差旅费、公务接待费、公务用车购置及运行费、会议费、培训费等经费支出，除按规定实行财政直接支付或者银行转账外，应当使用公务卡结算。

第十二条　党政机关采购货物、工程和服务，应当遵循公开透明、公平竞争、诚实信用原则。

政府采购应当依法完整编制采购预算，严格执行经费预算和资产配置标准，合理确定采购需求，不得超标准采购，不得超出办公需要采购服务。

严格执行政府采购程序，不得违反规定以任何方式和理由指定或者变相指定品牌、型号、产地。采购公开招标数额标准以上的货物、工程和服务，应当进行公开招标，确需改变采购方式的，应当严格执行有关公示和审批程序。列入政府集中采购目录范围的，应当委托集中采购机构代理采购，并逐步实行批量集中采购。严格控制协议供货采购的数量和规模，不得以协议供货拆分项目的方式规避公开招标。

党政机关应当按照政府采购合同规定的采购需求组织验收。政府采购监督管理部门应当逐步建立政府采购结果评价制度，对政府采购的资金节约、政策效能、透明程度以及专业化水平进行综合、客观评价。

加快政府采购管理交易平台建设，推进电子化政府采购。

第三章　国内差旅和因公临时出国（境）

第十三条　党政机关应当建立健全并严格执行国内差旅内部审批制度，从严控制国内差旅人数和天数，严禁无明确公务目的的差旅活动，严禁以公务差旅为名变相旅游，严禁异地部门间无实质内容的学习交流和考察调研。

第十四条　国内差旅人员应当严格按规定乘坐交通工具、住宿、就餐，费用由所在单位承担。

差旅人员住宿、就餐由接待单位协助安排的，必须按标准交纳住宿费、餐费。差旅人员不得向接待单位提出正常公务活动以外的要求，不得接受礼金、礼品和土特产品等。

第十五条　统筹安排年度因公临时出国计划，严格控制团组数量和规模，不得安排照顾性、无实质内容的一般性出访，不得安排考察性出访，严禁集中安排赴热门国家和地区出访，严禁以各种名义变相公款出国旅游。严格执行因公临时出国限量管理规定，不得把出国作为个人待遇、安排轮流出国。严格控制跨地区、跨部门团组。

组织、外专等有关部门应当加强出国培训总体规划和监督管理，严格控制出国培训规模，科学设置培训项目，择优选派培训对象，提高出国培训的质量和实效。

第十六条　外事管理部门应当加强因公临时出国审核审批管理，对违反规定、不适合成行的团组予以调整或者取消。

加强因公临时出国经费预算总额控制，严格执行经费先行审核制度。无出国经费预算安排的不予批准，确有特殊需要的，按规定程序报批。严禁违反规定使用出国经费预算以外资金作为出国经费，严禁向所属单位、企业、我国驻外机构等摊派或者转嫁出国费用。

第十七条 出国团组应当按规定标准安排交通工具和食宿，不得违反规定乘坐民航包机，不得乘坐私人、企业和外国航空公司包机，不得安排超标准住房和用车，不得擅自增加出访国家或者地区，不得擅自绕道旅行，不得擅自延长在国外停留时间。

出国期间，不得与我国驻外机构和其他中资机构、企业之间用公款互赠礼品或者纪念品，不得用公款相互宴请。

第十八条 严格根据工作需要编制出境计划，加强因公出境审批和管理，不得安排出境考察，不得组织无实质内容的调研、会议、培训等活动。

严格遵守因公出境经费预算、支出、使用、核算等财务制度，不得接受超标准接待和高消费娱乐，不得接受礼金、贵重礼品、有价证券、支付凭证等。

第四章 公务接待

第十九条 建立健全国内公务接待集中管理制度。党政机关公务接待管理部门应当加强对国内公务接待工作的管理和指导。

第二十条 党政机关应当建立公务接待审批控制制度，对无公函的公务活动不予接待，严禁将非公务活动纳入接待范围。

第二十一条 党政机关应当严格执行国内公务接待标准，实行接待费支出总额控制制度。

接待单位应当严格按标准安排接待对象的住宿用房，协助安排用餐的按标准收取餐费，不得在接待费中列支应当由接待对象承担的费用，不得以举办会议、培训等名义列支、转移、隐匿接待费开支。

建立国内公务接待清单制度，如实反映接待对象、公务活动、接待费用等情况。接待清单作为财务报销的凭证之一并接受审计。

第二十二条 外宾接待工作应当遵循服务外交、友好对等、务实节俭的原则。外宾邀请单位应当严格按照有关规定安排接待活动，从严从紧控制外宾团组和接待费用。

第二十三条 有关部门和地方应当参照国内公务接待标准，制定招商引资等活动的接待办法，严格审批，强化管理，严禁超规格、超标准接待，严禁扩大接待范围、增加接待项目，严禁以招商引资等名义变相安排公务接待。

第二十四条 党政机关不得以任何名义新建、改建、扩建所属宾馆、招待所等具有接待功能的设施或者场所。

建立接待资源共享机制，推进机关所属接待、培训场所的集中统一管理和利用。健全服务经营机制，推行机关所属接待、培训场所企业化管理，降低服务经营成本。

积极推进国内公务接待服务社会化改革，有效利用社会资源为国内公务接待提供住宿、餐饮、用车等服务。

第五章　公务用车

第二十五条　坚持社会化、市场化方向，改革公务用车制度，合理有效配置公务用车资源，创新公务交通分类提供方式，保障公务出行，降低行政成本，建立符合国情的新型公务用车制度。

改革公务用车实物配给方式，取消一般公务用车，保留必要的执法执勤、机要通信、应急和特种专业技术用车及按规定配备的其他车辆。普通公务出行由公务人员自主选择，实行社会化提供。取消的一般公务用车，采取公开招标、拍卖等方式公开处置。

适度发放公务交通补贴，不得以车改补贴的名义变相发放福利。

第二十六条　党政机关应当从严配备实行定向化保障的公务用车，不得以特殊用途等理由变相超编制、超标准配备公务用车，不得以任何方式换用、借用、占用下属单位或者其他单位和个人的车辆，不得接受企事业单位和个人赠送的车辆。

严格按规定配备专车，不得擅自扩大专车配备范围或者变相配备专车。

从严控制执法执勤用车的配备范围、编制和标准。执法执勤用车配备应当严格限制在一线执法执勤岗位，机关内部管理和后勤岗位以及机关所属事业单位一律不得配备。

第二十七条　公务用车实行政府集中采购，应当选用国产汽车，优先选用新能源汽车。

公务用车严格按照规定年限更新，已到更新年限尚能继续使用的应当继续使用，不得因领导干部职务晋升、调任等原因提前更新。

公务用车保险、维修、加油等实行政府采购，降低运行成本。

第二十八条　除涉及国家安全、侦查办案等有保密要求的特殊工作用车外，执法执勤用车应当喷涂明显的统一标识。

第二十九条　根据公务活动需要，严格按规定使用公务用车，严禁以任何理由挪用或者固定给个人使用执法执勤、机要通信等公务用车，领导干部亲属和身边工作人员不得因私使用配备给领导干部的公务用车。

第六章　会议活动

第三十条　党政机关应当精简会议，严格执行会议费开支范围和标准。

党政机关会议实行分类管理、分级审批。财政部门应当会同机关事务管理等部门制定本级党政机关会议费管理办法，从严控制会议数量、会期和参会人员规模。完善并严格执行严禁党政机关到风景名胜区开会制度规定。

第三十一条　会议召开场所实行政府采购定点管理。会议住宿用房以标准间为主，用餐安排自助餐或者工作餐。

会议期间，不得安排宴请，不得组织旅游以及与会议无关的参观活动，不得以任何名义发放纪念品。

完善会议费报销制度。未经批准以及超范围、超标准开支的会议费用，一律不予报销。严禁违规使用会议费购置办公设备，严禁列支公务接待费等与会议无关的任何费用，严禁套取会议资金。

第三十二条　建立健全培训审批制度，严格控制培训数量、时间、规模，严禁以培训召开会议。

严格执行分类培训经费开支标准，严格控制培训经费支出范围，严禁在培训经费中列支公务接待费、会议费等与培训无关的任何费用。严禁以培训名义进行公款宴请、公款旅游活动。

第三十三条　未经批准，党政机关不得以公祭、历史文化、特色物产、单位成立、行政区划变更、工程奠基或者竣工等名义举办或者委托、指派其他单位举办各类节会、庆典活动，不得举办论坛、博览会、展会活动。严禁使用财政性资金举办营业性文艺晚会。从严控制举办大型综合性运动会和各类赛会。

经批准的节会、庆典、论坛、博览会、展会、运动会、赛会等活动，应当严格控制规模和经费支出，不得向下属单位摊派费用，不得借举办活动发放各类纪念品，不得超出规定标准支付费用邀请名人、明星参与活动。为举办活动专门配备的设备在活动结束后应当及时收回。

第三十四条　严格控制和规范各类评比达标表彰活动，实行中央和省（自治区、直辖市）两级审批制度。评比达标表彰项目费用由举办单位承担，不得以任何方式向相关单位和个人收取费用。

第七章　办公用房

第三十五条　党政机关办公用房建设应当从严控制。凡是违反规定的拟建办公用房项目，必须坚决终止；凡是未按照规定程序履行审批手续、擅自开工建设的办公用房项目，必须停建并予以没收；凡是超规模、超标准、超投资概算建设的办公用房项目，应当根据具体情况限期腾退超标准面积或者全部没收、拍卖。

党政机关办公用房应当严格管理，推进办公用房资源的公平配置和集约使用。凡是超过规定面积标准占有、使用办公用房以及未经批准租用办公用房的，必须腾退；凡是未经批准改变办公用房使用功能的，原则上应当恢复原使用功能。严禁出租出借办公用房，已经出租出借的，到期必须收回；租赁合同未到期的，租金收入应当按照收支两条线管理。

第三十六条　党政机关新建、改建、扩建、购置、置换、维修改造、租赁办公用房，必须严格按规定履行审批程序。采取置换方式配给办公用房的，应当执行新建办公用房各项标准，不得以未使用政府预算建设资金、资产整合等名义规避审批。

第三十七条　党政机关办公用房建设项目应当按照朴素、实用、安全、节能原则，严格执行办公用房建设标准、单位综合造价标准和公共建筑节能设计标准，符合土地利用和城市规划要求。党政机关办公楼不得追求成为城市地标建筑，严禁配套建设大型广场、公园等设施。

第三十八条　党政机关办公用房建设项目投资，统一由政府预算建设资金安排。土地收益和资产转让收益应当按照有关规定实行收支两条线管理，不得直接用于办公用房建设。

党政机关办公用房维修改造项目所需投资，统一列入预算由财政资金安排解决，未经审批的项目不得安排预算。

第三十九条　办公用房建设应当严格执行工程招投标和政府采购有关规定，加强对工程项目的全过程监理和审计监督。加快推行办公用房建设项目代建制。

办公用房因使用时间较长、设施设备老化、功能不全，不能满足办公需求的，可以进行维修改造。维修改造项目应当以消除安全隐患、恢复和完善使用功能、降低能源资源消耗为重点，严格履行审批程序，严格执行维修改造标准。

第四十条　建立健全办公用房集中统一管理制度，对办公用房实行统一调配、统一权属登记。

党政机关应当严格按照有关标准和本单位“三定”方案，从严核定、使用办公用房。超标部分应当移交同级机关事务管理部门用于统一调剂。

新建、调整办公用房的单位，应当按照“建新交旧”、“调新交旧”的原则，在搬入新建或者新调整办公用房的同时，将原办公用房腾退移交机关事务管理部门统一调剂使用。

因机构增设、职能调整确需增加办公用房的，应当在本单位现有办公用房中解决；本单位现有办公用房不能满足需要的，由机关事务管理部门整合办公用房资源调剂解决；无法调剂、确需租用解决的，应当严格履行报批手续，不得以变相补偿方式租用由企业等单位提供的办公用房。

第四十一条　党政机关领导干部应当按照标准配置使用一处办公用房，确因工作需要另行配置办公用房的，应当严格履行审批程序。领导干部不得长期租用宾馆、酒店房间作为办公用房。配置使用的办公用房，在退休或者调离时应当及时腾退并由原单位收回。

第八章 资源节约

第四十二条 党政机关应当节约集约利用资源，加强全过程节约管理，提高能源、水、粮食、办公家具、办公设备、办公用品等的利用效率和效益，统筹利用土地，杜绝浪费行为。

第四十三条 对能源、水的使用实行分类定额和目标责任管理。推广应用节能技术产品，淘汰高耗能设施设备，重点推广应用新能源和可再生能源。积极使用节水型器具，建设节水型单位。

健全节能产品政府采购政策，严格执行节能产品政府强制采购和优先采购制度。

第四十四条 优化办公家具、办公设备等资产的配置和使用，通过调剂方式盘活存量资产，节约购置资金。已到更新年限尚能继续使用的，不得报废处置。

对产生的非涉密废纸、废弃电器电子产品等废旧物品进行集中回收处理，促进循环利用；涉及国家秘密的，按照有关保密规定进行销毁。

第四十五条 党政机关政务信息系统建设应当统筹规划，统一组织实施，防止重复建设和频繁升级。

建立共享共用机制，加强资源整合，推动重要政务信息系统互联互通、信息共享和业务协同，降低软件开发、系统维护和升级等方面费用，防止资源浪费。

积极利用信息化手段，推行无纸化办公，减少一次性办公用品消耗。

第九章 宣传教育

第四十六条 宣传部门应当把厉行节约反对浪费作为重要宣传内容，充分发挥各级各类媒体作用，重视运用互联网等新兴媒体，通过新闻报道、文化作品、公益广告等形式，广泛宣传中华民族勤俭节约的优秀品德，宣传阐释相关制度规定，宣传推广厉行节约的经验做法和先进典型，倡导绿色低碳消费理念和健康文明生活方式。

第四十七条 党政机关应当把加强厉行节约反对浪费教育作为作风建设的重要内容，融入干部队伍建设和机关日常管理之中，建立健全常态化工作机制。对各种铺张浪费现象和行为，应当严肃批评、督促改正。

纪检监察机关应当不定期曝光铺张浪费的典型案例，发挥警示教育作用。

组织人事部门和党校、行政学院、干部学院应当把厉行节约反对浪费作为干部教育培训的重要内容，创新教育方法，切实增强教育培训的针对性和实效性。

第四十八条 党政机关应当围绕建设节约型机关，组织开展形式多样、便于参与的活动，引导干部职工增强节约意识、珍惜物力财力，积极培育和形成崇尚节约、厉行节约、反对浪费的机关文化，为在全社会形成节俭之风发挥示范表率作用。

第十章　监督检查

第四十九条　各级党委和政府应当建立厉行节约反对浪费监督检查机制，明确监督检查的主体、职责、内容、方法、程序等，加强经常性督促检查，针对突出问题开展重点检查、暗访等专项活动。

下级党委和政府应当每年向上级党委和政府报告本地区厉行节约反对浪费工作情况，党委和政府所属部门、单位应当每年向本级党委和政府报告本部门、本单位厉行节约反对浪费工作情况。报告可结合领导班子年度考核和工作报告一并进行。

第五十条　领导干部厉行节约反对浪费工作情况，应当列为领导班子民主生活会和领导干部述职述廉的重要内容并接受评议。

第五十一条　党委办公厅（室）、政府办公厅（室）负责统筹协调相关部门开展对厉行节约反对浪费工作的督促检查。每年至少组织开展一次专项督查，并将督查情况在适当范围内通报。专项督查可以与党风廉政建设责任制检查考核、年终党建工作考核等相结合，督查考核结果应当按照干部管理权限送纪检监察机关和组织人事部门，作为干部管理监督、选拔任用的依据。

第五十二条　纪检监察机关应当加强对厉行节约反对浪费工作的监督检查，受理群众举报和有关部门移送的案件线索，及时查处违纪违法问题。

中央和省、自治区、直辖市党委巡视组应当按照有关规定，加强对有关党组织领导班子及其成员厉行节约反对浪费工作情况的巡视监督。

第五十三条　财政部门应当加强对党政机关预算编制、执行等财政、财务、政府采购和会计事项的监督检查，依法处理发现的违规问题，并及时向本级党委和政府汇报监督检查结果。

审计部门应当加大对党政机关公务支出和公款消费的审计力度，依法处理、督促整改违规问题，并将涉嫌违纪违法问题移送有关部门查处。

第五十四条　党政机关应当建立健全厉行节约反对浪费信息公开制度。除依照法律法规和有关要求须保密的内容和事项外，下列内容应当按照及时、方便、多样的原则，以适当方式进行公开：

（一）预算和决算信息；

（二）政府采购文件、采购预算、中标成交结果、采购合同等情况；

（三）国内公务接待的批次、人数、经费总额等情况；

（四）会议的名称、主要内容、支出金额等情况；

（五）培训的项目、内容、人数、经费等情况；

（六）节会、庆典、论坛、博览会、展会、运动会、赛会等活动举办信息；

（七）办公用房建设、维修改造、使用、运行费用支出等情况；

（八）公务支出和公款消费的审计结果；

（九）其他需要公开的内容。

第五十五条　推动和支持人民代表大会及其常务委员会依法严格审查批准党政机关公务支出预算，加强对预算执行情况的监督。发挥人大代表的监督作用，通过提出意见、建议、批评以及询问、质询等方式加强对党政机关厉行节约反对浪费工作的监督。

支持人民政协对党政机关厉行节约反对浪费工作的监督，自觉接受并积极支持政协委员通过调研、视察、提案等方式加强对党政机关厉行节约反对浪费工作的监督。

第五十六条　重视各级各类媒体在厉行节约反对浪费方面的舆论监督作用。建立舆情反馈机制，及时调查处理媒体曝光的违规违纪违法问题。

发挥群众对党政机关及其工作人员铺张浪费行为的监督作用，认真调查处理群众反映的问题。

第十一章　责任追究

第五十七条　建立党政机关厉行节约反对浪费工作责任追究制度。

对违反本条例规定造成浪费的，应当依纪依法追究相关人员的责任，对负有领导责任的主要负责人或者有关领导干部实行问责。

第五十八条　有下列情形之一的，追究相关人员的责任：

（一）未经审批列支财政性资金的；

（二）采取弄虚作假等手段违规取得审批的；

（三）违反审批要求擅自变通执行的；

（四）违反管理规定超标准或者以虚假事项开支的；

（五）利用职务便利假公济私的；

（六）有其他违反审批、管理、监督规定行为的。

第五十九条　有下列情形之一的，追究主要负责人或者有关领导干部的责任：

（一）本地区、本部门、本单位铺张浪费、奢侈奢华问题严重，对发现的问题查处不力，干部群众反映强烈的；

（二）指使、纵容下属单位或者人员违反本条例规定造成浪费的；

（三）不履行内部审批、管理、监督职责造成浪费的；

（四）不按规定及时公开本地区、本部门、本单位有关厉行节约反对浪费工作信息的；

（五）其他对铺张浪费问题负有领导责任的。

第六十条　违反本条例规定造成浪费的，根据情节轻重，由有关部门依照职责权限给予批评教育、责令作出检查、诫勉谈话、通报批评或者调离岗位、责令辞职、免职、降职等处理。

应当追究党纪政纪责任的，依照《中国共产党纪律处分条例》、《行政机关公务员处分条例》等有关规定给予相应的党纪政纪处分。

涉嫌违法犯罪的，依法追究法律责任。

第六十一条　违反本条例规定获得的经济利益，应当予以收缴或者纠正。

违反本条例规定，用公款支付、报销应由个人支付的费用，应当责令退赔。

第六十二条　受到责任追究的人员对处理决定不服的，可以按照相关规定向有关机关提出申诉。受理申诉机关应当依据有关规定认真受理并作出结论。

申诉期间，不停止处理决定的执行。

第十二章　附　　则

第六十三条　各省、自治区、直辖市党委和政府，中央和国家机关各部委，可以根据本条例，结合实际制定实施细则。有关职能部门应当根据各自职责，制定完善相关配套制度。

国有企业、国有金融企业、不参照公务员法管理的事业单位，参照本条例执行。

中国人民解放军和中国人民武装警察部队按照军队有关规定执行。

第六十四条　本条例由中共中央办公厅、国务院办公厅会同有关部门负责解释。

第六十五条　本条例自发布之日起施行。1997 年 5 月 25 日发布的《中共中央、国务院关于党政机关厉行节约制止奢侈浪费行为的若干规定》同时废止。其他有关党政机关厉行节约反对浪费的规定，凡与本条例不一致的，按照本条例执行。

附录 2：

行政事业单位内部控制规范（试行）

关于印发《行政事业单位内部控制规范（试行）》的通知

财会［2012］21 号

党中央有关部门，国务院各部委、各直属机构，全国人大常委会办公厅，全国政协办公厅，高法院，高检院，各民主党派中央，有关人民团体，各省、自治区、直辖市、计划单列市财政厅（局），新疆生产建设兵团财务局：

为了进一步提高行政事业单位内部管理水平，规范内部控制，加强廉政风险防控机制建设，根据《中华人民共和国会计法》、《中华人民共和国预算法》等法律法规和相关规定，我部制定了《行政事业单位内部控制规范（试行）》，现印发给你们，自 2014 年 1 月 1 日起施行。执行中有何问题，请及时反馈我部。

附件：行政事业单位内部控制规范（试行）

财政部

2012 年 11 月 29 日

行政事业单位内部控制规范（试行）

第一章 总 则

第一条 为了进一步提高行政事业单位内部管理水平，规范内部控制，加强廉政风险防控机制建设，根据《中华人民共和国会计法》、《中华人民共和国预算法》等法律法规和相关规定，制定本规范。

第二条 本规范适用于各级党的机关、人大机关、行政机关、政协机关、审判机关、检察机关、各民主党派机关、人民团体和事业单位（以下统称单位）经济活动的内部控制。

第三条 本规范所称内部控制，是指单位为实现控制目标，通过制定制度、实施措施和执行程序，对经济活动的风险进行防范和管控。

第四条　单位内部控制的目标主要包括：合理保证单位经济活动合法合规、资产安全和使用有效、财务信息真实完整，有效防范舞弊和预防腐败，提高公共服务的效率和效果。

第五条　单位建立与实施内部控制，应当遵循下列原则：

（一）全面性原则。内部控制应当贯穿单位经济活动的决策、执行和监督全过程，实现对经济活动的全面控制。

（二）重要性原则。在全面控制的基础上，内部控制应当关注单位重要经济活动和经济活动的重大风险。

（三）制衡性原则。内部控制应当在单位内部的部门管理、职责分工、业务流程等方面形成相互制约和相互监督。

（四）适应性原则。内部控制应当符合国家有关规定和单位的实际情况，并随着外部环境的变化、单位经济活动的调整和管理要求的提高，不断修订和完善。

第六条　单位负责人对本单位内部控制的建立健全和有效实施负责。

第七条　单位应当根据本规范建立适合本单位实际情况的内部控制体系，并组织实施。具体工作包括梳理单位各类经济活动的业务流程，明确业务环节，系统分析经济活动风险，确定风险点，选择风险应对策略，在此基础上根据国家有关规定建立健全单位各项内部管理制度并督促相关工作人员认真执行。[2]

第二章　风险评估和控制方法

第八条　单位应当建立经济活动风险定期评估机制，对经济活动存在的风险进行全面、系统和客观评估。

经济活动风险评估至少每年进行一次；外部环境、经济活动或管理要求等发生重大变化的，应及时对经济活动风险进行重估。

第九条　单位开展经济活动风险评估应当成立风险评估工作小组，单位领导担任组长。经济活动风险评估结果应当形成书面报告并及时提交单位领导班子，作为完善内部控制的依据。

第十条　单位进行单位层面的风险评估时，应当重点关注以下方面：

（一）内部控制工作的组织情况。包括是否确定内部控制职能部门或牵头部门；是否建立单位各部门在内部控制中的沟通协调和联动机制。

（二）内部控制机制的建设情况。包括经济活动的决策、执行、监督是否实现有效分离；权责是否对等；是否建立健全议事决策机制、岗位责任制、内部监督等机制。

（三）内部管理制度的完善情况。包括内部管理制度是否健全；执行是否有效。

（四）内部控制关键岗位工作人员的管理情况。包括是否建立工作人员的培训、评价、轮岗等机制；工作人员是否具备相应的资格和能力。

（五）财务信息的编报情况。包括是否按照国家统一的会计制度对经济业务事项进行账务处理；是否按照国家统一的会计制度编制财务会计报告。

（六）其他情况。

第十一条　单位进行经济活动业务层面的风险评估时，应当重点关注以下方面：

（一）预算管理情况。包括在预算编制过程中单位内部各部门间沟通协调是否充分，预算编制与资产配置是否相结合、与具体工作是否相对应；是否按照批复的额度和开支范围执行预算，进度是否合理，是否存在无预算、超预算支出等问题；决算编报是否真实、完整、准确、及时。

（二）收支管理情况。包括收入是否实现归口管理，是否按照规定及时向财会部门提供收入的有关凭据，是否按照规定保管和使用印章和票据等；发生支出事项时是否按照规定审核各类凭据的真实性、合法性，是否存在使用虚假票据套取资金的情形。

（三）政府采购管理情况。包括是否按照预算和计划组织政府采购业务；是否按照规定组织政府采购活动和执行验收程序；是否按照规定保存政府采购业务相关档案。

（四）资产管理情况。包括是否实现资产归口管理并明确使用责任；是否定期对资产进行清查盘点，对账实不符的情况及时进行处理；是否按照规定处置资产。

（五）建设项目管理情况。包括是否按照概算投资；是否严格履行审核审批程序；是否建立有效的招投标控制机制；是否存在截留、挤占、挪用、套取建设项目资金的情形；是否按照规定保存建设项目相关档案并及时办理移交手续。

（六）合同管理情况。包括是否实现合同归口管理；是否明确应签订合同的经济活动范围和条件；是否有效监控合同履行情况，是否建立合同纠纷协调机制。

（七）其他情况。

第十二条　单位内部控制的控制方法一般包括：

（一）不相容岗位相互分离。合理设置内部控制关键岗位，明确划分职责权限，实施相应的分离措施，形成相互制约、相互监督的工作机制。

（二）内部授权审批控制。明确各岗位办理业务和事项的权限范围、审批程序和相关责任，建立重大事项集体决策和会签制度。相关工作人员应当在授权范围内行使职权、办理业务。

（三）归口管理。根据本单位实际情况，按照权责对等的原则，采取成立联合工作小组并确定牵头部门或牵头人员等方式，对有关经济活动实行统一管理。

（四）预算控制。强化对经济活动的预算约束，使预算管理贯穿于单位经济活动的全过程。

（五）财产保护控制。建立资产日常管理制度和定期清查机制，采取资产记录、实物保管、定期盘点、账实核对等措施，确保资产安全完整。

（六）会计控制。建立健全本单位财会管理制度，加强会计机构建设，提高会计人员业务水平，强化会计人员岗位责任制，规范会计基础工作，加强会计档案管理，明确会计凭证、会计账簿和财务会计报告处理程序。

（七）单据控制。要求单位根据国家有关规定和单位的经济活动业务流程，在内部管理制度中明确界定各项经济活动所涉及的表单和票据，要求相关工作人员按照规定填制、审核、归档、保管单据。

（八）信息内部公开。建立健全经济活动相关信息内部公开制度，根据国家有关规定和单位的实际情况，确定信息内部公开的内容、范围、方式和程序。

第三章　单位层面内部控制

第十三条　单位应当单独设置内部控制职能部门或者确定内部控制牵头部门，负责组织协调内部控制工作。同时，应当充分发挥财会、内部审计、纪检监察、政府采购、基建、资产管理等部门或岗位在内部控制中的作用。

第十四条　单位经济活动的决策、执行和监督应当相互分离。单位应当建立健全集体研究、专家论证和技术咨询相结合的议事决策机制。

重大经济事项的内部决策，应当由单位领导班子集体研究决定。重大经济事项的认定标准应当根据有关规定和本单位实际情况确定，一经确定，不得随意变更。

第十五条　单位应当建立健全内部控制关键岗位责任制，明确岗位职责及分工，确保不相容岗位相互分离、相互制约和相互监督。单位应当实行内部控制关键岗位工作人员的轮岗制度，明确轮岗周期。不具备轮岗条件的单位应当采取专项审计等控制措施。

内部控制关键岗位主要包括预算业务管理、收支业务管理、政府采购业务管理、资产管理、建设项目管理、合同管理以及内部监督等经济活动的关键岗位。

第十六条　内部控制关键岗位工作人员应当具备与其工作岗位相适应的资格和能力。

单位应当加强内部控制关键岗位工作人员业务培训和职业道德教育，不断提升其业务水平和综合素质。

第十七条　单位应当根据《中华人民共和国会计法》的规定建立会计机构，配备具有相应资格和能力的会计人员。单位应当根据实际发生的经济业务事项按照国家统一的会计制度及时进行账务处理、编制财务会计报告，确保财务信息真实、完整。

第十八条　单位应当充分运用现代科学技术手段加强内部控制。对信息系统建设实施归口管理，将经济活动及其内部控制流程嵌入单位信息系统中，减少或消除人为操纵因素，保护信息安全。

第四章　业务层面内部控制

第一节　预算业务控制

第十九条　单位应当建立健全预算编制、审批、执行、决算与评价等预算内部管理制度。

单位应当合理设置岗位，明确相关岗位的职责权限，确保预算编制、审批、执行、评价等不相容岗位相互分离。

第二十条　单位的预算编制应当做到程序规范、方法科学、编制及时、内容完整、项目细化、数据准确。

（一）单位应当正确把握预算编制有关政策，确保预算编制相关人员及时全面掌握相关规定。

（二）单位应当建立内部预算编制、预算执行、资产管理、基建管理、人事管理等部门或岗位的沟通协调机制，按照规定进行项目评审，确保预算编制部门及时取得和有效运用与预算编制相关的信息，根据工作计划细化预算编制，提高预算编制的科学性。

第二十一条　单位应当根据内设部门的职责和分工，对按照法定程序批复的预算在单位内部进行指标分解、审批下达，规范内部预算追加调整程序，发挥预算对经济活动的管控作用。

第二十二条　单位应当根据批复的预算安排各项收支，确保预算严格有效执行。

单位应当建立预算执行分析机制。定期通报各部门预算执行情况，召开预算执行分析会议，研究解决预算执行中存在的问题，提出改进措施，提高预算执行的有效性。

第二十三条　单位应当加强决算管理，确保决算真实、完整、准确、及时，加强决算分析工作，强化决算分析结果运用，建立健全单位预算与决算相互反映、相互促进的机制。

第二十四条　单位应当加强预算绩效管理，建立“预算编制有目标、预算执行有监控、预算完成有评价、评价结果有反馈、反馈结果有应用”的全过程预算绩效管理机制。

第二节　收支业务控制

第二十五条　单位应当建立健全收入内部管理制度。

单位应当合理设置岗位，明确相关岗位的职责权限，确保收款、会计核算等不相容岗位相互分离。

第二十六条　单位的各项收入应当由财会部门归口管理并进行会计核算，严禁设立账外账。业务部门应当在涉及收入的合同协议签订后及时将合同等有关材料提交财会部门作为账务处理依据，确保各项收入应收尽收，及时入账。财会部门应当定期检查收入金额是否与合同约定相符；对应收未收项目应当查明情况，明确责任主体，落实催收责任。

第二十七条　有政府非税收入收缴职能的单位，应当按照规定项目和标准征收政府非税收入，按照规定开具财政票据，做到收缴分离、票款一致，并及时、足额上缴国库或财政专户，不得以任何形式截留、挪用或者私分。

第二十八条　单位应当建立健全票据管理制度。财政票据、发票等各类票据的申领、启用、核销、销毁均应履行规定手续。单位应当按照规定设置票据专管员，建立票据台账，做好票据的保管和序时登记工作。票据应当按照顺序号使用，不得拆本使用，做好废旧票据管理。负责保管票据的人员要配置单独的保险柜等保管设备，并做到人走柜锁。

单位不得违反规定转让、出借、代开、买卖财政票据、发票等票据，不得擅自扩大票据适用范围。

第二十九条　单位应当建立健全支出内部管理制度，确定单位经济活动的各项支出标准，明确支出报销流程，按照规定办理支出事项。单位应当合理设置岗位，明确相关岗位的职责权限，确保支出申请和内部审批、付款审批和付款执行、业务经办和会计核算等不相容岗位相互分离。

第三十条　单位应当按照支出业务的类型，明确内部审批、审核、支付、核算和归档等支出各关键岗位的职责权限。实行国库集中支付的，应当严格按照财政国库管理制度有关规定执行。

（一）加强支出审批控制。明确支出的内部审批权限、程序、责任和相关控制措施。审批人应当在授权范围内审批，不得越权审批。

（二）加强支出审核控制。全面审核各类单据。重点审核单据来源是否合法，内容是否真实、完整，使用是否准确，是否符合预算，审批手续是否齐全。

支出凭证应当附反映支出明细内容的原始单据，并由经办人员签字或盖章，超出规定标准的支出事项应由经办人员说明原因并附审批依据，确保与经济业务事项相符。

（三）加强支付控制。明确报销业务流程，按照规定办理资金支付手续。签发的支付凭证应当进行登记。使用公务卡结算的，应当按照公务卡使用和管理有关规定办理业务。

（四）加强支出的核算和归档控制。由财会部门根据支出凭证及时准确登记账簿；与支出业务相关的合同等材料应当提交财会部门作为账务处理的依据。

第三十一条　根据国家规定可以举借债务的单位应当建立健全债务内部管理制度，明确债务管理岗位的职责权限，不得由一人办理债务业务的全过程。大额债务的举借和偿还属于重大经济事项，应当进行充分论证，并由单位领导班子集体研究决定。

单位应当做好债务的会计核算和档案保管工作。加强债务的对账和检查控制，定期与债权人核对债务余额，进行债务清理，防范和控制财务风险。

第三节　政府采购业务控制

第三十二条　单位应当建立健全政府采购预算与计划管理、政府采购活动管理、验收管理等政府采购内部管理制度。

第三十三条　单位应当明确相关岗位的职责权限，确保政府采购需求制定与内部审批、招标文件准备与复核、合同签订与验收、验收与保管等不相容岗位相互分离。

第三十四条　单位应当加强对政府采购业务预算与计划的管理。建立预算编制、政府采购和资产管理等部门或岗位之间的沟通协调机制。根据本单位实际需求和相关标准编制政府采购预算，按照已批复的预算安排政府采购计划。

第三十五条　单位应当加强对政府采购活动的管理。对政府采购活动实施归口管理，在政府采购活动中建立政府采购、资产管理、财会、内部审计、纪检监察等部门或岗位相互协调、相互制约的机制。

单位应当加强对政府采购申请的内部审核，按照规定选择政府采购方式、发布政府采购信息。对政府采购进口产品、变更政府采购方式等事项应当加强内部审核，严格履行审批手续。

第三十六条　单位应当加强对政府采购项目验收的管理。根据规定的验收制度和政府采购文件，由指定部门或专人对所购物品的品种、规格、数量、质量和其他相关内容进行验收，并出具验收证明。

第三十七条　单位应当加强对政府采购业务质疑投诉答复的管理。指定牵头部门负责、相关部门参加，按照国家有关规定做好政府采购业务质疑投诉答复工作。

第三十八条　单位应当加强对政府采购业务的记录控制。妥善保管政府采购预算与计划、各类批复文件、招标文件、投标文件、评标文件、合同文本、验收证明等政府采购业务相关资料。定期对政府采购业务信息进行分类统计，并在内部进行通报。

第三十九条　单位应当加强对涉密政府采购项目安全保密的管理。对于涉密政府采购项目，单位应当与相关供应商或采购中介机构签订保密协议或者在合同中设定保密条款。

第四节　资产管理

第四十条　单位应当对资产实行分类管理，建立健全资产内部管理制度。

单位应当合理设置岗位，明确相关岗位的职责权限，确保资产安全和有效使用。

第四十一条　单位应当建立健全货币资金管理岗位责任制，合理设置岗位，不得由一人办理货币资金业务的全过程，确保不相容岗位相互分离。

（一）出纳不得兼管稽核、会计档案保管和收入、支出、债权、债务账目的登记工作。

（二）严禁一人保管收付款项所需的全部印章。财务专用章应当由专人保管，个人名章应当由本人或其授权人员保管。负责保管印章的人员要配置单独的保管设备，并做到人走柜锁。

（三）按照规定应当由有关负责人签字或盖章的，应当严格履行签字或盖章手续。

第四十二条　单位应当加强对银行账户的管理，严格按照规定的审批权限和程序开立、变更和撤销银行账户。

第四十三条　单位应当加强货币资金的核查控制。指定不办理货币资金业务的会计人员定期和不定期抽查盘点库存现金，核对银行存款余额，抽查银行对账单、银行日记账及银行存款余额调节表，核对是否账实相符、账账相符。对调节不符、可能存在重大问题的未达账项应当及时查明原因，并按照相关规定处理。

第四十四条　单位应当加强对实物资产和无形资产的管理，明确相关部门和岗位的职责权限，强化对配置、使用和处置等关键环节的管控。

（一）对资产实施归口管理。明确资产使用和保管责任人，落实资产使用人在资产管理中的责任。贵重资产、危险资产、有保密等特殊要求的资产，应当指定专人保管、专人使用，并规定严格的接触限制条件和审批程序。

（二）按照国有资产管理相关规定，明确资产的调剂、租借、对外投资、处置的程序、审批权限和责任。

（三）建立资产台账，加强资产的实物管理。单位应当定期清查盘点资产，确保账实相符。财会、资产管理、资产使用等部门或岗位应当定期对账，发现不符的，应当及时查明原因，并按照相关规定处理。

（四）建立资产信息管理系统，做好资产的统计、报告、分析工作，实现对资产的动态管理。

第四十五条　单位应当根据国家有关规定加强对对外投资的管理。

（一）合理设置岗位，明确相关岗位的职责权限，确保对外投资的可行性研究与评估、对外投资决策与执行、对外投资处置的审批与执行等不相容岗位相互分离。

（二）单位对外投资，应当由单位领导班子集体研究决定。

（三）加强对投资项目的追踪管理，及时、全面、准确地记录对外投资的价值变动和投资收益情况。

（四）建立责任追究制度。对在对外投资中出现重大决策失误、未履行集体决策程序和不按规定执行对外投资业务的部门及人员，应当追究相应的责任。

第五节　建设项目控制

第四十六条　单位应当建立健全建设项目内部管理制度。

单位应当合理设置岗位，明确内部相关部门和岗位的职责权限，确保项目建议和可行性研究与项目决策、概预算编制与审核、项目实施与价款支付、竣工决算与竣工审计等不相容岗位相互分离。

第四十七条　单位应当建立与建设项目相关的议事决策机制，严禁任何个人单独决策或者擅自改变集体决策意见。决策过程及各方面意见应当形成书面文件，与相关资料一同妥善归档保管。

第四十八条　单位应当建立与建设项目相关的审核机制。项目建议书、可行性研究报告、概预算、竣工决算报告等应当由单位内部的规划、技术、财会、法律等相关工作人员或者根据国家有关规定委托具有相应资质的中介机构进行审核，出具评审意见。

第四十九条　单位应当依据国家有关规定组织建设项目招标工作，并接受有关部门的监督。

单位应当采取签订保密协议、限制接触等必要措施，确保标底编制、评标等工作在严格保密的情况下进行。

第五十条　单位应当按照审批单位下达的投资计划和预算对建设项目资金实行专款专用，严禁截留、挪用和超批复内容使用资金。财会部门应当加强与建设项目承建单位的沟通，准确掌握建设进度，加强价款支付审核，按照规定办理价款结算。实行国库集中支付的建设项目，单位应当按照财政国库管理制度相关规定支付资金。

第五十一条　单位应当加强对建设项目档案的管理。做好相关文件、材料的收集、整理、归档和保管工作。

第五十二条　经批准的投资概算是工程投资的最高限额，如有调整，应当按照国家有关规定报经批准。

单位建设项目工程洽商和设计变更应当按照有关规定履行相应的审批程序。

第五十三条　建设项目竣工后，单位应当按照规定的时限及时办理竣工决算，组织竣工决算审计，并根据批复的竣工决算和有关规定办理建设项目档案和资产移交等工作。

建设项目已实际投入使用但超时限未办理竣工决算的，单位应当根据对建设项目的实际投资暂估入账，转作相关资产管理。

第六节 合同控制

第五十四条 单位应当建立健全合同内部管理制度。

单位应当合理设置岗位，明确合同的授权审批和签署权限，妥善保管和使用合同专用章，严禁未经授权擅自以单位名义对外签订合同，严禁违规签订担保、投资和借贷合同。

单位应当对合同实施归口管理，建立财会部门与合同归口管理部门的沟通协调机制，实现合同管理与预算管理、收支管理相结合。

第五十五条 单位应当加强对合同订立的管理，明确合同订立的范围和条件。对于影响重大、涉及较高专业技术或法律关系复杂的合同，应当组织法律、技术、财会等工作人员参与谈判，必要时可聘请外部专家参与相关工作。谈判过程中的重要事项和参与谈判人员的主要意见，应当予以记录并妥善保管。

第五十六条 单位应当对合同履行情况实施有效监控。合同履行过程中，因对方或单位自身原因导致可能无法按时履行的，应当及时采取应对措施。

单位应当建立合同履行监督审查制度。对合同履行中签订补充合同，或变更、解除合同等应当按照国家有关规定进行审查。

第五十七条 财会部门应当根据合同履行情况办理价款结算和进行账务处理。未按照合同条款履约的，财会部门应当在付款之前向单位有关负责人报告。

第五十八条 合同归口管理部门应当加强对合同登记的管理，定期对合同进行统计、分类和归档，详细登记合同的订立、履行和变更情况，实行对合同的全过程管理。与单位经济活动相关的合同应当同时提交财会部门作为账务处理的依据。

单位应当加强合同信息安全保密工作，未经批准，不得以任何形式泄露合同订立与履行过程中涉及的国家秘密、工作秘密或商业秘密。

第五十九条 单位应当加强对合同纠纷的管理。合同发生纠纷的，单位应当在规定时效内与对方协商谈判。合同纠纷协商一致的，双方应当签订书面协议；合同纠纷经协商无法解决的，经办人员应向单位有关负责人报告，并根据合同约定选择仲裁或诉讼方式解决。

第五章 评价与监督

第六十条 单位应当建立健全内部监督制度，明确各相关部门或岗位在内部监督中的职责权限，规定内部监督的程序和要求，对内部控制建立与实施情况进行内部监督检查和自我评价。

内部监督应当与内部控制的建立和实施保持相对独立。

第六十一条 内部审计部门或岗位应当定期或不定期检查单位内部管理制度

和机制的建立与执行情况，以及内部控制关键岗位及人员的设置情况等，及时发现内部控制存在的问题并提出改进建议。

第六十二条　单位应当根据本单位实际情况确定内部监督检查的方法、范围和频率。

第六十三条　单位负责人应当指定专门部门或专人负责对单位内部控制的有效性进行评价并出具单位内部控制自我评价报告。

第六十四条　国务院财政部门及其派出机构和县级以上地方各级人民政府财政部门应当对单位内部控制的建立和实施情况进行监督检查，有针对性地提出检查意见和建议，并督促单位进行整改。

国务院审计机关及其派出机构和县级以上地方各级人民政府审计机关对单位进行审计时，应当调查了解单位内部控制建立和实施的有效性，揭示相关内部控制的缺陷，有针对性地提出审计处理意见和建议，并督促单位进行整改。[2]

第六章　附　　则

第六十五条　本规范自 2014 年 1 月 1 日起施行。

参考书目

1. 财政部会计司编：《行政事业单位内部控制规范讲座》，经济科学出版社，2013 年 9 月。

2. 方舟文、张庆龙、聂兴凯编著：《行政事业单位内部控制规范实施指南》，立信会计出版社，2013 年 4 月。

3. 刘永泽主编：《行政事业单位内部控制制度设计操作指南》，东北财经大学出版社，2013 年 4 月。

4. 张庆龙著：《政府部门内部控制：框架设计与有效运行》，化学工业出版社，2012 年 11 月。

5. 徐国强等著：《行政事业单位内部控制实证研究》，东北财经大学出版社有限责任公司，2010 年 7 月。

6. 财政部编：《企业内部控制规范讲解》，经济科学出版社，2010 年。

7. 刘玉廷、王宏："美国加强政府部门内部控制建设的有关情况及其启示"，《会计研究》，2008 年第 3 期。

8. 王光远："中美政府内部控制发展回顾与评述"，《财会通讯》，2009 年第 12 期。

9. （美国）爱德华·卡尼著，王光远译：《联邦政府内部控制》，中国时代经济出版社，2009 年 7 月。